Kafka

NICHOLAS MURRAY

Kafka

Traducción de
Silvia Kot

Murray, Nicholas
   Kafka - 1a ed. - Buenos Aires : El Ateneo, 2006.
   424 p.; 23 x 16 cm.

   Traducido por: Silvia Kot

   ISBN 950-02-5932-X

   1. Kafka, Franz- Biografía. I. Kot, Silvia, trad. II. Título
   CDD 928

Título original: Kafka
Traductor: Silvia Kot
Copyright © 2004 by Nicholas Murray

Derechos mundiales de edición en castellano
© Grupo ILHSA S.A., 2006
   Patagones 2463 - (C1282ACA) Buenos Aires - Argentina
   Tel.: (54 11) 4943 8200 - Fax: (54 11) 4308 4199
   E-mail: editorial@elateneo.com

ISBN 950-02-5932-X
ISBN 978-950-02-5932-3

Diseño de cubierta: Departamento de Arte de Editorial El Ateneo
Diseño de interiores: Mónica Deleis

Queda hecho el depósito que establece la ley 11.723

Impreso en Verlap S.A.
Comandante Spurr 653, Avellaneda,
provincia de Buenos Aires,
en el mes de marzo de 2006.

Libro de edición argentina

ÍNDICE

Pues no soy más que literatura.
Da ich nichts anderes bin als Literatur.

Gracias a mi escritura me mantengo vivo.
Durch mein Schreiben halte ich mich ja am Leben.

FRANZ KAFKA

Sobre todo, es un hombre que sólo quiere
lo absoluto, lo extremo en todas las cosas.
Überhaupt ist er ein Mensch, der nur das
Unbedingte will, das Äußerste in Allem.

MAX BROD

Parte I

PRAGA

1

A la entrada del Nuevo Cementerio Judío, en el suburbio Strašnice de Praga, aparece un guardián viejo y escuálido para saludar al visitante. Señala una caja de cartón, colocada sobre una pequeña silla, y lo invita a sacar de allí una *iármulke* de papel. Con una sonrisa seca, acepta, en esa cruda, helada mañana de febrero, el sustituto de un gorro de lana. Detrás de él, es imposible no ver un manchado letrero de esmalte blanco, en el cual puede leerse, encima de una delgada flecha negra: DR. FRANZ KAFKA.

En otro día igualmente desapacible —a pesar de la fecha—, en la tarde del 11 de junio de 1924, el doctor en leyes fue enterrado aquí, entre las oscuras y ornamentadas lápidas de la burguesía judía de Praga. Cuando se llega al sepulcro que está al final de un sendero de grava, inmediatamente llama la atención su diferencia: un rombo cubista puntiagudo y gris, en el que están grabados los nombres de Kafka y de sus padres, a quienes precedió en la tumba. En su sencillez formal, su proporcionada delicadeza y su discreta pero absolutamente original presencia, no podía ser más adecuado como memorial de un escritor cuyo genio único sigue fascinando al mundo y desconcertando a quienes intentan interpretarlo.

No es posible pasar mucho tiempo en Praga, donde Kafka nació y vivió la mayor parte de su breve existencia, sin percibir hasta qué punto él pertenece a ese lugar, y éste, a su vez, le pertenece. "Kafka era Praga y Praga era Kafka", declaró su amigo Johannes Urzidil. Pe-

ro Praga es ahora la capital de la República Checa, un Estado independiente de la nueva Europa, que ya no habla el idioma en el que
escribió Kafka. Él había nacido, en 1883, en una de las ciudades más
importantes del imperio austrohúngaro, cuya lengua oficial, la de la
doble monarquía de los Habsburgo, era el alemán. Y Kafka era un judío en una ciudad donde casi todos los judíos estaban germanizados.
Esto habría sido un punto de partida suficientemente complejo para cualquier escritor, pero en el caso de Kafka existieron muchísimas
tensiones adicionales que contribuyeron tanto a la complejidad de
su arte como a la angustia de su vida personal. Él sólo quería escribir. "No soy más que literatura", sostenía. Pero el mundo le opuso
una serie de obstáculos: una familia poco comprensiva, un trabajo
profesional exigente, una salud frágil y el siempre postergado proyecto de un matrimonio que ansiaba. El peculiar sabor de sus libros
–ahora universalizado con la palabra "kafkiano"– deriva de ese sentimiento de no tener un hogar, de no poder encontrar su lugar en
un mundo misteriosamente hostil. Deriva de la culpa, aunque, al
igual que Joseph K en *El proceso* (*Der Prozess*), se sentía como un
acusado sin una acusación formal, un criminal sin crimen. De la exclusión, como el agrimensor que no puede abrirse paso por los intrincados protocolos de *El castillo* (*Das Schloss*) para establecerse en
su órbita. De la ilusión de una nueva vida y una transformación personal, como el héroe de *El desaparecido* (*Der Verschollene*). Del autolacerante dolor: el sueño de metamorfosearse en una criatura repugnante y monstruosa. Y finalmente, de una enfermedad terminal
que acabó con toda esperanza.

Pero considerar a Kafka como un neurasténico tembloroso, alguien que no hacía más que sufrir, sería una exageración. Su personalidad pacífica, reflexiva y solitaria también irradiaba calidez, in-
genio y un sentido de placer por la vida, tanto como conciencia de
su sufrimiento. Tenía amigos, formaba parte de un activo y estimulante círculo de notables escritores e intelectuales praguenses, tenía
éxito en su trabajo y era popular entre sus colegas; disfrutaba sus es-

capadas al campo y las actividades al aire libre, gozaba de una modesta pero envidiable reputación como escritor, aunque sus novelas fundamentales no se publicaron durante su vida, y resultaba atractivo a las mujeres y disfrutaba su compañía. Aunque vivía atormentado por temores privados y solitarias preocupaciones, todos los que entraban en contacto con él lo amaban.

En los años posteriores a su muerte, cuando empezó a afianzarse su posición en la literatura mundial, se estableció la costumbre de considerar a Kafka un escritor casi religioso, un alegorista de temas religiosos, una especie de moralista. Al mismo tiempo, surgió un Kafka un tanto abstracto, que concordaba con el espíritu de los intelectuales europeos y americanos de mediados del siglo xx. Los absurdistas y los existencialistas lo adoptaron con gran entusiasmo. Poco a poco, sin embargo, en la segunda mitad del siglo xx, comenzó a perfilarse una imagen más matizada de Kafka. La ignorancia sobre sus orígenes en Praga, sobre su judaísmo y sobre los detalles de su vida personal, fue contrarrestada por una oleada de estudios informados, y especialmente por la aparición de cartas y diarios, que completaron la imagen del Kafka histórico: un hombre particular en un lugar particular de una época particular.

Este es el Kafka que presenta esta biografía. Inevitablemente, la historia debe comenzar en Praga.

Un día de otoño de 1920, Kafka se acercó a la ventana del apartamento de sus padres, del lujoso edificio Oppelthaus, en el corazón de Praga. Se volvió hacia su compañero, el erudito judío Friedrich Thieberger, que era su profesor de hebreo, hizo unos movimientos circulares con la mano, y declaró: "En este pequeño círculo está encerrada toda mi vida". Desde la ventana, podía ver el Altstädter Ring (la plaza principal de la Ciudad Vieja) y la Niklasstrasse (o Mikulásská), así como su escuela, su universidad y su oficina.

Si nos ubicamos hoy en esa plaza, podemos tener la misma vista general que Kafka. Mirando hacia el este desde el Oppelthaus (en el

lado norte de la plaza) puede verse la ornamentada fachada barroca del
Palacio Kinský. En la esquina de la derecha, entre los locales de la
planta baja, donde hoy se encuentra la Librería Kafka, se alzaba desde 1912 la tienda de artículos de fantasía de su padre. En la parte trasera del edificio estaba el Gymnasium, el Instituto de Bachillerato alemán al que asistió Kafka. Ahora miramos en dirección al sur, hacia
la esquina de la plaza, donde la calle Celetná (Kafka la conoció como Zeltnergasse) lleva hasta dos de las casas de la familia y los antiguos locales de las tiendas. Mirando el lado sur de la plaza, vemos la
casa llamada "El Unicornio", donde Kafka frecuentaba, cuando era
estudiante, el famoso salón de Berta Fanta. Ese lado de la plaza llega
hasta una plaza más pequeña, Malé náměstí, donde, abriéndose paso
entre la multitud de turistas que contemplan las figuras que van y vienen frente al famoso Reloj de los Apóstoles del antiguo Ayuntamiento, se ve la Casa Minuta, con su elaborado *sgraffito* exterior: otro hogar temporal para la movediza familia Kafka. Volviendo a la plaza
principal, una corta caminata bordeando el lado oeste nos lleva hasta la esquina noroeste, donde se puede ver a la izquierda lo que queda (sólo el portón original) de la casa en la que nació Kafka, y donde
ahora está la Exposición Kafka. Si tenemos un poco más de tiempo
para caminar, podemos ver la mayoría de los edificios relacionados
con Kafka en las calles circundantes de la Ciudad Vieja. Es un notable recordatorio físico de las raíces en un solo lugar de un escritor
que, con su imaginación, trascendió todas las fronteras.

Sin embargo, las raíces de Kafka no estaban firmemente planta-
das. Vivió casi toda su vida en Praga, pero nunca se sintió del todo
cómodo allí, aunque es difícil pensar en otro lugar en el cual Kafka
hubiera podido sentirse totalmente a sus anchas. Su origen de judío
alemán de Praga lo llevó a experimentar inevitables fricciones en los
últimos días del imperio Habsburgo, por pertenecer a lo que se llamó un gueto con paredes invisibles.

Los Kafka no provenían originariamente del gueto histórico de
Praga, que finalmente fue desalojado en vida del escritor en un des-

piadado acto de liquidación de los barrios bajos. Ellos eran judíos aldeanos (*Dorfjuden*) del interior rural del sur de Bohemia. El abuelo de Kafka, Jakob (1814-1889), era el carnicero *kosher* del pueblito de habla checa de Wossek –hoy Osek–, cerca de Strakonice. En esa época, Osek tenía una gran comunidad judía, y los Kafka vivían en una callejuela del "barrio de los judíos": eran ocho miembros de la familia en una casita minúscula. El cementerio judío todavía existe en el pueblo. La familia, que fue descripta por su historiador como "una familia judía bohemia muy típica", probablemente hablara alguna versión de ídish, o "judeoalemán", pero también hablaban checo. Está claro que hablaban alemán, porque en la lápida de Jakob dice, junto a las inscripciones en hebreo: *"Friede seiner Asche!"* ("Que sus cenizas descansen en paz").

Jakob, de quien se decía que era "un hombre alto y vigoroso", había tenido una vida dura en Osek, donde debió luchar para criar a seis hijos en la pobreza rural. Se casó tardíamente, a los treinta y cinco años, en 1849, un año después de la flexibilización de las leyes que prohibían casarse a los judíos, excepto al mayor de la familia. Su esposa, Franziska Platowski, fue definida por su nuera como "una mujer delicada y muy trabajadora que, a pesar de todos los problemas y dificultades, crió bien a sus hijos, que eran la única felicidad de su vida". También tenía fama de curadora en el pueblo, y años más tarde, su nieto desarrollaría un interés por la medicina natural.

El cuarto hijo de la pareja, Hermann (1852-1931), como suele suceder con los hombres que se hicieron solos, jamás permitiría que sus hijos olvidaran las penurias que él había vivido, y que indudablemente eran genuinas. "Es desagradable oír a mi padre hablar con permanentes indirectas sobre la buena suerte que tiene hoy la gente, y especialmente sus hijos, y sobre los sufrimientos que él tuvo que soportar en su juventud", escribió Kafka en su diario a los veintiocho años.

Nadie niega que durante años, como resultado de una vestimenta insuficiente en invierno, tuviera llagas abiertas en las piernas, que a menudo sufriera hambre, que cuando sólo tenía diez años se hubiera visto obligado a empujar un carro a través de las aldeas [vendiendo carne *kosher*] incluso en invierno y muy de madrugada, pero él nunca entenderá que esos hechos, comparado con el hecho de que yo no tuviera que pasar por todo eso, de ninguna manera lleva a la conclusión de que yo haya sido más feliz que él, que él pueda enorgullecerse de las llagas en sus piernas, que es algo que da por sentado y afirma desde el principio, que yo no pueda valorar sus sufrimientos pasados, y que, finalmente, sólo porque no tuve que atravesar los mismos sufrimientos, deba estarle eternamente agradecido. Me encantaría escucharlo si hablara de su juventud o de sus padres, pero oír todo esto en un tono jactancioso y provocador es un suplicio.

Hermann, el hombre alto y fornido que tanto atemorizaba a su joven y sensible hijo, palmeaba sus manos y exclamaba exasperado: "¿Quién puede entender eso hoy? ¿Qué saben los hijos?". A veces, traía a colación a sus parientes para reforzar sus argumentos: la tía Julie, por ejemplo, la hermana menor de Hermann, que tenía "la cara enorme de todos los parientes de Padre. Hay algo falso y levemente inquietante en la ubicación o el color de sus ojos". A los diez años, había sido contratada como cocinera. "Vestida con una falda corta y húmeda, con un frío intenso, tuvo que salir por algún motivo, la piel de sus piernas se resquebrajó, se heló su corta falda, y sólo a la noche, en la cama, pudo secarse". No fue ninguna sorpresa que Hermann Kafka estuviera tan motivado, al llegar más tarde a Praga, por la necesidad de compensar todo aquello y que lo vieran hacerlo, de obtener distinción social, vivir en casas elegantes (es la explicación de todas esas mudanzas de una parte a la otra de la Ciudad Vieja), y codearse con la elite de habla alemana. Su hijo estaría siempre desgarrado entre la admiración por la sabiduría práctica y la fuerza de su padre, y la repugnancia por sus bravuconadas de macho. Franz tampoco pudo perdonar nunca la absoluta falta de interés de su padre por su escritura.

Cuando Hermann tenía catorce años, debió salir del hogar familiar para ganarse la vida como vendedor ambulante. A los veinte, ingresó al ejército y, en tres años, ascendió a jefe de pelotón, o *Zugführer*. En los años siguientes, entonar antiguos cantos militares fue para él una manera de expresar su patriotismo pro austríaco. Del mismo modo, cuando convenía a sus intereses comerciales, exhibía en Praga su afición por todo lo que fuera checo, incluso hasta el punto de mentir en el censo diciendo que el checo era el idioma que se hablaba en la casa. Franz, por su parte, se negaba a participar de ese fraude. En realidad, la familia hablaba en alemán, aunque decían que Hermann insultaba en ídish.

De sus raíces bohemias, Hermann Kafka había llevado a su vida comercial en Praga el símbolo del nombre Kafka. Su negocio de artículos de escritorio ostentaba un grajo ("*kavka*" en checo), un recordatorio de la opresión de los judíos bajo el imperio Habsburgo. En octubre de 1781, el emperador José II había publicado un Edicto de Tolerancia, o *Toleranzpatent.* De acuerdo con las pautas modernas, "tolerancia" no parecería la palabra correcta, porque, al mismo tiempo que el Edicto afirmaba el principio de tolerancia religiosa y apertura de todas las formas de comercio y de intercambio para los judíos (aunque se les seguía prohibiendo poseer tierras en el campo), su intención era que los judíos austríacos le fueran más útiles al Estado. Al igual que la "tolerancia represiva" de Marcuse, daba con una mano y controlaba con la otra. Se alentó a los judíos a tener sus propias escuelas primarias supervisadas por el Estado. Las universidades y los institutos de enseñanza superior abrieron sus puertas a los judíos. Pero mientras tanto se desterró el uso del hebreo y el ídish en los registros comerciales, y en 1782, la legislación obligó a los judíos a abandonar sus patronímicos judíos y adoptar nombres y apellidos alemanes. Muchos optaron por nombres de animales o pájaros, y es probable que algún antepasado Kafka de fines del siglo XVIII eligiera ese apellido, o haya sido forzado a ello por funcionarios imperiales. "No hay que sorprenderse por la falta de apego de los judíos por sus apellidos", escribió Joseph Roth. "Para los judíos, esos apellidos no tienen ningún valor porque no son sus apellidos... Son apodos compulsivos. Su verdadero nombre es aquel por el cual se los llama a leer la Torah en el Shabbat y los demás días sagrados: su nombre judío seguido por el nombre judío de su padre". Sólo en los últimos años del siglo que siguió al *Toleranzpatent*, los judíos de Bohemia se emanciparon realmente y comenzaron a mudarse a la ciudad. Hermann Kafka fue un típico ejemplo de ese movimiento social.

Por el lado de la madre de Kafka, había una herencia diferente. Julie Kafka provenía de una familia más burguesa, que había tenido éxito en el comercio textil y cervecero en Poděbrady (Podiebrad), junto al río Elba. Su padre, un fabricante de telas de Humpolec, en el este de Bohemia, se había casado bien. Su novia aportó como dote una casa en Podiebrad y una tienda. Como amigo, albacea literario y primer biógrafo de Kafka, Max Brod lo expresó así: "Aquí encontramos eruditos, soñadores y personas proclives a la excentricidad, y otras llevadas por esa propensión a la aventura, a lo exótico, o a la extravagancia y el aislamiento". Es fácil ver por qué Kafka se sintió atraído hacia esta rama de su familia. En unas notas que le escribió a su familia en los años 1930, Julie esbozó un cuadro de su historia familiar. Su abuelo materno, Adam Porias, era "un judío piadoso y un conocido estudioso del Talmud", y tenía una tienda de ropa en Podiebrad, que descuidaba en favor de sus estudios talmúdicos. Cuando, tarde en la vida, él y su mujer se mudaron a Praga, tuvieron una bonita casa sobre la plaza de la Ciudad Vieja, con una erudita biblioteca en el primer piso, arriba del negocio. Adam se bañaba todos los días, en invierno y en verano, en el Elba, aunque tuviera que romper el hielo con un pico. Uno de los hermanos de Adam era más religioso aún, y sus compañeros de escuela se burlaban de él porque se le veían los flecos de su manto de oraciones debajo del abrigo. Otro hermano fue un médico que se convirtió al cristianismo, uno de los diversos apóstatas de la familia de Julie, quienes solían decir, sin embargo, que eran más devotos que los Kafka. Entre ellos, estaban los hermanos ricos de Julie: Rudolf, Alfred y Josef Löwy.

En una anotación de su diario, Kafka se refiere a sus parientes, pero sólo a los maternos. "En hebreo, mi nombre es Amschel −escribió−, como el abuelo materno de mi madre [Adam Porias], a quien mi madre, que tenía seis años cuando él murió, recuerda como un hombre piadoso y erudito con una larga barba blanca. Ella recuerda que tuvo que sujetar los dedos gordos de los pies del cadáver y pedir perdón por las ofensas que podía haber cometido contra su abuelo". La madre de Julie, Esther Löwy, murió de tifus a los veintiocho años, dejando huérfanos a Julie, de tres años, y tres hermanos. Según Kafka, la madre de Esther "se volvió melancólica, se negaba a comer, no hablaba con nadie", y un día, un año después de la muerte de su hija, salió a dar un paseo y no regresó. Encontraron su cuerpo en el Elba. Otros dos hermanos nacieron después de que, un año más tarde, el padre de Julie, Jakob, se volviera a casar. Esta rápida boda después de la muerte de su hija pudo haber contribuido al suicidio de la madre de Esther.

Los tíos Löwy de Kafka conquistaron su imaginación, y, como veremos luego, influyeron sobre él cuando escribió *El desaparecido*. El tío Alfred había sido nombrado director de los ferrocarriles españoles (esto podría explicar su conversión); el tío Siegfried (otro hermano de Julie), el preferido de Kafka, trabajaba como médico rural en Triesch, Moravia; y el tío Rudolf (un solterón, como su hermanastro Alfred), que era contador en una fábrica de cerveza, se convirtió al catolicismo y se volvió aún más excéntrico, aunque no tanto como su propio tío Nathan, a quien Julie se refería como "el loco tío Nathan". Rudolf era utilizado por Hermann como un bastón más para castigar a su hijo. "¡Típico de Rudolf!", exclamaba cuando Kafka "cometía alguna estupidez evidente". Hermann consideraba a Rudolf "extremadamente ridículo, un hombre indescifrable, demasiado amable, demasiado modesto, solitario, y sin embargo, casi locuaz". La constante repetición de esta comparación le hacía sentir a Kafka como si sus "pasos en falso" fueran "una consecuencia de un defecto fundamental de mi naturaleza" y, a pesar de que no percibía ninguna afinidad real con Rudolf, la maldición de su padre "tuvo como consecuencia que empezara al menos a parecerme a este tío mío".

Franz confirmaba la diferencia entre los Kafka y los Löwy. Era como una historia creada por D.H. Lawrence: el padre rudo y bestial, y la madre sensible y artística con quien el artístico niño estableció un vínculo exclusivo. Pero no era así en absoluto. Aunque Hermann Kafka ciertamente no era un hombre de libros, y jugar a las cartas después de cenar era el límite de su sofisticación cultural, su rudeza y su tosquedad nunca fueron conscientemente menospreciadas por su resentido hijo. Y Julie, aunque bienintencionada, nunca entendió realmente el significado que tenía para su hijo la literatura como vocación sagrada. Ella pensaba que era un "pasatiempo" (*Zeitvertrieb*) más o menos inofensivo. Como escribió Max Brod: "La madre de Franz lo amaba mucho, pero no tenía la menor idea de quién era su hijo y *qué necesitaba*. ¡La literatura es un "pasatiempo"! *Mein Gott!* Como si no consumiera nuestros corazones, aunque seamos sus víctimas voluntarias... La señora Kafka y yo tuvimos algunas discusiones sobre esto. Todo el amor del mundo es inútil cuando hay una absoluta falta de comprensión".

Había dos poderosísimas razones para esta falta de comprensión mutua (aunque, para ser justos con los padres de Kafka, hay que decir que seguramente él fue un niño difícil). La primera era el negocio, que exigía toda la atención de Hermann y Julie, y les dejaba muy poco tiempo tanto para actividades culturales como para interesarse por las aspiraciones literarias de su hijo. La segunda era la clase de infancia que cada uno de ellos había tenido. Sería más exacto decir que prácticamente no habían tenido infancia. A Hermann lo habían puesto a trabajar cuando todavía era un niño, y a Julie, que tenía cinco años cuando su padre se volvió a casar, la habían obligado a cuidar a sus tres hermanos y sus dos hermanastros. El modelo de vida familiar era duro y siempre activo: dejaba poco tiempo para perfeccionar lo que actualmente se llama "el arte de ser padres". Kafka tenía treinta y seis años cuando escribió la famosa *Carta al padre* (*Brief an den Vater*), un furioso panfleto recriminatorio contra la indiferencia de su padre y su responsabilidad por el fracaso de su hijo en lograr adaptarse a la vida. Lo trataremos luego con mayores detalles, pero aun si alguna vez hubiera sido enviada (cosa que no sucedió), es improbable que esas púas acusatorias lograran atravesar la piel de Hermann Kafka. Los padres y el hijo simplemente hablaban lenguajes diferentes. "Siempre consideré a mis padres como perseguidores", escribió Franz una vez. Le horrorizaba la vida de familia.

> No puedo vivir con gente; detesto absolutamente a todos mis parientes, no porque sean malvados, no porque piense mal de ellos... sino simplemente porque son las personas con las que vivo en estrecha proximidad. Simplemente no puedo soportar la vida comunitaria... Visto de una manera objetiva, disfruto de toda la gente, pero mi placer no es tan grande como para que, dados los necesarios requisitos físicos, no me sienta incomparablemente más feliz en un desierto, en una selva, o en una isla, que aquí en mi cuarto, entre el dormitorio de mis padres y la sala de estar".

Esta es la matriz doméstica de la que proviene la aterradora claustrofobia y la repugnancia por sí mismo de Gregor Samsa en *La metamorfosis* (*Die Verwandlung*).

2

Franz Kafka nació en el centro de Praga el 3 de julio de 1883, un año después del casamiento de su padre con Julie Löwy. Hermann Kafka había llegado a la ciudad ubicada a orillas del Vltava, después de dejar el ejército en la década de 1870, para establecerse en el comercio minorista de telas. Se especializó en *Galanteriewaren*, o artículos de fantasía, que incluían artículos de mercería, accesorios de moda, bastones y sombrillas. Tenía treinta años cuando se casó con Julie Löwy, y su primer hijo nació en la "Casa de la Torre", en el límite del antiguo gueto judío, al lado de la plaza de la Ciudad Vieja, en la esquina de Karpfengasse y Maiselgasse (hoy, respectivamente, Kaprova y Maislova). La casa fue demolida luego, pero la puerta permanece como parte del nuevo edificio.

Más adelante, Kafka consideró que ser primogénito –"de lo cual soy el triste pero perfecto ejemplo"– entraña considerables desventajas cuando se compara con la experiencia de los demás hermanos:

> Los que nacen después están inmediatamente rodeados de una variedad de experiencias, descubrimientos y conquistas, en gran parte recibidos o conseguidos por sus hermanos y hermanas, y las ventajas, los consejos y los estímulos que se obtienen en esta vida familiar íntima y absolutamente interdependiente son enormes. En ese momento, la familia está mucho mejor equipada para tratarlos... los padres... aprendieron de sus erro-

res... y automáticamente estos nuevos hijos se instalan en una forma más acogedora en el nido; *se les presta menos atención* [el destacado es mío].

Esto es típico de la profunda ambivalencia de Kafka hacia su familia. Quería que lo dejaran tranquilo, que se respetara su personalidad solitaria y particular, su *Eigentümlichkeit*. Pero al mismo tiempo era exigente y rápido para acusar a sus padres por sus fallas en la educación de los hijos.

Julie Kafka describió a su nuevo bebé como "un niño delicado pero saludable". Dos años más tarde, dio a luz a Georg, "un niño lindo y vigoroso", que murió quince meses después de sarampión. Y en 1887, nació Heinrich, pero sólo vivió seis meses. En opinión de Kafka, ambos varones murieron "por culpa de los médicos", con el resultado de que "yo fui hijo único hasta que, cuatro o cinco años después, empezaron a llegar mis tres hermanas, separadas por uno o dos años respectivamente. Por lo tanto, viví solo durante mucho tiempo, lidiando con enfermeras, niñeras viejas, cocineras malignas, institutrices desdichadas, mientras mis padres estaban todo el tiempo en el negocio". Era difícil que esta soledad en su temprana infancia no dejara marcas en la psique de ese niño tímido y delicado. Uno de los biógrafos de Kafka, Ernst Pawel, especuló con que Franz debió resentirse con la llegada de dos rivales en la atención de sus padres ("lindo y vigoroso" indudablemente parece un poco más afectuoso que "delicado pero saludable") y, después de fantasear con sus muertes, seguramente lo habrá consumido la culpa cuando, poco después, efectivamente murieron. Es una idea interesante, pero el propio Kafka nunca indicó que se hubiera sentido de esta manera. De las tres hermanas, Gabriele ("Eli"), Valerie ("Valli") y Ottilie ("Ottla"), la menor, Ottla, era su preferida.

El 16 de septiembre de 1889, a los seis años, Franz abandonó su encierro solitario para ingresar al mundo de la educación. Como la familia seguía viviendo en el centro de la Ciudad Vieja, había un corto camino a pie desde la notable Casa Minuta —la quinta residencia desde el nacimiento de Kafka—, en el Kleiner Ring (la Plaza Pequeña de la ciudad o Malé náměstí), hasta la Deutsche Knabenschule (Escuela Alemana para Niños), en el Fleischmarkt (Mercado de la Carne). Treinta años después, Kafka recordó esas caminatas hasta la escuela: "Nuestra cocinera, una mujer menuda y escuálida con una nariz afilada y mejillas hundidas, amarillenta pero vigorosa, enérgica y presumida, me llevaba todas las mañanas a la escuela. Vivíamos en la casa que separa el Kleiner Ring del Grosser Ring. De modo que primero atravesábamos el Ring, después caminábamos por la Teingasse, y luego pasábamos por una especie de arcada en la Fleischmarktgasse para bajar hasta el Fleischmarkt". Durante esas caminatas con la cocinera, todas las mañanas, durante un año, ella lo amenazaba con contarle al maestro lo mal que se había portado en casa:

> A decir verdad, seguramente no me portaba mal, sino que más bien era terco, inútil, triste, tenía mal genio, y con todo eso podía fabricarse algo bastante bueno para el maestro. Yo lo sabía, y por eso no tomaba demasiado a la ligera las amenazas de la cocinera. De todos modos, como el camino a la escuela era enormemente largo, al principio creía que nada podía suceder en el trayecto (a partir de esa evidente despreocupación infantil se desarrollan gradualmente, sólo porque los caminos no son tan enormemente largos, esta ansiedad y esta irremediable seriedad).

El pequeño niño dudaba de que la cocinera se atreviera a hablarle al "imponente maestro respetado por todo el mundo", y así se lo decía. Ella replicaba, entre sus "delgados, despiadados labios", que, lo creyera o no, sin duda lo haría, e intensificaba la amenaza.

La escuela en sí ya era suficiente pesadilla, y ahora la cocinera estaba tratando de empeorarla aún más. Yo suplicaba, ella meneaba la cabeza, y cuanto más suplicaba, más precioso me

parecía aquello por lo cual suplicaba, y mayor el peligro; yo me
detenía y le pedía perdón, ella me arrastraba por el camino, yo
la amenazaba con represalias de mis padres, ella se reía, *aquí*
ella era todopoderosa, yo me aferraba a las puertas de los negocios, a las mochetas de las esquinas, me negaba a seguir adelante hasta que me perdonara, le tironeaba la falda (a ella tampoco le resultaba sencillo), pero ella seguía arrastrándome y
asegurándome que también esto le contaría al maestro; se hacía tarde, el reloj de la Jacobskirche daba las 8, podía oírse la
campana de la escuela, otros niños comenzaban a correr, yo
sentía el mayor terror de llegar tarde, ahora nosotros también
teníamos que correr, y todo el tiempo el pensamiento: lo contará, no lo contará... Pues bien, nunca lo contó, pero siempre
tuvo la oportunidad de hacerlo, y una oportunidad cada vez
mayor (no lo conté ayer, pero puedo contarlo mañana), y nunca renunció a ello. Y a veces... se enojaba conmigo y daba pata-
das en el suelo, y la vendedora de carbón a veces estaba ahí,
mirando.

Hay muchas maneras de leer esta anécdota. En un nivel, es una
espantosa experiencia infantil del tipo que suele asociarse con una figura autoritaria, y que muchos adultos cargan durante toda su vida.
Desde otro punto de vista, es un signo de que Kafka bien pudo haber sido un niño consentido y difícil que necesitaba una mano dura. Al parecer, los demás lo consideraban un "nene de mamá" porque
siempre lo llevaban a la escuela, a pesar de que estaba muy cerca de
su casa. En otro nivel, también puede revelar complejas tensiones nacionalistas y de clase. Casi seguramente la cocinera era checa, y trabajaba en una casa germano-judía bastante acomodada, cuyo amado
vástago era el pequeño Franz. Era posible que la atenta mirada silenciosa de la vendedora de carbón hubiera visto y entendido todo eso.
¿Habrían intercambiado ambas mujeres una mirada cómplice, a espaldas de Franz?

Cuando Hermann Kafka llegó a Praga para establecerse en los negocios, tomó muchas decisiones sobre la manera de ubicarse en la sociedad. Recién llegado de provincias, de una aldea checa, al principio seguramente se consideraba checo. Pero durante varios años, en Bohemia en general, y en Praga en particular, existieron muchas tensiones políticas y étnicas. Las lealtades eran importantes. Bastante tibio en su práctica de la religión judía (algo que más tarde le reprocharía su hijo), Hermann llegó a la conclusión de que su futuro estaba en la próspera elite germano-judía praguense que dominaba los negocios y la vida social de Praga. Los nombres alemanes que les puso a sus seis hijos, y la elección de una escuela primaria alemana –ignorando intencionalmente la escuela primaria checa, a la que sólo asistía el diez por ciento de los niños judíos–, confirmaban en qué grupo se alinearían él y su hijo.

A fines del siglo XIX, las provincias austríacas de Bohemia y Moravia, incluyendo la ciudad de Praga, estaban sufriendo rápidos cambios sociales y políticos. Las tensiones causadas por ese ambiente en dinámica evolución solían expresarse en violencia física. Bohemia se había convertido en la fuerza motriz de la región, y los trabajadores industriales comenzaban a formar sindicatos y a constituir un sólido proletariado industrial. Se produjo un resurgimiento del nacionalismo pangermano, y también de su rival, el nacionalismo checo. Eran frecuentes los choques entre facciones contrarias, y las tropas austríacas eran habitualmente convocadas para restablecer el orden. Durante algunos períodos de la juventud de Kafka, Praga estuvo bajo el dominio directo de Viena. En algunos movimientos, como el Joven Partido Checo, se desarrolló un desagradable antisemitismo como parte del programa nacionalista, exacerbado por el hecho de que los trabajadores eran invariablemente checos, mientras que sus patrones eran invariablemente judíos.

La eliminación gradual de las leyes que limitaban a los ciudadanos judíos del Imperio hizo que muchos judíos, como Hermann Kafka, se trasladaran del campo a la ciudad. Existía un movimiento

checo judío, y al parecer Hermann frecuentó brevemente la sinagoga de la Heinrichgasse (Jindrisská), la primera en la que se predicó
en checo. Pero pronto se unió al sector germano-judío de la sociedad. Sin embargo, durante los disturbios antisemitas de diciembre
de 1897 en la ciudad, su tienda escapó al ataque de la turba porque
se la consideró suficientemente checa como para no constituir un
blanco. Una historia apócrifa relata que la turba se detuvo frente a su
tienda de la Ciudad Vieja y alguien gritó: "Dejen tranquilo a Kafka:
es checo".

Con el cambio de siglo, en los días finales del imperio austro-
húngaro, el sentimiento nacionalista y el odio racial se intensifica-
ron. El gobierno Habsburgo expiraría con la Primera Guerra Mundial, a cuyo término se estableció la nueva República Checoslovaca,
liderada por Tomáš Masaryk. En 1899, Masaryk había defendido valientemente a Leopold Hilsner, un zapatero judío que había sido fal-
samente acusado de asesinar en la víspera de Pascua a una joven,
Agnes Hruza. Decían que la muchacha había sido violada y asesinada
ritualmente, y su sangre se había usado para preparar *matzoth* para
la Pascua judía. Se trataba de una conocida repetición de la antigua
difamación de la sangre contra los judíos, y el proceso fue denominado "el equivalente del caso Dreyfus en Europa oriental". Masaryk,
cuyo ejemplo mostró que la autodeterminación checa no estaba necesariamente relacionada con el odio racial, recordó luego la encarnizada oposición que había encontrado al publicar un folleto en defensa de Hilsner, y el espectáculo que ofrecían "los tímidos rostros de
muchos de mis conocidos que de pronto evitaban encontrarse conmigo". El interés que se despertó en Kafka por sus raíces judías al
acercarse a los treinta años, su desaprobación a la negligencia de su
padre con respecto a su herencia judía, y su posterior interés, más
allá de algunas reservas, por el naciente movimiento sionista, tienen
profundas raíces históricas en la situación de los judíos en la Praga
de fines del siglo xix y comienzos del siglo xx.

Los judíos austríacos no alcanzaron su plena emancipación hasta la década de 1860, mientras que en Praga los judíos estaban establecidos desde el siglo x. Constituye una extraña experiencia en la actualidad sentarse en silencio en la Sinagoga Staronová (Altneu: "antigua-nueva") de Praga –la sinagoga en funcionamiento más antigua de Europa– y alzar la vista hacia lo que parece un estilo arquitectónico bastante extraño de bóvedas góticas nervadas. Comenzada en el siglo XIII, cuando les estaba vedado a los judíos ser arquitectos, se cree que el trabajo fue hecho por constructores franciscanos que trabajaban en un convento vecino. La sinagoga está emplazada en el corazón de lo que fue una vez el famoso *Ghetto* de Praga, un enclave amurallado, insalubre, superpoblado y sucio. El famoso rabino Löw, el legendario creador del Gólem, era una presencia importante aquí en la edad dorada de la comunidad judía de Praga. Cuando el emperador José II hizo sacar las puertas del gueto en su período de reformas de los años 1780, la zona fue llamada Josefov en su honor. Después de las revoluciones de 1848, se autorizó a los judíos a instalarse fuera de las paredes del gueto, y se les otorgó un estatus de igualdad como ciudadanos. Los judíos más prósperos se mudaron a suburbios residenciales, su lugar fue ocupado por toda clase de individuos de bajo nivel social, y el vicio comenzó a convivir allí con la ortodoxia y la devoción más extremas. Como resultado de esto, hacia 1890 sólo el 20 por ciento de los habitantes del gueto eran judíos. Tres años después, durante la infancia de Kafka, empezó el proceso de evacuación de las estrechas calles retorcidas y se saneó la zona. Actualmente, es un distrito limpio de la parte interior de la ciudad, muy visitado por turistas internacionales.

En 1900, los judíos constituían menos del 7 por ciento de la población de Praga y los suburbios interiores, pero su poder, su fortuna y su influencia eran considerables. Muchos judíos optaron por la asimilación o la aculturación para escapar de la pobreza y de las restricciones de la vida del gueto. Obviamente, convenía tomar el camino de la vida empresarial y profesional: más de la mitad de todos los judíos bohemios de la segunda mitad del siglo XIX ejercieron el comercio y las finanzas, y entre el 15 y el 20 por ciento eran profesionales. Lo notable de la comunidad judía praguense es que no tenía una clase trabajadora industrial significativa. Según Gary Cohen, "la gran mayoría de los judíos de Praga adoptaron la cultura de la clase media alemana de Austria. La importante germanización lingüística y cultural de los judíos bohemios había empezado bajo el reinado del emperador José II, cuando el gobierno instaló escuelas para los judíos, en las que se enseñaba en alemán. Alrededor de 1860, el alemán había reemplazado virtualmente al dialecto regional judío, que sus detractores llamaban *Mauscheldeutsch*, como idioma principal hablado en la mayor parte de las comunidades judías. El alemán era el idioma del comercio, la administración pública y la educación. Era natural que los judíos de Praga eligieran ese lenguaje, aunque también necesitaban saber un poco de checo. Esto no quería decir que fueran absorbidos por la otra minoría —los cristianos alemanes—, sino que empezaron a moverse cada vez más en los medios culturales alemanes de Praga. Esta tendencia se fue acelerando con el surgimiento del nacionalismo checo en la segunda mitad del siglo XIX. El resentimiento social y económico de los pequeños comerciantes, los artesanos y los trabajadores calificados checos alimentó las protestas callejeras que se producían esporádicamente desde la década de 1840 hasta el estallido de la Primera Guerra Mundial.

La clase y la religión determinaban la germanización judía en Praga, y a mediados de la década de 1880, los relativamente pocos judíos pobres empezaron a alinearse con los checos. En el antiguo barrio judío, en el período anterior a la evacuación del gueto, el movimiento judío-checo ganó cierto apoyo, pero la abrumadora mayoría de judíos de clase media siguió su proceso de germanización, a pesar de que en los censos tendían a decir —como Hermann Kafka— que hablaban checo en la casa, como *Umgangssprache*. Sólo el 45 por ciento de los judíos de Praga dijeron en el censo de 1900 que hablaban alemán, un dato que evidentemente era falso.

En general, los alemanes empezaron a desarrollar sus propias formas de vida cultural en Praga, y en 1862 se fundó el Casino Alemán (que, a pesar de su nombre, era un club social), como centro de reunión de la comunidad alemana. Los judíos constituían casi la mitad de los miembros de esa institución socialmente selecta, y no sentían la necesidad de disimular su pertenencia al judaísmo. El primo de Kafka, Bruno, fue un miembro influyente del Club Alemán, el brazo político del Casino, y la adhesión a las ideas del liberalismo político, las libertades civiles y el anticlericalismo establecieron un vínculo entre alemanes judíos y gentiles. Aun estando juntos, seguían siendo una minoría, y por lo tanto, se necesitaban mutuamente. Pero en la esfera privada no confraternizaban tanto. Como dice Cohen: "Aunque muchos judíos deseaban y lograban aceptación en la vida pública de la sociedad germana de Praga, sólo un número ínfimo podía establecer relaciones familiares con no judíos".

En cuanto a los checos, tenían un punto de vista completamente diferente sobre esto. Para ellos, los alemanes de Praga −judíos y gentiles por igual− formaban una elite poderosa, ocupaban posiciones de poder y de influencia, desproporcionadas para su número (en 1900, 34.000 en una población total de alrededor de 450.000). Hablaban la lengua del poder imperial, y la minoría checa los consideraba un poco arrogantes. El hecho de tener sus propios teatros, clubes, periódicos e instituciones de vida comunitaria constituía una especie de *apartheid* cultural. Algún leve residuo de este espíritu subsiste en la actualidad. En el año 2000, se produjo una controversia en Praga cuando el concejo municipal propuso cambiar el nombre de la pequeña plaza que está frente a la casa natal de Kafka, por Franze Kafky Náměstí (Plaza Franz Kafka). Hubo objeciones por parte del intendente local, y Marta Zelezná, de la Sociedad Franz Kafka, declaró a la BBC que la ciudad tiene "una relación ambivalente" con su más famoso escritor. "No es considerado 'nuestro' escritor, porque era judío y escribía en alemán", dijo. Proscripta en la era comunista por decadente, sólo ahora la obra de Kafka es publicada completa en traducción checa. En la edición checa de *Quién es quién en la his-*

toria, su nombre no aparece. Se cambió el nombre de la plaza, pero la ambivalencia persiste.

A fines del siglo XIX, los checos veían a los alemanes como una clase dominante. Según el escritor checo Pavel Eisner:

> Constituían una nobleza germanizada o extranjera, tenían posiciones altas o intermedias en el gobierno, eran los oficiales de la guarnición de Praga, los industriales y los mayoristas, los otros representantes de la alta burguesía rica, los profesores de la Universidad y del Instituto de Tecnología, y los actores alemanes, y también los elementos fluctuantes de los estudiantes alemanes, que sólo estaban en Praga en forma temporal y nunca se volvían parte de la ciudad que está a orillas del Vltava. Nunca hubo un verdadero *hinterland* alemán en los alrededores inmediatos de Praga.

Eisner veía esto como un gueto social y lingüístico. "A este gueto con muros invisibles adhería el judío alemán de Praga". Cuando se observan los hechos –que el judío alemán de Praga era un industrial, un próspero hombre de negocios, un dirigente de la banca oficial, un médico o un abogado con amplia clientela, un profesor universitario, que casi todo el comercio al por mayor y casi todas las importaciones y exportaciones estaban a cargo de judíos, que casi todo el comercio de lujosos artículos de fantasía constituían un monopolio judío–, no es difícil imaginar por qué había resentimiento y por qué florecieron allí los tradicionales estereotipos antisemitas. "Como hombres de negocios, los judíos alemanes de Praga sólo tenían obreros checos –no había otros–, y capataces judíos", escribe Eisner. "Y aunque no fueran hombres de negocios, sus sirvientes eran siempre checos. Lo mismo el conserje, el cochero, la mujer de la limpieza y la lavandera".

La casa de los Kafka encarnaba este sistema de castas. Los sirvientes y las niñeras eran checos, como todo el personal de servicio:

Hermann solía definir al personal checo de su tienda como "enemigos pagos". Seguramente, todos los checos sólo eran educados por estas personas socialmente inferiores. E invariablemente de las mujeres checas de clase baja recibían los jóvenes retoños de la burguesía alemana, como Kafka, su iniciación sexual.

Los alemanes de Praga iban a escuelas alemanas, a la universidad alemana, y probablemente leían uno de los dos diarios alemanes de Praga: *Bohemia* (que estaba muy lejos de ser pro checo) y el *Prager Tagblatt,* o el semanario *Montagsblatt.* Los tres eran dirigidos por alemanes.

Los alemanes rurales de los Sudetes, de Sudetengau o distrito fronterizo, probablemente estuvieran tan alejados de los alemanes de Praga y sus gustos cosmopolitas de vanguardia como los checos. Sin embargo, cuando Eisner compara a la sociedad alemana de Praga con la colonia europea de Shangai, uno empieza a sospechar que sobreestima la magnitud de la mutua incomprensión.

Por cierto, Kafka era una excepción, pues hablaba checo, como se verá luego, con bastante fluidez, y le interesaban la lengua y la cultura checas. Lo que realmente debería interesarnos aquí es en qué medida la experiencia de crecer en un ambiente bastante enrarecido y separado contribuyó aún más a su natural predisposición a sentirse ajeno al mundo que lo rodeaba, a su sentimiento de no pertenencia. El idioma era, particularmente, un tema central. Aunque de ninguna manera fue un escritor ideológico o programático, Kafka siempre tuvo una aguda conciencia política, simpatía por el desvalido y desconfianza hacia el poderoso. Al vivir en la época de la lucha checa por la autodeterminación, frente a un imperio esclerótico y conservador manejado desde Viena, seguramente era extremadamente consciente de lo que estaba en juego. Su época en Praga fue, según palabras de Emmanuel Frynta, "un tiempo de transición y rebelión, cuando el piso se movía bajo nuestros pies, un tiempo sin presente, sin adhesiones, sin anclaje".

Al llegar a su escuela primaria del Fleischmarkt, las tensiones inherentes a la situación del Kafka de seis años se vieron y se sintieron –una vez que soltó la opresiva mano de la malévola cocinera– en las burlas y los proyectiles que le arrojaban los niños que iban a la escuela primaria checa que estaba al lado. Tan violentos eran los choques entre escolares checos y alemanes que uno de los amigos de Kafka, Oskar Baum, perdió la vista en una de esas riñas. "Desde una edad muy temprana, pesó sobre él un sentimiento de culpa y de no ser bienvenido", señala Emmanuel Frynta. Sobre la puerta de la escuela primaria checa había un cartel con este precepto: "Para un niño checo, una escuela checa". El maestro de Kafka, aquel primer día, fue Hans Markert, pero según Hugo Hecht, uno de los compañeros de clase de Kafka, el único maestro que causó alguna impresión en los niños fue Moritz Beck, "un maestro extraordinario que tenía interés por los alumnos más allá de la vida escolar". Aunque era tímido y nervioso, Kafka "siempre fue un alumno modelo, a menudo un alumno estrella; al maestro le gustaba mucho ese excelente alumno modesto y tranquilo". Hecht pudo recordar un solo incidente en el cual el estudiante perfecto se ganó una reprimenda. Una hermosa mañana de primavera, Kafka estaba tan absorto en un gorrión que había ido a descansar al alféizar de la ventana abierta, que no contestó cuando el maestro lo llamó repetidamente.

Franz permanecería cuatro años en la Deutsche Knabenschule, jugando en los pasillos y en las aulas durante los recreos, porque no había un patio adecuado para ejercicios, y absorbiendo las máximas que se leían en los cuadros, como "El hablar es plata, el silencio es oro". Luego, Hermann debió decidir el siguiente paso de la educación de su hijo mayor. Resolvió enviar al niño de diez años al Gymnasium alemán, donde de verdad comenzaría su proceso de autodescubrimiento intelectual.

3

El 20 de septiembre de 1893, a los diez años, Kafka ingresó al Altstädter Deutsches Gymnasium, el estricto y austero colegio secundario alemán que funcionaba en la parte trasera del Palacio Kinský. Su título oficial −"El Colegio Secundario Estatal Imperial y Real [*Kaiserlich und Königliche*] con Instrucción en Lengua Alemana"−, en su monárquica pomposidad, recuerda el satírico mundo de Kakania (esas dos iniciales regias combinadas con una intención obviamente escatológica, creación de un contemporáneo de Kafka, el novelista vienés Robert Musil, cuyo libro *El hombre sin atributos* [*Der Mann ohne Eigenschaften*, 1930] revela los últimos días de la sociedad Habsburgo). Como dijo Franz Baumer: "Una atmósfera enmohecida y un espíritu conservador y filisteo predominaban en esa institución, que había sido enteramente construida sobre el principio de un seco pragmatismo, unido a una relación pronunciadamente autoritaria entre el profesor y el estudiante. Estaba en la naturaleza de las cosas que el primero monopolizara la imponente escalera principal, mientras que el segundo debía usar la escalera de servicio".

A pesar de la insistencia de Kafka en decir que él era un muchacho "de progreso lento" y "tímido", una vez más impresionó a sus contemporáneos por su aplicación y su éxito −salvo en matemática− en las obligaciones del programa de estudios tradicional, centrado en los clásicos, que eran transmitidos sin imaginación ni estilo. Su padre había elegido el Gymnasium humanístico, en vez de la más moderna Realschule. Ésta habría preparado a su hijo para una carrera comercial. Hermann seguramente estuvo motivado por un realismo cada vez mayor con respecto a la improbable capacidad de Franz para ser un práctico hombre de negocios; o por ambición social, ya que tradicionalmente el Gymnasium proporcionaba a la administración imperial sus mejores funcionarios y abogados. El programa de estudios no ofrecía instrucción en lenguas modernas ni literatura; por otra parte, música, educación física y arte eran sólo materias optativas. A partir del tercer año, alrededor de la mitad del tiempo escolar se dedicaba al latín y al griego, aunque en sus copiosos escritos posteriores, Kafka casi nunca menciona a un autor clásico. Su maestro favorito parece haber sido el de historia natural darwiniana, Adolf Gottwald. Su profesor de estilo era un sacerdote católico de la orden piarista, Emil Gschwind, que tenía muchos alumnos judíos. "Nuestro Gymnasium no era una intimidante fortaleza, sino un síntoma del aislamiento insular en el que vivía la mayoría de los judíos de Praga a comienzos del siglo XX", dijo su compañero de colegio Emil Utitz. El único alumno checo del octavo y último año de la clase superior a la de Kafka en el Gymnasium, Zdenko Vanek, recuerda que tenía que salir del aula cuando llegaba el rabino para instruir a sus compañeros, que eran casi todos hijos de fabricantes y comerciantes judíos. Vanek recuerda a Kafka como "callado, melancólico y reflexivo".

Kafka hizo pocos amigos en el colegio: Hugo Bergmann, el filósofo sionista; Rudolf Illowý, el pensador socialista; Ewald Příbram, cuyo padre fue de gran ayuda como presidente de la compañía de seguros en la que más tarde trabajaría Kafka; y Oskar Pollak, el historiador de arte. Bergmann, que también había cursado con Kafka la escuela primaria, recordaba a su amigo como una especie de rebelde, más parecido a un socialista que a un sionista: "Los dos experimentábamos la excitación del inconformismo", aseguró. Ambos permanecieron deliberadamente sentados cuando tocaron el patriótico "Alerta en el Rin", durante una excursión realizada en el Altstädter Kollegentag, una asociación estudiantil a la que se suponía que debían pertenecer. Como cualquier estudiante inteligente, Kafka atravesó diferentes fases intelectuales: ateo, panteísta y socialista. Se entusiasmó mucho con la libertad de los bóers alrededor de 1900, y dicen que usaba en su ojal (a pesar de su deseo de pasar inadvertido) un clavel rojo −*rote Nelke*− de tendencia socialista. Vanek recuerda que ya en el Gymnasium, Kafka era un ferviente lector de periódicos sociológicos y revistas intelectuales, una costumbre que mantuvo durante toda su vida. Fue más o menos en esa época cuando comenzó a leer *Der Kunstwart*, una revista mensual cultural fundada y editada por el marido de la sobrina de Richard Wagner, Ferdinand Avenarius. La revista tenía influencias de Nietzsche, como el mismo Kafka en ese tiempo, y exhibía una elevada estética y un estilo algo exaltado, junto con un sentimentalismo *völkisch*, contra el cual luego Kafka reaccionó.

Kafka era un buen polemista, según Bergmann, quien tuvo que defender su sionismo contra el asalto intelectual de su amigo. Kafka evocó esto muchos años más tarde, cuando recordó que había discutido "la existencia de Dios con Bergmann en un estilo talmúdico, mío o copiado de él. En aquellos años me gustaba empezar con un tema que había encontrado en una revista cristiana (creo que era *Die Christliche Welt*), en la que se comparaba al mundo con un reloj, y a Dios con el relojero, y se suponía que la existencia del relojero demostraba la existencia de Dios". Kafka también le había revelado a Bergmann su deseo de ser escritor, pero probablemente todos sus intentos de aquella época fueron destruidos. Por cierto, su compañero lo consideraba un ferviente ratón de biblioteca. Una vez pasaron juntos por el escaparate de una librería, en la plaza de la Ciudad Vieja, y Kafka le pidió a Hugo que gritara el título de cualquier libro de la vidriera, con la promesa de que él nombraría al autor. Su éxito en esa proeza indudablemente impresionó a su amigo.

Hugo Hecht, el amigo de la escuela primaria de Kafka que lo siguió al Gymnasium, recordaba a Kafka como un alumno atento −"siempre muy puro"−, que se negaba a tomar parte en las habituales conversaciones escabrosas sobre sexo de los estudiantes adolescentes. Estaba siempre "muy bien vestido", y se mostraba "algo alejado y distante de nosotros". Para sus compañeros, vivía, por así decir, tras "una pared de cristal": no era antipático ni arrogante, sino reservado. Siempre respondía a las propuestas de conversación, y no era un aguafiestas, pero nunca haría el primer movimiento. Era "callado, tímido y un poco misterioso", dijo Emil Utitz.

En el aspecto académico, Kafka estaba muy por encima del promedio, y a menudo recibía notas sobresalientes, pero no era así como él hubiera elegido describir su propia situación. Más tarde, se quejó ante su padre diciendo que la actitud de éste destruía en forma constante su autoestima. Nunca pensó que aprobaría el primer año de la escuela primaria, pero no sólo logró hacerlo, sino que ganó un premio. Lo mismo ocurrió con el examen de ingreso al Gymnasium. Al finalizar su primer año allí, otra vez creyó que fracasaría, pero

> seguí teniendo éxito. Sin embargo, lo que esto produjo no fue confianza, sino que, por el contrario, siempre estuve convencido –y tenía positivamente la prueba de ello en tu expresión severa– de que cuantas más cosas consiguiera hacer, peor sería inevitablemente el resultado final. Muchas veces veía, con los ojos de mi mente, la terrible asamblea de los maestros... que se reunían para examinar a este caso único, monstruoso, para descubrir cómo yo, el más incapaz y, en todo caso, el más ignorante de todos, había logrado trepar hasta esa clase, que ahora, cuando la atención de todos finalmente se concentraba en mí, por supuesto me vomitarían fuera instantáneamente, para gran deleite de todos los justos, finalmente librados de esta pesadilla. Vivir con estas fantasías no es fácil para un niño. En estas circunstancias, ¿qué podían importarme mis clases?

A pesar de esta fervorosa autoflagelación, a Kafka evidentemente *le importaban* sus clases, y se graduó sin ninguna dificultad después de ocho años en el Gymnasium (aunque fingió que su triunfo se debía a sus "engaños"). Por lo menos uno de sus compañeros, Hugo Bergmann, no entendía de qué se quejaba Kafka. Cuando visitó a su amigo en la casa de la calle Celetná, quedó profundamente impresionado por el hecho de que Franz tuviera no sólo un amplio escritorio (*Schreibtisch*), ante el que podían sentarse los dos para hacer sus tareas escolares, sino un cuarto propio, con una bonita vista sobre la animada calle.

Aunque los Kafka eran más bien indiferentes en su observancia de la religión judía, Kafka tuvo, por supuesto, su ceremonia de *bar-mitzvah*, el 13 de junio de 1896. Muchos años después, recordaba: "El cumpleaños número 13 constituye una ocasión especial. Arriba, junto al altar del templo, tuve que recitar un texto que aprendí de memoria con gran dificultad, y luego, en casa, tuve que decir un breve discurso (también aprendido de memoria). También recibí muchos obsequios". Se puede medir el grado de asimilación de Hermann Kafka por el hecho de que las invitaciones impresas que se enviaron para ese acontecimiento se referían a él como una "confirmación". A Kafka le fastidiaba la religión en esa época, y la *bar-mitzvah* sólo significó para él "un ridículo aprendizaje de memoria... algo tan ridículo como rendir un examen".

Durante sus últimas vacaciones escolares de verano, en 1900, Kafka pasó una breve temporada con su tío preferido, Siegfried, que era médico rural en Triesch (Třešt), y luego se reunió con sus padres en la ciudad bohemia de Roztoky (Rostok), sobre el Vltava, a unos diez kilómetros al norte de Praga, que el Baedeker de ese año describía sucintamente como un lugar "entre árboles frutales". Los Kafka vivían en la casa del administrador de Correos de Roztoky, y Franz aprovechó el tiempo cultivando la compañía de la hija del dueño de casa, Selma Robitschek. Pasaban mucho tiempo juntos en el bosque: Kafka le leía en voz alta, naturalmente, las obras de Nietzsche. El 4 de septiembre escribió una nota en el álbum de ella: "como si las palabras pudieran llevar recuerdos".

De regreso en Praga, ese mismo mes, Kafka se dispuso a cursar el último año del Gymnasium. Una vez más, en 1901, aprobó los exámenes. Pasó el verano siguiente con el tío Siegfried en los centros turísticos de las islas del Mar del Norte de Helgoland y Norderney, mientras se preparaba para entrar a la universidad en otoño.

En una anotación posterior de su cuaderno –una de esas notas que son en parte autobiográficas y en parte borradores de algún relato, y que, por lo tanto, deben interpretarse con cautela–, Kafka escribió: "Si pienso en ello, debo decir que mi educación me hizo mucho daño en ciertos aspectos. Este reproche se dirige a una multitud de personas, por ejemplo, a mis padres, a algunos parientes, a algunas personas que visitaban nuestra casa, a diversos escritores, a cierta cocinera que me llevó a la escuela durante un año, a una gran cantidad de maestros... a un inspector escolar, a ciertos transeúntes de paso lento; en una palabra, este reproche se revuelve dentro de la sociedad como un puñal". Esto es probablemente lo que sentía Kafka: es habitual que las mentes muy originales y creativas critiquen su instrucción escolar. Por otra parte, Kafka no dejaba pasar ninguna oportunidad para pintar el cuadro más negro que pudiera. Pero la matemática podía haber sido legítimamente un motivo de queja contra sí mismo. Años más tarde recordó la agonía de un día escolar en particular:

> Vi al profesor allí arriba recorriendo su libreta con la mirada, probablemente buscando mi nombre, y comparé mi inconcebible falta de conocimiento con ese espectáculo de fuerza, terror y realidad. Casi como en un ensueño, con temor, ansié poder levantarme como un fantasma, pasar velozmente entre los bancos como un fantasma, volar tan leve como mi conocimiento de matemática dejando atrás a mi profesor, atravesar de alguna manera la puerta, serenarme afuera y ser libre en ese hermoso ambiente que, en todo el mundo que conozco, no contiene tensiones como las del aula... Pero no sucedió así.

De hecho, el profesor lo llamó, le dio una tarea en la que tenía que usar las tablas de logaritmos, y como no pudo encontrar las tablas en su pupitre, le dijo: "¡Eh, usted! ¡Cocodrilo!", y le puso como calificación, "pobre". Esto lo preservó, al menos, de la demostración pública de su ignorancia, que inevitablemente se hubiera producido. La extraña moraleja que sacó Kafka de este hecho escolar rutinario fue que uno podía "desaparecer" de una realidad tan dolorosa "y las posibilidades eran infinitas, y se podía incluso 'morir' en vida". Esta facultad de ausentarse, de negarse, es algo que Kafka aprendió a aguzar en aquellos años juveniles.

Su experiencia privada y su vida familiar influyeron mucho más sobre Kafka que su instrucción escolar, aunque no habría que subestimar la obligación de estudiar casi de memoria a los clásicos alemanes, como Goethe (a quien, sin embargo, admiraba sin reservas), ni su encuentro con clásicos literarios checos modernos como *La abuela* (1855), de Božena Němcová. En *Carta al padre*, Kafka explicaba con claridad lo que pensaba de la crianza que había recibido. Admitía que probablemente él fuera

terco, como suelen ser los niños. Estoy seguro de que Madre también me consintió demasiado, pero no puedo creer que yo fuera particularmente difícil de manejar, no puedo creer que una palabra amable, un suave tomarme de la mano, una mirada amistosa, no hubieran podido conseguir que yo hiciera lo que quisieran... no todos los niños tienen la resistencia y la intrepidez necesarias para seguir buscando hasta llegar a la bondad que yace bajo la superficie. Tú sólo puedes tratar a un niño en la forma en que estás constituido, con vigor, ruido y un temperamento irritable, y en tal caso, eso te parecía, por añadidura, extremadamente conveniente, porque tú querías educarme para que fuera un muchacho recio y valiente.

Es fácil ver cuál es el problema. La manera brutal y vigorosa en que Hermann trataba al ultrasensible niño, para formarlo a su propia semejanza como un duro sobreviviente de la lucha por la vida, no era bastante flexible –incluso en caso de que el agobiado comerciante hubiera encontrado el tiempo de dedicarse a esa tarea– como para complacer las demandas especiales que le hacía su hijo.

Kafka sostenía que su padre estaba "absolutamente atado a los negocios, no eras capaz de estar conmigo siquiera una vez al día", y por lo tanto, cuando finalmente se manifestaba, el efecto era por demás atemorizante. Recordaba en particular un incidente de su niñez, cuando, después de "lloriquear" persistentemente pidiendo agua –"probablemente en parte para molestar, en parte para divertirme"–, Hermann arrancó a su hijo de la cama y lo llevó afuera, al *pavlatche* (una galería alta característica que rodeaba el patio interior de los edificios de apartamentos de Praga) y lo dejó allí en su camisa de dormir, solo, mirando la puerta cerrada. Según Kafka, eso era "típico de tus métodos de educar a un niño y su influencia sobre mí. Me atrevo a decir que, después de eso, fui obediente por un tiempo, pero me hizo un daño interior". El niño no podía relacionar la ofensa trivial con el terror de la Ley paterna (Kafka le puso una mayúscula inicial a la palabra en lugares clave de su ficción). "Incluso muchos años después, yo sufría por la atormentada fantasía de que ese hombre enorme, mi padre, la autoridad última, vendría prácticamente sin ninguna razón y me sacaría de la cama y me arrastraría afuera, al *pavlatche*, y que, por lo tanto, para él yo sólo era una nada". En la realidad, Hermann probablemente volvió a su juego de cartas pensando que peor era la mano que le había tocado a él cuando era un niño travieso en Osek.

Pero Kafka era despiadado. Consideraba que ese incidente había sido "un pequeño comienzo", cuyo fruto fue "ese sentimiento de ser una nada que me domina a menudo" y que "proviene en gran medida de tu influencia". Sostenía que lo que necesitaba era "un pequeño estímulo, un poco de amabilidad, que mantuvieras un poco abierto mi camino, pero en cambio me lo obstruías". Recordaba en forma conmovedora qué contento se ponía su padre cuando el pequeño Franz saludaba y marchaba con elegancia, como lo había hecho Hermann en su época en el ejército austríaco, "pero yo no era ningún futuro soldado". Hermann exhortaba a su hijo a que comiera copiosamente, que bebiera cerveza en las comidas y repitiera sus cantos en honor a la bebida, "pero eso no tenía nada que ver con mi futuro". La mera presencia física de su padre lo deprimía. A Kafka le gustó nadar toda su vida, pero cuando ambos se desnudaban en una caseta: "Ahí estaba yo, flaco, débil, angosto, y tú, fuerte, alto, ancho". El muchacho se sentía físicamente inferior no sólo frente a su padre, "sino frente a todo el mundo, porque tú eras para mí la medida de todas las cosas". Este sentido de disparidad entre la fuerza física de su padre y la suya permaneció en Kafka durante el resto de su vida, y está poderosamente presente en su ficción fundamental, por ejemplo en *La condena* (*Das Urteil*), que ya había sido publicado cuando escribió la acusadora *Carta al padre*.

Hermann desempeñaba el papel de tiránico patriarca en una pequeña habitación ("Desde tu sillón gobernabas el mundo"), y Franz se encogía cuando su padre denigraba alegremente, uno después de otro, a los checos, a los alemanes y a los judíos. "Tu opinión era correcta, todos los demás eran locos, extravagantes, *meschugge*, anormales... Para mí, tenías esa enigmática cualidad de los tiranos que fundan su derecho en su persona, y no en la razón". Esto tenía el efecto de inhabilitar al muchacho. Era incapaz de articular sus frágiles e inmaduros pensamientos e ideas en esa ruidosa y dogmática corte: "Todos esos pensamientos, aparentemente independientes de ti, estaban cargados desde el principio con el peso de tu juicio desfavorable; era casi imposible soportar eso y aun así tratar de elaborar los pensamientos en forma integral y continua". El hecho de que su padre fuera el todopoderoso árbitro, la Ley, significaba que nada de lo que su hijo dijera, pensara o hiciera podía pesar en la balanza, contra la pura presencia física de su oposición y su desprecio. "La valentía, la resolución, la confianza, el placer de hacer esto o aquello, no llegaban al final cuando tú estabas en contra de algo, o incluso cuando tu oposición simplemente podía presuponerse; y había que presuponerla para casi todo lo que yo hiciera".

En los aspectos más rutinarios de la educación de un niño, como el comportamiento en la mesa –uno de los pocos lugares donde Hermann solía pasar tiempo con su hijo–, el vigoroso apetito del padre derivaba en una serie de mandatos intimidantes a su hijo (quien desarrolló luego una actitud muy quisquillosa hacia la comida y se hizo vegetariano) para devorar todo y rápido, y cumplir reglas que el mismo padre no cumplía. El resultado fue que el mundo le parecía dividido en tres zonas al joven Kafka: "Un mundo en el cual yo, el esclavo, vivía bajo leyes que habían sido inventadas sólo para mí, y que, no sé por qué, yo nunca podía cumplir del todo; luego, otro mundo, que estaba infinitamente alejado del mío, en el que vivías tú, relacionado con el dominio, con la emisión de órdenes y con el enojo por no ser obedecido; y por último, un tercer mundo, en el que todos los demás vivían felices y libres de órdenes, y de la obligación de obedecer. Yo estaba permanentemente en desgracia".

La consecuencia de esta situación familiar –descripta con una insistencia tan constante por Kafka que puede cansar al lector– era esta: "Perdí la capacidad de hablar". La reserva, el permanecer callado, la tendencia, que sus compañeros de clase habían notado, a responder sólo cuando se le hablaba, fue consecuencia de que el omnipotente padre lo abrumara con sus gritos: "Lo que obtuve gracias a ti... fue un modo de hablar vacilante y balbuciente, e incluso eso era demasiado para ti, y finalmente guardé silencio, al principio, quizá como desafío, y luego porque no podía pensar ni hablar en tu presencia. Y como tú eras la persona que realmente me educaba, eso tuvo repercusiones durante toda mi vida". Como muchas veces sucede con los bravucones, tienden a censurar tanto la obediencia como la provocación. Por lo tanto, cuando Kafka era "demasiado dócil... permanecía completamente mudo, me encogía ante ti, me escondía de ti, y sólo osaba moverme cuando estaba tan lejos de ti que tu poder ya no pudiera alcanzarme", eso era interpretado por su padre como una ofensa más. "Tus métodos retóricos extremadamente efectivos para educarme, que nunca dejaban de funcionar conmigo, eran los insultos, las amenazas, la ironía, la risa malévola y –lo más curioso– la autocompasión".

Una de las amenazas de Hermann a su hijo –esto suena como una excéntrica expresión ídish– era: "Te cortaré en pedazos como a un pescado". El resultado de esta continua destrucción de la autoestima del muchacho fue que: "perdí la confianza en mis acciones. Era indeciso, vacilante". Sin embargo, Franz era consciente de que por lo menos algo de lo que llegó a ser en el tiempo de su adultez, era consecuencia de su propia naturaleza, y no sólo culpa de ese sistema de crianza excesivamente duro. Por lo tanto, admitió que: "tú sólo intensificaste lo que ya existía, pero lo intensificaste mucho, simplemente porque para mí eras muy poderoso, y tú empleaste todo tu poder con ese fin". Y cuando Kafka acusa a su padre por usar la ironía y el sarcasmo, nos preguntamos si una pequeña dosis de ironía por parte del hijo no lo hubiera salvado del sufrimiento. Hasta cierto punto, se volvió insensible frente a la invectiva permanente: "Uno se vuelve un chico malhumorado, distraído, desobediente, que siempre trata de escapar de algo y, en general, de escaparse dentro de uno mismo. Así sufrías, y así sufríamos". Había, por supuesto, momentos de ternura, tanto más conmovedores cuanto que obviamente eran escasos, como cuando Hermann entró una vez al cuarto de enfermo de Kafka y "por consideración hacia mí, sólo me hiciste una señal con la mano. En momentos como ése uno querría acostarse y llorar de felicidad, y uno vuelve a llorar ahora, al escribirlo".

Al leer esta acusación, podría olvidarse que Kafka tuvo padre y madre. El decía que "Madre era infinitamente buena conmigo", pero en un sentido, era casi demasiado buena. En su interés por mantener la paz, refrenaba lo que habría sido una útil rebelión adolescente, y así volvía a llevar a Franz a la órbita del padre: "In-

conscientemente, Madre desempeñaba el papel del ojeador en una
cacería". Hermann nunca le pegó a su hijo, aunque le gustaba esgri-
mir amenazas teatrales, por ejemplo, poner sus tiradores en el res-
paldo de la silla como si se preparara para una paliza. Esto se convertía en una nueva fuente de reproches, porque fomentaba "un gran
sentimiento de culpa" cuando permitía que el niño se fuera, después
de dejar bien en claro que merecía que lo castigaran. Julie Kafka era
"demasiado dedicada y leal" a Hermann "como para ser capaz de
constituir una fuerza espiritual independiente, a largo plazo, en la
batalla del niño". Era difícil para ella serlo en medio de ese escenario de guerra: "era en Madre en quien descargábamos nuestros sentimientos salvajes".

El efecto acumulativo de este conflicto doméstico para el adolescente en crecimiento fue socavar su confianza en sí mismo. La nerviosa paranoia de Hermann con respecto al mundo exterior, tan característica de un hombre que se hizo solo, le causó un profundo
daño: "esa desconfianza, que cuando era un niño pequeño no veía
confirmada en ninguna parte, pues siempre vi personas excelentes,
más allá de toda idea de emulación, se convirtió en falta de confianza en mí mismo, y en una perpetua ansiedad con respecto a todo".

Kafka nunca abandonó su convicción de que todo el curso de
su vida fue determinado en esa asfixiante intimidad familiar praguense. Sólo por esta razón, no hay que subestimar la relación entre el mundo de su infancia y el mundo de su ficción de madurez:
existe una llamativa congruencia entre los temas en la vida y en el
arte de Kafka. La *Carta al padre* es un documento hábilmente construido. Más tarde, Kafka admitió que había desplegado ingeniosas
estrategias retóricas, "sus trucos de abogado" ("*advokatorischen
Kniffe*"). Esta es una parte de la historia. De hecho, se parece mucho a las cartas que escriben en la actualidad quienes usan "recuerdos recuperados" para efectuar acusaciones sobre incidentes
de abuso en la infancia que antes no recordaban. Sería interesante
escuchar a la otra parte.

Pero aun si consideráramos cierto grado de exageración o paranoia, las ficciones de Kafka están generalmente regidas por un sistema de pensamiento y percepción semejante al mundo de pesadilla de miedo, incertidumbre y culpa que describe en esta carta a su padre. Es un mundo que los niños hipersensibles y temerosos conocen y sienten como verdadero, por más que los adultos sensatos les digan que no le den importancia. Incluso en la *Carta*, Kafka sabía que tenía que diferenciar entre lo que él, como persona, hubiera sido en *cualquier* familia, en cualquier sistema de crianza de niños, y lo que llegó a ser como resultado del ambiente familiar particular en el que se desarrolló. En última instancia, lo que importa, lo incontrovertible, es *cómo son percibidas las cosas*. Independientemente de si Kafka tenía *razón* en culpar a su padre por el hombre que él había llegado a ser, por la vida que vivió, el conflicto determinó la forma de su mundo: el mundo que se vislumbra en su ficción, en sus cartas y en sus diarios. Es un mundo siempre ferozmente consecuente, un mundo en el que Kafka nunca dejó de juzgarse de manera tan severa como juzgaba a los demás.

4

En noviembre de 1901, Kafka comenzó sus estudios en la Universidad alemana Ferdinand Karl de Praga. Este muchacho de dieciocho años, intensamente literario –que a duras penas había aprobado la parte matemática del programa de estudios del Gymnasium, y sólo lo había logrado con la ayuda de Hugo Bergmann (éste, a diferencia de Kafka, se había graduado en el Gymnasium con honores)–, asistió a clases de química con Hugo. El argumento que fundamentaba la opción por la química era que sólo dos profesiones tradicionales estaban abiertas para los judíos, el derecho y la medicina, y como ninguna de ellas atraía a Franz ni a Hugo, decidieron optar por la química, porque se decía que había oportunidades de empleo en la industria del ramo. En esa época, Bohemia era el centro industrial de la Doble Monarquía, y las chimeneas de las fábricas humeaban.

Bergmann y Kafka asistieron a las clases que dictaba en el Instituto Químico de la universidad el profesor Goldschmied, un judío bautizado, pero pronto descubrieron que no tenían ninguna aptitud para el trabajo de laboratorio. Bergmann aguantó un año antes de cambiarse a matemática, física y filosofía. Kafka duró sólo dos semanas, y luego optó por lo que inicialmente había rechazado, el derecho, aunque también seguía las clases de literatura alemana de August Sauer, así como las de historia del arte. Sauer era un entusiasta de los maestros del siglo XIX de la prosa alemana, como Franz

Grillparzer, Adalbert Stifter, Heinrich von Kleist y Johann Peter Hebel, cuya claridad de lenguaje y pensamiento, y cuyo vigor narrativo tuvieron una poderosa influencia en la formación del propio estilo de Kafka.

Pero a Kafka pronto le irritó el nacionalismo *völkisch* sentimental de Sauer. La Universidad de Praga, fundada en 1348, era una de las más antiguas de Europa. En 1882, un año antes del nacimiento de Kafka, se dividió en dos facultades –checa y alemana–, y los sentimientos nacionalistas eran fuertes en ambas. Hasta había entradas y salidas separadas para los estudiantes checos y alemanes. Como la mayoría de los estudiantes judíos alemanes, Kafka pronto ingresó al Círculo de Lectura y Conferencias para Estudiantes Alemanes (*Lese- und Redehalle der Deutschen Studenten*), un club integrado en su mayor parte por estudiantes judíos, que tenía una excelente biblioteca y organizaba lecturas literarias, exposiciones, conciertos y grupos de discusión. Kafka estaba particularmente interesado en su sección de Literatura y Arte. Fue después de entregar un artículo sobre Schopenhauer y Nietzsche en esa sección, el 23 de octubre de 1902, al comienzo del segundo año de Kafka, cuando el aspirante a escritor Max Brod, que desempeñaría un papel tan importante en su vida y en la edificación de su fama literaria póstuma, conoció a Kafka. En esa época, éste había completado un árido y poco estimulante año de derecho romano y germano, filosofía e historia del arte alemán, y solía ir al Club para respirar un poco de aire intelectual. Brod –considerado un brillante estudiante de leyes, músico, poeta y futuro novelista– provocó una discusión cuando describió a Nietzsche como "un fraude". Esa no era ciertamente la opinión de Kafka, y ambos se trenzaron en un vigoroso debate mientras caminaban de regreso a casa.

Max Brod, que, pese a sus tempranos dones, no es demasiado valorado hoy como novelista, se dedicó a impulsar la reputación de Kafka. Ha sido criticado, a veces despiadadamente, tanto por su insistencia en la personalidad religiosa, si no santa, de Kafka, como por

la calidad de su práctica editorial al preparar la obra de Kafka para
su publicación póstuma. Pero en vida de Kafka, ayudó a un escritor
que necesitaba una pequeña, amable promoción, y salvó su obra de
la destrucción en dos sentidos: se llevó consigo manuscritos inéditos de Kafka a Israel en 1939, cuando huyó de los nazis, y tomó medidas para seguir protegiéndolos después, durante un período de
disturbios políticos en Oriente Medio, a fines de los años cincuenta.
Esos manuscritos llegaron finalmente a Oxford en 1961, donde se encuentran ahora en la Bodleian Library. Lo más importante es que la
negativa de Brod a cumplir la última voluntad de Kafka moribundo,
en el sentido de que se destruyera toda su obra no publicada hasta
entonces, permitió que el mundo conociera sus tres novelas fundamentales, gran parte de su ficción breve, sus cartas y sus diarios.

Brod describió al estudiante universitario Kafka en su apariencia exterior como "profundamente discreto: incluso sus trajes elegantes, que generalmente eran de color azul oscuro, eran tan discretos
y reservados como él". Ahora empezaba a surgir el Kafka adulto. Sus
contemporáneos están de acuerdo en que era alto, delgado, de cabello oscuro, bien constituido, reservado y tímido, se vestía con esmero pero sin ostentación, y sus modales eran delicados y corteses.
Todos se fijaban en sus ojos, que eran oscuros (el adjetivo más usado es *dunkel*), brillantes, y sugerían una profundidad inexpresada.
Tan atractiva y conmovedora era la intensidad de sus grandes y luminosos ojos que muchos olvidaban observar su color. Quienes publicaron sus recuerdos de encuentros con él, registraron una deslumbrante variedad de colores: azul acero, gris plomo, negro, marrón.
Aunque hay cierto consenso en el gris con un tinte azul, ciertamente es difícil descartar la evidencia del *marrón* que describe su último,
intenso amor, Dora Diamant. Ella recuerda:

> Las características esenciales de su rostro eran sus ojos muy
> abiertos, a veces demasiado abiertos, cuando hablaba o escuchaba. No tenían una mirada fija de horror, como se dijo; era

más bien una expresión de asombro. Sus ojos eran marrones y tímidos. Cuando hablaba, se encendían... no tanto con ironía como con malicia, como si supiera algo que los demás no sabían. Pero no tenían ninguna solemnidad... Sus muñecas eran muy delgadas, y tenía dedos largos y etéreos, que dibujaban formas cuando contaba una historia... Kafka estaba siempre alegre.

Fred Bérence, el escritor suizo que conoció a Kafka en 1921, opinaba que "ninguna foto de él puede expresar el modesto encanto de este hombre. Era alto, bien constituido, de cabello muy oscuro, extremadamente bien vestido; producía una impresión de mucha elegancia. Recuerdo dos ojos oscuros, que sonreían desde un semblante pálido, y en los que me pareció haber visto danzar doradas lentejuelas. En el transcurso de una conversación, su voz apagada se volvía animada, cálida, plenamente armónica y colorida".

Uno de los compañeros de trabajo de Kafka recordaba su "cabello lustroso, negro azabache, ojos oscuros y un andar veloz". Otro, hablando de la época en que la enfermedad ya empezaba a dejar sus marcas, también recordaba el cabello negro azabache "y ojos grises contrastantes. Con la configuración de su cuerpo y su pensativa abstracción daba una impresión sumamente tímida y reticente... Su rostro solía ser muy serio y severo, sus ojos, brillantes y vivaces". El conocido de Kafka, Gustav Janouch, que hoy es considerado un testigo poco confiable en relación con sus *Conversaciones con Kafka* (1953), concuerda sin embargo con las cejas oscuras y el vivaz rostro moreno, su "pequeña mano huesuda" y sus "grandes y brillantes ojos grises". Janouch decía que Kafka "hablaba a través de su rostro", y le gustaban los ademanes, aunque no los usaba demasiado. Kafka habría estado de acuerdo sobre "mi larga mano huesuda con dedos parecidos a los de un niño y un mono".

Este era el estudiante universitario Kafka, que estaba empezando a definirse y, según la opinión de los que lo conocieron después,

nunca perdió su apariencia juvenil. Después de los treinta años, parecía de dieciocho. Aunque le encantaba flirtear, era todavía sexualmente inmaduro. En el colegio –donde sus compañeros lo conocían
como alguien que no tomaba parte en las bromas sexuales–, lo sentía como un inconveniente. Una tarde, posiblemente cuando tenía
dieciséis años, y estaba terminando el Gymnasium, salió a caminar
con sus padres por el Josefplatz y empezó a reprocharles, "de una
manera estúpidamente jactanciosa, arrogante, orgullosa, tranquila
(esto era falso), fría (esto era genuino) y tartamudeante, como indudablemente siempre hablaba con ustedes", por haberlo dejado en la
ignorancia en materia sexual. Les dijo que había tenido que descubrir esas cosas por sus amigos, exagerando el "gran peligro" en que
lo había colocado esa ignorancia (mientras que admitía que no era
totalmente inocente sobre "los habituales delitos sexuales de los niños de ciudad"). Su padre escuchó pacientemente ese arranque, y
luego agregó prosaicamente que podía darle al joven Franz "algún
consejo sobre cómo puedes entrar en esas cosas sin riesgo", sugiriendo probablemente que Franz podía visitar a una prostituta. En cierto modo, Franz esperaba esa clase de ofrecimiento, y puede haber
tratado de obtenerlo "manteniendo el prurito de un niño sobreali-
mentado con carne y toda clase de cosas buenas, físicamente inacti-
vo, permanentemente ocupado consigo mismo". Pero cuando el ofrecimiento se produjo, retrocedió, pues lo vio como una evidencia
concreta de la poca confianza mutua que había entre padre e hijo
–"en realidad, la primera instrucción directa sobre la vida real que
recibí de ti"–, y también porque lo que verdaderamente había querido decir era "la cosa más sucia", otro gesto desdeñoso de un hombre casado sexualmente normal hacia un hijo al que estaba listo a
empujar, junto con su descontrolada naturaleza sexual, "dentro de
esa suciedad". La interpretación de Kafka es reveladora, así como el
tono de aprensiva repulsión y el repetido uso de la palabra "suciedad" para describir la sexualidad adolescente normal. Finalmente,
no recibiría su iniciación sexual hasta después de los veinte años.

En el aspecto intelectual, también estaba indeciso y confundido como un adolescente. Después de un año de probar y cambiar sus cursos universitarios, empezó a considerar la idea de irse de Praga para completar sus estudios en la Universidad de Munich. El 17 de octubre de 1902 fue allí, pero el proyecto fracasó, tal vez porque su padre no estaba preparado para financiarlo. Esto fue quizá lamentable, porque en esa etapa del desarrollo de Kafka, estar lejos de su casa habría sido extremadamente beneficioso. Podía haberlo hecho más responsable por sí mismo y obligarlo a romper el vínculo negativo con sus padres.

En el verano, los Kafka recibieron la visita del tío Alfred Löwy, que en ese momento era director de los ferrocarriles españoles, y que aportó una bocanada del exterior al tenso interior del apartamento de los Kafka, en el primer piso del número 3 de la calle Celetná, en la casa conocida como "Los Tres Reyes". Allí vivió Kafka con su familia de 1896 a 1907, hasta los veinticuatro años. Kafka hizo un viaje especial de regreso a Praga desde Libechov (Liboch), un pueblo sobre el Elba, a unos 40 kilómetros al norte de Praga, donde había pasado el verano con el tío Alfred. Le contó a su mejor amigo de la universidad, Oskar Pollak, que poco antes de la llegada de su tío, "tuve la extraña, infortunadamente muy extraña idea de rogarle, no, no de rogarle, de preguntarle si conocía alguna manera de ayudarme a salir de esta confusión, si podía guiarme hacia algún lugar donde finalmente pudiera empezar de nuevo y hacer algo". El tío Alfred, quizá por temor a sembrar discordia en la familia, respondió complaciendo a Franz pero sin hacer promesas. Los términos vagos —"alguna manera", "algún lugar", "algo"—, usados por un escritor normalmente muy preciso, expresan elocuentemente la confusión de Kafka, y lo perdido que se sentía en aquel verano de 1902, cuando estaba por comenzar su segundo año en la universidad. Era, según le dijo a Pollak, "un tiempo extraño", en el que se entregó al éxtasis bucólico: "Estoy sentado en el jardín y les cuento a los niños... cuentos de hadas".

Hacia fines de 1902, se instaló nuevamente en Praga, tras el fracaso de sus sueños de fuga. "Praga no te suelta. O ella o yo", le confió a Pollak. "Esta madrecita tiene garras [*Dieses Mütterchen hat Krallen*]. Hay que rendirse. Habría que ponerle fuego por dos lados, por el Vyšehrad y por el Hradčany [los dos montes que dominan Praga]; sólo entonces podríamos marcharnos". Este comentario sobre Praga se cita muchas veces fuera de contexto, como si fuera el juicio definitivo de Kafka sobre la ciudad, en vez de un acceso de exasperación circunstancial de un joven. La Praga de Kafka, como la Dublin de su contemporáneo James Joyce, que en esa época estaba a punto de huir a París en un exilio definitivo, efectivamente no lo soltaría. Pero no está claro si Kafka, pese a sus tibios intentos ocasionales, estuvo alguna vez seriamente decidido a escaparse de sus garras hasta muy poco antes de su muerte, y es porque realmente amaba a su ciudad, en especial cuando caminaba por sus espacios verdes.

Mucho más significativo en esos primeros años universitarios fue que, en sus cartas a amigos, Kafka estaba empezando a mostrar indicios del escritor que sería. Había comenzado a escribir en su temprana adolescencia, pero luego destruía esos intentos. En la misma carta a Pollak que acabamos de mencionar, exhibió por primera vez ese modo imaginativo, fantástico, que sería tan natural para él. Inventó un relato, "El Larguirucho Vergonzoso [*Schamhaften Langen*] y el Impuro de Corazón": el primero era un autorretrato, y el segundo, Emil Utitz, su amigo del Gymnasium. La cabeza del Larguirucho Vergonzoso sobresale por el techo, sus pies salen por las ventanas, y tiene dedos "torpes, flacos, de araña". Lo visita su entusiasta y locuaz amigo de la ciudad, Impuro de Corazón, y cuando éste se va, Larguirucho llora: "Le dolía el corazón y no se lo podía decir a nadie". La torpeza, las extrañas transformaciones físicas, y la silenciosa, impotente desesperación son anticipaciones de *La metamorfosis*.

A pesar de su nueva amistad con Max Brod y sus encuentros con jóvenes pensadores de ideas afines en sociedades estudiantiles, como Paul Kisch –hermano del escritor Egon Erwin Kisch (1885-

1948)–, que luego se lanzó a una variedad de causas izquierdistas, Kafka inició su segundo año universitario todavía como una figura solitaria. Durante todo ese año se concentró en sus estudios jurídicos, y rindió sus exámenes de derecho histórico en el verano de 1903. Luego, en agosto, comenzó su larga carrera de enfermo con una visita a la clínica Weisser Hirsch del doctor Lahmann, cerca de Dresden. En una postal que le envió a Paul Kisch, en la que se veía a dos caballeros en trajes de baño regándose mutuamente con mangueras mientras disfrutaban su *Luftbad*, escribió: "Aquí bebes aire en vez de cerveza, y te bañas con aire en vez de agua". De regreso en Praga, a principios de septiembre, con el fin de prepararse para su tercer año académico, reflexionó en una carta dirigida a Oskar Pollack, de quien no había tenido noticias durante el verano, sobre las "grandes esperanzas" que había tenido originariamente al comenzar el verano, y que ahora se estaban evaporando: "No sé si tú sabías, aunque fuera vagamente, lo que yo quería lograr este verano. Lo diré: sacar de un tirón lo que creo que tengo dentro de mí (no siempre lo creo)... Me volví más sano... más fuerte, estuve mucho con gente, pude hablar con mujeres... pero el verano no me trajo ningún milagro".

Escribiendo todavía al modo amanerado del *Kunstwart*, que pronto cambiaría por su cuidadoso y preciso estilo maduro, Kafka admitía que su instintivo aislamiento era "repulsivo". Trataba de convencerse de que creía en la siguiente admonición: "Deja simplemente tus huevos al aire libre, y el sol los incubará; es mejor morder la vida que morderte la lengua; honra al topo y a su especie, pero no lo conviertas en uno de tus santos". Prometió reunir todo lo que había escrito hasta el momento, "original o derivado", salvo los textos de su infancia (que podían incluir las obras de teatro escritas para entretener a la familia: "como ves, esta desgracia me estuvo molestando desde muy temprano"). Excluyó lo que había destruido, sus proyectos teatrales ("países enteros para él, que los tiene, y arena para los demás"), y la clase de textos que le daba demasiado pudor compartir con otros ("porque nos produce escalofríos estar desnudos y ser señalados por otros, aunque hayamos pedido de rodillas exactamente eso"). Le dijo a Pollak: "Durante todo el año pasado no escribí prácticamente nada". Deseaba que su amigo le diera una evaluación sincera de todo lo que había hecho hasta ese momento. "Porque −por esto lo deseo− mis cosas más queridas y más dificultosas me parecen apenas tibias, a pesar del sol, y sé que otro par de ojos hará que todo sea más cálido y vital".

Kafka había llegado al punto que conocen todos los escritores noveles, en el cual la timidez, el pudor y la duda que parecen impulsarlos a esconder todo bajo la alfombra −o arrojarlo al fuego− entra en conflicto con la conciencia de que la escritura se sostiene o se derrumba según su capacidad de exponerse a "otro par de ojos", y que debe ser sometida a la prueba de otra opinión. Lo que resulta más evidente con respecto al Kafka de veinte años es la centralidad que tiene en su vida, en ese momento, el hecho de *escribir*. Sus estudios jurídicos, la política, todas las demás actividades estudiantiles, no son nada en comparación con la obsesión de su vida. Cuando le dice a Pollak que toma "un trozo de mi corazón, lo envuelvo cuidadosamente en unas cuantas hojas de papel escrito y te lo envío", eso es más que retórica vacía. Kafka describe francamente el aislamiento en el que se encuentra incluso en presencia de amigos:

> Estamos desamparados como niños perdidos en el bosque. Cuando estás frente a mí y me miras, ¿qué sabes de las penas que hay en mí y qué sé yo de las tuyas?... nosotros, los seres humanos, debemos pararnos uno frente al otro en la misma forma reverente, reflexiva, amorosa, en que lo haríamos ante la entrada al infierno... Para mí, tú eras, con muchas otras cosas, como una ventana a través de la cual yo podía ver la calle. No puedo hacer eso por mí mismo porque, aunque soy alto, todavía no puedo llegar hasta el alféizar.

Kafka siempre necesitaría –y encontraría– esas ventanas humanas hacia el mundo, para ayudarlo a conectar su vida interior con el mundo exterior, el mundo de los oficinistas domingueros en la plaza Wenceslas (Wenzelsplatz o Václávské náměstí) de Praga, con "sus claveles rojos y sus caras tontas y judías [ihre dummen und jüdischen Gesichter] y su alboroto". Mientras tanto, estaba decidido a seguir escribiendo, sin importarle el éxito: "Tengo tantas energías dentro de mí atadas a una estaca que posiblemente lleguen a convertirse en un verde árbol".

Las lecturas de Kafka también avanzaban rápidamente. Había pasado el verano de 1903 leyendo la obra del filósofo alemán Gustav Fechner (1801-1887) y al místico medieval alemán Meister Eckhart. Al comenzar su tercer año, se concentró más exclusivamente en el derecho, después de dejar atrás los cursos de literatura y lengua alemana, historia del arte, música, psicología y filología clásica. Estudió derecho canónico con el profesor Singer, derecho estatal con el profesor Ulbrich, derecho civil con el profesor Krasnapolski y ciencia cívica con el profesor Rinteln. Anna Pouzarová, la institutriz de sus tres hermanas, que había entrado a trabajar para la familia en octubre de 1902, cuando Kafka tenía diecinueve años, recordaba esa habitación, sobre cuyo escritorio descansaban dos volúmenes de derecho romano. "El muchacho era muy aplicado, sentado permanentemente frente a su escritorio". Kafka era siempre amable y cortés con los sirvientes checos, pero ellos lo consideraban más bien reservado y tímido, indiferente a los chismes y a las burlas: "El muchacho era alto, delgado, de naturaleza seria, y no se comunicaba mucho. Hablaba con voz tranquila y suave. Generalmente usaba trajes oscuros y a veces un sombrero redondo negro. Nunca lo vi agitado, y nunca se reía fuerte". Anna también sospechaba que a veces él dormía en el suelo como una forma de disciplina terapéutica. Una vez vio a todas las hermanas acostadas sobre la alfombra haciendo ejercicios de respiración, siguiendo las instrucciones de su hermano.

No obstante, sería erróneo inferir que Kafka llevaba una vida completamente monacal. En julio de 1903, su primer encuentro sexual −típico para un joven de su clase− fue con una muchacha checa de la clase obrera. Frente a la casa de la calle Celetná, había una tienda de ropa, en cuya puerta solía ver a una vendedora del negocio. Mientras caminaba ida y vuelta por su cuarto tratando de memorizar los "hechos sin sentido" del "repugnante derecho romano" para su primer examen del otoño, Kafka se acercaba cada tanto a la ventana para mirar a la muchacha. Aunque parezca increíble, este joven tímido empezó a comunicarse con ella mediante un lenguaje de signos. Le indicó que pasaría a buscarla a las ocho. Cuando fue por ella esa noche, vio que estaba con otro hombre, pero como Kafka "tenía miedo de todo el mundo", una persona más para temer no tenía importancia. El otro hombre tomó a la muchacha del brazo, pero ella le hizo señas a Kafka para que los siguiera. El hombre y la muchacha llegaron hasta Schützen Insel (Střelecký ostrov), donde bebieron cerveza, mientras Kafka permanecía en otra mesa. Luego caminaron hasta el apartamento de ella, cerca del Fleischmarkt, el hombre se despidió y la muchacha entró corriendo en la casa. Pero luego volvió a salir y fue con Kafka a un hotel en Malá Strana (el Pequeño Barrio o Kleinseite). "Desde antes de que fuéramos al hotel, todo fue encantador, excitante y horrible, y en el hotel no fue diferente. Y cuando, hacia la mañana (el tiempo todavía estaba cálido y hermoso), caminamos de regreso a través de la Karlsbrücke [Karluv most], yo me sentía realmente feliz, pero esa felicidad provenía del hecho de que por fin mi siempre anhelante cuerpo me había procurado cierta paz, y sobre todo, del alivio de que toda esa experiencia no hubiera sido *más* horrible, *más* obscena". Estuvo nuevamente con "la muchacha" (que nunca adquirió una identidad) dos noches más tarde, pero poco después fue con sus padres a Aussig para sus vacaciones estivales, donde "se divirtió un poco" con otra chica, y convirtió a la primera en "una encarnizada enemiga, y sin embargo era una muchacha amable y de buen carácter... me seguía todo el tiempo con sus ojos que no entendían".

Esa "enemistad" también era causada por la culpa sexual del joven burgués que se había dejado manchar por una empleada de tienda. También se volvió contra ella porque en el hotel,

> con total inocencia, hizo unos pequeños gestos repulsivos (que no vale la pena mencionar), dijo una insignificante obscenidad (que no vale la pena mencionar), pero el recuerdo permaneció: supe en ese instante que nunca lo olvidaría, y al mismo tiempo supe, o creí saber, que esa repulsión y esa obscenidad, aunque exteriormente innecesarias, interiormente quizás estuvieran muy necesariamente conectadas con todo ese asunto, y que esa repulsión y esa obscenidad (cuyo pequeño síntoma sólo había sido su minúsculo gesto, su palabra insignificante) me habían atraído a ese hotel con tan terrible poder, al que de otro modo me habría resistido con todas las fuerzas que me quedaban.

La política sexual implícita en este relato podría ser extensamente analizada. Kafka hizo esta confesión autobiográfica en una carta que le escribió casi dos décadas después a su amante Milena Jesenská. Le relató esa experiencia para explicarle por qué siempre había permanecido sexualmente reticente. Algunos biógrafos sugieren impotencia, pero probablemente se trate de alguna forma de reserva física o lentitud de respuesta sexual, que condicionaba, aunque no necesariamente impedía, la actividad sexual de Kafka. A Dora Diamant, su último amor, se le preguntó a menudo sobre este aspecto de Kafka. En uno de sus diarios, recientemente descubiertos, Dora comenta un pasaje del diario de Kafka, donde él menciona cierta relación con "B", en la cual "hay efusiones que no se liberan sino que deben consumirse en ser rechazadas", un pasaje bastante oscuro que puede referirse a cualquier cosa, incluso a una amistad común en la que hay poca reciprocidad. Dora dijo entonces que Kafka era "sensual como un animal... o como un niño. ¿De dónde sale la presunción de que Franz era ascético?". La inmadurez física de Kafka, su infantilismo, creaba, según Max Brod, "cierta desconfianza temporal en su capacidad sexual", y si bien él *estaba* permanentemente angustiado, no hay pruebas de impotencia. Por el contrario, hay bastantes evidencias de relaciones sexuales tanto con prostitutas como con otras mujeres.

En los años que siguieron a su iniciación sexual con la empleada de la tienda, aquella experiencia en el hotel de Malá Strana obsesionó a Kafka. "Mi cuerpo, a veces tranquilo durante años, se sacudió entonces hasta un punto insoportable por ese deseo de una pequeña, muy específica abominación [*einer ganz bestimmten Abscheulichkeit*], por algo levemente repugnante, embarazoso, obsceno: incluso en lo mejor que existía para mí, había algo de eso, cierto olorcillo desagradable, cierto azufre, cierto infierno". No satisfecho con relacionar aquel fugaz encuentro con su sensación general de disfunción social, Kafka prosiguió con otra alarmante conclusión: "Ese impulso tiene en sí mismo algo del judío eterno, que es arrastrado sin sentido, que vaga sin sentido a través de un obsceno mundo sin sentido". Agradecía los momentos en que no era atormentado de ese modo, aunque significara una aparente frialdad física hacia su circunstancial pareja, e incluso pensaba: "Durante esos períodos, por largos que fueran, yo siempre estaba solo".

En una carta a Oskar Pollak de noviembre de 1903, en la que Kafka hacía una lista de sus lecturas, decía: "Algunos libros son como una llave para una habitación desconocida de nuestro propio castillo". Así como escribir era para Kafka una manera esencial de realizarse como ser humano, también abordaba la lectura con el mismo espíritu de extrema seriedad. A comienzos del año 1904, le contó a Pollak que había estado leyendo los diarios del dramaturgo alemán Friedrich Hebbel (1813-1863), y se había sentido al mismo tiempo intimidado por el relato de una vida "que se eleva cada vez más sin pausa" y regocijado por la experiencia. En un maravilloso pasaje sobre lo sublime de leer, escribe: "Creo que debemos leer só-

lo la clase de libros que nos hieren, que nos apuñalan. Si el libro
que estamos leyendo no nos despierta con un golpe en la cabeza,
¿para qué leemos?... Necesitamos libros que nos afecten como un
cataclismo, que nos acongojen profundamente, como la muerte de
alguien a quien hemos amado más que a nosotros mismos, como si
nos hubieran desterrado a una selva, lejos de todos, como un suicidio. Un libro debe ser el hacha para el mar congelado que tenemos
dentro de nosotros [*Ein Buch muss die Axt sein für das gefrorene
Meer in uns*].

Es característico de Kafka que un libro de diarios maneje el hacha del mismo modo que una obra de ficción. Fue siempre un apasionado lector de cartas y biografías de escritores, a veces incluso los
prefería a las obras de ficción, y hay buenas razones para considerar
sus propios libros de cartas y diarios como obras escritas con la
energía creativa y la integridad imaginativa de las obras de arte.
Junto con los tomos de derecho romano, él seguía devorando a
Amiel, Byron, Franz Grillparzer, las *Conversaciones con Goethe* de
Eckermann, las cartas de Goethe, así como las de Grabbe y du Barry,
y entre las obras contemporáneas, seguramente habrá leído el relato
corto de Thomas Mann sobre las tensiones de la vida artística, "Tonio
Kröger", en el diario *Die Neue Rundschau*. Es probable que por la
misma época haya empezado a leer también a Flaubert, uno de los
principales escritores de su panteón personal.

Y en algún momento de 1904, empezó a escribir la primera de
las ficciones que sobrevivieron: *Descripción de una lucha* (*Beschrei-
bung eines Kampfes*).

5

Descripción de una lucha, que fue comenzado en algún momento entre 1902 y 1904, es la primera obra significativa de ficción en prosa de Kafka. No fue publicada mientras vivió, aunque algunas partes se reciclaron y se publicaron en 1909 en el periódico *Hyperion*. La historia muestra tanto la llamativa originalidad de la imaginación novelesca de Kafka como la notable singularidad de su estilo. Fue la primera obra que Max Brod recordaba haberle oído leer en voz alta: "Estuve permanentemente con Kafka durante varios años sin saber que escribía", aseguró Brod, cuya relación con Kafka empezaba a desarrollarse ahora mientras disminuía la amistad con Oskar Pollak.

El lenguaje de Kafka era completamente diferente del de los demás alemanes praguenses. Ya hemos señalado que los alemanes de Praga estaban política y socialmente aislados de sus vecinos checos. Kafka fue una excepción porque se interesaba genuinamente en la cultura y la lengua checas −incluso estaba suscripto a un periódico filológico checo−, pues la mayoría de los habitantes de habla alemana (aproximadamente 34.000, en la población de Praga central de 450.000) eran indiferentes a la vida cultural de los checos. Según Klaus Wagenbach, el especialista en Kafka cuyos análisis de este fenómeno fueron más influyentes (aunque ahora están empezando a ser cuestionados), la mayoría de los escritores en alemán de Praga mostraban "un olvido romántico del mundo real" porque estaban aislados de las fuentes de la verdadera vida, el lenguaje corriente y los modismos vivientes que los rodeaban. Si aceptamos este argumento, los escritores praguenses alemanes vivían en un aislamiento tanto lingüístico como social, y escribían en un dialecto literario que no tenía relación con el habla corriente. Según Wagenbach, escribían un alemán de papel (*papierenes Deutsch*). Quería decir que había algo decadente, malsano y rebuscado en la obra de estos escritores. "La imaginación crecía exuberante como espléndidas flores venenosas en un pantano, una desenfrenada sexualidad florecía en una confusión barroca. [Los escritores praguenses] querían descubrir un nuevo mundo, pero todo lo que hacían era empolvar y maquillar el mundo, o incendiarlo y celebrar la conflagración", escribió un crítico. En la escritura de los contemporáneos de Kafka, como Paul Leppin, el lenguaje es usado, dice Wagenbach, para engañar al lector: todo es artificial, perfumado, inflado... Ese mal gusto... [es] típico de toda la Escuela de Praga". Por el contrario, el "lenguaje conciso, neutro, sobrio, construido con lógica, de Kafka" representaba un rechazo a los amanerados excesos de escritores como Gustav Meyrink y el Rilke de los primeros años.

Heinrich Teweles, editor del diario en alemán *Bohemia*, se quejaba de que "el flujo de nuestra lengua amenaza secarse... En Praga, no tenemos alemanes para reproducir su lenguaje; no somos más que alemanes culturales". Estos escritores usaban para expresarse el dialecto vienés o el alemán literario, con una inflexión particular del alemán de Praga. "Incluso la forma de hablar de Kafka tenía un color típicamente praguense", sostiene Wagenbach. Años más tarde, en una carta a Max Brod y Felix Weltsch, escrita en 1912 desde un sanatorio de Merano, Kafka contó que otro paciente, un general austríaco, "con sus agudos oídos entrenados en el ejército austríaco" se divertía identificándolo como un alemán de Praga. El checo influía en la pronunciación del alemán praguense, así como en su sintaxis y en su vocabulario. Wagenbach llega a la conclusión de que "en las cartas y los relatos de su primera época, se nota indudablemente una permanente incertidumbre en cuanto al empleo y el vocabulario del alemán". Se podría agregar que esto no llama la atención. Existen variantes en el inglés que se hablan en Gales, Escocia e Irlanda (sin ir más lejos) que son perfectamente normales. Además, enriquecen el inglés británico, más que empobrecerlo. Sin embargo, está claro que Kafka, aunque respetaba la lengua y la cultura checas, se consideraba a sí mismo un escritor alemán, y sus modelos eran los escritores clásicos alemanes como Goethe, Kleist y Stifter. El lenguaje de Kafka se transformó en "un alemán praguense personalizado, casi purificado de toda influencia local". Según el escritor Franz Werfel, Kafka encontró una alternativa a las deficiencias del insípido lenguaje culto alemán de Praga "imponiendo un extremo rigor en el material oral que le ofrecía ese ambiente. Lo escudriñaba con recelo, casi en forma académica, porque carecía de la fluidez y la confianza de un nativo". Pero Kafka habría sido único aunque hubiera vivido en el bullicio de los cafés vieneses. Su originalidad no puede limitarse a una sola fuente.

Descripción de una lucha se refiere directamente a la topografía específica de Praga de una manera que casi no aparece en la ficción posterior de Kafka. Desde el mismo comienzo, la escritura de Kafka se caracterizó por una extrema precisión y a la vez una extrema opacidad. Él fue, como dijo Erich Heller, "el creador de la claridad más oscura de la historia de la literatura, un fenómeno que, como una palabra que se tiene en la punta de la lengua, atrae permanentemente y al mismo tiempo rechaza la búsqueda de lo que es y significa". André Gide pensaba que "el realismo de sus imágenes supera continuamente nuestro poder de imaginación, y yo no podría decir qué admiro más, si su representación 'naturalista' de un mundo fantástico, que se vuelve creíble por la minuciosa precisión de sus imágenes, o el confiado arrojo de ir hacia lo misterioso". La especial paradoja de este característico modo de escritura –puro, exacto, vívido, y sin embargo con tanta frecuencia difícil, si no imposible de explicar y descifrar– inevitablemente llevó a los críticos a buscar significados alegóricos, como si existieran algunas dimensiones concretas a las que "se refirieran" esos relatos, si solamente pudiéramos hallar la clave. Pero no existen tales claves. Tiene más sentido ver esos textos como símbolos y no como alegorías, y saborear su extrañeza y su fascinación como si fueran poemas imaginistas, antes que decodificarlos laboriosamente (y quizás inadecuadamente). *Descripción de una lucha* aparece como la proyección de los miedos y las fantasías del autor. Comienza con un interior doméstico cerrado, una atmósfera de extraña sexualidad, un "amigo" imaginario, que puede no ser otra cosa que un alter ego. En la sección titulada "Una caminata", se considera a la imaginación como una fuerza de contrapeso al mundo de las necesidades diarias, un escape para el individuo disfuncional ("De este modo, yo jugaba con la idea de mi futura vida y trataba obstinadamente de olvidar"). En otro pasaje, "Conversaciones con un orante", el narrador declara: "de toda esta gente que se comporta en forma tan irresoluta, tan absurda, como resultado de su confusión, sólo yo parezco digno de oír la verdad sobre mí mismo". Más adelante, pregunta: "¿Qué pasa que todos ustedes se comportan como si fueran reales? ¿Están tratando de hacerme creer que yo soy irreal...?". En la "Conversación continuada entre el hombre gordo y el orante", dice: "el contacto con un cuerpo humano siempre me resulta repugnante". Todos estos elementos extrañamente yuxtapuestos provienen claramente de los sentimientos, las ansiedades y las obsesiones del propio Kafka en esa época, acerca de cómo adaptarse al mundo que lo rodeaba.

Un comentario hecho aproximadamente en el tiempo en que comenzaba a escribir esta obra arroja cierta luz sobre esta incertidumbre. Kafka explica por qué decidió no ir con Max Brod y su grupo a un baile de disfraces: "Una pandilla de amigos sólo es útil en las revoluciones, cuando todo sucede en forma conjunta y sencilla". Le dice a Brod que algo de uno mismo se pierde cuando se está en compañía, porque las reacciones de una multitud "distorsionan" las percepciones del individuo: "Te ponen en una falsa posición". Y también le dice a Oskar Pollak: "Cuando alguien me tiende una mano fría, me hace sentir bien, pero que me tome el brazo, me resulta incómodo e incomprensible". El deseo normal de Kafka de una compañía agradable estaba en conflicto con su deseo de soledad, más que de soledad, de invisibilidad. "¿Sabes qué tienen de especial algunas personas?", le preguntó a su amigo. "Son nada, pero no pueden mostrarlo, no pueden mostrarlo ante sus propios ojos, eso es lo que tienen de especial". En estas cartas, Kafka suele expresar lo que quiere decir inventando breves parábolas, y en ellas manifiesta su preocupación por inventar el yo a través del lenguaje: "Sería bueno que pudiésemos usar palabras para ocultarnos de nosotros mismos, pero sería aún mejor si pudiésemos adornarnos y cubrirnos con palabras hasta convertirnos en la clase de personas que anhelamos ser en nuestro corazón".

Sin embargo, a pesar de estos leves movimientos de retirada, estas evasiones de intimidad, Kafka también llevaba una activa vida social. Se interesaba por temas políticos y sociales, y le gustaba asistir a actos políticos, más como oyente silencioso que como activista. (Se dijo que Kafka fue un activo participante de acciones políticas radicales, pero esta idea se basa en gran medida en el testimonio del anarquista Michael Mares, cuyo recuerdo de que Kafka fue arrestado en una manifestación y puesto en libertad después de pagar una pequeña multa, parece haber sido el resultado de un error en la identificación.) Es probable que conservara su socialismo de colegio secundario, y asistió a muchas reuniones anarquistas que tuvieron lugar en Praga. En particular, una organización denominada el Club de los Jóvenes, un centro de la juventud anarquista fundado en 1900 en Praga, realizaba conferencias políticas, entre 1903 y 1910, que solían atraer la atención de la policía. Ésta prohibió, en 1906, que los miembros del club efectuaran una colecta para las esposas y las familias de los mineros desempleados del norte de Bohemia (un baluarte de los anarquistas), y cuando su tono antimilitarista se hizo más pronunciado, el Club fue vigilado aún más de cerca por la policía, hasta que finalmente se clausuró en 1910, y algunos miembros de su comité fueron llevados a juicio. Como Kafka había recibido un permiso oficial de la policía en 1906, al empezar a trabajar en los tribunales después de graduarse, y como los documentos estaban firmados por el gran cazador de anarquistas, el inspector Karel Slavicek, que testificó que Kafka era "soltero, de fe judía y buena conducta", parece improbable que su papel haya ido más allá del de un simple compañero de ruta. El anarquismo clásico, con su énfasis en la libertad del individuo en oposición al poder jerárquico del Estado, la sociedad y la familia, seguramente atrajo a Kafka, que creía en la valiosa libertad del yo y su inviolable particularidad, su *Eigentümlichkeit.*

Otra muestra del ser social de Kafka era la selecta sociedad de los cafés de Praga que frecuentaba, en los que se discutía sobre filosofía, política, literatura y casi todos los temas. En el Café Louvre se reunían seguidores del filósofo Franz Brentano, y algunos de sus discípulos, Anton Martý, Oskar Kraus y Alfred Kastil, eran profesores de la universidad. Kafka asistió regularmente a las conferencias de Martý y a los simposios del Louvre. La filosofía de Brentano, que ponía el acento en la ética basada en un riguroso autoanálisis, seguramente despertó el interés de Kafka, que luego descubrió la obra de Kierkegaard, de quien apreciaba especialmente *Temor y temblor* (1843), ese riguroso análisis de la fe y la ética. Por otra parte, el énfasis en el autoanálisis impulsaría a Kafka a adentrarse más profundamente en su intenso mundo interior.

Las ideas de Brentano también se discutían en el famoso salón praguense de Berta Fanta. Ella era la esposa de un destacado farmacéutico de Praga, cuya hija se casó con el compañero de colegio de Kafka, Hugo Bergmann, en 1908. Su imponente casa "El Unicornio" domina todavía hoy la plaza principal de la Ciudad Vieja. Se convirtió en el lugar de reunión de la elite alemana que discutía a Brentano y otros filósofos, como Fichte, Kant y Hegel. También se aventuraban en áreas esotéricas de moda, como el espiritualismo, la sabiduría hindú, las doctrinas de Madame Blavatsky y la teosofía de Rudolf

Steiner. Asistían escritores, como Meyrink, Franz Werfel, Willy Haas, Max Brod y Kafka, y científicos, como Albert Einstein y el físico Gerhard Kowaleski. El joven director de orquesta Otto Klemperer y el poeta Rainer Maria Rilke también honraban el salón de tanto en tanto.

Kafka tenía sentimientos encontrados con respecto al Salón Fanta. Además de su natural renuencia a tomar parte en actividades grupales, tenía dudas intelectuales sobre algunos aspectos de esa mezcolanza a la moda. Según Leopold Kreitner, que lo conoció en esa época, Kafka "era más bien un oyente silencioso, y sólo ocasionalmente formulaba una pregunta relevante o alguna observación ácida, que hacía volver a la tierra la 'elevada' discusión. Finalmente se alejó, disgustado por el esnobismo en que habían degenerado esas veladas". Una noche, se encontraba en el Salón Fanta la eminente poetisa alemana Else Lasker-Schüler, autora de las *Baladas hebreas* (1913), que era famosa en Berlín por su extravagante bohemia. Cuando salieron a medianoche, en la plaza, ella anunció con típica afectación que esa noche era el "Prinz von Theben", cayó de rodillas e improvisó una oda sobre los adoquines, a la luz de la luna. Eso atrajo la atención de un policía, que preguntó quién era. Ella se irguió en toda su altura y declaró: "¡Soy el príncipe de Tebas!". Esto fue demasiado para Kafka, que dijo: "Ella no es ningún 'Prinz von Theben', sino *eine Kuh vom Kurfürstendamm* [una vaca del Kurfürstendamm de Berlín]".

Más adelante, Kafka y sus amigos empezaron a reunirse en el Café Arco (cuyos dueños eran llamados satíricamente los "arconautas"), y también en los cafés Français y Continental. En el Arco, según Kreitner, a veces se deslizaban de la filosofía a la cuidadosa lectura de la bien provista biblioteca pornográfica del jefe de camareros, o terminaban en el establecimiento de Madame Goldschmidt, donde, en ese período de preguerra, había baile, el mejor café de la ciudad y varias señoritas ligeras de ropas cuyos servicios eran accesibles por una tarifa fija de diez coronas imperiales.

En las cartas de Kafka de esa época hay fugaces referencias a "prostitutas", una "bailarina india", y "la muchacha de veintitrés años... que me suministró un milagro en domingo". Es probable que las experiencias sexuales de Kafka fueran mucho más frecuentes en su vida con esta clase de chicas que con mujeres de su propia clase. Las relaciones con estas últimas se desarrollaban invariablemente por correspondencia. Las mujeres de sus novelas están casi siempre más cerca del estereotipo de la prostituta que del de la madona.

En el otoño de 1904, Kafka halló un nuevo amigo en el futuro escritor Oskar Baum, cuya ceguera era un terrible recordatorio real de la violencia que frecuentemente estallaba entre checos y alemanes en Praga. Como dijimos, Baum había perdido la vista en una pelea callejera entre niños. En su primer encuentro (Brod había ido a leerle un nuevo cuento a Baum, y había llevado consigo a Kafka), el joven ciego quedó muy impresionado con Kafka:

> Él sabía que estaba en presencia de un ciego. Y sin embargo, cuando Brod me lo presentó, me hizo una silenciosa reverencia. Como pueden imaginar, era una formalidad que no tenía sentido en mi caso, ya que no podía verla. Su cabello, que estaba alisado, tocó brevemente mi frente cuando se inclinó, probablemente porque la reverencia que yo hice al mismo tiempo fue un poco violenta. Me sentí conmovido de una manera cuya razón no pude entender en aquel momento. Él fue una de las primeras personas del mundo que, sin disculparse ni ser considerado, sin cambiar en nada su comportamiento, me mostró claramente que mi deficiencia [*sic*, *"Mangel"*] era algo que no le preocupaba a nadie salvo a mí. Así era él. Estaba tan lejos de las formalidades aceptadas, que lo afectaba a uno de esa manera. Su grave y fría reserva era muy superior en profundidad humana a la clase común de amabilidad que suelo reconocer cuando me presentan por primera vez a una perso-

na en un absurdo aumento de calidez en las palabras, o el tono de voz, o la forma de estrechar la mano.

Después de esto, Kafka se sumergió en su último año académico de estudios jurídicos en el otoño y el invierno de 1904 a 1905. En
el verano de 1905, se premió a sí mismo con un viaje a una pequeña
ciudad de la Silesia morava llamada Zuckmantel. A fines de junio,
llegó al sanatorio dirigido por el doctor Ludwig Schweinburg. Kafka
siempre disfrutaba de estos lugares (hasta que se enfermó gravemente), y le escribió animadamente a Brod un mes después: "Soy frívolo;
esta es mi cuarta semana en una clínica de Silesia, donde me mez-
clo mucho con gente y mujeres, y me volví bastante vital". Aunque
Kafka era representado por sus amigos como un joven intenso, reservado y solitario, tímido y silencioso, los sanatorios tenían algo que
siempre lo animaba. Tal vez fuera el orden teutónico de esos lugares,
la manera en que todo estaba dispuesto, y el hecho de que siempre se podía gozar del lujo sencillo de ser un paciente en una amable atmósfera comunitaria de búsqueda de salud. Zuckmantel le gustó tanto que regresó al año siguiente.

El establecimiento del doctor Schweinburg era relativamente
nuevo y se practicaban allí diversas terapias novedosas. Había baños
de aire (*Luftbäder*), como en Dresden en 1903, hidroterapia y "breves baños eléctricos" –sin mencionar una "máquina enfriadora de
vagina"–, todo destinado a combatir la enfermedad de la neurastenia.
Muchos años después, durante una relación difícil, Kafka se refirió
a "esa dulzura que uno experimenta en una relación con una mujer
amada, como la que tuve en Zuckmantel", y más adelante, confesó:
"Nunca tuve intimidad con una mujer además de aquella vez en
Zuckmantel". Aunque esto era una referencia al año siguiente, cuando volvió al sanatorio (y, como sabemos que ya había tenido intimidad sexual con una mujer, se está refiriendo claramente no a una iniciación sexual, sino a una auténtica intimidad emocional), es más
que probable que también haya tenido compañía femenina en su

primera visita. "En todos los períodos de su vida, las mujeres se sintieron atraídas hacia Franz", señaló Brod. "Él mismo dudaba de que produjera ese efecto, pero el hecho es indiscutible". El sanatorio ofrecía muchas oportunidades para el ejercicio del encanto de Franz. Refrescado por esa estadía, Kafka fue a Strakonice con su madre y sus tres hermanas, para visitar a sus tías Anna y Julie en el pueblo familiar del sur de Bohemia.

El regreso de Kafka a Praga en el otoño de 1905 fue sombrío, porque debía enfrentar el rigor de los aburridos exámenes de derecho. Además, el estudio agregó más presión a su frágil contextura. La serie de tres exámenes llevaba el frío título de *Rigorosum*. El primero tuvo lugar el 7 de noviembre, y fue sobre derecho civil y penal austríaco. El segundo, el 16 de marzo de 1906, era sobre derecho constitucional e internacional; y el tercero, derecho romano, germano y canónico, se tomó el 13 de junio de 1906. Sólo cinco días después, aprobó (por muy poco: "tres de los cinco votos juzgaron adecuado su desempeño"), y el profesor Alfred Weber (hermano del conocido sociólogo) le entregó su diploma de doctor en leyes. Había logrado aprobar en parte usando las notas de Brod sobre derecho financiero, que "me permitieron ahorrar tres meses de mi vida". Su afirmación de que él y el examinador "llegaron al más encantador entendimiento", y que los demás exámenes habían sido "divertidos, también, aunque yo no sabía demasiado", sólo puede interpretarse como una especie de disparatada ironía.

No estaba claro qué haría Kafka de allí en adelante. No tenía intención de desarrollar una profesión, y simplemente quería escribir. No se trataba de evitar trabajar, pero le era indiferente qué clase de trabajo haría. La necesidad económica (en la familia de Hermann no se mantenía a nadie) significaba que iría a trabajar sin demora a una firma jurídica de la Ciudad Vieja. La empresa era dirigida por el doctor Richard Löwy, de quien se supuso, a causa de su nombre, que era un tío de Franz, pero no tenía ningún parentesco con él.

Después de pasar agosto en Zuckmantel, Kafka regresó a Praga para hacer un año de práctica obligatoria como abogado en los tribunales, primero en el tribunal regional de Praga, y luego en el tribunal penal. No hay demasiados registros de lo que opinaba sobre esa experiencia, fuera del comentario sardónico que le hizo a Brod cuando terminó: "No hice absolutamente nada en todo mi año de empleado de juzgado... Una profesión se vuelve inofensiva en cuanto uno es capaz de dominarla. Me puse permanentemente en ridículo durante las horas de trabajo... aunque sólo eran seis". Por cierto, el único hecho digno de mención del invierno 1906-1907 fue la aparición de una reseña bibliográfica de Brod en la revista mensual de Berlín *Die Gegenwart*, en febrero de 1907. En ella, Brod alababa a Kafka –que todavía no había publicado ni una palabra– por su estilo, comparándolo con tres escritores famosos: Heinrich Mann, Frank Wedekind y Gustav Meyerink. No está claro si esto fue una travesura o un intento genuino de levantarle el ánimo a su amigo. Kafka bromeó diciendo que "ahora publicar sería un acto indecente de mi parte, porque estropearía la exquisitez de mi primera aparición pública".

Después de llegar a la conclusión de que "mi futuro no es de color de rosa", Kafka partió hacia Triesch, donde pasó el mes de agosto de 1907, "paseando mucho en moto, nadando mucho, acostado desnudo en el pasto a orillas de la laguna durante horas, dando vueltas por el parque hasta la medianoche con una fastidiosa muchacha engreída; esparcí heno por el prado, monté un tiovivo, arreglé árboles después de la tormenta, llevé a pastar vacas y cabras y las traje de vuelta al anochecer, jugué mucho billar, hice largas caminatas, bebí litros de cerveza, y hasta fui al templo también". Pero había pasado la mayor parte de su tiempo con dos "chicas muy inteligentes, extremadamente socialdemócratas". Una era una estudiante de lengua de diecinueve años, Hedwig Therese Weiler, de Viena, que estaba visitando a su abuela: "pequeña, sus mejillas no están constante e ilimitadamente rojas; sé que es muy corta de vista, y no sólo por el bonito gesto con el que se acomoda su *pince-nez* sobre la nariz, cuya punta está por cierto bellamente compuesta de minúsculos planos.

Anoche soñé con sus pequeñas piernas rollizas. Estos son los modos indirectos por los cuales reconozco la belleza de una muchacha y me enamoro". Hedwig no era el primer amor de Kafka, pero fue la primera a la que identificó, y le escribió con frecuencia. Sus cartas eran tiernas, y en ellas se criticaba a sí mismo y admitía sus ansiedades con respecto a las relaciones. "Ni siquiera tengo ese interés por la gente que tú reclamas... Ya ves, soy una persona ridícula; si me quieres un poco, es por piedad; mi papel es el miedo". Durante la última parte del verano y el otoño de 1907, la intimidad epistolar de Kafka con Hedwig se intensificó, y él quiso convencerla de que fuera a Praga. Le escribió: "Qué inútiles son los encuentros por carta; parecen salpicaduras en la orilla de dos personas separadas por un océano", pero estaba estableciendo un patrón para futuras relaciones. La correspondencia con Hedwig continuó durante dos años.

El flirteo veraniego había estado muy bien, pero con la llegada del otoño, surgió la necesidad de encontrar un trabajo permanente. "No necesito una ocupación, sobre todo porque no soy capaz de eso", bromeó con Brod, casi desesperado, aunque ciertamente necesitaba un empleo. Se entusiasmó con la idea de ingresar a la Academia de Exportación de Viena y de aprender castellano, además de lo que sabía de francés e inglés. Tal vez el tío Alfred pudiera encontrar un puesto para ambos en España, "o podríamos ir a Sudamérica o a las Azores, a Madeira". La segunda parte de su experiencia en el tribunal penal (donde escribía cartas de amor a Hedwig en su escritorio de funcionario) terminó el 30 de septiembre de 1907.

Exactamente al día siguiente empezó a trabajar en serio.

6

El 1º de octubre de 1907, a los veinticuatro años, Kafka empezó a trabajar en las oficinas de la compañía de seguros italiana Assicurazioni Generali, cuya grandiosa sede central puede verse todavía hoy en los muelles de Trieste. Así se convirtió en otro de los muchos escritores-oficinistas que aparecen en la historia de la literatura moderna −pensamos en Borges, Eliot y Stevens−, cuya obra fue realizada en los intersticios de un trabajo de oficina.

Pero para muchos de los amigos de Kafka, y para el mismo Kafka, esto no era lo ideal. Max Brod creía que la familia de Kafka pudo haberlo enviado a estudiar al exterior, para permitirle un escape, pero que el joven escritor no poseía el empuje necesario para insistir. Sus energías estaban orientadas hacia el interior, y se manifestaban en lo que Brod llamaba "una tenacidad pasiva" [*passive Zähigkeit*]. "En esto residía probablemente la fatal debilidad de su vida. Sufría y callaba". Pero Kafka entendía la naturaleza especial del pacto establecido por los oficinistas literarios. La tensión impuesta por la necesidad de luchar para obtener un espacio creativo, para salvaguardar la energía vital, se compensaba por una pureza de objetivos. No había negociación posible con las fuerzas del periodismo oportunista o la escritura por encargo, que amenazan aún más al talento joven en la actualidad que hace un siglo. "Ganarse la vida y el arte de escribir deben mantenerse completamente aparte", resumió Max Brod. Y así fue como Kafka se sometió a un yugo del que sólo se libraría con un retiro anticipado por razones de salud, y una temprana muerte. Brod, que siguió el mismo camino, después de pasar muchas "horas sombrías" frente a un escritorio, llegó a la conclusión de que Kafka estaba equivocado, pero que fue "una equivocación noble" [*einen edlen Irrtum*].

Kafka tenía esperanzas de conseguir en algún momento uno de esos atractivos empleos públicos cuyos turnos comenzaban temprano y terminaban a las dos o tres de la tarde, que le dejara tiempo, después de descansar un poco, para escribir por la tarde. Las oficinas de la Assicurazioni, en la plaza Wenceslas, estaban a una distancia a pie relativamente corta de la nueva vivienda familiar de Niklasstrasse 36, adonde los Kafka se habían mudado en junio. Era un elegante edificio de apartamentos en la zona reorganizada del antiguo gueto judío. Se llamaba "El barco", tenía un ascensor, y el último piso ofrecía una vista sobre el Vltava con un puente inconcluso, el puente Cech, al que Kafka llamaba "el camino de los suicidas". En ese apartamento escribió Kafka su primer relato importante *La condena* (*Das Urteil*), así como *La metamorfosis* (*Die Verwandlung*), pero por el momento, de allí salía todas las mañanas, y después de dejar atrás el Vltava y caminar a trancos por la Niklasstrasse, y a través de la plaza principal de la Ciudad Vieja, llegaba a las oficinas de la Assicurazioni. Esta empresa, según Franz Baumer, "presentaba una clásica imagen de la polvorienta burocracia austrohúngara", y en ella se pedía a los empleados que firmaran un contrato, entre cuyas estipulaciones figuraba: "ningún empleado tiene derecho de guardar ningún objeto, fuera de los que pertenecen a la oficina, bajo llave en el escritorio y los ficheros asignados a su uso". Las horas eran largas –de ocho de la mañana a seis de la tarde, y a veces había horas extras, que no se pagaban– y siempre había mucho trabajo en la oficina, pero Kafka ponía buena cara. "Estas semanas tendré que estudiar seguros constantemente", le contó a Hedwig, "pero es muy interesante". Con Brod fue más sincero: "Mis aflicciones, que podríamos decir que hasta este momento caminaban sobre sus pies, ahora están caminando francamente sobre sus manos". Tenía la costumbre de encontrarse con Brod después del trabajo junto a la estatua de la Virgen de la plaza de la Ciudad Vieja, donde se consolaban mutuamente y proseguían sus conversaciones literarias.

Un examen médico para el trabajo reveló que Kafka medía 1,85 metro y pesaba un poco más de sesenta kilos. Los médicos lo encontraron "sano" pero "frágil", y recomendaron un segundo examen. Para animarse, Kafka le escribió a Hedwig: "Salgo corriendo por el gran portal a las 6.15, lamento el cuarto de hora desperdiciado, giro a la derecha y voy hasta el Wenzelplatz, me encuentro con un amigo [Brod], que camina conmigo y me cuenta algunas cosas interesantes, vuelvo a casa, abro la puerta de mi habitación, tu carta está allí, entro en tu carta como quien está cansado de caminar por el campo y entra al bosque. Me pierdo, pero no me preocupa. Si al menos todos los días terminaran así...". Lamentablemente, eso no sucedía. Su "minúsculo salario de 80 coronas, y las infinitas ocho o nueve horas de trabajo" significaban que estaba forzado a "devorar las horas que pasaba fuera de la oficina como un animal salvaje". Como antes no acostumbraba limitar su vida privada "a seis horas", y como también estaba estudiando italiano "y quería pasar el anochecer de esos días encantadores fuera de casa", emergía de "mis apretadas horas libres casi sin haber descansado". Lo que hacía soportable todo aquello (además de pensar en Hedwig) era la ilusión de que la compañía extranjera podría proporcionarle los medios de viajar y escapar, a Trieste, por lo menos –"Tengo alguna esperanza de estar sentado un día en sillas de países remotos, mirando por las ventanas de la oficina plantaciones de caña de azúcar o cementerios mahometanos"–, pero el hecho inevitable era que el trabajo era "aburrido", y la prometida liberación geográfica nunca llegaba. Más que el trabajo mismo, le fastidiaba "la morosidad del tiempo pantanoso... En la última media hora sentía todavía la presión de las ocho horas igual que en la primera hora". Ansiaba que llegaran las seis de la tarde para marcharse. Y era consciente de la escasez de estímulos: "No tengo histo-

rias para contar, no veo gente; en mi caminata diaria me deslizo por
cuatro calles cuyas esquinas ya desgasté, y cruzo una plaza".

La escritura tampoco marchaba bien en esas circunstancias, y
la inquietud de Kafka iba en aumento: "Es... miedo, miedo generali-
zado de escribir, de esta horrible búsqueda; sin embargo, ahora toda mi desdicha se debe a que me veo privado de ello". El escritorio
de su cuarto era un lugar de trabajo donde nunca se podía marcar
la salida. Distracciones temporales como "oficiales del ejército, ber-
lineses, franceses, pintores, cantantes de cabaret" con los que de
pronto se vio involucrado durante varias noches de noviembre, no
hicieron más que añadir culpa al hecho de no escribir.

No obstante, alrededor de esa época parece haber escrito algo
bastante sustancial. En una carta que le envió a Brod en mayo de
1907, hay una referencia fugaz a "dos capítulos" que le habría mostrado a su amigo. Dos años más tarde, en julio de 1909, se refirió
nuevamente a eso. Se trata del relato publicado en forma póstuma
Preparativos para una boda en el campo (*Hochzeitsvorbereitungen
auf dem Lande*). Según Brod, había comenzado la obra en 1907, porque existía un primer borrador con la escritura gótica alemana que
Kafka abandonó en 1908. Aunque fragmentario e incompleto, el relato es interesante, no tan abstracto como *Descripción de una lucha*,
y con una observación mucho mejor (más particular) de la gente y
del mundo real. Expresa menos fantasías y angustias privadas, y pre-
figura *La metamorfosis*. El panorama de los edificios y las calles de
Praga ("las pequeñas placas de las empresas, fijadas en la puerta") y
el escenario urbano están descriptos con precisión: "Los caballos es-
tiraban sus delgadas patas delanteras, aventurándose como gamu-
zas en las montañas". El relato juega con ideas de identidad y de separación entre la forma real y la apariencia exterior del individuo a
través de juegos de palabras con los términos alemanes "*man*" ("se")
e "*ich*" ("yo"). El personaje principal viaja en tren al campo para casarse (dejando atrás a su otro yo, que fue transformado en un esca-
rabajo), y algunos de sus compañeros de viaje son viajantes de co-

mercio en el ramo de ropa de hombre (Hermann Kafka, por supuesto). A través de una narrativa aparentemente naturalista, Kafka logra inyectar una sensación de malestar, cuando dice sobre el campo, con repentino misterio: "Nadie debe atreverse a ir allí, pero ¿quién podría resistirse?". Un poco más adelante, el relato se detiene porque el resto del manuscrito se ha perdido. Aunque esto es frustrante, la obra muestra que las aptitudes de Kafka para la ficción se estaban perfeccionando, y que apuntaba al futuro desarrollo de una narrativa aprensiva y enigmática.

Mientras tanto, había que hacer algo para conseguir más tiempo para escribir. Kafka empezó a ver si podía mover alguna influencia para conseguir un empleo en la oficina de Correos, donde el horario de trabajo era más reducido, pero no lo logró, y el nuevo año 1908 sólo le trajo más melancolía oficinesca. Se quejó ante Hedwig por una "semana abominable", que parecía no terminar nunca –"Supongo que uno tiene que ganarse la propia tumba"– y sintió que esta vez su lugar realmente estaba en el "camino de los suicidas". Pero todavía podía sacarle provecho a su hábito de crear ficción: "Permítanme echarme estas historias encima como un hombre enfermo se cubre con sábanas y mantas". Y el comienzo de 1908 le trajo una hermosa compensación: su primera publicación. La revista bimensual *Hyperion*, editada por Franz Blei, publicó en su número de enero/febrero ocho de los brevísimos textos en prosa que luego formarían parte del primer libro de Kafka, *Betrachtung* (*Contemplación* o *Meditación*), publicado en 1913.

La amistad de Brod era una fuente de gran fortaleza para Kafka. Bromeaban elaborando un plan para empezar su vida nocturna a las cinco de la mañana, cuando serían iguales a todos los señoritos del Trocadero que habían pasado la noche de juerga: sus bolsillos estarían vacíos. En su cumpleaños le dijo a Max: "Mi cariño por ti es más grande que yo, y habito en él, en vez de que él habite en mí... Durante largo tiempo ese cariño me salvó con más frecuencia de la que te imaginas". Era especialmente valioso para Kafka ahora, "cuando estoy más confundido que nunca con respecto a mí mismo, y cuando, plenamente consciente, me siento semidormido, pero tan extremadamente liviano, como si apenas existiera: doy vueltas como si mis intestinos estuvieran negros". Redobló sus esfuerzos para huir de ese empleo, presentándose "en vano, terriblemente en vano" en diferentes trabajos a principios de junio. Sin embargo, sus plegarias obtuvieron respuesta.

En 15 de julio se fue de la Assicurazioni, y el 30 de ese mes comenzó a trabajar en la Arbeiter-Unfall-Versicherungs-Anstalt für das Königreich Böhmen in Prag, un trabalenguas en cualquier idioma, que podría traducirse como Instituto de Seguros de Accidentes de Trabajo para el Reino de Bohemia en Praga (que en adelante llamaremos "el Instituto"). En sus dos cartas de solicitud del empleo –una escrita en alemán y la otra, en checo– Kafka se ocupó de destacar que hablaba y escribía fluidamente el checo, y que dominaba el francés y el inglés. Diez años después, cuando se fundó la República Checoslovaca, su dominio del checo le permitió conservar su empleo a pesar de ser un "alemán". Esta era una organización diferente de la comercial Assicurazioni Generali, ya que era semipública con fondos (algo renuentes) del sector empresario privado. La masiva expansión industrial de Bohemia y un incipiente movimiento sindical habían llevado a la fundación del Instituto en 1891.

El trabajo de Kafka tenía que ver con la prevención de los accidentes de trabajo y las apelaciones de los empresarios contra la clasificación de los oficios en varias categorías de riesgo. Escribía respuestas a las frecuentemente acaloradas presentaciones de los empresarios contra las clasificaciones de alto riesgo, redactaba documentos de pólizas y de publicidad, y representaba al Instituto en los juicios. También inspeccionaba fábricas de su distrito: la zona industrial del norte de Bohemia, alrededor de Reichenberg (Liberec). Era, pues, una tarea muy importante y de gran responsabilidad, que aprovechaba plenamente la pericia jurídica y la aptitud para escribir de Kafka. Su conocimiento directo de los perjuicios industriales y los sufrimientos de los trabajadores en las fábricas, donde los empresarios prestaban poca atención a la seguridad de los procedimientos, confirmaron en él su natural simpatía por los que se encontraban en la parte inferior de la escala social. "¡Qué modestos son estos hombres!", le dijo a Brod. "Vienen a nosotros y suplican. En vez de asaltar el Instituto y hacerlo pedazos, vienen y suplican".

Aunque Kafka siempre afirmaba que no era muy bueno en su trabajo, ésa no era la opinión de sus empleadores, que lo ascendieron en varias oportunidades. Como muchos escritores en esa misma situación, que saben que su corazón y su alma están en otra parte, es posible que él fuera excepcionalmente cuidadoso y diligente en el cumplimiento de sus obligaciones para evitar que lo acusaran de falta de compromiso. Un compañero de la oficina de esa época, Alois Gütling, recordaba que Kafka tenía mucho tacto para tratar con la gente que hablaba bien el checo de oficina, y que era muy admirado por sus colegas por su talento jurídico. Otro colega, V. K. Krofta, que entró al Instituto algunos años después, cuando Kafka ya había empezado a enfermarse, recordaba su habitual reserva: "Por su físico y su pensativa abstracción producía una impresión muy tímida y reticente; quienes lo rodeaban lo consideraban una especie de Don Quijote. Hablaba un checo elegante y literario, siempre con breves pausas y la mayor concentración... Gesticulaba enérgicamente cuando quería enfatizar sus sobrias palabras y frases".

Kafka era popular en la oficina, aunque los colegas notaban su comportamiento aniñado, como si el doctor Kafka no hubiera terminado de crecer del todo. Lo apodaban "nuestro niño oficinista" (*unser Amtskind*), y Brod confirmó que había "cierta candidez en su forma de arreglarse". Los biógrafos de Kafka suelen pasar por alto este rasgo de infantilismo, aunque el mismo Kafka era consciente de "mi aspecto infantil", y sabía que su inmadurez contribuía a su hipocondría. Cuando tenía veintiocho años, pensaba: "qué consuelo puede ser mi madre" cuando ella lo atendía en la enfermedad: "Me gustaría que sucediera otra vez, porque entonces estaría débil, y de ese modo, convencido de todo lo que hiciera mi madre, podría disfrutar los placeres infantiles con la más intensa capacidad de gratificación". Franz Baumer también habla de su "sublime infantilismo", y un antiguo compañero de colegio, Friedrich Feigl, afirmó al final de la vida de Kafka: "Fundamentalmente, Kafka siguió siendo un niño al que no le había sido concedido envejecer... Enfrentaba la vida con toda la curiosidad del niño, a pesar de tener más de cuarenta años". Tomadas en conjunto, estas observaciones (todas ellas de personas que conocieron a Kafka personalmente) plantean una vez más la cuestión que analizamos antes sobre si las preocupaciones sexuales de Kafka ("Creo que Kafka temía el contacto físico", dijo Feigl) y su miedo al compromiso social y a involucrarse en las relaciones, especialmente con mujeres, eran el resultado de alguna clase de madurez detenida, de desarrollo frustrado.

Por otro lado, en el ajetreo de su lugar de trabajo, Kafka aprendió precisamente esas lecciones de la vida corriente que necesitaba aprender. "Es indudable que Kafka extrajo una gran cantidad de su conocimiento del mundo y de la vida, así como su escéptico pesimismo, de sus experiencias en la oficina", escribió Max Brod, "y del hecho de tener que ocuparse del largo proceso del trabajo de oficina, y la vida estancada de los expedientes". Inevitablemente, su inmersión en la burocracia y el papeleo fue considerada como la inspiración de las pesadillas burocráticas de *El proceso*. Pero, según Brod, es evidente que había humor y juego en la oficina, junto con las horas áridas y oscuras de tormento existencial. Kafka le escribió una vez a Brod un chaplinesco informe del mundo de salud y seguridad de su trabajo: "En mis cuatro distritos –aparte de todos mis otros trabajos– la gente se cae de los andamios como si estuviera ebria, o cae dentro de las máquinas, todas las vigas se derrumban, todos los diques ceden, todas las escaleras se resbalan, todo lo que la gente carga se viene abajo, se llevan todo por delante. Y me producen dolor de cabeza todas esas chicas de las fábricas de porcelana que se lanzan continuamente escaleras abajo acarreando pilas de vajilla".

Los escritos de oficina de Kafka fueron reunidos en un volumen, y se alabó la elocuente claridad de sus contribuciones a los informes anuales sobre aspectos del perjuicio industrial (aunque no se puede establecer exactamente su autoría en algunos documentos en particular, escritos en un estilo burocrático formal). La sorpresa reside en que nadie se imaginaba que el doctor Kafka escribiera algo que no fuera su inmaculada y rigurosa prosa (en forma similar, los académicos ingleses victorianos manifiestan su admiración por los informes de inspecciones escolares redactados por el poeta Matthew Arnold). Una verdadera sorpresa habría sido que *no* lo hubiera hecho. Las precisas descripciones, por ejemplo, de las "Reglas para la prevención de accidentes en el uso de cepilladoras de madera", completadas con grabados ilustrativos, se reflejan en el horrible aparato de tortura de *En la colonia penitenciaria* (*In der Strafkolonie*).

El trabajo de Kafka incluía una cierta cantidad de viajes, y en un par de meses ya le estaba mandando postales a Brod desde lugares tales como Tetschen, sobre el Elba: "Me siento como en casa en los cuartos de hotel, inmediatamente me siento en casa en los cuartos de hotel, más que en casa, en realidad"). También le dieron pronto unas breves vacaciones, y fue a Spitzen, en la frontera de Bavaria, desde donde le escribió a Brod: "Soy muy feliz y... sería una gran alegría para mí si tú estuvieras aquí, porque en los bosques hay cosas sobre las que podríamos meditar durante años, tendidos sobre el musgo". Los viajes y las vacaciones podrían haberle permitido descansar de la rutina de la oficina, pero eso era de todos modos bastante difícil. El horario de Kafka se extendía desde las 8 de la mañana hasta las 2 de la tarde, e incluía un refrigerio bastante sustancial a media mañana, llamado *Gabelfrühstückspause*. Se sabe que Kafka era vegetariano y evitaba los embutidos y los pasteles: solía llevar consigo un pan con manteca, que comía con yogur o leche. La hora temprana de salida significaba que podía dejar las oficinas de Na Poříčí (ahora es un hotel francés restaurado con una reciente escultura de bronce de Kafka en el hall de entrada y una "Cervecería Felice") y regresar: atravesaba el Josefplatz (Náměstí Republiky), bajaba por la calle Celetná, cruzaba la plaza de la Ciudad Vieja, y tomaba la Niklasstrasse hasta su casa, donde podía comer, dormir y luego pasar el resto de la tarde e incluso parte de la noche escribiendo.

Pero a veces permanecía solo y alejado de su familia. "Tengo una necesidad tan urgente de encontrar a alguien que simplemente me toque de un modo amable", le dijo a Brod poco después de regresar a Praga de sus vacaciones, "que ayer fui a un hotel con una prostituta... No la consolé, ya que tampoco ella me consoló a mí". Poco antes de Navidad le dijo a Brod: "He estado desesperado durante dos años... Cuando me levanto a la mañana, no puedo pensar en nada que tenga suficiente poder como para procurarme consuelo".

Desde el 4 hasta el 14 de septiembre de 1909, Kafka, Brod y el hermano de Brod, Otto, fueron juntos de vacaciones al centro turístico de Riva en el lago Garda. El 11 de septiembre, al enterarse de que había un espectáculo aéreo cerca de Brescia, los tres jóvenes decidieron asistir a él, ya que ninguno de los tres había visto nunca un aeroplano. El relato de Kafka "Los aeroplanos en Brescia", publicado en el diario *Bohemia* el 29 de septiembre, fue el resultado de una propuesta de que él y Brod escribieran relatos rivales sobre el mismo acontecimiento. Kafka, aunque a veces adoptaba una pose reticente hacia las nuevas tecnologías (más adelante encontraremos un relato cómico sobre la forma en que usaba el teléfono), exhibía generalmente una actitud de maravillado asombro, en especial frente a innovaciones recientes, como el cine. Era el que más entusiasmo demostró por ir allí, mientras que Brod tenía una intención oculta. Estaba preocupado porque, después de su primer año de trabajo en la oficina, Kafka no estaba escribiendo bastante (aunque se las había ingeniado para convencerlo de que autorizara la publicación de dos textos en marzo en *Hyperion*: los dos fragmentos de *Descripción de una lucha*). "Por cierto, a veces vivía durante meses en una especie de letargo, en total desesperación". Brod creía que la idea de una competencia provocaría en Kafka el deseo de entrar nuevamente en acción. Los tres amigos pasaron la noche del 10 en una habitación con un agujero en medio del piso por el que se veía el bar de abajo. Al día siguiente, con sus bolsillos afortunadamente inviolados, asistieron al espectáculo. El relato de Kafka es vivaz y divertido —nunca más volvió a escribir en esa vena— y describe a la masa popular reunida para ver a héroes del aire como Louis Blériot, que había sobrevolado el Canal menos de dos meses atrás, y Glenn Curtiss. Los tres amigos vieron un avión que avanzaba a sacudidas por el césped antes de despegar "como un torpe danzarín sobre una pista de baile", una anciana aristócrata "cuyo rostro tenía un color amarillo oscuro" y celebridades tales como el poeta Gabriele d'Annunzio y el compositor Giacomo Puccini, que se pavoneaban entre los puestos. Y el gran Blériot en persona: "Gira los ojos lentamente hacia nosotros, luego los aparta y mira en otra dirección, pero siempre guarda su mirada para sí mismo". Aunque no es el primer relato sobre un espectáculo aéreo (como se dijo alguna vez), está entre los primeros, y capta un momento de emoción ante un nuevo fenómeno de la vida del siglo XX.

Hacia fines de 1909, Kafka empezó a llevar un diario o cuaderno, cuyas primeras entradas datan del verano de ese año, pero que comienza de verdad en 1910. Se trata de un híbrido de entradas convencionales fechadas y apuntes de ficción, fragmentos y aforismos (el biógrafo tiene que avanzar cuidadosamente entre ambas cosas). Marca una nueva fase en su introspección y su autoanálisis, o al menos una fase que podemos empezar a observar. Antes de esto, sus reflexiones sobre su destino solían ser más o menos parecidas a las que encontramos en textos de juventud de muchos escritores —vagas aspiraciones, ambiciones todavía insatisfechas, impaciencia ante la lentitud del camino al éxito—, pero estas anotaciones muestran un tono nuevo. Kafka empieza a articular una concepción más abarcadora del mundo, de mayor alcance y profundidad, y sin duda más desolada. Su timidez y su aislamiento adolescentes se metamorfosean lentamente en la terrible soledad existencial —la autolacerante agonía— con la que sus escritos de madurez (y su correspondencia) enfrentan al mundo.

7

A principios de 1910 se acentuó más la preocupación de Kafka por su salud. Al final de enero, le practicaron un lavaje estomacal, y él anotó ácidamente: "Tengo la sensación de que vendrán cosas desagradables". Eso parece haber tenido casi tanto efecto como su práctica regular de los ejercicios Müller, y a mediados de marzo se vio obligado a informarle a Brod: "Últimamente tuve dolores reumáticos en los hombros, luego se deslizaron hasta la espalda, y luego a mis piernas, pero en vez de bajar al suelo, como era de esperar, subieron hasta mis brazos". Los dolores persistieron hasta la primavera: "Todo lo que poseo está dirigido en mi contra... No soy más que una masa de púas que me atraviesan: si trato de defenderme y usar la fuerza, las púas se hunden más... Estoy tentado de decir: Dios sabe de qué modo puedo sentir más dolor, ya que en mi urgencia por infligírmelo a mí mismo, nunca llego a percibirlo". En su diario, confiesa que "desespero acerca de mi cuerpo y de un futuro con este cuerpo".

Durante el resto de su corta vida, Kafka lucharía con la ineludible realidad de su cuerpo, sus deficiencias, sus disfunciones, y por último, su caída en la enfermedad terminal. Era hipersensible a los cambios en su condición física. Era un hipocondríaco. Se preocupaba por su dieta, su cuerpo frágil, su necesidad de ejercicio físico. Su insatisfacción se vinculaba –en una relación de mutua causalidad– con sus dificultades para escribir. Sobre los cinco primeros meses de 1910, reflexionó: "No escribí nada de lo que pueda estar satisfecho, y ningún poder podrá compensarme, aunque todos estuvieran obligados a hacerlo". Pero tuvo algunas distracciones, como la llegada a Praga del Ballet Ruso, que actuó en el Teatro Alemán. Kafka realizó varias descripciones de la bailarina Eduardova en su diario. Al mismo tiempo, anotaba: "Pasé frente al burdel como quien pasa por la casa de una amada". También concurría a cafés y asistía a reuniones políticas (aunque la presión del trabajo lo obligaba a veces a rechazar invitaciones para reunirse con sus amigos) y, si bien no escribía muchas cosas nuevas, tuvo la gratificación de la publicación de sus textos breves en prosa en el *Bohemia*. Pero lo más importante de todo fue la llegada de un grupo de actores de un teatro ídish de Lemberg, capital de Galizia, la provincia situada más al nordeste del imperio, en la frontera con Rusia, que actuó en mayo en el Café Savoy. Los actores produjeron un gran impacto, que se fortalecería el año siguiente cuando otra compañía teatral de la misma ciudad llegó a Praga.

En julio de 1910, Kafka se despertó un domingo, tras una noche de sueño interrumpido, y se puso a pensar en su "miserable vida". Su autoanálisis abordó esta vez un nuevo tema, que culminaría en su famosa *Carta al padre* de 1919. Empezó a culpar a sus padres por sus problemas. En su diario, como dijimos antes, hizo una lista de todas las personas que supuestamente le habían hecho "mucho daño" en su infancia, y repitió la acusación varias veces agregando nuevos detalles en cada oportunidad, en una forma que sugiere que era tanto una proyección ficcional como una confesión autobiográfica. Sin embargo, el peso de su reclamo se ajusta a su visión de los hechos. Estaba convencido de que sus padres –y en particular, su padre– "arruinaron una parte de mí... arruinaron una buena y hermosa parte (en mis sueños, esto aparece como a otros se les aparece una novia muerta)". Exteriormente, podía parecer bastante normal, "un hombre como los demás", y "como cualquiera... tengo mi centro de gravedad dentro de mí desde que nací, y esto no podría desplazarlo

ni la más irrazonable educación. Todavía tengo este buen centro de
gravedad, pero hasta cierto punto ya no tengo el cuerpo correspon-
diente. Y un centro de gravedad que no tiene nada para hacer, se convierte en plomo y se adhiere al cuerpo como una bala de mosquete".

Mientras redactaba este largo lamento, Kafka hizo una pausa para describir la vista desde una ventana –la del número 36 de la Niklasstrasse–: los pescadores en el Vltava y los trolebuses sobre el
Puente Checo, que vio una calurosa noche de julio cuando dejó su
pluma para abrir la ventana. En esa noche de verano de Praga, pulió
la acusación contra "mis padres y familiares. Que me hicieran daño
por amor hace que su culpa sea aún mayor, por todo el bien que podrían haberme hecho por amor... mi educación me arruinó más que
todas las demás personas que conozco y más de lo que puedo concebir". Este largo reproche es seguido por un relato, "Desdicha", centrado en un "solterón" que no se involucra bastante con el mundo
como para poder resistir sus golpes: "Su naturaleza es suicida; por
eso, sólo tiene dientes para su propia carne, y carne sólo para sus
propios dientes. Porque sin un centro, sin una profesión, un amor,
una familia, un ingreso, es decir, sin defenderse del mundo en las
grandes cosas... uno no puede protegerse de las pérdidas que lo des-
truyen de un momento al otro". Al igual que el solterón de su relato,
Kafka sentía que "nosotros y nuestros amigos somos sin duda incog-
noscibles, ya que nos ocultamos absolutamente; yo, por ejemplo, me
oculto ahora tras mi profesión, tras mi sufrimiento imaginario o real,
tras mis inclinaciones literarias, etcétera, etcétera". En una imagen
sobrecogedora, Kafka dice sobre el solterón que "su comportamiento puede hacernos pensar en el cadáver de un ahogado que, al salir
a la superficie gracias a alguna corriente, choca contra un nadador
cansado, apoya sus manos sobre él y quiere sostenerse. El cadáver no
vuelve a la vida, de hecho, tampoco se salva, pero puede empujar al
hombre hacia abajo".

Morir ahogado, impulsos suicidas, odio a sí mismo y confusión
sobre la orientación de su vida, una relación destructiva con los pa-

dres: estos temas constituyen el material en crudo de la primera creación literaria importante de Kafka, *La condena*, para la que todavía
faltan dos años. Pero ¿cómo se vinculan estos temas con el Kafka
real, el abogado de seguros de accidentes de trabajo de veintisiete
años, en el verano praguense de 1910? Acababan de ascenderlo a un
puesto estable con un salario más alto. Su obra literaria empezaba a
aparecer en publicaciones prestigiosas. Tenía un pequeño círculo de
amigos cuyas invitaciones eran tan frecuentes que a veces se veía forzado a rechazar algunas. Su empleo lo introducía en el mundo de la
industria moderna, donde veía vida, las realidades de su lugar de trabajo. Asistía a reuniones políticas. El solterón irremediablemente in-
trovertido, herido y solitario de sus fantasías privadas parecía difícil
de conciliar con la realidad exterior de su vida de ese momento.

Un persistente consuelo durante toda la vida de Kafka fue el campo. Él era un animal profundamente urbano, pero amaba el campo
y el aire libre. A pesar de su tendencia a desvalorizar sus condiciones
físicas, le gustaba caminar, tenía una bicicleta en su casa de Praga, y
disfrutaba nadando en la Civilschwimmschule (Escuela Civil de
Natación), un establecimiento de natación y canotaje en la ribera del
Vltava opuesta a la Ciudad Vieja (aún puede verse en la actualidad),
donde también guardaba un bote de remos. Sentía un especial placer en remar río arriba y luego dejarse ir río abajo, tendido inmóvil
en el fondo del bote. "Por mi extrema delgadez, seguramente sería
muy gracioso visto desde el puente", recordaría luego. Ésa fue ciertamente la reacción de uno de sus compañeros de oficina, que vio,
desde uno de los puentes de Praga, la figura esquelética que pasaba
a la deriva, "como los muertos en sus ataúdes justo antes del juicio
final". A Kafka también le gustaba montar a caballo, y tomó lecciones de equitación.

En el campo, disfrutaba el aire fresco y los baños de sol, desnudo, si se sentía bastante confiado. En agosto, visitó Saaz, a unos cien
kilómetros al norte de Praga, desde donde le envió a Brod una postal que decía: "A pesar de todo, no está mal, ¿sabes?, recostarse con-

tra las gavillas por un momento y hundir tu cara en ellas". Pero lo
más importante de sus vacaciones de 1910 fue un viaje a París con
Brod. Ambos se prepararon para el viaje tomando clases de francés.
Antes de partir, Kafka debió llevar a cabo una difícil misión en la ciudad bohemia del norte Gablonz (Jablonec) como parte de la permanente batalla del Instituto contra los empresarios por las primas de
seguros de alto riesgo. Tenía que hablar en público, y eso lo llenaba
de aprensión. "Pongo en esto más ansiedad que la necesaria para que
sea un éxito", le dijo a Brod. Gracias a una reseña de la *Gablonzer
Zeitung*, conocemos el discurso de Kafka en el Hotel Geling. Entró a
la guarida de los leones, y les dijo a los empresarios allí reunidos que
debían llenar correctamente los formularios del Instituto por su propio interés, y que si había algunos errores en la rápida clasificación
de las empresas −37.000 en pocos meses−, no habían sido intencio-
nales. Kafka deploró el bajo nivel de comunicación entre los empresarios y el Instituto, al que, en su calidad de miembros, ellos deberían considerar como su propio cuerpo y no como un enemigo. Para
convencer a los capitalistas descontentos (en ese caso, eran en general pequeñas empresas), Kafka anunció algunas concesiones, como
el final de las inspecciones sorpresa, consultas con los empresarios
antes de introducir nuevas clasificaciones, y la decisión del Instituto
de hacer mayores esfuerzos para analizar e interpretar la nueva legislación en los periódicos profesionales. Como respuesta a algunos
cuestionamientos airados, Kafka admitió que algunas inspecciones
podían haber sido realizadas con poco profesionalismo, y debió escuchar quejas sobre la lentitud del Instituto para tratar las apelaciones (*Rekurse*) contra la clasificación. Después de eso, no cabe duda
de que Kafka sintió que merecía unas vacaciones.

El 8 de octubre, Kafka, Max y Otto Brod viajaron a París, vía Nu-
remberg. Kafka llevó consigo sus achaques habituales (y algunos
nuevos, como el dedo gordo de un pie dislocado y una pierna dolo-
rida) y, una semana después, la aparición de unos forúnculos lo obligó a regresar solo a Praga. Al llegar, les envió a los otros dos una pos-

tal, contándoles que el médico se había "horrorizado cuando vio mi trasero", y que él estaba "sentado en casa a la tarde como en una tumba". Esa podía haber sido una oportunidad para volver a escribir, pero no lo logró. En una anotación de su diario, realizada al mes siguiente, en horas tardías de la noche, resolvió: "No me permitiré estar cansado. Me lanzaré dentro de mi relato aunque me destroce".

El problema era también el trabajo, no sólo la enfermedad, así que fue muy bienvenido un breve viaje a Berlín en diciembre, donde vio la primera pieza teatral de Schnitzler, *Anatol*, y una función de *Hamlet*, y —el punto culminante— descubrió un restaurante vegetariano; luego tuvo ocho días más de vacaciones, probablemente para terminar su licencia. El vegetarianismo de Kafka es un hecho ahora firmemente establecido. Por otro lado, en este viaje a Berlín visitó el Acuario con un amigo, Ludwig Hardt. Su compañero oyó cómo Kafka —que ahora había retomado su dieta exclusivamente vegetariana, después de comer pescado y carne por prescripción médica— murmuraba ante la pared de vidrio del acuario: "Ahora puedo mirarlos a los ojos con la conciencia limpia". En el restaurante vegetariano de Berlín, Kafka comió lechuga con crema, un budín de sémola con jarabe de frambuesa y vino de grosellas, y terminó con una taza de té de frutilla.

Pero volver a Praga significaba regresar a las distracciones físicas de la casa familiar, que para Kafka constituían obstáculos para escribir. Ya había pasado el alboroto de la boda de su hermana mayor, Elli, con Karl Hermann, pero el ruido, al que era hipersensible, persistía en el apartamento: "Ahora están abriendo las puertas como si fueran a hacer pedazos las paredes", le dijo a Brod poco antes de Navidad. "Pero sobre todo, sigue existiendo el centro de toda la desgracia. No puedo escribir; no redacté una sola línea que respete... Todo mi cuerpo me alerta contra cada palabra; cada palabra, antes de permitirme escribirla, mira primero hacia todos lados. Las frases literalmente se desmenuzan frente a mí; les veo las tripas y entonces debo detenerme rápidamente". En sus diarios privados, Kafka era todavía más severo consigo mismo por no poder escribir: "Es como si yo estuviera hecho de piedra, como si fuera mi propia lápida... Prácticamente cada palabra que escribo desentona con la siguiente... Debo ser capaz de crear palabras que puedan aventar el olor a cadáver en otra dirección, y no directamente sobre mi cara y la cara del lector". Sus excesivos escrúpulos sobre lo que había escrito (descartó y tachó virtualmente todo lo escrito en 1910) le impedía abordar nuevos trabajos. Lo que había desechado era "una montaña, cinco veces lo que escribí en toda mi vida, y sólo por su volumen, atrae todo lo que escribo desde mi pluma hacia ella".

Kafka se esforzaba por mantener su horario regular de escritura de ocho a once de la noche, pero el empleo y sus presiones seguían estorbando, y lo obligaban a pensar que "mientras no me libere de mi oficina, simplemente estoy perdido". Hasta su escritorio se había vuelto un enemigo, una razón más para no ser capaz de escribir: "hay tantas cosas sobre él, es un desorden descomunal". Hacia la medianoche de la Nochebuena de 1910, Kafka se quejaba del desorden de los cajones de su escritorio con sus "recortes de diarios viejos, catálogos, postales", y su propia falta de capacidad de hacer más con el lugar que había ganado para escribir. Pero la soledad frente a su escritorio era vital para él, si quería hacer *algo*. "La soledad tiene un poder sobre mí que nunca falla. Mi interior se diluye (por ahora, sólo superficialmente), y está dispuesto a dejar salir lo que yace en lo profundo. Empieza a producirse un ligero orden en mi interior, y no necesito nada más, porque el desorden es lo peor para los que tienen pocas aptitudes". Unos días después, Kafka confesó: "Mi fuerza ya no alcanza para otra frase. Sí, si fuera una cuestión de palabras, si bastara poner una palabra y luego apartar la mirada con la conciencia tranquila de haber llenado completamente esa palabra de uno mismo". Lo fascinante de estas reflexiones sobre el hecho de escribir es la manera en que Kafka parece ir hacia una relación directa, sin mediaciones, con las fuentes de su creatividad y su médium, el lenguaje. El hecho de escribir se convierte en un proceso de entrega total a

las posibilidades de expresión –que son a la vez difíciles de captar, e
infinitas en su potencial– y no puede ser constreñido por considera-
raciones de realismo social, expectativas de género, propósitos éticos,
es decir, por ningún requisito externo, salvo el hecho "suficiente" de
haber "llenado completamente esa palabra de uno mismo". Kafka estaba subiendo la apuesta de su escritura: no se trataba meramente de
una "vocación literaria". No quería escribir demasiado sobre él mismo en ese momento, por temor a "traicionar mi autopercepción...
porque sólo debería permitirse que la autopercepción se establecie-
ra definitivamente en la escritura cuando puede hacerse en la forma
más completa, con todas las consecuencias accesorias, así como con
total sinceridad". Al insistir en un objetivo de "verdad total", Kafka
estaba apretando los tornillos de la máquina sobre la que voluntariamente se tendía. Max Brod dijo de su amigo: "Lo rodeaba un inusual
aura de poder... El carácter compacto y continuo de sus ideas no admitía ningún hueco, jamás pronunció una palabra sin sentido". Al no
permitirse ningún "hueco", Kafka se aseguraba de que escribir se
convertiría para él –como nos resulta tan claro a nosotros, que leemos ahora sus cartas, sus diarios privados y sus cuadernos– prácticamente en una cuestión de vida o muerte.

Asuntos menos vitales que la vida y la muerte, planteados por
los pequeños e inquietos hombres de negocios de Bohemia, hicieron que el diario de Kafka de los primeros dos meses de 1911 regis-
trara viajes para inspeccionar fábricas en Friedland (Frýdlant) (donde había un castillo cubierto de hiedra en medio de la nieve que
pudo haber sido el castillo de su gran novela) y Reichenberg. Viajó
a fines de enero y regresó a Praga alrededor del 12 de febrero. En
Friedland, visitó el Panorama Imperial –mantenía informado a Brod
sobre sus movimientos por medio de postales–, y en Reichenberg,
donde se alojó en el Hotel Eiche, encontró un restaurante vegetariano llamado Thalysia, y fue al teatro tres veces en los momentos libres que le dejaba su trabajo para la Oficina de Indemnizaciones de
los Trabajadores.

Leía bastante, especialmente a su ídolo literario Heinrich von Kleist ("me llena como si yo fuera la vejiga de un cerdo viejo"), y escribía cuando podía: anotó a comienzos del año que las circunstancias eran ahora más favorables que un año atrás, a pesar del poco comprensivo ambiente familiar que siempre lo afectaba profundamente. Recordaba que en una oportunidad uno de sus tíos había encontrado un texto escrito por él, y había dicho frente a los demás parientes que estaban en la habitación y lo miraban leerlo: "Lo de siempre". La reacción de Kafka fue, como de costumbre, extrema: "De un plumazo, fui desterrado de la sociedad... Vislumbré el frío espacio de nuestro mundo". Su cuarto se convirtió en un lugar de retiro, donde podía evitar esa clase de incidentes, pero no el agotamiento de la tensión nerviosa que producía su estilo de vida de ese momento. Consideraba que estaba "completamente excedido de trabajo. No por la oficina, sino por mi otro trabajo". Las seis horas diarias, de ocho a dos, que estaba obligado a pasar en el trabajo, lo "atormentaban", porque no estaba "de lleno en mis propias cosas". Admitía que la oficina tuviera "el derecho de hacerme las más claras y justificadas exigencias. Pero para mí en particular, se trata de una horrible doble vida que probablemente no tenga escapatoria, salvo la locura". Sin embargo, en el centro de esta frustración, crecía la conciencia de que tenía algo, aunque su expresión fuera enigmática y extraordinaria. Escribió en su diario que la "especial naturaleza de mi inspiración... es tal que puedo hacer todo, y no sólo lo que está dirigido a un texto determinado. Cuando escribo arbitrariamente una frase, por ejemplo: 'Miró por la ventana', ya tiene perfección".

El 26 de marzo de 1911, Kafka asistió a la primera de la serie de conferencias teosóficas ofrecidas en Praga por el doctor Rudolf Steiner. Ya había sido introducido a la teosofía en el salón de Berta Fanta, pero ahora tuvo la suerte de ver a Steiner en persona. "Quizá no sea el mayor erudito psíquico contemporáneo –pensaba Kafka–, pero se propuso la tarea de unir la teosofía y la ciencia".

Dos días más tarde, Kafka visitó al gran *savant* en el Hotel Victoria, en la Jungmannstrasse (Jungmanova ulice), a las tres de la tarde. Kafka sostuvo su sombrero en la mano hasta que le encontró un lugar en una banqueta para botas, y Steiner le preguntó: "¿Así que usted es el doctor Kafka? ¿Hace mucho que se interesa por la teosofía?". Kafka había ido preparado para plantear su dilema: "Siento que una gran parte de mi ser es atraído por la teosofía, pero al mismo tiempo siento un gran temor hacia ella. Es decir, temo que me produzca una nueva confusión que podría ser muy perjudicial para mí, porque incluso mi actual infelicidad sólo consiste en confusión". Steiner escuchó a Kafka explicando su confusión, basada en el hecho de que todo lo que era importante para él se encontraba en el campo literario. "Y sin duda he experimentado estados (no muchos) que, en mi opinión, están muy cerca de los estados clarividentes que usted describe, *Herr Doktor*. En ellos, habito completamente en cada idea, pero también he llenado cada idea con ellos, y en ellos me sentí llevado no sólo hasta mi límite, sino hasta el límite de lo humano en general". Como Kafka consideraba que carecía de "la serenidad del entusiasmo, que probablemente es característica del clarividente", sentía que en esos estados clarividentes no escribía su mejor obra. Steiner escuchaba con atención, y asentía prudentemente mientras introducía su pañuelo en una ventana de la nariz por vez, luchando contra los efectos de una congestión nasal. El joven explicó que había llegado a la conclusión de que no podía vivir sólo para la literatura, especialmente por "la maduración lenta de mi trabajo y su carácter especial". La salud y el carácter de Kafka militaban contra las incertidumbres de una carrera literaria de tiempo completo: "Por eso trabajo como empleado [*Beamte*] en una agencia de seguros sociales". Pero este no era el final de su dilema, ya que estaba desgarrado por la oposición empleo-escritura: una buena escritura nocturna arruinaba su trabajo en la oficina al día siguiente, y viceversa. "Cumplo mis obligaciones exteriores en forma satisfactoria en la oficina [los registros del Instituto muestran que solía recibir elogios por su eficiencia y su pericia], pero no mis deberes interiores, y cada deber interior no cumplido se convierte en una desgracia que no cesa". Kafka temía que una adopción total de la teosofía abriera un tercer frente de ansiedad y tensión, pero quería que Steiner le dijera si su análisis era correcto. Para nuestra frustración, Kafka interrumpe aquí su informe. No sabemos qué pensó Steiner de aquel joven intenso de expresión grave y ojos vivaces, vestido con esmero, que había ido en busca de su guía. Seguramente fue uno de los encuentros más notables de su viaje a Praga.

Mientras tanto, Kafka se ocupaba tanto del hombre físico como del espiritual. En otro viaje que realizó en mayo para inspeccionar fábricas, visitó a Moriz Schnitzer, un terapeuta naturista convenientemente instalado en las tierras de Kafka en Warnsdorf (Varnsdorf), en el norte de Bohemia. Schnitzer diagnosticó "veneno en la médula espinal" y le recomendó una dieta vegetariana, aire fresco, baños de sol y –música para los oídos de Kafka– mantenerse alejado de los médicos. Kafka había decidido que los médicos no eran buenos para él, en parte porque, a diferencia de los terapeutas naturistas, no realizaban un abordaje holístico. Le contó entusiasmado a Brod su encuentro con el "mago" Schnitzer, un industrial que se había convertido en practicante de los "tratamientos naturales" en los barrios residenciales de Warnsdorf, y que le había dicho a Kafka que estaba "viviendo en forma equivocada".

Kafka, aunque a veces solía burlarse del repentino auge de la industria de la terapia natural, adhería seriamente a sus preceptos. Dormía con la ventana abierta todo el año, vestía ropas livianas, evitaba la carne salvo cuando el médico se la prescribía por algún tiempo, y no bebía alcohol. Los siguientes meses de verano parecen haber sido físicamente beneficiosos para él (aunque Brod anotó en su diario que todavía se veía obligado a empujar a su amigo para salir de sus depresiones). No escribió nada durante ese período, pero había empezado a leer sobre Dickens, una experiencia que le hizo pensar que un escritor experimenta una historia dentro de él, es "perse-

guido por ella" y se entrega completamente a ella, sin importar
adónde lo lleve. Una vez más, Kafka hacía resaltar que el escritor es
visitado por algo que está fuera de él, y se deja dominar por fuerzas
de inspiración. Pero en lo concerniente a su bienestar general: "Dejé de avergonzarme de mi cuerpo en las escuelas de natación de Praga, Königssaal y Czernoschitz. Ahora, muy tarde, a los veintiocho
años, estoy corrigiendo mi educación: en una carrera de autos lo llamarían un comienzo demorado". Conforme a esto, partió con Brod
hacia Zurich, Lucerna, Lugano, Stresa y París, dejando atrás a su padre, que estaba enfermo por tensiones referentes al trabajo.

Como pasatiempo, Kafka y Brod decidieron "describir el viaje y,
al mismo tiempo, nuestros sentimientos mutuos durante el viaje". Esas
notas de Kafka no son particularmente llamativas, y a menudo se
centra en descripciones de mujeres que veía durante el trayecto. En
Italia, en Osteno, experimentó "un estremecimiento al observar unas
lagartijas reptando por una pared", y en Menaggio reflexionó sobre
el hecho de que "cada palabra en italiano que nos dicen penetra en el
gran vacío de nuestra ignorancia". En Milán, descartaron la catedral
por ser "un poco aburrida" comparada con los atractivos del burdel
"Al Vero Eden", donde Kafka, que estaba bastante acostumbrado a
esos establecimientos, reflexionó: "En casa, uno perdía el sentido de
la propia nacionalidad con prostitutas alemanas, y aquí, con las francesas". Kafka no era un viajero natural −casi no había salido de Praga,
salvo para visitar balnearios terapéuticos y centros de turismo, e incluso había visto muy poco de Austria− y confesaba que, de no ser
porque llevaba un diario, no habría sido capaz de controlar "el sentimiento fatal del monótono transcurrir de los días". Desde Milán,
los dos amigos viajaron a París (donde registraron debidamente a
"las dos francesas con sus gordos traseros") para ver los cuadros del
Louvre y visitar Versalles. Vieron *Carmen* en la Opéra Comique, y
luego, la *Phèdre* de Racine. Aquí había "burdeles manejados con
sensatez", dirigidos por mujeres enérgicas: "En Praga, ya había notado el carácter amazónico de los burdeles. Aquí está aún más pronun-

ciado". La referencia de Kafka a un "solitario, largo, absurdo camino a casa" sugiere que debe de haber rechazado el ofrecimiento de la muchacha cuyo "puño apretado sostenía el vestido levantado sobre sus partes pudendas", y dejó a Max allí. Kafka estaba particularmente interesado en el sistema del metro parisino, los túneles y las vías. "Por ser tan fácil de entender, el metro es la mejor oportunidad que tiene el viajero frágil y esperanzado de creer que ha penetrado, en forma rápida y correcta, de primera intención, la esencia de París".

El 13 de septiembre, Kafka dejó a Brod y siguió viaje solo hasta la clínica suiza de Erlenbach, sobre el lago Zurich, donde se suponía que escribiría su parte de la novela conjunta *Ricardo y Samuel*, que ambos habían comenzado en el verano. Pero las "actividades" de la clínica −masajes, gimnasia y conciertos de gramófono (con una rigurosa separación de sexos)− le impidieron escribir. Los huéspedes eran en su mayoría "mujeres mayores suizas de clase media". Kafka retornó a su trabajo el 20 de septiembre, después de librarse de una de sus muchas enfermedades "ante la mirada atónita de los demás". Al mes siguiente, volvió a Praga la compañía de teatro ídish de Lemberg, y Kafka fue un entusiasta miembro del público. La visita de la compañía disparó algo que se convirtió en un punto de inflexión en la autoconciencia de Kafka como judío. Se embarcó en una exploración de la historia y la cultura judías que se desarrollaría ininterrumpidamente durante el resto de su vida.

8

El 30 de septiembre de 1911, Kafka fue a la sinagoga Staronová (Altneu) en Iom Kippur, el Día del Perdón. Por primera vez en sus cartas y diarios, encontramos algo más que una referencia pasajera a su fe judía. En esta antigua sinagoga, Kafka observó a tres judíos piadosos del este de Europa: "Inclinados sobre sus libros de oraciones, con sus mantos de oraciones sobre la cabeza, se encogen tanto como pueden". Pero su perspicaz mirada de escritor detectó también allí a "la familia del dueño de un burdel". A pesar de las "arabescas melodías" que alargaban las palabras "finas como cabellos", llegó a la conclusión de que "me sentí mucho más profundamente conmovido por el judaísmo en la sinagoga Pinkas". Esta referencia alude a la sinagoga vecina que ahora es famosa por su Memorial del Holocausto de 1958.

Sentirse profundamente conmovido por el judaísmo parece haber sido una emoción nueva para Kafka. Como hijo de un judío asimilado y bastante tibio en su observancia, Kafka sólo manifestó un moderado interés por el sionismo cuando era estudiante. Pero el año 1911 marcó un momento decisivo. Su encuentro con los judíos del este, que estaban muy lejos de ser tibios —y cuya vida fue plasmada tan inolvidablemente por Joseph Roth en *Judíos errantes*–, encarnados por la compañía teatral ídish que volvió a Praga ese año, avivó un interés creciente que se intensificaría en su última década.

La herencia judía se convirtió en otra manzana de la discordia entre Kafka y su padre. En la famosa, nunca enviada, *Carta al padre* de 1919, Kafka distinguía claramente tres diferentes actitudes hacia el judaísmo que creía que su padre había implantado en él. La primera era la culpa como niño por no ir a la sinagoga con suficiente frecuencia o no cumplir los ayunos rituales: "Creía que así estaba haciendo algo malo, no contra mí, sino contra ti, y estaba invadido por un sentimiento de culpa, que por supuesto siempre estaba al alcance de la mano". La siguiente fase comenzó cuando Kafka, como adolescente, empezó a considerar absurdo que su padre usara esa "insignificancia de judaísmo" (*Nichts von Judentum*) como un reproche hacia su hijo.

Hermann iba a la sinagoga sólo cuatro veces al año, y cuando estaba allí se mostraba indiferente, sólo cumplía con las formalidades de las plegarias (aunque "a veces me sorprendías cuando eras capaz de mostrarme en el libro de oraciones el pasaje que se leía en ese momento") y se conformaba con ver que Franz simplemente salvara las apariencias. Éste "bostezaba y dormitaba todo el tiempo (no creo haberme aburrido tanto nunca, excepto más adelante, en clases de baile)", y hacía lo posible por "disfrutar los pocos trozos de variedad que había", como el momento en que se abría el Arca de la Alianza, "que siempre me recordaba los puestos de feria donde se disparaban proyectiles y una puerta del armario se abría de la misma manera cuando uno daba en el centro del blanco, con la única diferencia de que allí siempre aparecía algo interesante, mientras que aquí siempre estaban las mismas viejas muñecas sin cabeza". La deliberadamente impertinente irreverencia de Kafka expresa aquí su frustración por ser arrastrado a la sinagoga sólo como una formalidad. También le asustaba cuando era niño la amenaza de su padre de que podían llamarlo a leer la Torah: "Esto es algo que me aterrorizó durante años". Pero fuera de eso, no lo "molestaban fundamentalmente en mi estado de aburrimiento", salvo cuando hizo su bar-mitzvah. Pero incluso esto no significó para él más que "algo tan ridículo como rendir un examen". Cuando llamaron a su padre a leer la Torah, su hijo sólo lo consideró un triunfo social de Hermann, y cuando éste lo hizo salir en el momento en que estaban por leer las oraciones para los muertos, sólo le quedó la impresión de que "lo que estaba por suceder era algo indecente". En la casa, se repetía el mismo modelo de superficialidad al celebrarse sólo la primera cena de Pésaj, y de una manera que "cada vez se parecía más a una farsa, con ataques de risa histérica".

Esta era la herencia práctica del judaísmo, a lo que se agregaba una dosis de esnobismo social (con la presencia de los judíos millonarios de la congregación) que Kafka creía haber recibido. El resultado era que "precisamente desembarazarse de eso me parecía el más efectivo acto de 'piedad' que se podía realizar". Parte del problema era que el mismo Hermann, con su judaísmo heredado "de esa comunidad del pueblito parecido a un gueto" de Osek, tenía algún recuerdo genuino de una tradición judía viva, aunque erosionada por la emigración a la ciudad y por su servicio militar. Le proporcionaba una especie de mínimo irreductible, de modo que, "en el fondo, la fe que regulaba tu vida consistía en tu creencia en la incondicional corrección de las opiniones que prevalecían en una clase particular de la sociedad judía", pero eso era demasiado poco para inspirar a un niño: "todo se desvanecía en el momento en que tú lo transmitías". Porque, como las "migajas" que quería transmitir Hermann −"los pocos débiles gestos que ejecutabas en nombre del judaísmo"− no tenían una verdadera fuerza de persuasión, tenía que recurrir a amenazas, furioso por lo que consideraba una evidente obstinación de su hijo.

Kafka se daba cuenta de que el caso de su padre no era un fenómeno aislado. "Ocurría lo mismo en una amplia sección de esta generación de transición de judíos que habían migrado desde el comparativamente devoto campo a las ciudades". Pero cuando Kafka inició seriamente el estudio del judaísmo, el "disgusto anticipado por cada una de mis actividades" por parte de su padre le hizo ver

que, lejos de celebrar el redescubrimiento de su hijo de una tradición familiar, eso se convertiría inmediatamente en otro *casus belli*
entre ellos. Hermann empezó a decir pestes de las Escrituras judías
que su hijo estaba empezando a explorar, diciendo que "le daban
asco". Kafka interpretó esto como una inconfesada admisión por
parte de su padre de la debilidad de su propio judaísmo de labios
para afuera, y de la educación judía que le había dado a su hijo. A
Hermann "no le gustaba en absoluto que le recordaran eso, y reac-
cionaba con odio". En conclusión, Kafka sentía que su "nuevo judaísmo" sufría porque llevaba dentro la maldición de su padre, y
agregó amargamente que "en su desarrollo, la fundamental relación
con el prójimo era decisiva, y en mi caso, eso significa que es fatal".
Como siempre, en la relación negativa y enfermiza entre padre e hijo (en la versión de Kafka) no se veía ninguna perspectiva de solución, y parecía inevitable un resultado "fatal". Y también insistía
–debemos añadir que de una manera monótona– sobre el legado de
daño permanente.

La llegada de la compañía de teatro ídish en octubre de 1911,
constituyó una interesante distracción en la vida de Kafka. En esa
época estaba durmiendo muy mal ("Me siento rechazado por el
sueño"). Esto se transformaría en un problema permanente para él y,
según la opinión de algunos médicos, pudo haber sido un síntoma
precoz, junto con sus terribles dolores de cabeza, de su tuberculosis.
El insomnio era causado, sin embargo, por sus ansiedades sobre la
escritura y por su lucha por escribir en los ratos libres que le dejaban las exigencias de su vida profesional. En un extraordinario pasaje de su diario, Kafka decía que la causa de su insomnio era la fuerte conciencia que tenía de lo que estaba en juego cuando escribía, de
lo que era capaz de hacer si solamente pudiera expresarlo: "Creo que
este insomnio sólo se produce porque escribo. Porque aunque es-
criba poco y mal, soy sensible a estos sobresaltos menores, y siento,
especialmente hacia la noche y más aún a la mañana, la proximidad,
la inminente posibilidad de grandes momentos que podrían des-

garrarme, que podrían hacerme capaz de todo, y en el tumulto general que me habita y que no tengo tiempo de manejar, no encuentro reposo". El insomnio se vio agravado por una pesadilla, una "horrible aparición", de una niña ciega, cuyos ojos estaban cubiertos por un par de lentes que no se sostenían del modo habitual, sino que perforaban sus pómulos. Ese sueño fue tan traumático que se lo contó al día siguiente a su jefe del Instituto, Eugen Pfohl. Kafka, que sentía el imponente desafío de liberar a través de la escritura esos "grandes momentos", no se sentía todavía a la altura, y las pesadillas eran la manera de elaborar ese malestar: "durante el día, el mundo visible me ayuda; durante la noche, me destroza sin obstáculos". A la noche siguiente, volvió a enfrentar el dilema: "A la noche y a la mañana, la conciencia de mi capacidad creativa es más de lo que puedo abarcar. Me siento sacudido hasta la médula de mi ser, y puedo sacar de mí todo lo que deseo". Pero en la realidad, era un empleado que tenía que ir a trabajar todos los días a la oficina.

Ese día, mientras le dictaba a su secretaria y buscaba alguna expresión para terminar su informe, vio su problema con total nitidez: "Finalmente la encuentro [se refiere a la huidiza expresión], pero sigo teniendo el gran temor de que todo dentro de mí esté listo para una obra literaria, y que esa obra sea una iluminación celestial y el comienzo de una verdadera vida para mí, mientras aquí, en la oficina, por este miserable documento oficial, me veo obligado a robarle a un cuerpo capaz de semejante dicha, un pedazo de su carne".

La oficina se le estaba volviendo insoportable, y aunque le hubieran dicho que podía dejarla a fin de mes, no creía poder sobrevivir allí. Efectuaba los gestos de su trabajo con una especie de embotamiento: "Y la mayor parte del tiempo en la oficina hago lo que se supone que debo hacer, estoy bastante tranquilo cuando puedo estar seguro de que mi jefe está satisfecho, y no siento que mi condición sea tan terrible". Por la noche, los demonios –"la gran agitación (*die große Bewegung*) dentro de mí"– volvían a atormentarlo en su cuarto solitario, en una casa donde sentía que nadie lo comprendía: contemplaba en medio de la noche las luces y las sombras que proyectaban sobre las paredes y el cielo raso las lámparas eléctricas de la Niklasstrasse y el Puente Checo. La Praga de Kafka se reducía a veces a esto: una densa red doméstica que lo envolvía como si fuera un insecto atrapado. Estaba escribiendo otra vez ahora (y leyendo a Dickens, que siempre fue un gran favorito de Kafka), pero las pequeñas irritaciones familiares −por ejemplo, su hermana que jugaba con una tarjeta entre los dientes− seguían acosando su viva sensibilidad.

Como si la batalla entre escribir y trabajar no hubiera sido suficiente, una nueva fuente de angustia atormentaría a Kafka. Su cuñado, el marido de Elli, Karl Hermann, un hombre de negocios mundano y seguro de sí mismo, proyectaba instalar una fábrica para hacer amianto, con Kafka como socio. Hermann Kafka estaba ansioso por ver que su yerno prosperara en los negocios, y que su hijo empezara a hacer dinero, para variar, en vez de dedicarse a ese garabateo sin sentido en su cuarto de noche. Aunque casi inmediatamente Franz Kafka se quejó por la eventualidad de ser conocidos como Prager Asbestwerke Hermann & Co., parece haber mostrado al principio una sorprendente actitud positiva al respecto, quizá por un deseo de demostrarle al padre que era digno de su respeto. Le dijo al hermano menor de Karl Hermann, Paul, que le había aconsejado a su padre invertir en la firma, que había convencido al tío Alfred Löwy de que hiciera lo mismo, y que, además, él mismo había puesto un poco de su propio dinero.

En octubre y noviembre, Kafka se encontró con Karl Hermann y el abogado Robert Kafka (hijo de Heinrich, el primo de Hermann Kafka) para redactar el contrato de sociedad. Parece una gran ironía que Kafka patrocinara una fábrica de amianto cuando hoy el producto es conocido como uno de los asesinos industriales más terribles del mundo, y su producción está prohibida en la mayoría de los países. Esto, por supuesto, no se sabía en aquella época, y el amianto era considerado un producto nuevo interesante. (Al morir tan joven, Kafka, un hombre con una profunda sensibilidad hacia los problemas que enfrentaban los trabajadores industriales, al menos no llegó a sentir la angustia y la culpa que seguramente habría experimentado si hubiera conocido los inconvenientes del amianto que luego salieron a la luz.) Kafka invirtió un tiempo valioso en ese proyecto en el otoño de 1911. Esto incluyó una consulta al doctor Robert Kafka sobre los aspectos legales de la fábrica, y aunque éste era "un excelente relator de cuentos... con esa forma de hablar vivaz que suele encontrarse en esos judíos gordos, morenos", Kafka prefería estar en otra parte; específicamente, en el teatro.

La llegada de la compañía de actores judíos de Lemberg, Galizia, fue gratificante para el agobiado Kafka, y sus actuaciones lo emocionaron. En la primera función en el Café Savoy, el 4 de octubre, de la obra en ídish *Der Meschumed* (*El apóstata*), de Josef Lateiner, Kafka fue inmediatamente cautivado, especialmente por Frau Flora Klug, que hacía un papel masculino. Kafka no se engañaba sobre las cualidades artísticas de esa compañía, aunque se dejó emocionar por algunos efectos baratos ("Algunas canciones... hicieron temblar mis mejillas"). Pero estaba fascinado por lo que representaba, por su expresión de una cultura judía concreta, apasionada y sencilla. Creía que los actores estaban "muy cerca del centro de la comunidad judía... personas que son judías en una forma especialmente pura, porque sólo viven en la religión, pero viven en ella sin esfuerzo, comprensión ni angustia". Como dijo Ritchie Robertson: "Junto a ellos, Kafka podía sentir que ya no era catalogado como judío por un mundo gentil más o menos hostil; no estaba obligado a aceptar las definiciones de otros sobre él: podía ser un judío y disfrutarlo". El solitario, ansioso, atormentado, confundido Kafka de las silenciosas vigilias nocturnas, se encontró de pronto en el núcleo de una tempestuosa experiencia comunitaria, hacia la cual se sentía autorizado a reivindicar fidelidad. Estaba experimentando el inusual placer de descubrir un lugar al que podía pertenecer. Quería saber y ver más de esa tradición teatral, y saber más sobre la literatura ídish en general, "que está obviamente caracterizada por una tradición ininterrumpida de lucha nacional que condiciona cada obra. Una tradición que no está presente en ninguna otra literatura, si siquiera en la de los pueblos más oprimidos".

Al observar los dientes centrales sobresalidos de una de las actrices, Fräulein Kaufman, Kafka reflexionó: "Si llego a los cuarenta años, probablemente me case con una solterona de dientes salidos un poco visibles por el labio superior". Su hipocondría le sugería que no alcanzaría los cuarenta (la edad en que moriría), por causa de una tensión en la mitad izquierda de su cráneo, que sentía "como una lepra interna".

En la representación del 3 de octubre en el Savoy, Kafka fue más crítico con respecto a la pieza: *Sulamith*, de Abraham Goldfaden. Como intento artístico, la encontró "obstinada, acelerada y apasionada en el mal sentido", y la función terminó siendo una farsa. El actor Yitzhak Löwy −"yo admiraría hasta sus cenizas"− debía aparecer después de la caída del telón para invitar al público a la función de la noche siguiente. Pero se produjo una refriega entre los actores, y Löwy terminó siendo expulsado por el jefe de camareros del Savoy.

Löwy era el director y el motor de la compañía, y él y Kafka se hicieron muy amigos, para consternación de Hermann Kafka, que no quería en su casa a esos judíos salvajes que parecían gitanos. "El que se acuesta con perros, amanece con pulgas", era el proverbio que Hermann le espetaba a su hijo como comentario de esa relación indeseable. El actor tenía veinticuatro años (era cuatro años menor que Kafka), y había nacido en Varsovia, en una familia ultraortodoxa de judíos jasídicos. A los diecisiete años, había huido a París, donde se dedicó a hacer artesanías y trabajó en el teatro aficionado ídish, algo que era anatema para sus padres ortodoxos. Después de unirse a una compañía profesional en 1907, realizó giras por las comunidades judías de Europa. Más tarde, en 1912, se estableció en Berlín como base de sus giras. Desde Viena, le escribió a Kafka en 1913, con su imperfecta gramática: "Después de todo, tú eres el único que fue tan bueno conmigo... el único que le habló a mi alma, el único que casi me comprendió". Se vieron por última vez en Budapest en julio de 1917. Löwy —cuyo destino fue semejante al de tantos personajes que encontraremos en las siguientes páginas— murió en el campo de exterminio de Treblinka en 1942. Hay una divertida caracterización de él en el relato de Isaac Bashevis Singer "Un amigo de Kafka": allí, el narrador dice que Kafka "quería ser un judío, pero no sabía cómo. Quería vivir, pero tampoco sabía hacer eso... Estaba hundido hasta el cuello en el pantano burgués".

La mayoría de las piezas del teatro ídish —o *Jargontheater*, como se lo llamaba— se escribieron entre 1880 y 1910, y, según un estudioso del tema, fueron "inmunes a la revolución del teatro moderno de la época". Es posible que algunas características de la escritura de Kafka —la importancia que les daba a los gestos y la acción exagerada, así como el humor negro y la ironía cómica— estén inspiradas en el estilo sobreactuado de la compañía de Lemberg. Fue poco después de la experiencia del *Jargontheater* cuando escribió *La condena* (*Das Urteil*), la primera demostración significativa de su estilo más dramático.

A diferencia del hebreo, que es una lengua semítica antigua, el ídish es un idioma indoeuropeo que se desarrolló a partir del alemán medieval y se convirtió en el idioma vernáculo de los guetos de Europa del este. No era demasiado usado —ni bienvenido— entre los judíos occidentalizados de Praga, y esto explica la reacción negativa de Hermann Kafka hacia él. Esa era precisamente una de las cosas que, como hombre de negocios que estaba ascendiendo socialmente en la ciudad, trataba de dejar atrás. La fascinación de Franz por el *Jargontheater* fue, pues, una forma más de rebelión contra el mundo y contra la persona de Hermann. También fue otro síntoma de su capacidad de identificación con la cultura checa. En una larga anotación de su diario sobre el fenómeno de la "literatura pequeña", Kafka argumentaba, sobre la base de lo que conocía de la literatura contemporánea ídish de Varsovia a través de Löwy, y de la literatura contemporánea checa por su propia percepción, que muchos de los "beneficios" de la literatura podían ser producidos por una literatura cuyo desarrollo "no es, en realidad, demasiado amplio en su alcance, pero parece serlo porque carece de talentos extraordinarios". Estos beneficios incluían "la estimulación de las mentes, la coherencia de la conciencia nacional... el orgullo que extrae una nación de su propia literatura, y el apoyo que logra frente al mundo hostil circundante, eso que es como si una nación escribiera su diario íntimo [*dieses Tagebuchführen einer Nation*], que es algo totalmente distinto de la historiografía... la espiritualización del extenso terreno de la vida pública... la constante integración de un pueblo con respecto a su conjunto, que crea el incesante bullicio de las tiendas". Kafka creía que la gente se involucraba en forma más directa y vital en la promoción y la defensa de una literatura pequeña: "la literatura no es tanto el patrimonio de la historia literaria como el de la gente". En síntesis, los aspectos sociales de la literatura ídish atraían a este talento solitario y recluido.

Kafka vio unas veinte obras de teatro en ídish entre el otoño de 1911 y la primavera del año siguiente. Llenó sus cuadernos con resúmenes de los argumentos y descripciones de los actores. Trataba de sonsacarle información a Löwy sobre las costumbres y la cultura de los judíos orientales, a quienes Kafka veía como más auténticos, en cierto modo, que los integrados, a menudo asimilados judíos occidentales parecidos a su padre. Hasta en una reunión de negocios reconocía "los gestos judíos orientales" de su cliente y las "melodías del templo en la cadencia de su habla". Sería justo decir que Kafka se había obsesionado con esto.

Lamentablemente, su asidua concurrencia al teatro sólo le ofreció un alivio temporal de las presiones habituales: el empleo, la literatura y los negocios familiares. En un valioso domingo que debió haber usado para escribir, partió hacia el barrio obrero de Žižkov para rogarle al contador de su padre que volviera al trabajo. Como protesta contra las actitudes de su patrón, los "enemigos pagos" (la expresión que usaba Hermann para referirse a su personal checo) de la tienda habían renunciado en masa. "Con palabras suaves, cordialidad, un manejo efectivo de su enfermedad, su tamaño y su antigua energía, su experiencia y su inteligencia", el astuto Hermann había persuadido a todos, menos al contador, de que volvieran al trabajo. Kafka fue enviado a curar la herida, desplegando algunos "argumentos checos", pero sus esfuerzos parecen haber sido inútiles. Así que desperdició ese domingo, y al día siguiente, se lamentó: "Nunca termino nada porque no tengo tiempo, y eso me presiona por dentro... ¿Podré soportarlo mucho más?".

En cambio, cuando Löwy leía poemas y piezas breves en ídish y hebreo, "sentía todas mis aptitudes concentradas". Ahora se había enamorado de una de las actrices, Mania Tschissik, y llenaba sus cuadernos con descripciones de sus actuaciones y de su persona ("el repentino aleteo de un estremecimiento en mis pómulos, que siempre siento cuando oigo su voz"). Se trataba claramente de una poderosa atracción sexual, pero no llegó a nada.

Estas reflexiones sobre los orígenes y la pertenencia llevaron a Kafka a reexaminar sus relaciones con su familia. "Ayer se me ocurrió que no siempre amé a mi madre como ella se merece, y como podía amarla —escribió— sólo porque el idioma alemán me lo impidió. La madre judía no es 'Mutter': llamarla 'Mutter' es un poco gracioso... Creo que sólo los recuerdos del gueto preservan todavía a la familia judía, porque la palabra 'Vater' tampoco corresponde, ni remotamente, al padre judío". Kafka estaba cada vez más abierto a esos "recuerdos del gueto" por el impacto que le habían producido los actores, a cuyas funciones acudía repetidamente. Comenzó a leer, para complementar la información oral de Löwy, *La historia de los judíos* de Heinrich Graetz, y lo hizo con tal pasión que "tenía que detenerme de vez en cuando para descansar y esperar que mi judaísmo se repusiera".

Sin embargo, a pesar de esa nueva carga de energía y esa nueva perspectiva en su vida, la irreductible batalla por escribir continuaba. Sentado a la mesa, donde la familia jugaba a las cartas "con inusual bullicio", sólo podía reflexionar miserablemente sobre el hecho de que "llevo una vida horrible, artificial... la posible felicidad se vuelve cada vez más imposible". Había en él un sentimiento de que la vida pasaba, que el tiempo huía. El 1º de noviembre confesó: "Esta tarde, el dolor ocasionado por mi soledad se apoderó de mí en una forma tan penetrante e intensa que me di cuenta de que así se gasta la energía que gano al escribir y ciertamente no había destinado para ese fin". Sus frustraciones se abatían sobre él, como lo confirma una inquietante entrada de su diario: "Esta mañana, por primera vez en mucho tiempo, otra vez la alegría de imaginar un cuchillo que se revuelve en mi corazón". ¿Podría ser esto un ejemplo de su propia máxima de que "el ímpetu del lenguaje a menudo lleva por mal camino"? El ruido y el movimiento del apartamento de Kafka bastaban para impedir cualquier intento serio de escribir: "Estoy sentado en mi cuarto, en el mismo cuartel general del ruido de toda la casa. Oigo cómo se cierran todas las puertas... incluso oigo que cierran de un golpe la puerta del horno en la cocina. Mi padre irrumpe en mi cuarto y lo atraviesa arrastrando su larga bata, raspan las cenizas de la estufa en la habitación contigua... un llamado a silencio que pretende ser amable conmigo provoca el grito de una voz que responde. Abren el cerrojo de la puerta de calle, que rechina como una garganta acatarrada". Cuando los canarios empezaron a cantar, Kafka estuvo a punto de estallar, y pensó "que podría entreabrir la puerta, reptar a la habitación vecina como una serpiente, y allí, desde el piso, suplicar a mis hermanas y a su institutriz que se callen". Indudablemente, aquí se está gestando la transformación de *La metamorfosis*. Estas interrupciones significaban que su escritura estaba saliendo a la luz en forma intermitente: "Casi no tengo tiempo ni tranquilidad para extraer de mí todas las posibilidades de mi talento... Si fuera capaz de escribir algo grande y completo, bien estructurado del principio al fin, el relato nunca sería capaz de desprenderse de mí".

La persistencia –y la desesperanza– del amor de Kafka por la señorita Tschissik, la actriz, le recordaba forzosamente el hecho de que no sólo había fracasado en dar a luz un libro satisfactorio, sino también en lo que se volvería para él un objetivo cada vez más importante: casarse y construir una familia. Nunca vaciló en su creencia de que era su verdadero destino, pero éste siempre le sería esquivo. En el despacho del abogado, mientras redactaban los detalles contractuales de la fábrica de amianto, leyeron una cláusula sobre las acciones de la compañía y la posible futura esposa y los posibles hijos del socio, el doctor Kafka. Franz se encontró mirando una mesa rodeada por dos sillas grandes y una más pequeña: "Ante la idea de que nunca estaría en condiciones de ocupar esas u otras tres sillas, con mi mujer y mi hijo, me asaltó desde el mismo principio un anhelo tan desesperante de esa felicidad, que en mi excitación, después de la larga lectura, le formulé al abogado una pregunta que reveló inmediatamente que no había entendido absolutamente nada de una sección bastante larga del contrato que acababan de leer". Aproximadamente en esa época escribió Kafka el texto breve que comienza: "Es tan desagradable ser soltero...", que se publicó en su primera colección de ficciones, *Betrachtung*. Empezaba a preguntarse si llegaría a ser como su tío solterón Alfred Löwy de Madrid, y después de una conversación que tuvo hacia fines de año con su madre sobre el matrimonio y los hijos, se convenció de "cuán falso e infantil es el concepto que mi madre tiene de mí". Ella consideraba que si él se casara y tuviera hijos, desaparecerían su hipocondría y su ansiedad, su interés por la literatura quedaría relegado a una ocupación secundaria, como hobby de un profesional, y que se concentraría en su carrera como cualquier persona normal.

No hace falta aclarar que Kafka no lo veía de esa manera. A pesar de las dificultades y los obstáculos que enfrentaba en ese momento, seguía poseído por la certeza de que era capaz de grandes cosas. Una noche estaba acostado en su cama "y otra vez fui consciente de todas mis aptitudes como si las estuviera sosteniendo en la mano... capaz de todo y sólo refrenado por fuerzas que son indispensables para mi verdadera vida y aquí están desperdiciándose".

Independientemente de que su madre tuviera razón al decir que sus problemas eran en cierto modo psicosomáticos, el hecho es que la salud de Kafka —o, en general, el sentido que tenía de su propio cuerpo— ejercía claramente una poderosa influencia sobre su escritura y su idea de lo que podía lograr en esa esfera. Después de una visita de su antigua institutriz (a la que juzgaba con bastante dureza), Kafka se dejó caer en la cama y se quejó de que "me duelen las articulaciones por el cansancio, mi cuerpo agotado se estremece y va hacia su propia destrucción en un desorden del que no me atrevo a ser plenamente consciente; en mi cabeza hay asombrosas convulsiones". Kafka siempre era capaz de encontrar a alguien o algo a quien culpar por sus miserias, y esta vez fue su cuerpo: "Es evidente que un obstáculo fundamental para mi progreso es mi condición física", decidió. "Con un cuerpo como este no se puede llegar a nada" [*Mit einem solchen Körper läßt sich nichts erreichen*]. Me tendré que acostumbrar a su perpetua oposición... Mi cuerpo es demasiado largo para su debilidad, no tiene la menor cantidad de grasa para engendrar un bienaventurado calor, para preservar un fuego interior, ninguna grasa de la que el espíritu pueda alimentarse ocasionalmente un poco más allá de sus necesidades diarias sin causar daño al conjunto". Podía ver que su estado de salud estaba obstaculizando su escritura —"¡De qué circunstancias me hace depender mi modo de vida!"—, pero no está claro hasta qué punto sus problemas de salud eran reales o imaginarios en esa etapa. No hay ningún registro de que fuera incapaz de ir al trabajo ni informe alguno de visitas a médicos. Es probable que el fuerte escepticismo de su madre no estuviera del todo desacertado.

Pero los lamentos continuaban: "Anoche me sentí especialmente miserable. Otra vez se me revolvía el estómago... El sombrío futuro inmediato no parecía algo digno de abordar, desamparado... Una vez más pensé en el futuro más distante. ¿Cómo podría vivirlo con este cuerpo sacado de un desván?". Una clave para entender las causas más profundas del malestar de Kafka puede encontrarse en su referencia al Talmud, cuando dice: "Un hombre sin una mujer no es una persona". El sentido redescubierto de su destino judío le decía que debía casarse y tener hijos. Un enamoramiento con una actriz itinerante seguramente no era la mejor manera de hacerlo.

Mientras tanto, seguía persiguiendo esas intuiciones aleatorias y fugaces sobre su destino como escritor que fascinan en las anotaciones de su diario. En diciembre, finalmente terminó su parte de la novela conjunta con Brod, *Ricardo y Samuel*, y la consideró un éxito. "Más aún, creo que algo está sucediendo dentro de mí, que está muy cerca de lo que dice Schiller sobre la transformación de la emoción en carácter. A pesar de toda la resistencia de mi ser interior, debo escribir esto". Tenía "un gran anhelo de expresar en mi escritura toda mi ansiedad, escribirla en las profundidades del papel exactamente como surge de mis profundidades, o escribirla de tal manera que pueda atraer completamente hacia mí lo que he escrito. No es un anhelo artístico". Cuando leyó el libro de Wilhelm Schäfer sobre el artista Karl Stauffer, se sintió "capturado y fuertemente sostenido por la poderosa impresión que se abre paso en esa parte interna de mí que escucho y de la que aprendo sólo en pocos momentos... Debo escribir".

Cuando 1911 llegaba a su fin, a través de la nube de mala salud que pareció cernirse sobre él a mediados de diciembre, Kafka seguía reflexionando sobre su carrera literaria y sobre la posibilidad real de dedicarse a ella a tiempo completo. Después de una discusión con su padre sobre su falta de interés en los asuntos de la fábrica de amianto, en cuyo transcurso él dijo que no podía intervenir activamente mientras trabajara en el Instituto, se sorprendió preguntándose si realmente quería escribir a tiempo completo: "Me cuestiono mi capacidad de dedicar todo mi tiempo a la literatura". Pensaba que aun si se viera "liberado" de la oficina, "cedería inmediatamente a mi deseo de escribir una autobiografía", un proyecto que nunca llevó a cabo, aunque la *Carta al padre* mostró cómo pudo haber sido. No obstante, seguía trabajando en el Instituto y pensaba cada vez más que indudablemente la literatura era su única vocación, la única manera de vivir que le daba un significado a su existencia, aunque no tuviera sentido para el resto del mundo. Su familia, que veía cómo su vida "iba en una dirección exótica y falsa" para ellos, temía —y su padre se lo dijo explícitamente— que se convirtiera en "un segundo tío Rudolf, el bufón de la nueva generación familiar". La fábrica era un problema permanente y le causaba "tormento", y sólo los reproches de su padre, el silencioso desprecio de Karl y su propia culpa lo movían a hacer lo poco que hacía para interesarse por ella. Le dedicó horas preciosas, y sacrificarle algo más lo habría llevado a "la total destrucción de mi existencia, que, incluso sin esto, se está amurallando cada vez más".

La sensación que tenía Kafka de estar avanzando hacia una especie de definición —que debía convertir en realidad esas intuiciones de potencial literario o quedaría permanentemente frustrado e incompleto— se intensificó a lo largo de 1911. El nuevo año lo vería elaborando esas frustraciones para producir finalmente una pieza fundamental de la literatura.

9

Ahora Kafka se encaminaba firmemente hacia un compromiso total con la literatura, que, en cierto sentido, definiría toda su vida. Los obstáculos evidentes para esta clase de dedicación absoluta seguían siendo los mismos —el empleo, la familia, un cuerpo que no ayudaba—, pero ahora empezaba a creer que su incapacidad en otras esferas exigía atrincherarse en la única actividad que sabía que podía hacer bien. "Es fácil reconocer en mí una concentración de todas mis fuerzas en escribir", anotó en su diario a principios de enero de 1912.

Cuando se hizo claro en mi organismo que escribir era la dirección más productiva que podía tomar mi ser, todo se precipitó en esa dirección y dejó vacías todas aquellas aptitudes que se orientaban a los placeres del sexo, la comida, la bebida, la reflexión filosófica y, sobre todo, la música. Me atrofié en todas esas direcciones. Esto fue necesario, porque mis fuerzas, en su conjunto, eran tan insignificantes que sólo en forma colectiva podían servir, incluso a medias, a mi propósito de escribir... Ahora mi desarrollo está completo y, por lo que veo, no queda nada más por sacrificar; sólo me resta deshacerme de mi trabajo en la oficina para comenzar mi verdadera vida, en la cual, con el progreso de mi obra, mi rostro finalmente podrá envejecer de una manera natural.

La tranquila claridad con la que Kafka exponía aquí su programa para sí mismo, su serena lógica, no era un pronóstico de la realidad que seguiría a continuación. Estaba a punto de entrar en un período que pondría a prueba sus reservas de fortaleza moral e intelectual en el más alto grado. Su escritura triunfaría –él mismo lo vería durante ese año como un avance–, pero su vida personal entraría en un largo y angustioso proceso, un proceso en el que no lograría desentrañar por qué estaba en el banquillo de los acusados, ni cuál era la acusación.

Mientras tanto, los actores judíos todavía estaban en la ciudad, y Kafka seguía reuniendo obsesivamente información sobre ellos, sobre la vida de Löwy, las costumbres y la cultura de los *Ostjuden*, y la historia de la literatura judía. Leyó "vorazmente" un libro de 500 páginas de Pines, *L'Histoire de la Littérature Judéo-Allemande*, y siguió adorando a la divina señorita Tschissik. Pero cada vez le resultaba más difícil pasar por alto la baja calidad literaria de las piezas. Al descubrir por primera vez a esos actores había pensado: "Encontré un judaísmo sobre el cual se apoyaban los comienzos del mío, un judaísmo que se desarrollaba en mi dirección, y así podía iluminarme y llevarme más lejos en mi propio torpe judaísmo", pero ahora lo estaban alejando de ese objetivo. De todos modos: "Las personas permanecen, por supuesto, y estoy firmemente aferrado a ellas".

El 18 de febrero, Kafka organizó una velada de recitado con Löwy en el hall principal del ayuntamiento judío de Praga. "Durante dos semanas estuve preocupado por el temor de no poder escribir el discurso. La noche anterior a la conferencia, de pronto lo logré". En los días anteriores, Kafka había sentido que se ponía "más nervioso, más débil, y que había perdido una gran parte de esa calma de la cual me vanagloriaba unos años atrás... ¡Tan poca resistencia física!". En realidad, sintió "una orgullosa, increíble conciencia durante mi conferencia (tranquilidad en presencia del público, sólo la falta de práctica me impidió hacer libremente gestos vehementes)... Todo esto revela fuerzas a las que me confiaría alegremente si permanecieran". Antes de que comenzaran las lecturas propiamente dichas, Kafka –que pese a su timidez era un excelente lector y le encantaba recitar textos propios y ajenos– se puso de pie para pronunciar su discurso sobre el idioma ídish. Le dijo al público que planeaba decir algo "sobre cuánto más ídish entienden ustedes de lo que creen". Aseguró que muchos, entre su público judío de Praga, estaban tan "asustados" por el idioma "que casi se puede ver en sus rostros", y reconoció que "el terror al ídish, un terror mezclado con cierta aversión fundamental", era comprensible. Luego sostuvo que la cultura europea occidental estaba bien ordenada, era reservada y se caracterizaba por el hecho de que la gente se entendía, y eso hacía que "el embrollo del ídish" fuera esencialmente misterioso. Era el idioma más joven de Europa: sólo tenía cuatrocientos años. "Todavía no desarrolló formas lingüísticas tan claras como las que necesitamos. Su expresión es breve y rápida". No existían gramáticas de ídish, y era esencialmente una lengua hablada en continua evolución: "La gente no se la entregará a los gramáticos". Además, incluía palabras extranjeras que habían pasado a través de su cambiante paisaje léxico en un "revoltijo de lenguaje", un "popurrí lingüístico de arbitrariedad y ley". Seguramente como respuesta a las risas que saludaron sus palabras en el Ayuntamiento, Kafka finalizó: "Creo que ya he convencido a la mayoría de ustedes, damas y caballeros, de que no entenderán ni una palabra de ídish".

Sin embargo, prosiguió diciendo que quienes hablaban alemán deberían ser capaces de entender ídish, y que la lengua coloquial que usaban los judíos alemanes (seguramente pensaba en su propia familia, que deliberadamente no había asistido a la conferencia) era "una aproximación remota o cercana al ídish". Por esta razón, esas personas deberían poder entender ídish "intuitivamente", y una vez que el idioma –y el ídish es todo: las palabras, la melodía jasídica y el propio carácter esencial de este actor judío oriental"– se hubiera apoderado de ellos, abandonarían sus reservas. "Entonces llegarán a sentir la verdadera unidad del ídish, y con tanta fuerza que los asus-

tará, pero ya no será miedo al ídish, sino miedo a ustedes mismos".
Él esperaba que ese miedo desapareciera, "porque nuestra intención
no es castigarlos".

Este breve discurso demuestra el poder que la cultura judía tenía en ese momento sobre Kafka. Cierto exceso de dramatismo en
la argumentación puede adjudicarse a su enamoramiento del tur-
bulento exceso expresivo de ese idioma. También vale la pena notar que uno de los poemas que presentó fue "Los novatos" (*"Die
Grine"*), de Morris Rosenfeld, que se refería a un grupo de inmigrantes
judíos recién llegados a Norteamérica, a quienes el poeta veía caminando por una calle arrastrando sus destartalados equipajes. Por esa
época, Kafka debía de haber empezado ya su primera novela *El desaparecido* (*Der Verschollene*) –que se conoció con el título que le puso
Max Brod, *América*–, cuyo tema es la emigración al Nuevo Mundo.

La literatura clásica germana no era descuidada por Kafka en favor de los escritores en ídish. Siempre había sido un devoto admirador de Goethe, y los meses anteriores, algunos libros suyos traídos
por su amigo Felix Weltsch le habían producido "una emocionada
excitación" y un deseo de escribir un ensayo sobre "la tremenda naturaleza de Goethe". Varios días después, inmerso en diversos libros
sobre Goethe, se sentía lleno de un "entusiasmo que penetraba cada
parte de mí", que le impedía escribir. Había estado leyendo al mismo
tiempo obras biográficas y la famosa autobiografía del escritor alemán *Poesía y verdad* (*Dichtung und Wahrheit*). Abrumado por el
gran poeta, Kafka sentía que "una incesante excitación [por supuesto, exacerbada al preparar el discurso en ídish] me estuvo oprimien-
do durante días... Leía frases de Goethe como si mi cuerpo estuviera
agotando todas sus energías". Kafka parece haber estado trabajando
en tal estado de hiperexcitación que hasta la "hermosa silueta" de
Goethe en uno de sus libros le servía como reproche para la desva-
lorización de su propio cuerpo: "Mi impaciencia y mi dolor por causa de mi agotamiento se nutren especialmente de la perspectiva del
futuro que así se prepara para mí, y que nunca pierdo de vista. ¡Qué

noches, qué caminatas, qué desesperación en la cama y en el sofá me esperan todavía, peores de las que ya soporté!". Le preocupaba que su "misión literaria" lo volviera peligrosamente decidido y "sin corazón".

Muchas de las entradas del diario de Kafka de los primeros meses de 1912 muestran preocupación por la necesidad de concentrar sus fuerzas y producir la obra que sentía que estaba siempre dentro de él. "Conocimiento absoluto de uno mismo. Ser capaz de atrapar la totalidad de los propios dones como si fueran una pelota pequeña" era un objetivo garabateado a principios de abril. En mayo, el primer capítulo de su novela compartida con Brod, *Ricardo y Samuel*, fue publicado en las *Herderblätter*, editadas por Willy Haas. Ahora estaba trabajando definitivamente en *El desaparecido*, que era un ancla para sus turbulentos sentimientos: "Me sostengo con fuerza de mi novela contra toda inquietud, como una figura de un monumento que mira la lejanía y se sostiene con fuerza sobre su pedestal". Más adelante, le sorprendió una observación similar efectuada por otro de sus ídolos literarios, Gustave Flaubert, que decía en una de sus cartas: "Mi novela es el acantilado del que estoy suspendido, y no sé nada de lo que sucede en el mundo".

En junio, Kafka y Brod decidieron tomar unas vacaciones, durante las cuales visitarían la casa de Goethe (*Goethehaus*) en Weimar. Partieron el 28, por un mes, pero las vacaciones no parecieron darle a Kafka ningún respiro de sus ansiedades. Sentía "una prolongada, irresistible insatisfacción" por no ser capaz de progresar en su novela, y se preguntaba amargamente si no estaría perseguido por demonios: "Sólo una multitud de diablos podría explicar nuestros infortunios terrenales". Como siempre, los dos amigos llevaban un diario de viaje, y su primera parada después de Dresden fue Leipzig, donde Brod llevó a Kafka a ver a un joven editor, Kurt Wolff, de la firma Ernst Rowohlt. Wolff recordó luego la llegada de ambos esa tarde el 29 de junio a las miserables oficinas de la editorial: Brod lo impresionó como un promotor que llevaba a su tímido actor estrella, y Kafka parecía "silencioso, torpe, delicado, vulnerable, intimidado como un gimnasta frente al jurado, convencido de la improbabilidad de que a través de las alabanzas de su promotor sus expectativas pudieran ser colmadas alguna vez". Wolff quedó hipnotizado por los "hermosos ojos" de Kafka, su expresión conmovedora y su total ausencia de ínfulas de escritor. Entonces Kafka le dijo a Wolff algo que el editor nunca había oído, ni volvería a oír, de ningún autor: "Le estaré eternamente agradecido tanto si me devuelve el manuscrito como si lo publica". Kafka era el menos exigente de los autores, según el punto de vista del editor. Wolff, que publicaría el primer libro de Kafka en 1913, dijo que siempre sintió temor de penetrar en su mundo. También sentía que no había ninguna evolución en Kafka: "Él no llegaría a ser: era. Su primera obra en prosa conocía la última; la última era la primera". Kafka observó lacónicamente en su diario esa noche: "Rowohlt parecía hablar en serio al decir que quería un libro mío".

Al día siguiente, Kafka llegó a Weimar al atardecer y caminó de noche hacia la casa de Goethe. "La reconocí enseguida... Sentí que la totalidad de nuestra vida anterior formaba parte de la impresión inmediata". Al día siguiente, dejaron su "hotel tranquilo y bonito", visitaron la casa de Schiller (*Schillerhaus*), y luego regresaron a la de Goethe, donde el estudio y el dormitorio impresionaron a Kafka como "tristes, recuerdan a abuelos muertos". La atención de Kafka fue atraída muy pronto hacia una linda muchacha llamada Grete Kirchner, cuyo padre era el conservador de la *Goethehaus*. Animado por Max, Kafka estableció "un claro contacto", pero fue un flirteo bastante poco satisfactorio, consistente en encuentros fortuitos, en un festival de la fresa, por ejemplo, donde él escribió: "La flexibilidad de su cuerpo en su vestido suelto". Les tomaron una fotografía, que se conserva, sentados en un banco: "Ella me sonreía sin sentido, sin objeto, oculta tras la espalda de su padre. Triste". En otro apresurado encuentro, él le regaló una caja de bombones con un pequeño corazón y una cadena enroscada sobre él. Pero finalmente se dio cuenta de que no iba a ninguna parte: "No tenía nada en común con ella".

El 8 de julio, Kafka y Brod se separaron. El primero se fue al establecimiento Jungborn de terapia natural (*Naturheilkunde*), en las montañas Harz. Fundado en 1896 por Adolf Just, el balneario privado de Jungborn promovía un estilo de vida natural (*Naturleben*) que consistía en nudismo, hidroterapia, baños de barro y una dieta vegetariana. Kafka era particularmente afecto a las "cabañas de sol y aire" (*Lichtlufthäuschen*), y disfrutaba la ausencia de médicos ortodoxos. Anteriormente, en marzo, había criticado a "¡esos asquerosos médicos! Serios, decididos y tan ignorantes en salud... Me gustaría tener energía para fundar una sociedad de cura natural". Enseguida se instaló en su cabaña en el bosque, que estaba abierta en tres lados, y escuchó una conferencia sobre vestimenta de un doctor naturista, que le recomendó tomar "baños atmosféricos" (otra vez los *Luftbäder*) de noche, pero evitar exponerse demasiado a la luz de la luna, que "tiene un efecto dañino".

Kafka salía de la cama, presumiblemente desnudo, y tomaba sus baños atmosféricos en el prado, frente a su cabaña. También había gimnasia grupal (una fotografía de Jungborn muestra un campo lleno de gente desnuda llevando a cabo un riguroso entrenamiento), canto de himnos, bandas militares, juegos de pelota en un gran círculo y tareas con heno. Kafka era un poco tímido para compartir las actividades públicas nudistas, y lo apodaron "el hombre del traje de baño" (*der Mann mit den Schwimmhosen*). Le confió a su diario: "Cuando veo a esas personas completamente desnudas moviéndose lentamente entre los árboles... A veces sufro leves, superficiales ataques de náuseas... Viejos que saltan desnudos sobre parvas de heno tampoco es algo que me produzca un placer especial". Otra fotografía muy divertida (reproducida por Wagenbach) muestra a un anciano oficial militar con un enorme bigote, una barriga inmensa, el talabarte puesto, un imponente casco prusiano, y nada más, recibiendo el saludo de un joven oficial que sólo llevaba un casco en punta y un periódico colocado estratégicamente.

Cualquiera fuera la eficacia de la terapia natural, tres semanas al aire libre para el ansioso y extenuado Kafka, sin oficina, sin críticas familiares, sin preocupaciones sobre la fábrica de amianto que lo molestaran, sólo podía tener efectos beneficiosos. Leía vorazmente en su cabaña –la Biblia, Schiller, Platón, Flaubert (*L'Éducation sentimentale*, uno de sus libros favoritos)– y no perdía de vista a las muchachas bonitas. Una noche bailó con una joven llamada Auguste, que llevaba una blusa blanca adornada con flores en los brazos y los hombros. La melancólica joven estaba por entrar a un convento "por las malas experiencias que había tenido". También había allí una maestra, Frau Gerloff, que tenía un "rostro joven, vivaz, parecido al de una lechuza... Su cuerpo es más indolente". Pero no parece haber establecido ninguna relación seria durante su estadía, aunque Grete Kirchner le escribió. "¿Crees que es verdad que uno pueda atraer a las mujeres escribiendo?", le preguntó a Brod en una carta que, a la luz de los futuros acontecimientos, encierra una involuntaria y dolorosa ironía.

Aunque Kafka trataba de tomar en serio la terapia y "se rellenaba como una salchicha" para engordar, sus problemas residuales persistían. Uno de ellos era la dificultad para relacionarse con los demás. "Vine aquí en parte por la gente", le dijo a Brod. "¿Cómo vivo en Praga, después de todo? Este anhelo que tengo por la gente, y que se transforma en ansiedad una vez que se cumple, sólo encuentra un desahogo durante las vacaciones". El otro problema era escribir. Todos los días iba Kafka al salón de lectura del Jungborn, donde se sentaba solo y en forma improductiva durante una hora, sin hacer ningún progreso en *El desaparecido*. Lo asaltaban las angustiantes dudas habituales del escritor –"hoy me surgieron ciertas ideas sobre la inferioridad de mi escritura... Pero no importa, no puedo dejar de escribir: es un placer que se puede experimentar hasta la médula sin que haga daño". Sin embargo, le preocupaba el hecho de que había algo en su vida y en su experiencia hasta ese momento que no lo nutría como escritor, posiblemente una falta de exceso: "Nunca fui la clase de persona que realiza algo a toda costa... Lo que escribí, fue escrito en un baño tibio. No he experimentado el infierno eterno de los verdaderos escritores [*die ewige Hölle der wirklichen Schriftsteller habe ich nicht erlebt*]. En los años transcurridos desde la muerte de Kafka, algunos críticos opinaron lo mismo. Uno de los más famosos disidentes fue el crítico norteamericano Edmund Wilson, quien escribió en 1950 que el prestigio de Kafka era "descabelladamente exagerado". Según Wilson, Kafka resultaba atractivo para esos intelectuales refinados que pensaban que él expresaba "las emociones de desamparo y autodesprecio" de ellos mismos. Admiraba a Kafka como escritor de relatos breves, pero sostenía que sus dos novelas más famosas estaban "bastante descuidadas", inconclusas o insuficientemente trabajadas (la mejor parte del argumento de Wilson, que debe tomarse en serio). También destacó el amor de Kafka por Flaubert y señaló que los críticos de Kafka, en su prisa por tratarlo como un metafísico trágico, no le dieron suficiente importancia a la ironía flaubertiana de sus escritos. A Wilson no lo impresionaban los argumentos de mediados de siglo sobre los aspectos religiosos o metafísicos de Kafka, y llegó a esta demoledora conclusión: "Lo que nos dejó es el apenas expresado jadeo de un alma pisoteada que dudaba de sí misma. No veo cómo se lo puede tomar como un gran artista o un guía moral".

La crítica de Kafka en general no parece haberle prestado demasiada atención a Wilson, pero el desafío sigue en pie para quienes deseen ver a Kafka objetivamente y valorarlo en su justa medida (pensamos también en este contexto en otra vigorosa opinión disidente, la de Primo Levi, que deseaba que Kafka se hubiera orientado más enérgicamente hacia la luz). Es como si algunos de estos críticos no hubieran tomado en consideración el auténtico deseo de Kafka de ser positivo justamente en la forma que ellos señalan. En este contexto, resulta más perceptivo un comentario de Jorge Luis Borges. Dice sobre Kafka: "Se podría definir su trabajo como una parábola o una serie de parábolas cuyo tema central es la relación moral del individuo con la divinidad y el universo. A pesar de su ambiente moderno, Kafka está más cerca del Libro de Job que de lo que se ha llamado 'literatura moderna'. Su trabajo se basa en una conciencia religiosa, particularmente judía; su imitación en otros contextos carece de sentido". A medida que Kafka profundizaba la exploración de su condición de judío, aumentó su necesidad de encontrar bases más sólidas para la obra de arte. El argumento de que la razón por la cual quiso que su obra se destruyera después de su muerte era el temor de que no respondiera a esa profunda esperanza, es convincente.

El 28 de julio, Kafka retornó a Praga y a un "tormento" más grande con respecto a su escritura. Rowohlt quería publicar su primera colección de ficción, *Betrachtung*, pero Kafka temía que algunos de los textos simplemente no fueran bastante buenos. Carecía de la habitual vanidad de los escritores, y caía en el otro extremo, en un exceso de escrúpulos: convenció a Brod de que era incorrecto "publicar con los ojos abiertos algo que está mal", como creía que había sucedido con sus dos fragmentos de ficción "Conversaciones con un orante" y "Conversaciones con un borracho", que habían sido publicados como *Descripción de una lucha* en *Hyperion*, en la primavera de 1909. Había cosas peores que no ser publicado, y ese "detestable forzarse a sí mismo" lo estaba desgarrando. Como una premonición del pedido que le haría a Brod antes de morir, de destruir toda su obra inédita, Kafka le dijo a su amigo: "Sólo en nuestro lecho de muerte podemos permitir que las cosas que están mal queden definitivamente mal". En su diario, se lamentaba: "Cuánto tiempo me quita la publicación del pequeño libro, y cuánto orgullo ridículo y dañino nace de releer cosas viejas con vistas a la publicación". Decidió evitar desde ese momento que se publicaran sus textos en revistas "si no quiero conformarme con meter sólo la punta de los dedos en la verdad". Le escribió a Rowohlt una carta extraordinaria, en la que le hablaba de su forzada elección "entre satisfacer mi sentido de responsabilidad y el deseo de que usted incluya un libro mío en-

tre sus hermosos libros". Añadió: "¿No es lo más universalmente individual en los escritores el hecho de que cada uno esconda sus malas cualidades de una manera completamente diferente?".

La piedra de toque de la verdad de Kafka se encuentra en uno
de sus escritores favoritos, el austríaco Franz Grillparzer (1791-1872),
cuya novela *El pobre músico* (*Der arme Spielmann*) había sido objeto
de una "inspirada" lectura en voz alta por parte de Kafka. Grillparzer,
autor de obras de teatro y relatos breves, tuvo una enorme influencia sobre Kafka (que no puede haber ignorado el conflicto padre-hijo
que constituye el núcleo de *Der arme Spielmann*). "La manera en que
puede arriesgar todo y no arriesga nada, porque en él ya no hay nada
más que verdad", se maravillaba Kafka. Los diarios de Grillparzer
muestran que él también vivió la frustrante vida de un burócrata en
Viena (donde era director de los archivos de la corte), y estuvo comprometido con una mujer con la que nunca se decidía a casarse.

El 14 de agosto, Kafka estaba de visita en casa de Max Brod. Esa
noche conoció a una joven ejecutiva de Berlín, Felice Bauer. El encuentro fue tan memorable que Kafka lo anotó en su diario. "Pensé
mucho en −qué pudor para escribir nombres− F. B.". Seguramente no
sabía hasta qué punto la relación con esa joven constituiría una
prueba −para ambos− durante los siguientes cinco años. Franz se haría pedazos por Felice, aunque la experiencia llegó justo en el momento en que su literatura estaba alcanzando cierto éxito. El otoño
de 1912 constituiría, pues, para Kafka una revolución emocional y artística sin precedentes en su vida.

Parte II

FELICE

10

Felice Bauer (al parecer, su familia pronunciaba su nombre a la francesa) era cuatro años menor que Kafka. Como dijo él al final de su vida, "no era bonita", aunque admiraba en ella su "delgado, fino cuerpo". Ella era fuerte y capaz, pero nunca quedó claro en qué podía ser la persona indicada para Kafka (ni él para ella).

Felice nació en Neustadt, Alta Silesia, el 18 de noviembre de 1887. Su padre vienés se había casado con la hija de un tintorero de Neustadt, pero en 1899 se instaló con su familia en Berlín, donde trabajó para una compañía extranjera como agente de seguros. Cinco años después se fue con su amante, y permaneció alejado hasta 1910. Luego de terminar la escuela en 1908, Felice salió a trabajar para ayudar a su madre a mantener a sus cuatro hermanos y hermanas. Los demás miembros de la familia contaban con el contrapeso de su estabilidad: su hermano fue un estafador que huyó a Norteamérica, y su hermana mayor soltera estaba embarazada aproximadamente en la época en que comenzó la relación de Felice con Kafka. Felice era la única de la familia que lo sabía. Trabajó brevemente como taquimecanógrafa en la compañía Odeon de grabaciones, y en 1909 entró a la empresa Carl Lindström de Berlín, que fabricaba un dictáfono conocido como Parlograph. La máquina —cuya tecnología fascinaba a Kafka— parece hoy demasiado voluminosa: estaba montada sobre una caja de madera de unos 45 centímetros de ancho, 15 centímetros de alto y 15 de profundidad. Consistía en un tambor grabador de cera, un micrófono con una serpentina como la de un narguile, y una palanca ajustable para controlar la velocidad de la grabación o de la reproducción en una escala de *langsam* (lento) a *schnell* (rápido). Un modelo perfectamente conservado puede verse hoy en el Museo Nacional de Tecnología de Praga. Felice, una de las eficientes empleadas administrativas (*die Angestellete*) de la joven generación de principios del siglo xx, fue ascendida muy pronto a secretaria ejecutiva de la firma. En marzo de 1913, la familia nuevamente reunida se mudó del este de Berlín a la Wilmersdorfstrasse del elegante lado oeste, donde el pretendiente de Praga sería recibido y, un poco ominosamente, evaluado por los Bauer.

Felice pertenecía a una sólida clase media, y estaba más interesada en la decoración del hogar que en Franz Grillparzer. La última amante de Kafka, Dora Diamant, que no conoció a Felice y seguramente se guiaba por lo que le había contado Kafka, dijo en un reportaje después de la guerra: "Era una muchacha excelente, pero absolutamente burguesa. Kafka sentía que casarse con ella habría sido como casarse con toda la mentira que era Europa". Esta observación fue hecha con la perspectiva del tiempo transcurrido, porque en realidad, al principio Kafka había perseguido a Felice con determinación. Ella no parece haber tenido interés alguno en su obra, ni era una fuente de gran atracción sexual para él, por lo que podemos saber. Como sus cartas a Kafka no se conservaron, contrariamente a los centenares que le escribió él, y como nunca habló de él en los años que siguieron, nunca se sabrá con exactitud cómo veía ella la relación. Para Kafka, muchas veces era un tormento que se sumaba a las presiones que sentía como escritor. Era casi como si hubiera elegido castigarse a sí mismo. "Durante cinco años —escribió Max Brod— las aspiraciones de Kafka de lograr casarse con Felice, y las circunstancias adversas fueron el motivo que prevaleció en su vida, la espina clavada en su trabajo creativo y en los interrogantes religiosos que lo acosaban". Ella era "una figura ideal [*eine Idealgestalt*] para Franz". Al mismo tiempo, existe una fuerte evidencia en sus diarios y sus lar-

gas y frecuentes cartas a ella, de que amó a Felice durante los cinco
años de su relación. La voluminosa correspondencia (la edición alemana tiene unas 800 páginas, y la versión inglesa, alrededor de 600
angustiadas páginas impresas en letra pequeña, mucho más que
cualquier trabajo de ficción de Kafka) es a veces difícil de leer, aunque el biógrafo que desee entender a Kafka no puede eludirla. Invariablemente, él comenzaba las cartas a altas horas de la noche, y las
completaba a la mañana temprano, cuando debía estar dedicado a
su trabajo literario o intentando dormir un poco más. La primera entrada del diario de Kafka después de conocer a Felice ("Día desperdiciado. Perdido durmiendo y acostado") es bastante poco auspicio-
sa. Como a esta correspondencia le falta la voz de Felice, excepto en
los pocos casos en que él cita alguna frase de ella para responderla,
sólo podemos inferir cómo era ella. Felice poseía una personalidad
fuerte ("no eres inestable"). Ella empezó a notar algo ligeramente extraño en su corresponsal, a quien apenas había conocido en persona (este fue un romance epistolar). Podemos suponer que ella también debe de haber estado tan desesperada como Kafka por casarse,
y por eso decidió tolerar lo que quizá no debió haber tolerado. Por
último, después de la ruptura final, se casó con un próspero hombre de negocios alemán, se mudó a Suiza en 1931, y a los Estados
Unidos en 1936, donde murió en 1960, cinco años después de haber
aceptado entregar las cartas escritas por Kafka para su publicación.
Aparecieron por primera vez en un volumen separado en 1967.

Kafka le escribió su primera carta a Felice en un papel con
membrete del Instituto, el 20 de septiembre de 1912. En ella, recordaba su encuentro en la casa de la familia Brod y su promesa de permitirle acompañarla a Palestina. Nunca hicieron juntos ese viaje,
aunque es un viaje que Kafka soñó hacer en sus últimos años, a medida que crecía su interés por el sionismo. "Aquella noche lucía usted tan fresca, tenía las mejillas rosadas, y parecía indestructible", escribió sobre aquel 14 de agosto. "¿Me enamoré de usted al instante,
esa noche?... A primera vista, me resultó definitiva e incomprensible-

mente indiferente". Cuando entraron a la sala de música, Kafka hizo
el "comentario tonto" de que "ella me atrae infinitamente", y se apoyó sobre la mesa. Al final de la velada, Kafka la acompañó, junto con
el padre de Brod, hasta su hotel. "Todavía recuerdo el lugar exacto de
la Graben [hoy Na Příkopě] donde, sin razón aparente, aunque deliberadamente, debido a mi incomodidad, mi deseo y mi desamparo,
me resbalé varias veces de la acera a la calzada. Y entonces, en vez de
ignorar a Herr Brod y susurrar en mi oído: 'Venga conmigo a Berlín,
¡abandone todo y venga!', dejó que el ascensor la llevara hacia arriba". Es fácil imaginar cuál habría sido la reacción de Kafka si ella
realmente le hubiera hecho esa romántica propuesta: duda, dilación,
inacción. En su diario, Kafka fue más franco sobre ese primer encuentro: "Ella estaba sentada a la mesa. No sentí ninguna curiosidad
por saber quién era, pero inmediatamente me sentí a gusto con ella.
Una cara huesuda y vacía que exhibía abiertamente su vacuidad.
Cuello desnudo. Una blusa puesta al descuido. Lucía muy doméstica con su atuendo aunque, como resultó después, no lo era en absoluto... Una nariz casi torcida. Cabello rubio, lacio y poco atractivo,
mentón prominente". A pesar de estas nada extasiadas notas, Kafka
la miró de cerca por primera vez cuando se sentó a cenar: "Al sentar-
me, ya tenía una opinión formada". Esta firmeza, dada la ausencia de
indicadores más evidentes de la pasión de este hombre de veintinueve años hacia esa mujer de veinticinco, es una de las cosas que más
llama la atención en su relación de cinco años con Felice.

De todas maneras, esta parece haber sido una época agitada para Kafka. Se estaban haciendo los preparativos para la publicación
de *Betrachtung* en noviembre. El contrato se hizo el 25 de septiembre. El vacilante escritor –que nunca terminaba de expresar su gratitud hacia el editor por publicar su libro– sólo pedía el tipo de letra
más grande posible y preguntaba si el libro podía tener (si no era mucha molestia) "una encuadernación oscura y papel de color", como
la edición de la misma editorial de las *Anekdote* de su admirado
Heinrich von Kleist. La inminente publicación parecía tener un efec-

to profundamente perturbador en Kafka: "Vivo en la forma más irracional que se pueda imaginar. Y la publicación de las treinta y una páginas tiene la culpa". Hasta se sorprendió a sí mismo deseando que Rowohlt le enviara el libro de vuelta: entonces "podría guardarlo otra vez bajo llave, como si nada hubiera pasado, sólo para poder ser tan desdichado como antes".

Estos nervios previos a la publicación contribuían a su incapacidad de seguir avanzando con *El desaparecido*. Una visita del tío Alfred de España perturbó aún más a Kafka, que le preguntó a su tío cómo hacía para sentirse al mismo tiempo a disgusto y sin embargo en casa en todas partes. Su tío respondió que, después de algunos absurdos compromisos sociales, "llego a casa y lamento no haberme casado". En ese tiempo, Valli, la hermana de Kafka, anunció su compromiso. El matrimonio podía sentirse en el aire. Pero Kafka no tuvo noticias de Felice hasta fines de septiembre.

Y de pronto, en medio de esa confusión de nuevas emociones, antiguas frustraciones y excitantes expectativas literarias, a las 10 de la noche del 22 de septiembre de 1912, Kafka se sentó frente a su escritorio, en su cuarto del número 36 de la Niklasstrasse, y escribió sin ninguna interrupción hasta que amaneció el nuevo día. Había pasado un domingo "tan miserable que podía haber gritado" (toda la tarde dando vueltas en silencio alrededor de los parientes de mi cuñado, que nos visitaban por primera vez). Terminó de un tirón (*in einem Zug*) *La condena* (*Das Urteil*). Kafka lo consideró, con razón, un logro.

Aunque las obras de *Betrachtung* eran muy interesantes, la audaz seguridad narrativa y la claridad dramática de *La condena* significaron un salto adelante en la técnica ficcional de Kafka. "Casi no podía sacar las piernas de debajo del escritorio: estaban completamente rígidas por estar tanto tiempo sentado", escribió al día siguiente. "El esfuerzo y la alegría terribles de ver cómo se desarrollaba la historia frente a mí, como si estuviera avanzando sobre agua. Esa noche cargué varias veces todo mi peso sobre mi espalda. Cómo

todo puede ser dicho [*Wie alles gesagt werden kann*], cómo para todas las cosas, para las más extrañas fantasías, hay dispuesto un enorme fuego, en el cual perecen y vuelven a levantarse". A las 2 de la
mañana, Kafka levantó la vista hacia el reloj por última vez. Escribió
la última frase –"En ese momento, el tránsito atravesaba el puente en
una corriente verdaderamente interminable"– cuando la criada pasó
por la antesala a las 6. Ella vio la cama intacta "como si acabaran de
arreglarla". Kafka se desperezó y le dijo: "Estuve escribiendo hasta
ahora". Sintió "pequeños dolores alrededor del corazón", y se dio
cuenta de que su cansancio había desaparecido en medio de la noche. Para Kafka, la conclusión era clara: "La confirmada convicción
de que al escribir novelas me encuentro en las vergonzantes tierras
bajas de la escritura. Sólo *de este modo* se puede escribir, sólo con
esta coherencia, con esta total apertura del cuerpo y del alma". Se había dejado llevar, ya que el relato no surgió como estaba planeado
("Quería describir una guerra; desde su ventana, un joven vería una
enorme multitud que avanzaba a través del puente, pero todo cambió en mis manos y se transformó en otra cosa").

Esta entrega total al momento creativo, la experiencia liberado-
ra de esa coherencia (*Zusammenhang*), lamentablemente visitarían
pocas veces a Kafka en los años siguientes. Seguiría siendo su ideal,
por el cual lo sacrificaría todo: salud, matrimonio, las satisfacciones
humanas comunes. Pero por el momento pensó, como lo escribió más
tarde, que "la historia sale de mí como un verdadero nacimiento, cubierta de suciedad y baba".

Cuando Kafka hizo su "temblorosa entrada" en la habitación de
sus hermanas para leerles el texto cuando todavía estaba fresco, una
de ellas (probablemente Ottla) dijo que la casa del relato era "como
la nuestra", a lo cual él respondió con frivolidad: "En ese caso, entonces, Padre debería estar viviendo en el baño". Pero el elemento auto-
biográfico de la historia era evidente. En sus primeras reflexiones sobre ella, Kafka también se refirió a "ideas sobre Freud, por supuesto".
Es su primera referencia al psicoanalista cuya fama ya estaba firme-

mente establecida en esa época, y la importancia central del conflicto padre-hijo en la obra de Kafka en general (y en *La condena* en
particular) parece adoptar en su análisis un clásico enfoque freudiano. Pero, al parecer, Kafka no hizo más referencias explícitas a
Freud, aunque es posible que éste haya influido en algunas imágenes de relatos como *Un médico rural*. La permanente presencia en
La condena del padre de Georg Bendermann recuerda la agobian-
te presencia del padre de Kafka en su vida. En muchos sentidos, es
la contrapartida ficcional de la *Carta al padre*: habita el mismo mundo y deriva del mismo análisis fundamental de las relaciones entre
padre e hijo. La sentencia contra Georg, emitida por el padre al final
del libro –"Te condeno a morir ahogado"– y el fervoroso cumplimiento del hijo, que declara, mientras se arroja al río (que es difícil
no identificar con el Vltava): "Queridos padres, a pesar de todo, siempre los he amado", refleja la ambivalencia de Kafka, su actitud masoquista hacia sus propios padres. La alternativa de asesinar al padre
es la autodestrucción. La inútil determinación de Georg de seguir
amando a su padre aunque eso no dé lugar a un gesto de reciprocidad –el único amor que quiere el padre debe expresarse a través de
la sumisión a su voluntad– refleja el desesperado intento de Kafka
de lograr una relación apropiada con Hermann, sobre todo de agra-
darle, de ser digno de él.

La falta de confianza en sí mismo y el autodesprecio de Kafka se
proyectan en esta historia, y también su ansiedad sexual en la rela-

También se ve el reflejo del aspecto puramente *físico* de la presencia de Hermann Kafka en la vida de su tímido hijo: "Mi padre sigue
siendo un gigante", observa Georg incluso cuando su padre se enferma. "Todavía soy el más fuerte de los dos", se jacta el padre, y exhibir su herida es una muestra de su antiguo machismo, que todavía
puede ridiculizar la pobre inmadurez de su hijo. El padre se burla de
la novia de Georg, Frieda Brandenfeld (evidentemente, podemos reconocer aquí las iniciales de Felice Bauer), imitando su manera de
levantarse la falda.

La falta de confianza en sí mismo y el autodesprecio de Kafka se
proyectan en esta historia, y también su ansiedad sexual en la rela-

ción con Felice (y la posible actitud de su padre hacia ella), su incompetencia para triunfar en los negocios, según la opinión de su padre, y su incapacidad para oponer resistencia, o de lograr un equilibrio adulto apropiado con él ("¡Cuánto tiempo has demorado en llegar a la madurez!", le grita el padre a Georg). Hay algo de Kafka tanto en Georg como en "el amigo de Rusia", que fracasa como hombre de negocios y "se resigna a la idea de una soltería definitiva". El amigo es en cierta medida una encarnación del Kafka alternativo, el camino que podía haber tomado (¿quizá como ese otro hombre proveniente del este, el actor Löwy?), aunque la huida llevara a la falta de éxito. Pero Kafka dijo luego que había "indudablemente mucho de mi tío [Alfred Löwy] en *La condena*". También escribió más tarde: "El amigo es el eslabón entre el padre y el hijo, es su vínculo más fuerte... el padre... usa el vínculo común del amigo para erigirse en antagonista de Georg. Georg se queda sin nada... Sólo porque él mismo había perdido todo, salvo su conciencia del padre, el veredicto, que lo separa completamente de su padre, le produce un efecto tan fuerte". Una vez más, la incapacidad de Georg de hablarle a su amigo de su compromiso podría verse como una expresión de las dudas intuitivas de Kafka sobre Felice. La revelación final de su padre de que estuvo escribiéndole al amigo de Rusia es una manera de decir que bloqueó esa vía de escape. A continuación, llega el veredicto.

Después de su primera reacción entusiasmada ante el relato, Kafka aseguraba que no podía entender el verdadero significado de *La condena*. "No le encuentro ninguno, ni puedo explicar nada de él", le dijo en forma bastante sorprendente a Felice nueve meses después. "Pero hay en él una cantidad de cosas extrañas". Por ejemplo, los nombres: Georg tiene la misma cantidad de letras que Franz, y Bende, la misma que Kafka, con el agregado de "Mann" que está "probablemente para fortalecerlo en sus luchas". Había muchos otros paralelos, "que, de más está decir, sólo descubrí después". Es posible que deliberadamente Kafka no fuera sincero al decir esto, para restarles importancia a las implicaciones autobiográficas que la cautelosa Felice había señalado. Más convincente fue lo que le dijo años más tarde, retrospectivamente, a su amante Milena Jesenská, que tradujo el relato al checo: "Cada frase de este relato, cada palabra, cada —podría llamarlo así— música está relacionada con el 'miedo'. En esta oportunidad, la herida se abrió por primera vez durante una larga noche". Es más probable que Kafka tuviera miedo —en la época en que le escribía a Milena esa palabra (*Angst*) aparecía cada vez con mayor frecuencia bajo su pluma— de que el lazo negativo que había establecido con su padre nunca llegara a romperse.

Kafka esperaba repetir la experiencia de la excitante fluidez que había descubierto la noche del 22 de septiembre. En su diario de esa época, Brod cuenta cómo su amigo estaba en "éxtasis" con respecto al modo en que marchaba su escritura ("escribe durante noches enteras"). Kafka todavía estaba trabajando en *El desaparecido*, pero después de escribir una noche, el 7 de octubre, si bien anotó que "podía haber escrito toda la noche y todo el día, y la noche y el día, y finalmente irme volando", se golpeó contra el suelo. Lejos de volar, en su calidad de socio de la fábrica de amianto, tuvo que ocuparse de ciertas realidades desagradables. Su cuñado, Karl Hermann, había emprendido un viaje de negocios de dos semanas, y la familia de Kafka consideró que no se podía dejar la fábrica sólo en manos del capataz. Esto era la continuación de una reciente campaña familiar para lograr que Kafka desempeñara un papel más importante. Éste se quejó ante Brod: "Estaba pensando solamente en cómo mi madre lloriquea diciéndome casi todas las noches que debería ir a la fábrica de vez en cuando para que Padre se quede tranquilo, y en que mi padre también me lo dijo con más fuerza, con miradas y otros medios indirectos".

El problema consistía en que Kafka era completamente incapaz de llevar a cabo la necesaria supervisión. Eso lo hacía sentir culpable, especialmente porque "todos opinan que yo cargo la culpa principal por el establecimiento de la fábrica, aunque seguramente esa culpa apareció en mis sueños". Kafka estaba atrapado.

Era la época del año de más ventas en la tienda, que siempre mantenía ocupado a alguno de sus padres, así que había que sumar al "antiguo lamento" de su madre, que "me acusaba de la amargura y la enfermedad de mi padre", esta nueva queja. Incluso Ottla, su hermana favorita y habitual compañera de armas contra el padre, se pasó al enemigo, con el resultado de que "me di cuenta con perfecta claridad de que ahora sólo me quedaban dos posibilidades, o saltar por la ventana cuando todos se fueran a dormir, o ir, en las siguientes dos semanas, todos los días a la fábrica y a la oficina de mi cuñado". Lo primero "me daría la oportunidad de librarme de toda responsabilidad, tanto por los problemas con mi escritura como por la fábrica abandonada", y lo segundo "interrumpiría absolutamente mi escritura: no puedo simplemente hacer desaparecer de mis ojos el sueño de catorce días". Está claro que la consideración del suicidio no era retórica. Kafka permaneció mucho tiempo frente a la ventana, con la cabeza apoyada contra el vidrio, preguntándose si se arrojaría a la Niklasstrasse. Finalmente, llegó a la sarcástica conclusión de que "seguir vivo interrumpe menos mi escritura que la muerte", pero sus sentimientos hacia su familia eran perfectamente claros: "Los odio a todos".

La fábrica de amianto todavía existe hoy en el barrio Žižkov de Praga. Ahora es un sombrío y gris edificio de hormigón, cerrado con candado y abandonado. En su mejor momento, la fábrica empleaba a veinticinco personas que trabajaban en catorce máquinas a gas para fabricar amianto. Fue liquidada finalmente en 1917.

Cuando leyó la carta en cierto modo suicida de Kafka, Brod se alarmó tanto ("un frío horror se apoderó de mí") que le escribió en secreto a la madre de Kafka. Julie también se sobresaltó, y con manos temblorosas escribió la respuesta: "Yo, que hubiera dado la sangre de mi corazón por cualquiera de mis hijos, para que todos fueran felices, soy impotente en este caso". Propuso que, para que no se molestara su marido, que en esa época estaba enfermo, fingiría que Franz iba diariamente a la fábrica, pero a él le diría que no lo hiciera y buscaría otra persona para que se ocupara de esa tarea. Todo este episodio dejaba al descubierto la falsedad de la confianza en sí mismo que Kafka expresaba cuando le dijo a Brod "nada que venga de afuera puede interrumpir mi escritura ahora".

Kafka también estaba inquieto por la ausencia de cartas de Felice. No había tenido ninguna noticia entre el 28 de septiembre y el 23 de octubre, por ejemplo. Sus cartas a ella, aunque escritas con brío creativo, eran brutalmente francas sobre sus ansiedades nerviosas. Le gustaba detallar la parte física de la experiencia de escribirle: describía el escritorio ante el que estaba sentado, o la disposición de los objetos de su cuarto. "Una noche le escribí cartas todo el tiempo estando semidormido: se sentía como un suave martilleo continuo". A veces le escribía desde el Instituto en papel membrete ("En este momento me están preguntando sobre seguros para presidiarios, ¡Dios mío!"). También empezó a hacerle insistentes preguntas sobre su vida en Berlín, de lo que se desprende que ella no era tan comunicativa como él hubiera querido, aunque el estilo epistolar habitual de Kafka consistía en dispararle una andanada de preguntas a su corresponsal.

Le dijo a Felice que la siguiente primavera Rowohlt publicaría un *Anuario de poesía*, que incluiría *La condena*. La dedicatoria de su relato sería: "A Fräulein Felice B.", pero le preguntó: "¿Sería esto avasallar sus derechos?". Kafka recordaba repetidamente y en forma un poco obsesiva los detalles de su primer encuentro el 13 de agosto, como el momento en que él le pisó los pies cuando pasaron por una puerta giratoria, y mencionaba demasiado a menudo el viaje a Palestina. "Todavía recuerdo con mucha claridad la manera en que usted se puso el sombrero y lo fijó con los alfileres". Estaba encantado cuando ella le daba migajas de informaciones personales, como el hecho de que había estudiado hebreo. "También me dijo que era sionista, y eso me gustó mucho". Le confesó que el trabajo de oficina era "completamente ajeno a mí, y no tiene ninguna relación con mis verdaderas necesidades", y le contó que acariciaba sus cartas en el bolsillo mientras le dictaba a su secretaria.

En los primeros días de noviembre, Kafka se sintió bastante seguro como para dirigirse a ella como "Fräulein Felice", en lugar de "Fräulein Bauer", y embarcarse en el largo proyecto de exhibir ante ella el minucioso inventario de sus agonías personales. "Mi vida consiste, y básicamente siempre consistió, en intentos de escribir, en general infructuosos [ya había olvidado el éxtasis del 22 de septiembre]". Pero cuando no escribía estaba "tirado en el piso, listo para el tacho de basura. Mis energías siempre fueron lastimosamente débiles". Cada vez que trataba de ir más allá de sus fuerzas, "automáticamente me veía forzado a retroceder, herido, humillado, debilitado para siempre". Como Felice era conocida por su gran competencia como joven ejecutiva, esta era una táctica interesante. "Del mismo modo en que soy delgado −siguió Kafka−, y soy la persona más delgada que conozco (esto es mucho decir, ya que soy asiduo visitante de clínicas), no hay nada para mí que, con respecto a la literatura, pueda llamarse superfluo, superfluo en el sentido de algo que desborda". Ahora pensaba todo el tiempo en ella, pero también esa preocupación se relacionaba con su escritura, porque "mi vida sólo está determinada por los altibajos de la escritura, y sin duda, durante un período estéril, nunca me habría atrevido a dirigirme a usted". Estaba sorprendido porque ella estaba ahora estrechamente relacionada con su producción creativa, dado que hasta hacía poco tiempo él consideraba que el único momento en que no pensaba en ella era cuando estaba escribiendo.

Al oír sus quejas, Felice seguramente se habrá preguntado qué lugar se estaba construyendo para ella en la obsesiva existencia de ese escritor: "Mi modo de vida está ideado exclusivamente para escribir, y si hay cambios, seguramente son para ajustarse mejor a mi escritura; porque el tiempo es breve, mi fuerza es limitada, la oficina es un horror, la casa es ruidosa, y si no es posible una vida agradable y honesta, hay que tratar de atravesarla serpenteando con sutiles maniobras". Para enfatizar lo que decía, explicó que en las seis semanas anteriores su programa consistía en estar en el Instituto de

8 de la mañana a 2.30 de la tarde, almorzar hasta las 3 o 3.30, ir a la cama a dormir un poco (si sus demonios personales se lo permitían) hasta las 7.30, levantarse, hacer diez minutos de ejercicios desnudo frente a la ventana abierta, hacer una caminata de una hora y después, cenar con la familia. Luego, alrededor de las 10.30 de la noche (pero muchas veces era a las 11.30), se sentaba a escribir, y seguía, "de acuerdo con mi fuerza, predisposición y suerte, hasta la 1, 2 o 3 de la mañana, y una vez incluso hasta las 6". Al terminar la sesión de escritura, hacía más ejercicios, se lavaba y por último, "generalmente con un leve dolor en el corazón y espasmos estomacales", se iba a la cama. Pero el sueño no siempre llegaba (galantemente recordó mencionar que preguntarse si habría una carta de ella era un factor de su insomnio), con el resultado de que a la mañana siguiente, cuando recomenzaba el inexorable ciclo, tenía los ojos cansados y estaba exhausto, y "apenas lograba empezar a trabajar con la poca fuerza que me queda".

En uno de los largos corredores del Instituto, entre él y su mecanógrafa, había un carrito "parecido a un ataúd" para trasladar los expedientes y los documentos, "y cada vez que pasaba a su lado, me daba la impresión de que había sido hecho para mí, y que me estaba esperando". Se sabe, por una carta posterior, que Felice protestó por ese tono y que estaba preocupada por su salud. Él se vio obligado a explicar que sus visitas a los sanatorios sólo eran por "mi estómago y mi debilidad general, sin olvidar mi hipocondría enamorada de sí misma [*selbstverliebten Hypochondrie*]". Evidentemente, ella le había recomendado moderación después de leer su programa diario, pero él protestó: "¿No debería apostar todo lo que tengo a lo único que puedo hacer? ¡Qué tonto rematado sería si no lo hiciera! Es posible que mi escritura no tenga valor: en ese caso, definitivamente y sin duda alguna, yo no tengo ningún valor. Si me reservo en cuanto a esto, no me estoy reservando realmente, me estoy suicidando". No parece habérsele ocurrido sugerir que un matrimonio dichoso con Felice podía ser una alternativa para su sensación de carecer de valor. Todavía no habían intercambiado la palabra "amor": "de ninguna manera seré el primero en decirla".

La insistencia de Kafka en que su escritura era lo único que le importaba es desmentida a veces por amigos y críticos. Brod, por ejemplo, observaba: "Su trabajo literario no constituía el interés primordial de Kafka, aunque muchos pasajes de su diario, si se toman literalmente, parezcan asegurarlo". Franz Kuna decía: "El recelo de Kafka hacia la literatura como institución era completo. Su concepto de paraíso era un lugar donde no hubiera libros". Esta afirmación parece exagerada. Aunque no le interesaban las vanidades de la "escena literaria", y solía arar su propio surco, Kafka era profundamente aficionado a los libros, le interesaban y se suscribía a publicaciones literarias, catálogos de editoriales y revistas, con una bibliófila pasión por la forma, el tacto y la vista de los libros. Como vimos antes, su vida entera estaba ordenada en un cuidadoso esquema que colocaba en el centro a la escritura. Brod decía que, a diferencia de Flaubert con su culto por el arte, Kafka tenía un interés religioso en la verdad, que era más fuerte que sus creencias estéticas. Pero aquí interfiere la costumbre de Brod de convertir a Kafka en una figura religiosa. Aunque Kafka fuera realmente más flaubertiano de lo que admite Brod (y hay buenas razones para sostener que lo fue), una falsa dicotomía entre "arte" y "verdad" no sirve para entender qué significaba la escritura para Kafka. Indudablemente, es cierto que Kafka pudo llegar a pensar en renunciar al arte (como lo demuestra su última voluntad –que Brod revocó– de que su obra fuera destruida), pero no a lo largo de su vida, cuando se aferraba a la escritura como a un salvavidas.

En un plano social más mundano, Kafka tampoco rehuía la compañía literaria. Cuando Brod le presentó al novelista austríaco Otto Stoessl (1875-1936), por ejemplo, en un reducto literario de Praga llamado "La señal de los dos mirlos", en octubre, Kafka quedó tan profundamente impresionado que a fin de año le mandó a Stoessl un ejemplar de su nuevo libro *Betrachtung*, con estas palabras: "Verlo y escucharlo a usted fue un gran estímulo para mí en ese momento, y una observación suya, 'el novelista sabe todo', sigue resonando en mi mente hasta hoy".

Quizá no resulte sorprendente que la relación de Kafka con Felice vacilara durante los seis meses transcurridos entre su primer encuentro y el siguiente, a fines de marzo de 1913. Sólo seguía adelante por medio de cartas, y las de Kafka solían virar de hábiles cortesías a muestras de duro autodesprecio. Era como si estuviera decidido a que ella supiera lo peor de él, pero también que él supiera lo peor de sí mismo. Tal vez estuviera ya convencido de que su felicidad no tenía futuro. Elías Canetti, en su magistral análisis de la correspondencia con Felice, *El otro proceso de Kafka* (1969), sostiene que en esta primera fase, la intención más profunda de Kafka era "establecer una conexión, un canal de comunicación, entre la eficiencia y la salud de ella y su propia indecisión y debilidad". Este fue, dice Canetti, "un período magnífico" para la escritura de Kafka, y el amor epistolar por Felice le proporcionaba "una fuente de energía suficientemente distante como para que su sensibilidad permaneciera lúcida, no perturbada por un contacto demasiado cercano". Más tarde, Kafka consideraría que los tres primeros meses habían sido la fase más perfecta de su relación. Después de enero de 1913, nunca recuperaría aquel primer esplendor, en parte porque él empezó a ver que, de acuerdo con su respuesta sobre *Betrachtung*, Felice no le proporcionaría la energía sostenida que pretendía de ella, una energía que pudiera estimular su escritura.

A medida que se desarrollaba la relación, Kafka empezó a temer que estuviera atormentando a Felice con sus manifestaciones de dolor, sin hablar de que lo hiciera "por mi existencia, simplemente por mi existencia". Le hizo ver que, por su naturaleza, no podía esperar otra cosa de él. Sólo había adquirido "otro anhelo incumplido para sumar a mis demás anhelos incumplidos; y me había sido dada una nueva clase de confianza en mí mismo, quizá la más fuerte que tuve nunca, dentro de mi sensación general de 'estar perdido'. Estaba consiguiendo una especie de fortaleza, pero ¿lo hacía a expensas de ella? Ya fuera por simple honestidad, o por ese rasgo masoquista de su naturaleza, Kafka le hizo saber a Felice lo extraño que era él. Ella seguramente encontraría "loco e intolerable" su modo de vida. Su vegetarianismo, que según él hacía que su padre (hijo de un carnicero) hundiera su cabeza en el periódico mientras su hijo comía, su aspecto apagado (usaba el mismo traje en su casa y en la oficina, y en todas las estaciones del año) y su extraño ascetismo —nunca fumaba ni bebía alcohol, café ni té: una estrategia de salud desmentida por su persistente insomnio— se exponían allí detalladamente para el análisis de Felice. Tampoco omitió su comportamiento infantil: "Usted creía que yo era mucho más joven de lo que soy... Según la perspicacia de cada observador no iniciado, suelen darme entre 18 y 25 años". Tenía veintinueve.

Un patrón de autocondena empezó a perfilarse en la relación, tendiente a compensar su dependencia de Felice, y esto seguramente resultó una carga para ella. Después de una sesión de tristeza, "se apoderó de mí tal anhelo de usted que todo lo que quería hacer era hacer descansar mi cabeza sobre la mesa para obtener alguna clase de apoyo". No le ocultó su angustia, tras el nacimiento de la hija de Elli, Gerti, en noviembre, porque "nunca tendré un hijo", además de una alusión más velada al hecho de que incluso dudaba de la posibilidad de casarse. Le dijo que podía hacerse cargo de su miseria cuando vivía sólo para sí mismo: "Pero cuando quiero acercarme a alguien, y comprometerme plenamente, entonces mi miseria es segura". Las cosas habían empeorado tanto al empezar la segunda semana de noviembre, apenas tres meses después de su primer encuentro, que él le escribió una carta (nunca enviada), cuyo comienzo decía: "No debe volver a escribirme. Me vería forzado a hacerla desdichada escribiéndole. Y en lo que a mí respecta, nadie puede ayudarme... Olvide rápidamente al espectro que soy". Evidentemente, Felice leía esta clase de cartas, "llenas de categóricas autoflagelaciones", con bastante alarma. Le describió a él una de esas cartas como algo ajeno a ella. Esto lo horrorizó. Poco a poco, Kafka empezó a explicar la naturaleza del problema: en cierto sentido, ella tenía un rival, que era la literatura. Incluso propuso acortar sus largas (y casi diarias) cartas para invertir "cada gramo de mí mismo en mi novela", y añadió: "que, después de todo, ella le pertenece a usted". Quizá Felice no estuviera tan convencida de esto, pero, de todos modos, él le informaba detalladamente sobre los progresos de *El desaparecido*, que "transcurre íntegramente en los Estados Unidos de América", y estaba en su sexto capítulo. "Después de 15 años de desesperado esfuerzo (salvo algunos momentos), esta es la primera obra importante en la cual, durante las últimas seis semanas, sentí confianza". ¿No era indudablemente mejor concentrarse en esto que producir esas "inapropiadas, alarmantemente incompletas, imprudentes, peligrosas cartas que le envío"? ¿Y "no me abandonará usted a la terrible soledad que experimento a pesar de todo esto"? Pero Felice todavía no estaba muy segura, y quiso saber más sobre la extraordinaria situación familiar de Kafka, que le interesaba más que su escritura. Al mandarle un texto breve, *Mucho ruido* (*Grosser Lärm*), que acababa de aparecer en la revista literaria *Herderblätter*, y que irónicamente definía a la casa de Kafka como "el cuartel general del ruido", le contó que su hermana menor, Ottla, de sólo veinte años, "es mi mejor amiga en Praga, y las otras dos [Elli y Valli] son comprensivas y cariñosas. Sólo mi padre y yo nos detestamos galantemente".

Después de reconocer que indudablemente esas cartas empezaban a hacerle daño, y también a su escritura –además del impacto que producían sobre Felice–, Franz propuso al día siguiente que se escribieran con menos frecuencia, una vez por semana, porque, según decía, las cartas de ella lo arrojaban a una confusión mucho mayor. Había, además, una "triste, triste razón" por la que no podía enfrentar el efecto del drenaje emocional de las cartas. "Mi salud sólo alcanza para mí mismo, no alcanza para el matrimonio, y mucho menos para ser padre". ¿Qué pudo haber pensado Felice ante esa insólita declaración de su amado, que parecía estar anunciándole a su potencial novia una total incapacidad para el matrimonio y una vida familiar normal? Él recibió con alegría el tuteo, "*Du*", en que ella se dirigió a él, pero le dijo que él, en cambio, no podía firmar "*Dein Franz*" ("Tu Franz"). "No, siempre me puse trabas, esto es lo que soy [*das bin ich*], y con esto debo tratar de vivir". Estas palabras suenan más como una nota de suicidio que como una carta de amor: hasta Kafka se dio cuenta luego de que había ido demasiado lejos, e intentó expiar su culpa enviándole flores, con una ignominiosa nota, para su cumpleaños, el 18 de noviembre.

Felice estaba tan afligida por "la angustia y la locura" de Kafka que visitó a Max Brod para buscar una explicación a su conducta. Brod había estado en Berlín y había telefoneado a Felice, una intervención que Kafka le agradeció: "Seguramente le dijiste todo lo bueno, comprensivo y sensible que se puede decir, pero ni siquiera un ángel que hubiera hablado por teléfono en tu lugar habría podido contrarrestar mi venenosa carta". Brod le escribió a Felice en secreto, pidiéndole que "disculpara a Franz y su sensibilidad frecuentemente patológica. Respondía absolutamente a su humor del momento. En general, es un hombre que sólo quiere lo absoluto, lo extremo, en todas las cosas. Nunca está dispuesto a transigir". Brod señaló astutamente que cuando quería, Kafka era "muy listo y sensato en temas prácticos", pero "cuando se trata de ideales, no puede tomar las cosas a la ligera; en esas cuestiones es terriblemente severo, sobre todo consigo mismo". Era un alegato para entender a un hombre cuya escritura "deja todo lo que yo considero literatura en la sombra". Ahora Felice no tendría ninguna duda sobre la naturaleza de su amado. Éste había empezado a expresar tímidas referencias a sus "queridos ojos" y sus queridos labios. Con palabras intensas, insistía: "Me has dado un regalo que jamás soñé siquiera recibir en esta vida". Pero ¿bastaba eso para hacer desaparecer las dudas de ella?

En un intento por interesarla en lo que era para él lo más importante, la literatura, le envió un ejemplar de *L'Éducation sentimentale* de Flaubert, "un libro que durante muchos años me fue tan querido como lo son sólo dos o tres personas; en cualquier lugar y en cualquier momento en que lo abra, me sorprende y me rindo completamente a él, y siempre me siento como si fuera el hijo espiritual del autor, aunque un hijo débil y torpe". Nunca, ni en toda su voluminosa correspondencia, ni en sus diarios, escribió Kafka un tributo tan elocuente como éste para otro escritor. Demostrar exactamente, en términos mensurables, una influencia, es mucho más difícil. La admiración de un escritor por otro –un punto que algunos críticos literarios no siempre entienden– no implica en todos los casos una imitación, ni siquiera una influencia identificable. No se conoce la reacción de Felice con respecto a Flaubert, pero es probable que ella estuviera más preocupada por la angustia de Kafka. Le sugirió que hablara con su madre sobre sus preocupaciones. Por casualidad (y esto da una idea de la claustrofóbica vigilancia mutua que tenía lugar en la casa de Kafka, y que tanto lo irritaba), Julie Kafka encontró y leyó precisamente esa carta. Le escribió en secreto a Felice (todos se habían acostumbrado a evitar hablar sobre las sensibilidades de Kafka): "No tengo palabras para describir el amor que siento por mi hijo, y daría gustosa varios años de mi vida si eso pudiera hacerlo feliz". No hay motivos para dudar de esto.

Pero el resto de la carta era más bienintencionada que perceptiva ("Cualquiera en su lugar sería el más feliz de los mortales"), y no parecía entender que las condiciones exteriores de la vida de Kafka no eran las adecuadas. "Su amor por mí es tan grande como su falta de comprensión", aseguraba Kafka. Ya hemos mencionado la referencia de su madre a la escritura como "pasatiempo" y, con su ingenua decencia, ella decía que escribir "no dañaría su salud si sólo durmiera y comiera como otros jóvenes de su edad". Tenía esperanzas de que, si Felice le impugnaba a su hijo sus hábitos alimentarios, él volviera a ser un joven sensato. Pero no funcionó: él seguía luchando contra su trabajo –si bien no todos los escritores incomprendidos tienen un jefe (doctor Robert Marschner) con el que se pueda leer juntos a Heine en la oficina– y con la montaña rusa de sus emociones hacia Felice. "Nos estamos castigando mutuamente con todas estas cartas", le dijo a Felice. Y si ella deseaba casarse y tener niños, él no era el hombre adecuado. "Cuando hay niños alrededor, prefiero cerrar los ojos", le dijo Kafka, en una queja sobre la vida de familia en general. "Siempre miré a mis padres como perseguidores". Sostenía que en ninguna familia había encontrado "tanta frialdad y falsa amabilidad como la que siempre me vi obligado a mostrar hacia mis padres".

Sin embargo, a pesar de todo, amaba a Felice, se aferraba a ella, la deseaba y la necesitaba. El 23 de noviembre, Kafka le escribió: "¡Querida mía, oh Dios, cómo te amo!".

11

Hacia fines de noviembre de ese extraordinario año 1912, en cuyo transcurso le habían pasado tantas cosas, como escritor y en su vida emocional, Kafka empezó a hablarle a Felice de un "pequeño relato". Había abandonado *El desaparecido* alrededor del sexto capítulo, y ahora estaba trabajando en su segunda historia importante, *Die Verwandlung*, generalmente traducida como *La metamorfosis* o *La transformación*. Al igual que *La condena*, esta historia surgió directamente de la experiencia personal, pero, también como la historia anterior, considerarla "autobiográfica" sería limitarla y ser infiel a su originalidad y a su rango imaginativo. La atmósfera sofocante de la casa de Kafka y la extraña angustia de uno de sus moradores, su manifiesta mutación en algo menos que humano, rodeado por una familia que no lo comprende, es el material en crudo transformado en el alambique del arte de Kafka en *La metamorfosis*. Así como Ottla pensaba que *La condena* mostraba la casa de la Niklasstrasse, seguramente habría reconocido el marco doméstico de esta nueva historia. Y así como *El desaparecido* transcurría en unos imaginarios Estados Unidos de América, producto de un salto imaginario a otro mundo, más amplio y brillante, *La metamorfosis* era un retorno al mundo cerrado y terrible de la Praga interior de Kafka.

Kafka se sentó a escribirlo, según le contó a Felice, "con un abrumador anhelo de vaciarme en él, que obviamente brota de la desesperación. Rodeado de muchos problemas, inseguro de ti, casi incapaz de soportar la oficina... insomnio casi total durante los últimos días y noches, así como algunas cosas menores pero sin embargo preocupantes e irritantes que daban vueltas en mi cabeza". Éstas no eran las precondiciones adecuadas para un relato alegre, y el mismo Kafka admitió que la nueva historia era "excepcionalmente repugnante". Quería leérsela a Felice, pero si lo hacía "debería sostener tu mano, porque el relato es un poco terrorífico. Se llama *La metamorfosis*, y puede asustarte mucho, quizá no quieras oír una sola palabra de él, porque, lamentablemente, ya te asusto bastante todos los días con mis cartas". Temía estar demasiado deprimido, y "quizá no debería escribir en absoluto", pero también veía que escribir era una manera de exorcizar sus demonios: "quién sabe, cuanto más escribo, más me libero, más limpio y respetable soy para ti, pero no hay duda de que debo desprenderme de mucho más, y las noches nunca pueden ser suficientemente largas para esta experiencia que, a propósito, es altamente voluptuosa". El empleo de la expresión "más limpio" (*reiner*) sugiere que sentía que estaba evacuando algo oscuro de sí mismo al escribir (le insinuó a Brod que la última frase de *La condena* tenía cierta analogía con una eyaculación), y la referencia a la "voluptuosa" (*wollüstige*) experiencia de escribir tiene un subtexto sexual que Felice quizá notó y agregó a su archivo de evidencias sobre la singularidad de su amado. Aunque no podemos describir la actitud de Kafka ante el sexo como "puritana", tampoco podemos decir que alguna vez lo haya considerado como una experiencia particularmente placentera. Escribir representaba para él la forma más intensa de gratificación.

En la mañana del domingo 24 de noviembre, Kafka leyó la primera parte de *La metamorfosis* frente a sus amigos Oskar Baum y Max Brod. Era el último triunfo literario de un año altamente productivo (aunque todavía no había terminado *El desaparecido*). Se trata probablemente del relato de Kafka más conocido por los lectores, y sus cualidades dramáticas han sido reconocidas por actores y dramaturgos como Steven Berkoff, quien interpretó en la escena londinense un memorable Gregor Samsa en 1969, en el Roundhouse, y luego en el National Theatre, en 1976, con posteriores representaciones en todo el mundo. Como dijo Berkoff: "Lo perturbador de la percepción de Kafka reside en que es la percepción del hombre condenado que ve cada fragmento de su universo con indisimulada intensidad, aunque a veces el modo sea mesurado y austero".

Al igual que Kafka, Gregor Samsa vive con sus padres, detesta la oficina, abriga impotentes sueños de huida, y habla en voz baja, como si su vida familiar le hubiera provocado una afasia traumática. Cuando el padre echa a Gregor: "De nada sirvieron los ruegos de Gregor, que no fueron entendidos, y aunque giró sumisamente la cabeza, el padre pataleaba con más fuerza". El relato es típico de la habilidad de Kafka para sostener una situación extraña, no naturalista, por medio de una vívida particularidad, una especie de hiperrealismo con una carga de extrañeza. Los sentimientos de horror, asco de sí mismo, angustia y claustrofobia están intensa y dramáticamente presentes. Y son las emociones de Kafka en ese tiempo.

La metamorfosis comienza en una forma directa característica: "Cuando Gregor Samsa se despertó una mañana, tras un sueño intranquilo, se encontró en su cama convertido en un monstruoso insecto". Gregor es un viajante de comercio de un negocio que se parece a la tienda de artículos de fantasía de Hermann Kafka. Muchas veces pensó en renunciar, pero su lealtad hacia sus padres y las necesidades de ellos lo retuvieron. De otro modo: "Me habría presentado ante el jefe y le habría dicho exactamente lo que pienso". El relato establece de inmediato la embrutecedora rutina de Gregor, en una tarea que no le interesa, su impresión de estar acorralado por la familia, y sus impotentes sueños de evasión. Es un adulto, pero depende de las arbitrariedades de sus padres y de su jefe. En su nuevo estado de insecto oye que golpean la puerta: es el jefe en persona. Éste hace causa común con sus padres para controlarlo: "¿Por qué había sido condenado Gregor a trabajar en una empresa en la cual el menor descuido despertaba inmediatamente las mayores sospechas?". En una habitación contigua, la hermana de Gregor comienza a sollozar, mientras los representantes de las tiranías gemelas de la oficina y la familia empiezan a discutir en un cuarto adyacente. Esto recuerda la disposición de fuerzas en la familia de Kafka, en la que Ottla era su bondadosa aliada. El jefe reprende a Gregor y señala defectos en su trabajo delante de sus padres, acentuando la dependencia infantil de su situación.

Al igual que Kafka, Gregor está agobiado por el sentimiento de que no puede hacerse entender por su familia, aun cuando sus palabras "le parecen bastante claras", y lucha por conseguir normalidad, esperanzado, al principio, de poder lograrlo: "Se sintió incluido otra vez entre los seres humanos". Su decisión de intentar abrir la puerta de su habitación −para atravesar el espacio simbólico entre su mundo privado y el mundo compartido de la comunidad familiar, que Kafka hallaba tan difícil de negociar en su propia vida− tenía que ser bien recibida. "Deberían haberlo alentado". Pero no lo hicieron. Su descubrimiento de que puede caminar como un insecto, su intento de moverse en dirección a su asqueada familia, es saludado con horror por ellos, y el padre lo echa, como Hermann solía rechazar los intentos de intimidad de su hijo: "De nada sirvieron los ruegos de Gregor, que no fueron entendidos, y aunque giró sumisamente la cabeza, el padre pataleaba con más fuerza... Despiadado, el padre de Gregor lo hizo retroceder... dando silbidos... como un loco". Hermann Kafka está detrás de este retrato: implacable, acusador, decidido a no comprender. La convicción de Gregor de que es responsable de lo que le ha sucedido, y que está decepcionando a su familia, refleja la culpa que sentía Kafka por no lograr cumplir las expectativas de su familia: hay también una referencia a la quiebra del negocio de su padre, que expresa el autorreproche de Kafka por no haber colaborado más en la tienda y en la fábrica. Como en *La condena*, el padre es colérico, arrogante y el principal enemigo de su hijo. El portazo del padre en el final de la primera parte simboliza la decisión del rechazo.

La segunda parte comienza cuando la hermana le lleva un poco de leche (sus padres se niegan a participar en su alimentación). Él ha dejado de ser el proveedor de la familia: ahora recibe su caridad. Ahora tiene la impresión de ser una carga, y empieza a hundirse en la culpa. Gregor no recibe ningún agradecimiento por haber salvado a la familia después de la quiebra del negocio –"Sólo con su hermana tenía una relación estrecha"–, y sin embargo ella también está aterrada por la transformación y, junto con su madre, intenta mover los muebles de la habitación de Gregor para hacer lugar. Pero Gregor siente apego por su viejo mobiliario, especialmente por su escritorio (el objeto central del propio cuarto de Kafka). Luego regresa el padre, "a la vez enojado y exultante", y aunque Gregor se siente más fuerte, no puede enfrentar a su padre en forma adecuada: "Pero Gregor no podía arriesgarse a enfrentarse a su padre, porque desde el primer día de su nueva vida era consciente de que su padre creía que sólo las medidas más severas eran apropiadas para tratar con él".

La tercera y última parte del relato, después del furioso ataque de su padre, que le lanzaba manzanas –una de ellas había quedado incrustada en su cuerpo, una herida simbólica–, señala un cambio de disposición. La lesión hace que incluso el padre recuerde que "Gregor era un miembro de la familia, a pesar de su infortunada y repulsiva forma actual, y no debe ser tratado como un enemigo". El "deber familiar" requería ejercer la paciencia. Ahora que la puerta de su habitación se mantenía abierta, Gregor podía observar a su familia, y registra especialmente la perversa obstinación de su padre, que obliga a las mujeres de la casa a dejar todo lo que están haciendo para atender sus necesidades. "¿Quién podía encontrar tiempo, en esta familia cansada, agotada por el trabajo, para dedicarle a Gregor más tiempo que el estrictamente necesario?". Los teatrales lamentos de la familia expresaban una creciente desesperanza ante la carga que les había impuesto el desconsiderado Gregor, "la idea de que habían sido elegidos para una desgracia como nunca le había tocado a nadie en su círculo de parientes y amigos". Cuando llegan tres curiosos huéspedes, y le piden a su hermana Grete que toque el violín, el sonido de la música tiene algo de la capacidad de salvación del arte: "Se sintió como si se abriera ante él el camino hacia el desconocido alimento que anhelaba". Pero no habrá salvación. "Si pudiera entendernos... quizá podríamos llegar a un acuerdo con él", sugiere su padre, pero ese canal unidireccional de entendimiento no está abierto, y Gregor, que "pensaba en su familia con ternura y amor", termina muriendo por su herida supurante, con la manzana clavada en su costado. La familia, al fin libre de él, se ve rejuvenecida y renovada. Hacen un viaje al campo y deciden empezar una nueva vida y mudarse del apartamento "que había elegido Gregor". Escapan de él y sutilmente lo convierten en el chivo expiatorio de sus males.

Por las cartas de Kafka, Felice iba conociendo cada vez más su estilo de vida: su vegetarianismo y su costumbre de dormir con la ventana abierta sin importar el clima. Él le dijo que le habría gustado que ella estuviera allí para oír su relato, que, según le explicó, había perdido un poco su "flujo natural espontáneo" por la necesidad de escribir en los intervalos de su trabajo en la oficina. Este problema no tenía solución: "así que hay que hacer lo mejor posible, pues lo realmente mejor nos es negado". Las cartas de ella seguían siendo un gran consuelo para él. Solía recogerlas en un estado de temblorosa excitación, como si fueran cosas vivas, y ansiaba permanentemente que Felice le confirmara que lo amaba. "Siento que nunca tendré la fuerza de seguir adelante sin ti", le dijo, como si las cartas de ella fueran curativas —o se refirieran a sus síntomas— en lugar de muestras del espontáneo deleite de estar enamorada. Cuando ella le contó que su empresa también fabricaba gramófonos, su primer pensamiento fue la paranoia de que algún vecino comprara uno de esos aparatos y constituyera una nueva amenaza contra su tranquilidad (aunque confesó que había admirado la sala Pathé en París, donde podían oírse gramófonos que funcionaban con monedas). Estaba dispuesto a admitir que esta obsesión por la soledad y el silencio no siempre era deseable: "He notado que mi aislamiento autoimpuesto puede haberme hecho imperceptiblemente (esto es imperceptible para mí, no para ti, querida mía) bastante desagradable... Una vez que siento alegría de estar con una persona, esa alegría no tiene límites. Ningún contacto físico con esa persona me resulta suficiente".

Pero, por otro lado, era poseído por la necesidad fundamental de escribir, aunque los resultados no fueran satisfactorios: "No sé si puedes entender esto, querida: escribir mal, y sin embargo sentirse forzado a escribir, o abandonarse a la más absoluta desesperación... ver cómo las páginas se cubren interminablemente de cosas que uno odia... y que no obstante deben ser escritas *para poder vivir*" [el destacado es mío]. El tercer participante de esta relación –la literatura– se entrometía cada vez más. ¿Podría Felice llegar a igualar a su rival? Sin embargo, Kafka la necesitaba a ella. "La magnitud de mi apego a ti, querida, me asusta... Si estuviera contigo, temo que nunca te dejaría sola –y sin embargo mi anhelo de estar solo es continuo–, y ambos sufriríamos, aunque, por supuesto, sería una felicidad que bien valdría cierta cantidad de sufrimiento". Aunque temía la intromisión en su soledad de escritor, se aferraba a Felice, pero ya tenía premoniciones de que la balsa se iría a pique: "Querida mía, todavía te tengo, todavía soy feliz, pero ¿por cuánto tiempo?". Su felicidad se encontraba a sólo ocho horas de tren –un viaje en ferrocarril entre Praga y Berlín que podía hacerse con mucha facilidad, aunque ambos parecían renuentes a emprenderlo– pero era "sin embargo, imposible e impensable". Empezó a imaginar cuáles podían ser los pensamientos inexpresados de Felice, por ejemplo éste: "Casi todos los días [en esa época, Kafka le mandaba a veces dos cartas diarias] llega una carta que me atormenta a muerte, e inmediatamente llega otra cuyo objetivo es hacerme olvidar la primera; pero ¿cómo puedo olvidarla? Él siempre habla en enigmas: no se puede obtener una palabra sincera de él... debería dejar de atormentarse y hacerme tan miserable con su amor". Pero Kafka no dejó de ser su "tormento", y parece que Felice, protestando amablemente, le había dicho que, aunque él decía que no quería atormentarla, hacía exactamente eso.

Esto lo obligó a declarar: "Eres la más secreta, la más delicada parte de mí mismo, que más que ninguna otra cosa me gustaría proteger y preservar en perfecta paz". Pero era una vana esperanza.

Y las cartas seguían llegando: una abrumadora cantidad de cincuenta y cuatro sólo en diciembre de 1912. No llama la atención entonces que Kafka tuviera dificultades para terminar su novela. Pero el drama que se representaba en esas cartas lo poseía por entero. Era como si la lucha por escribir, la guerra contra esas fuerzas (seguramente Felice estaba empezando a entender que ella era una de esas fuerzas, aunque las declaraciones de amor de Kafka fueran cada vez más apasionadas) que parecían obstruirlo, constituyeran el tema mismo de su escritura. Estaba atrapado en un disparatado laberinto, girando dolorosamente en redondo, la escritura y la vida apenas se diferenciaban una de otra y, aunque le dijera a Felice que la quería y la necesitaba para ser un hombre completo, le resultaba cada vez más superflua en su intenso *pas de deux*. Pero no podía dejarla. "Soy básicamente un hombre muy débil y desdichado [*ein sehr armer und unglücklicher Mensch*]... las cosas que son inusuales en mí son mayormente malas y tristes... no hables de la grandeza que se esconde en mí... Querida, por favor, abrázame fuerte".

A mediados de diciembre, se publicó en la revista *Bohemia* una reseña de *La condena* (a la que Kafka siempre se refería como "tu relato" cuando se la mencionaba a Felice), en la cual Paul Wiegler (que había oído el entonces inédito relato en una lectura pública en Praga, el 4 de diciembre) decía que era la muestra de "un gran talento, sorprendentemente grande, apasionado y disciplinado, que ya tiene fuerzas para seguir su propio camino". Además, la colección de textos —algunos de ellos tenían ocho o diez años de antigüedad— *Betrachtung* había aparecido a fines de noviembre. Pero si ampliaba su visión del mundo literario en el cual se había lanzado su pequeño libro, Kafka podía ver que, contrariamente a su propio caso, su amigo, el joven escritor Franz Werfel, se había convertido en un precoz hombre de letras, que vivía de su pluma en Leipzig, donde además

trabajaba como lector para el editor de Kafka, Rowohlt. Werfel había "obtenido su recompensa" y tenía "completa libertad para vivir
y escribir. ¡Imagínate lo que llegará a producir!". Kafka seguía creyen-
do, como suelen creer los escritores, que si sólo pudiera concentrarse únicamente en la literatura con excepción de todo lo demás, podía producir grandes cosas. Aunque muchas veces esto no sucede,
Kafka siguió alimentando ese mito.

Brod, que conocía a Kafka mejor que nadie, reflexionó sobre lo
que pudo haber pasado con Kafka si le hubiera sido dada la llave
para salir de su laberinto. Sus padres estaban en condiciones eco-
nómicas para proporcionarle algún respiro, una oportunidad, por
ejemplo, de ir a estudiar al exterior, pero el propio Kafka nunca hubiera presionado para lograrlo. Hacia fines de diciembre, cuando
empezaron las vacaciones, Kafka no pareció disfrutar de la perspectiva de tener más tiempo libre: "Estoy aturdido por estos dos primeros días libres, y en mi prisa, no sé por dónde empezar". Luchar contra sus adversarios y torturadores empezaba a ser una necesidad para
él. De hecho, nunca conoció otra cosa. Después de una semana, en
la que no logró escribir nada, le preguntó a Felice: "Querida, ¿qué
pasaría si no pudiera escribir nunca más?... si no escribo para mí,
tendré más tiempo para escribirte a ti, para disfrutar tu proximidad...
pero tú, tú ya no podrás amarme. No porque deje de escribir mis cosas, sino porque el hecho de no escribir me convertirá en un ser más
pobre, más desequilibrado, menos seguro, que posiblemente no te
gustaría". Este razonamiento muestra que Kafka era un experto en
cerrarse todas las vías de escape, todas las posibilidades de sosiego,
todos los accesos a una visión optimista de las perspectivas que se
le presentaran en cada momento determinado.

Dada su falta de productividad al llegar el fin de año, se preguntó: "¿No tengo todos los motivos para quedarme en la oficina, terminar todo lo que tengo pendiente como una ráfaga, y convertirme en
un empleado entusiasta, metódico, con toda la cabeza puesta en el
trabajo?". Se había sorprendido a sí mismo bostezando en el Institu-

to, y decidió no empezar a escribir nunca más después de las 10 de
la noche, y terminar como máximo a las 2 de la mañana. Kafka era
ahora uno de los tres asistentes del director del departamento, el
doctor Robert Marschner, en una sección de setenta empleados. El
Instituto aseguraba a 200.000 empleadores, quienes a su vez eran
responsables por tres millones de trabajadores. Kafka tuvo que viajar algunas veces, por ejemplo, a Leitmeritz (Litoměřice), a principios
de diciembre, donde visitó a la viuda de su tío Heinrich. Pero a pesar de todas las decepciones provocadas por el hecho de no poder
lograr un éxito mayor con el trabajo literario que realizaba en esas li-
mitadas horas de libertad que le dejaba un empleo de tiempo completo, nunca pudo desterrar del todo la idea de que había cosas importantes que lo esperaban a la vuelta de la esquina: "Fuerzas tan
próximas, tan indispensables actúan dentro de mí; me maravilla todo este misterio".

Al parecer, *Betrachtung* no le había causado una gran impresión
a Felice, y Kafka trató de no darle demasiada importancia a su reacción diciendo que era "en gran parte material viejo", aunque añadió
que era "sin embargo, todavía una parte de mí, y por lo tanto, una
parte de mí que no conoces" (un comentario discretamente punzante). Habría preferido que ella le dijera que no le gustaba, o incluso
que no lo entendía: después de todo, estaba "lleno de desesperanzada confusión, o más bien hay destellos dentro de infinitas perpleji-
dades, y hay que mirarlo muy de cerca para ver realmente algo". Estaba francamente molesto por su indiferencia. Aseguró que "el
trabajo que se tomó el pródigo editor y el dinero que perdió, ambas
cosas totalmente malgastadas", le quitaban el sueño, que sólo se había publicado "por casualidad" y no por su iniciativa. Aparentemente le atribuía la publicación a Brod, su "agente". Todo esto podía justificar una "opinión vacilante" por parte de Felice, pero la verdad era
que no recibió ninguna opinión de ella.

Esto parece haber marcado un punto de inflexión en su relación.
Más tarde, Kafka recordó que en la Navidad de 1912, Brod había es-

tado en Berlín (un viaje que él hacía con bastante frecuencia pero
que, como dijimos antes, Kafka no se atrevía a emprender, a pesar de
sus ardientes manifestaciones de que deseaba estar cerca de Felice).
Brod había hablado con Felice y le había advertido sobre las fisuras
que empezaban a abrirse en la relación, a lo que ella respondió (sólo tenemos este dato indirectamente, a partir de la mención que hace Kafka del relato de Brod sobre el análisis de Felice): "Es muy extraño: nos escribimos con bastante regularidad y mucha frecuencia,
he recibido una enorme cantidad de cartas de él, me gustaría ayudarlo, pero es muy difícil, él me lo hace muy difícil, parece que nunca podemos acercarnos más". Su resumen era muy sagaz.

El libro que le era indiferente a Felice, *Betrachtung*, había sido
publicado por Ernst Rowohlt a fines de noviembre de 1912 (aunque
lleva la fecha de publicación de 1913) en una edición de 800 ejemplares (la mitad de ellos seguían sin venderse cinco años después).
Estaba dedicado a Max Brod y consistía en dieciocho textos breves,
algunos de los cuales habían sido publicados en *Hyperion* y *Bohemia*. Estos textos, algunos de apenas unas líneas, no son exactamente poemas en prosa —una fórmula que no le hace justicia ni a la poesía ni a la prosa—, sino más bien ejercicios maravillosamente precisos
de imaginación ficcional que mostraban el amor de Kafka por el detalle exacto y la infinita sugestión. "El deseo de ser piel roja", por
ejemplo, tiene sólo una frase, veloz como el galope que describe, y
expresa el deseo de vivir una vida instintiva en una forma adecuadamente armoniosa, de estar "siempre listo" (*gleich bereit*) como el
hombre natural que describe. En muchos de los demás textos, pre-
domina la figura del individuo solitario, socialmente torpe, que de
ninguna manera está "listo". "El que lleva una vida solitaria y sin embargo siente de vez en cuando la necesidad de alguna clase de contacto...": así empieza uno de los textos. Otro comienza: "Parece tan terrible permanecer soltero...", y otro: "Estoy parado en la plataforma
del tranvía, y me siento completamente inseguro acerca de mi lugar
en este mundo, en esta ciudad, en mi familia". Este es el mundo de

Kafka a los veintinueve años, inseguro y angustiado como un adolescente, envidioso de quienes se mueven en el mundo con una espontánea energía animal y vigorosa confianza. El primer relato, "Niños
en el camino vecinal", introduce un extraño tono de malestar en lo
que a primera vista parece una delicada pieza impresionista sobre
niños que juegan en una noche de verano. Sus juegos y sus cantos
evocan un sentido de comunión y una alegría de la que el observador está excluido: "Cuando mezclas tu voz con otras, estás atrapado
como un pez en un anzuelo". En "Desdicha", que cierra el volumen,
y es el texto más largo y complejo, estamos otra vez en un interior
doméstico claustrofóbico (lo diametralmente opuesto a las llanuras
abiertas que atraviesan a caballo los indios norteamericanos). Se vis-
lumbran breves posibilidades por las ventanas, o se realizan repen-
tinas excursiones a la calle para tener encuentros insatisfactorios y
fugaces. En este relato, el solitario narrador se encuentra con "el pequeño espectro de un niño", que irrumpe en la habitación con un
gesto abrupto y dramático, habitual en esa clase de historias, que se
asemeja a los impactantes efectos dramáticos del teatro ídish, o en
general, de la literatura expresionista. También tiene, como sucede
tan a menudo en las primeras ficciones de Kafka, un perturbador aspecto vagamente sexual. El joven de la habitación, en forma súbita y
sin razón aparente, le dice al niño: "Si fueras una niña, no sería correcto que te encerraras así en una habitación conmigo". En parte, es
una historia sobre la necesidad de una persona desdichada de inventar la posibilidad de una compañía, y en parte, una proyección de un
confuso sentimiento de malestar, de amenaza. El narrador le dice a
una vecina en la escalera, cuando el espectro desaparece: "El verdadero temor es el temor a lo que causa la aparición".

Aunque se sentía decepcionado por la falta de interés de Felice
en su libro, siguió asegurándole que estaba enamorado de ella. Lo
estaba, seguramente, en su estilo habitual, sobre un telón de fondo
de melancolía. Le dijo que la enfermedad de su padre −endureci-
miento de las arterias− era "siempre una amenaza", aunque, gracias

a la eficiencia de la tiranía doméstica de Hermann, "la armonía de la familia realmente es perturbada sólo por mí, y cada vez más a medida que pasan los años; con mucha frecuencia, no sé qué hacer, y tengo un gran sentimiento de culpa hacia mis padres y todos los demás". Le dijo que en más de una oportunidad había pensado en el suicidio: "Pero eso fue hace mucho tiempo, y ahora, conocer tu amor me hizo tener más confianza en mí mismo de la que tuve nunca". En su saludo de Año Nuevo, el último día de 1912, le mencionó una colección de dichos de Napoleón que estaba leyendo, especialmente la frase: "Es terrible morir sin hijos". También le dijo a Felice –y una vez más, nos preguntamos si realmente pensaba antes de decirle algunas cosas– que ése era el destino trazado para él, "porque aparte de todo lo demás, nunca me atrevería a asumir el riesgo de ser padre". Acostado en la cama solo mientras la hora de la medianoche se acercaba "como un perro perdido", y oía a los que festejaban el Año Nuevo en las calles de Praga, se consolaba pensando en un reciente comentario de ella: "Nos pertenecemos incondicionalmente el uno al otro".

Pero al año siguiente, su relación navegaría por aguas turbulentas que pondrían a prueba la resolución de Felice hasta el límite y llevaría a la primera crisis de la pareja.

12

Después de la excitación de 1912, el año de sus primeros logros literarios, Kafka escribió poco durante los siguientes dieciocho meses, aunque sus cartas a Felice, que salían en tropel con la misma profusión que antes, equivalían, en cantidad total de palabras, a una novela de considerable grosor. Ese era en gran parte el problema. Kafka estaba canalizando en su amor epistolar, con una mujer a la que había visto una sola vez, tantas energías y horas de escritura nocturna que no lograba ahorrar las que necesitaba para terminar *El desaparecido*. En enero, cuando todavía trabajaba un poco en la novela, instó a Felice a no envidiar a su rival: "Si las personas de mi novela se enteran de tus celos, huirán de mí; tal como están las cosas, sólo las estoy sosteniendo por la punta de sus mangas". Le dijo que no podía desprenderse de su novela, "porque a través de mi escritura me aferro a la vida" [*denn durch mein Screiben halte ich mich ja am Leben*]". Añadió: "si pierdo mi escritura, estaré destinado a perderte a ti y a todo lo demás".

Seguramente Felice reflexionó sobre el orden de estos temas. Estaba claro que la literatura estaba en el primer lugar, que era la fuente de su ser, y que ella debía acomodarse a ese hecho, a estar en segundo plano, sin poder desplazar a la literatura como su inspiración y su apoyo fundamentales. Aquí se inscribe la tragedia de esta relación, pero ambos lucharon durante otros cuatro años, infligiéndose dolor y angustias, hasta que no pudieron resistirlo más.

Sin embargo, persiste la pregunta –que no suele formularse sobre Kafka– de por qué las cosas se dieron así. Kafka tenía un empleo seguro y bien pago, y una rutina que le permitía escribir libremente de noche en su propio cuarto, después de descansar y recuperarse por la tarde, sin interrupción (salvo el ruido del apartamento, del que siempre se quejaba). Estaban publicando sus obras, y disfrutaba de un pequeño prestigio gracias a *Betrachtung*. Tenía un círculo de amigos literarios que lo admiraban y lo apoyaban en Praga y un editor entusiasta en la persona de Kurt Wolff, de Rowohlt. Muchos jóvenes escritores de menos de treinta años habrían considerado estas cosas como motivo de celebración más que de lamentaciones.

La respuesta a esta pregunta reside claramente en el estado de ansiedad interior que Kafka sufría desde la infancia, su miedo a que los demás se inmiscuyeran en sus terrenos personales, su aversión a transigir con el mundo exterior. Sentado ante su *Schreibtisch* en las primeras horas, con sus cuadernos de manuscritos frente a él, dominaba plenamente su propio mundo. Intuitivamente, temía que Felice usurpara ese territorio bien defendido, y en ese caso, todo estaría perdido. Pero al mismo tiempo estaba apasionadamente ligado a ella. Aunque no hay demasiadas pruebas de una poderosa atracción sexual, él estaba decidido a mantenerse firmemente unido a ella: "lo quieras o no, te pertenezco". Le contó que mucho tiempo atrás había apostado con un amigo diez botellas de champán a que no se casaría. Había hecho la apuesta en sus "lejanísimos días de vagabundeo, cuando pasaba noches enteras sentado en tabernas, sin beber", en lugares nocturnos de Praga como el Trocadero y Eldorado. Luego, rápidamente compartió con ella un sueño en el que se comprometía con ella ("Parecía terriblemente, terriblemente improbable").

¿Qué quería Kafka exactamente? A juzgar por una de sus cartas, Felice tenía la costumbre de decirle: "Bueno, Franz, ¿qué haré contigo?". La respuesta era: "Debes conocerme realmente tanto en lo peor como en lo mejor". Él sentía que era honesto con ella, aunque eso significara atormentarla con su "obstinación... ¿De qué otro modo, si no es con obstinación, pueden los obstinados estar seguros de su increíble buena suerte, que les fue enviada desde el cielo y les llegó en cierta noche de agosto?".

Había entre ellos momentos menos densos. Kafka le mandó una foto de él para poner en un medallón. Le reveló que en la oficina lo conocían como "un gran reidor" (*grosser Lacher*), y le contó que, al pronunciar su discurso formal de agradecimiento por un reciente ascenso frente al presidente del Instituto, Otto Příbram, había tenido un acceso de risa ante la pomposa actitud de su jefe. Kafka le preguntaba a Felice sobre sus propias rutinas de oficina, que incluían escribir cartas para vender el Parlograph. Como un escritor anticuado que hoy denostara a la computadora, Kafka bromeaba diciendo que un mecanógrafo vivo era mucho menos intimidante que una máquina: "Una máquina con sus mudas y serias exigencias me da la impresión de ejercer una compulsión más grande y más cruel sobre las propias habilidades que ningún ser humano". Sin embargo, le escribió a Felice una detallada carta llena de ideas sobre cómo podía promocionarse el Parlograph, instalando la máquina, que era lo más avanzado en tecnología de oficina de 1913, en hoteles, oficinas de correos, y otros lugares públicos. También, aunque decía que personalmente "le tenía miedo al teléfono", sugirió combinar el teléfono con el Parlograph. De modo que, sin saberlo, Kafka podría haber sido el desconocido padre del "centro de negocios" o la "oficina de fax" de los hoteles modernos. En realidad, su vida de oficina era menos estresante que la de Felice, quien trabajaba a veces hasta las 7.45 de la tarde, sin ninguna pausa para almorzar. Kafka, por su parte, había pasado una vez un día entero escribiendo ocho páginas de un informe oficial, que finalmente rompió y volvió a escribir al día siguiente: "Aparte de mi trabajo de oficina, no hago prácticamente nada, y... debido a mi incumplimiento en la fábrica, apenas me atrevo a mirar a mi padre, y mucho menos a hablarle".

Pero a pesar de los intentos de frivolidad, las tribulaciones subyacentes no podían ser ignoradas. Dos compromisos matrimoniales

simultáneos, el de su hermana Elli y el de su mejor amigo, Max Brod,
lo hicieron sufrir de un modo inexplicable, "como si me hubiera so-
brevenido un inmediato y directo desastre". Se imaginaba yendo a la
sinagoga para el casamiento de Elli "usando mi viejo frac, zapatos de
charol ajados, una galera demasiado pequeña para mí", y actuando
como un ujier. La solemnidad de los rituales judíos lo aburrían, y decía que la mayoría de los judíos asimilados sólo se molestaban en ir
a la sinagoga para casamientos o funerales: "esas dos ocasiones se
han acercado siniestramente entre sí, y uno virtualmente puede ver
las miradas de reproche de una fe debilitada". Como siempre, Kafka
se sintió ajeno a las bromas familiares intercambiadas en el casamiento, aunque lo conmovió el comentario que hizo su padre –curiosamente, en checo–, describiendo a Elli con su vestido de novia
como "una princesa".

Nada podía aliviar su dolor por no ser capaz de avanzar con su
escritura. Felice le dijo que quería sentarse a su lado mientras escribía, pero él le respondió, con despiadada honestidad, que eso era
imposible:

> Porque escribir significa revelarse a uno mismo hasta el ex-
> ceso; ese punto máximo de autorrevelación y entrega en el que
> un ser humano, al involucrarse con otros, puede sentir que se
> pierde a sí mismo, y que, por lo tanto, intentará evitar si está
> en su sano juicio... La literatura que nace de la superficie de la
> existencia –cuando no hay otra manera y los pozos más pro-
> fundos se han secado– no es nada, y se derrumba en el mo-
> mento en que una emoción más auténtica sacude esa superfi-
> cie. Por eso nunca se puede estar bastante solo cuando se
> escribe, nunca puede haber bastante silencio alrededor cuan-
> do se escribe, por eso ni siquiera la noche es suficientemente
> noche... Muchas veces he pensado que, para mí, la mejor forma
> de vida habría sido sentarme en una habitación interior de un
> espacioso sótano cerrado con llave con mis instrumentos de

escritura y una lámpara. Deberían dejarme la comida muy lejos de mi habitación, en la parte exterior de la puerta del sótano.

En esas condiciones, Kafka podría escribir sin esfuerzo –"porque la extrema concentración no conoce el esfuerzo"–, pero hasta él se daba cuenta de las limitaciones de esas exigencias absolutistas de condiciones perfectas para escribir. Ante el primer fracaso, sufriría "grandiosos ataques de locura". Una vez más, Felice era confrontada con una imagen de exclusión –esta vez, la puerta cerrada con llave de la celda de un eremita–, en lugar de una generosa bienvenida de su amado a su mundo interior.

Sin embargo, el eremita salía de vez en cuando. Asistió a una conferencia sobre "Mitos del judaísmo" a cargo del gran pensador judío Martin Buber (1878-1965), el 18 de enero de 1913, no porque le encantara el "tedioso" conferenciante, sino porque estaba acompañado por la actriz Gertrude Eysoldt: "Estoy bajo el total hechizo de su personalidad y su voz". Fue al teatro a ver los ballets rusos. Los bailarines Nijinsky y Kyast eran magníficos, "dos seres humanos perfectos; están en el punto más íntimo de su arte; irradian maestría, como siempre sucede con esta clase de personas". También estaba releyendo, una vez más, *L'Éducation sentimentale* de Flaubert, que lo dejaba mudo de admiración, y trató de interesar a Felice en el libro. Pero su propio trabajo no progresaba en absoluto, y lo torturaba el temor de estar perdiendo la capacidad de escribir. "No sabes lo débil y miserable y dependiente que me siento en este momento", se lamentaba ante Felice. Le preocupaba causarle dolor a ella: "¿Tengo derecho a hacer esto?". Y entonces, en una notable confesión –nunca se podrá acusar a Kafka de no ser sincero con Felice–, le advirtió: "Debes saber que nunca obtendrás de mí una felicidad pura; sólo una enorme cantidad de puro sufrimiento, pero aun así, no me dejes. No estoy unido a ti sólo por el amor, pues el amor no sería suficiente, el amor comienza, el amor viene, pasa, y viene otra vez; pero esta necesidad por la que estoy absolutamente encadenado a tu ser, eso permanece".

¿Podría soportar Felice esa carga de necesidad? ¿Aumentaría ahora su malestar? La ausencia de cartas suyas a Kafka hace que estas preguntas sólo puedan ser respondidas con especulaciones, pero no cabe duda de que él no le hacía la vida fácil, ni reducía sus exigencias. Admitía que su "miserable carácter, que sólo conoce tres posibilidades, estallar, derrumbarse o languidecer", era duro para ella, pero: "Te pertenezco por entero: esto es lo que puedo decir después de examinar mis treinta años de vida".

En ese tiempo, Kafka estaba leyendo las cartas del dramaturgo alemán Friedrich Hebbel (1813-1863) y, atraído por la "antigua, conmocionada, expectante Alemania de mediados del siglo pasado", admiraba la claridad mental de Hebbel y su capacidad de sufrimiento "porque se sentía seguro en su ser interior". Kafka tenía bastante conciencia de sí mismo para saber que no era tan fuerte como Hebbel: "¡Qué lejos estoy de esa clase de hombres!". Kafka sentía que Hebbel "toca mi debilidad directamente con sus dedos... Su pensamiento es muy preciso, y no recurre a ninguno de los subterfugios en los que uno tiende a ocultarse cuando está desesperado... Cuando trato de seguir todo esto en detalle, los beneficiosos efectos humanos de sus cartas cesan de inmediato, y simplemente me deslumbra". Era como si Kafka temiera la poderosa claridad de Hebbel, o que se tratara de un recurso de otra época no asequible para la sensibilidad moderna.

La calidad intensamente literaria de las cartas de Kafka a Felice (después de todo, estaban usurpando su tiempo normal de escritura creativa) parece haber provocado en él, si no un malestar, al menos la conciencia de cierta tendencia a adornar sus miserias. "Siempre me siento diez veces mejor que lo que digo: es sólo que no puedo dominar mi pluma, eso es todo", le dijo francamente a Felice. En otra oportunidad aseguró que ella se acostumbraría a su "exagerada, descontrolada escritura". Además de Hebbel, Kafka estaba releyendo otro libro casi tan elevado en su panteón personal como *L'Éducation sentimentale*: la famosa novela corta de Heinrich von Kleist, *Michael*

Kohlhaas (1810), la historia de la obsesiva búsqueda de justicia de un hombre, relatada con la poderosa energía narrativa característica de Kleist. Kafka la estaba leyendo, según creía, por décima vez –"me arrastra en oleadas de asombro"–, y si no hubiera sido por su insatisfactorio final, "sería una cosa perfecta, la clase de perfección que me gusta decir que no existe. (Porque creo que hasta las obras literarias más grandes tienen una pizca de fragilidad humana que, si se la busca, comienza a agitarse levemente y perturba la sublime, divina calidad del conjunto.)".

El 3 de febrero de 1913, Kafka fue enviado por el Instituto a Leitmeritz, por un caso judicial. Le escribió a Felice que le hubiera gustado mucho más visitarla en Berlín, y luego viajar juntos a la Riviera francesa, donde Max y Sophie estaban disfrutando su luna de miel. Pensar en los recién casados hacía aumentar el sentimiento de soledad de Kafka (especialmente porque Sophie acababa de encontrarse en Berlín con Felice), y les envió un par de postales, exhortándolos a llevar un diario de su viaje para compensarlo por su ausencia. Ottla acompañó a su hermano a Leitmeritz: ambos se levantaron a las 4.30 de la mañana para tomar el primer tren desde Praga. Mientras su hermano estaba en el juzgado, Ottla visitó a sus parientes, ya que Emil Kafka tenía su comercio en la ciudad. Para ella, el viaje significó un bienvenido descanso de sus largas horas de trabajo en la tienda, pero para Franz fue simplemente agotador pues, aunque sentía cariño por Ottla, añoraba estar solo. Se lo explicó a Felice: "A veces, querida mía, estoy convencido de que no soy apto para el contacto humano". Al encontrarse por casualidad con una conocida, Lise Weltsch, que "le dio asco" por sus quejas sobre la vida, pero que en cambio más tarde se mostró feliz durante la cena en compañía de otra persona, Kafka comentó, apesadumbrado: "Seguramente irradio un aura de infelicidad". Le preocupaba que su miseria resultara contagiosa para Felice, pero no obstante le describió un sueño en el que ambos estaban en un Berlín que se parecía a la plaza de la Ciudad Vieja de Praga, caminando del brazo. En su carta, dibujó la manera

en que estaban unidos sus brazos, y alardeó bromeando: "Alguna vez
fui un gran dibujante, sabes, pero después empecé a tomar clases de
dibujo con una mala pintora y arruiné mi talento". En realidad, los di-
bujos expresionistas en tinta de Kafka que se encuentran en sus cuadernos muestran una considerable pericia.

Pero, al parecer, no había demasiadas probabilidades de que
ambos caminaran juntos del brazo, porque, además del bloqueo para escribir que empezaba a apoderarse de él (aunque las cartas no
disminuían), su salud se estaba deteriorando. Sufría constantes dolores de cabeza, que le hicieron declinar una sugerencia de Felice de
encontrarse en Dresden –aproximadamente a mitad de camino entre Berlín y Praga–, adonde ella debía ir por motivos profesionales.
Él culpó a su estado de salud, "que incluso aquí, en casa, con mi familia, me obliga a permanecer en mi cuarto oscuro, en lugar de ir a
la brillantemente iluminada sala de estar", y convertía a "esa clase de
viaje en una empresa demasiado grande". Soñando con lo opuesto a
esa morbosa melancolía, Kafka les pidió a Max y Sophie, que seguían
en la Riviera, que le buscaran para el otoño un lugar cálido "donde
uno pueda vivir como vegetariano, y sentirse permanentemente bien...
en síntesis, un lugar hermoso e imposible". Es difícil discernir si esa
era una propuesta seria o una caprichosa fantasía. Pero no podemos
evitar pensar que habría sido una variante saludable.

Ahora se le ofrecía a Felice, además de los anteriores retratos del
solitario Kafka, monásticamente dedicado al arte de escribir, un nuevo cuadro del enfermizo hipocondríaco, pero que sin embargo seguía declarándole su inquebrantable amor. Mientras leía las pruebas de *La condena*, que aparecería en mayo, Kafka se refería siempre
a esa obra como "tu libro" (seguiría haciéndolo así durante toda su
relación). Al citarle la dedicatoria que proponía, "*für Fräulein Felice B.*",
le pidió que considerara eso como "un incuestionable signo de mi
amor por ti, y este amor no existe porque tenga permiso, sino por
compulsión". Otra vez estaba poniendo el acento en la *necesidad*,
más que en el *amor*. Estaba preocupado porque pensaba que la efu-

sión de sus cartas (Felice acababa de descubrir que su madre las había estado leyendo en secreto) podía angustiarla, y que "considerando los humores y los estados de debilidad que tiene mi existencia, puedan parecer repulsivas, artificiales, superficiales, frívolas, falsas, maliciosas, incoherentes, o más bien, no es que pueden parecer, sino que innegablemente lo son". Le dijo que el amor que ella sentía por él lo hacía sentir feliz, pero no seguro, "porque puedes estar engañándote a ti misma; es posible que con mis cartas esté armando una especie de trampa que te engaña. Después de todo, apenas me viste, apenas me oíste hablar, apenas sufriste mis silencios, no sabes nada acerca de la sensación accidental o inevitable de desagrado que podría producirte mi presencia". Sin embargo, al mismo tiempo, declaraba que su amor hacia ella era invencible: "Este amor se ha integrado a mi naturaleza como si hubiera nacido conmigo, pero sólo ahora fuera reconocido". Sin embargo, esta comunicación epistolar, ¿era "la única clase de comunicación que se ajustaba a mi desdicha"? Apenas expresó estas aprehensiones negativas, empezó a lamentar haber llegado tan lejos –"las frases equivocadas acechan a mi pluma"– y se vio obligado a concluir: "Cuando miro dentro de mí mismo, veo tantas cosas oscuras y que aún fluyen, que ni siquiera puedo explicar apropiadamente o aceptar plenamente el disgusto que siento por mí mismo".

Ahora Kafka empezaba a temer que un contacto real con Felice y su compañía permanente –por ejemplo, si iban juntos al sur de Francia– podían poner en peligro la relación. Era como si él estuviera empezando a desvalorizarse frente a ella, acentuando la futilidad de su vida, lo irreductible de su naturaleza ("no tenemos más fuerzas que aquellas con las que fuimos traídos al mundo") y el hecho de que, a la larga, ella lo vería como era: "¿Cuánto tiempo te llevará verme como soy, y en ese caso, cuánto tiempo te quedarás?". Le dijo a Felice que había estado reflexionando sobre la cantidad de enfermedades reales o imaginarias que sufría, y había contado seis. No dice cuáles son, pero se pueden adivinar: salud frágil, dificultes con Felice, dificultades para escribir, dificultades con su familia, dificultades con el trabajo, y la dificultad de estar atascado en un lugar, pero ser incapaz, por lo visto, de hacer algo al respecto. Durante los primeros meses de 1913, pensó seriamente en dejar su casa (tenía casi treinta años) y alquilar un cuarto. Había planeado hacerlo antes, pero dejó que sus padres lo convencieran de quedarse. Siempre culpaba a su familia por su desagradable situación, pero era fatalmente dependiente: le cocinaban la comida, se ocupaban de sus asuntos domésticos, él no hacía nada en su casa, y se retiraba a su cuarto por la noche para escribir. Cuidar de sí mismo se había convertido en una posibilidad cada vez más remota. Es altamente improbable que Franz Kafka supiera hervir un huevo.

La aparición de algunos contratiempos en la vida de Felice –su familia, como dijimos antes, estaba desgarrada por diversos problemas, y gran parte de la responsabilidad por solucionarlos recayó sobre ella– intensificó la impresión de Kafka de que las dificultades constituían la característica inevitable de esa relación. Aunque ahora se había vuelto obsesivo con ella, en desmedro de otras relaciones sociales y del progreso en su escritura, todavía lo angustiaba pensar qué pasaría si la relación se convertía en una realidad más definida que la establecida por correspondencia. Le dijo a Felice que si recibiera de ella un inesperado telegrama para ir a buscarla a la estación de Praga, experimentaría "un gran sobresalto, como si súbitamente lo hubieran arrancado de un largo sueño nocturno". Lo dominaba el letargo: "ese terrible letargo que convierte para mí a todo el apartamento, de hecho, a toda la ciudad, en una enorme cama". Por lo menos uno de sus amigos, Felix Weltsch, se dio cuenta de esto y lo llevó a hacer un paseo, en cuyo transcurso le dio algún consejo (no solicitado) para salir de todo eso. Otro amigo, Hans Kohn, un estudiante de derecho de la Universidad Ferdinand Karl de Praga, trató de interesar a Kafka para concurrir a una reunión sionista, pero tampoco tuvo éxito. A Kafka le disgustaba su celo activista: "Mi indiferencia hacia él como persona, o hacia toda forma de sionismo, era inmensa e inexpresable". Ahora Kafka casi no hablaba con nadie en la casa: hasta su relación con Ottla se había desgastado, pocas veces veía a alguien y pasaba el tiempo en solitarios paseos nocturnos. Esto señalaba un marcado contraste con Felice, que se hallaba en el centro de una animada red de actividad comercial y vida familiar. A pesar de haber sido ascendido el 1º de marzo al cargo de subsecretario del Instituto, el trabajo era para Kafka "tan irrelevante como lo soy yo: somos el uno para el otro".

Ahora se hallaba en una especie de callejón sin salida. La práctica Felice le preguntó cuáles eran sus planes y perspectivas. Él respondió que no los tenía: "No puedo entrar al futuro: puedo chocar contra el futuro, pulverizar el futuro, tropezar con el futuro, eso puedo hacerlo; pero lo que mejor puedo hacer es quedarme acostado en silencio". Cuando las cosas marchaban bien, estaba "completamente absorbido por el presente". Cuando las cosas iban mal, "maldigo al presente, ¡y mucho más al futuro!". Sólo en reuniones con amigos como Brod podía escapar de esa inercia. El sábado 1º de marzo "leí en un frenesí" en casa de Max, la última parte de *La metamorfosis*, que no sería publicada completa hasta 1915. Al final, se relajó y se dio el gusto de reír con sus amigos. "Si uno cierra con cerrojo las puertas y las ventanas contra el mundo, puede de vez en cuando crear la apariencia y casi el comienzo de la realidad de una hermosa vida".

Lamentablemente, no era tan sencillo descartar al mundo, y ahora le preguntó explícitamente a Felice: "¿Te importo tanto como antes?". No eran tanto las cartas de ella, sino sus propias ansiedades las que lo movían a hacer esa pregunta. Hizo una vaga alusión a haber estado "dominado por algo" indefinible en los últimos quince años (es decir, desde la adolescencia), de lo cual escribir constituía un escape provisorio, que le permitía tener "el valor de acercarme a ti". Era como un "renacer" que le daba la confianza de "aceptar toda la responsabilidad del intento de atraerte a ti, lo más precioso que encontré en mi vida [*Dich, das Liebste, was ich in meinem Leben gefunden hatte*|, hacia mí". Pero dado el modo en que se había comportado en los últimos tiempos, ¿cómo podía ella seguir con él? Felice tenía una naturaleza compasiva que podía llevarla a permanecer con él aunque fuera perjudicial para ella misma, y él no podía soportar eso. Ella era una "persona cariñosa, activa, alegre y segura de sí misma" que no debía sacrificarse a "la confusión, o mejor dicho, a la monótona bruma de mi personalidad".

Era como si tratara de empujarla a rechazarlo con ese despliegue de ferviente odio por sí mismo. "Ahora soy una persona diferente de la que fui durante los dos primeros meses de nuestra correspondencia", aseguraba. No era una transformación hacia un nuevo estado, sino una recaída en uno antiguo. "Si te sientes atraída hacia esa persona, inevitablemente debes aborrecerla". El problema era que no estaba en paz consigo mismo. Seguía "revoloteando en torno a mí mismo como un pájaro alejado de su nido por alguna maldición", y llegaba a la inevitable conclusión: "En vez de eso, ¿por qué no trato de encontrar una manera de ayudarte suavemente a liberarte de mí?". Ella no debía permitirse engañarse pensando que él podía mejorar: "No podrías vivir junto a mí ni siquiera dos días". ¿Era esto genuino o se trataba de una hábil estratagema? ¿Era simple retórica autocompasiva? En todo caso, Felice no cayó en la tentación. Respondió enérgicamente a su letanía de lamentos: "No creo en ellos, y tú tampoco". Le dijo que no debía alimentar "el sentimiento de que podrías ser alejado de mí". Por su parte, él confesó que las cartas que le escribía podían ser "brutales", y le preguntó si en vez de eso podía enviarle copias de fragmentos de su diario.

Después de ir una noche con Felix Weltsch al cine –a Kafka le gustaba el cine, y le fascinaban especialmente los pósters de películas–, donde vio *El otro* de Paul Lindau, reflexionó sobre su incapacidad de emular la serena fuerza de su jefe inmediato del Instituto, Eugen Pfohl, y sobre su propio estado generalmente lamentable: "Duermo poco, en forma intermitente y mal; no hago mucho ejercicio, estoy absolutamente insatisfecho conmigo mismo, y todo esto hace que me deje caer completamente inerme en un sillón... Caminé hasta casa como un hombre enfermo, con la idea permanente de la distancia que me faltaba recorrer. Pero no estoy enfermo: de hecho, no luzco diferente, salvo por una arruga encima de mi nariz, y una cantidad cada vez mayor, ahora bastante visible, de cabellos grises".

Dos días después, decía: "Si solamente te mereciera... tanto como te necesito". Pero su conflicto interior no se desarrollaba sólo entre su necesidad de Felice y su sentimiento de no merecerla, sino también, como siempre, entre sus condiciones de vida y sus aspiraciones como escritor. Después de decirle a Felice que su familia estaba, como escribió, "discutiendo en la cocina sobre una salchicha robada" –una vez más, aprovechó la oportunidad para dramatizar las circunstancias de la composición de sus cartas–, explicó que eso no era nada comparado con sus verdaderas tensiones interiores: "No son sólo ellos quienes me distraen, sino que en mi interior me regocijo con fuerzas que distraen mi atención". Sin embargo, no parecía capaz de compartir ese "regocijo" (*in mir jubelt es*) con Felice. Ella siempre permaneció fuera de su literatura, que no parece haberle interesado en absoluto.

Hacia fines de marzo, Kafka dio los primeros pasos tentativos para proponerle a Felice visitarla en Berlín, aunque rechazó la idea de visitar a sus parientes. Ambos se dieron cuenta de que si había un futuro para la relación, debía incluir algo más que el intercambio de copiosas cartas. "Escribirte y vivir se han acercado mucho entre sí", admitió Kafka. Pero notaba que las palabras no siempre lograban decir lo que quería hacerles decir, y por lo tanto, Berlín era necesario. "Voy a Berlín con el único motivo de decirte y mostrarte –pues mis cartas pueden haberte engañado– quién soy realmente... La presencia es irrefutable". Vaciló hasta el último minuto, buscando ignotos obstáculos, preocupado por unas reuniones de trabajo que debían realizarse alrededor de la Pascua, y que podrían exigir una cancelación, pero finalmente, tomó el tren de Praga a Berlín, llegó el 22 de

marzo de 1913, y se hospedó en el Hotel Askanischer Hof, en la
Königgrätzerstrasse. Siete meses después de conocer a Felice Bauer
en Praga, y después de haberle escrito decenas de miles de palabras
a altas horas de la noche, Kafka se preparaba por fin para encontrarse frente a frente con su amada sólo por segunda vez en su ya tor-
turada relación.

13

No era de esperar que el primer encuentro de Kafka con Felice desde agosto de 1912 se desarrollara sin problemas. En la mañana del 23 de marzo de 1913, domingo de Pascua, estaba sentado en el hall de su hotel de Berlín, desconcertado, preguntándose dónde estaba Felice. Le había enviado una carta expreso anunciándole su llegada el sábado por la noche, pero al parecer no le había llegado. Ahora le escribió rápidamente una nota desde el hotel, diciendo que la estaba esperando en el Askanischer Hof, y se la mandó por medio de un mensajero. Le pedía que lo llamara por teléfono, porque debía partir de Berlín esa misma noche.

Finalmente se pusieron en contacto, fueron a pasear por el Grunewald y se sentaron en un tronco caído para conversar. Quizá visitaron también la tumba de Heinrich von Kleist. Volvieron a hablar por teléfono antes de la partida de Kafka (que se había postergado hasta el lunes) hacia Leipzig, donde él tenía una reunión con su editor, Kurt Wolff (a quien le había prometido enviarle el manuscrito de *La metamorfosis*), antes de ir a Aussig en un viaje de trabajo para el Instituto.

No es fácil establecer qué sucedió entre Kafka y Felice en Berlín, pero cuando él regresó a Praga el 28 de marzo, completamente exhausto por su viaje y su trabajo, escribió: "¡Cómo me acerqué a ti en mi visita a Berlín! Sólo respiro a través de ti". Aunque esto da a entender que fue un encuentro exitoso, sintió la necesidad de agregar:

"No me conoces bastante, tú que eres la más querida y la mejor". Esto confirma también que el libreto subyacente no había cambiado. De acuerdo con esto, escribió lo que, según le dijo a Brod, fue su "gran confesión" a Felice, el 1º de abril.

Su único temor era que "nunca podré poseerte". Si esto fuera cierto, "entonces seguramente tenía yo buenas razones para querer con todas mis fuerzas apartarme de ti hace seis meses, y mejores razones para temer algún vínculo convencional contigo, ya que cualquier vínculo de esa clase sólo podría tener como consecuencia separar mi deseo de las pobres fuerzas que aún me mantienen aferrado a este mundo, a mí, que no sirvo para este mundo". Kafka le dijo a Brod que Felice era "una verdadera mártir, y está claro que yo estoy minando todas las bases sobre las que ella se apoyaba antes para vivir, feliz y en armonía con todo el mundo".

En cualquier relación normal esto habría significado el fin, pero la pareja parecía dispuesta a continuar: ambos tenían sus propios motivos para persistir. Ambos veían el matrimonio como un objetivo que debían perseguir a toda costa. Kafka rechazó la insinuación de Felice en el sentido de que se estaban "alejando", e insistió en que él no hacía más que "morir de ansias" por ella, y también subrayó que su necesidad de escribirle se arraigaba en el verdadero centro de su vida. Hubo alguna alusión a un próximo encuentro en Whitsun. Mientras tanto, en un comentario que se diferenciaba de sus habituales quejas sobre su familia, él le relató un momento extrañamente conmovedor: una vez su madre entró en su cuarto y le ofreció darle un beso de buenas noches, algo que no había sucedido en muchos años. "Está bien", dijo él, y su madre respondió: "Nunca me atreví a hacerlo, pensé que no te gustaba. Pero si a ti te gusta, a mí también me gusta mucho". Este pequeño incidente lo dice todo en cuanto a la cultura emocional de la familia Kafka.

Sea por instigación de Felice o por iniciativa propia, Kafka decidió combatir su frágil salud, su insomnio y su ánimo generalmente decaído, intentando adoptar un estilo de vida más sano y activo.

En vez de dormir después del almuerzo, empezó a realizar una tarea de dos horas diarias en una huerta del suburbio Nusle (Troja) de Praga, trabajando "sólo en camisa y pantalones" bajo la fresca lluvia de abril. Le explicó a Felice que hacía esto "para huir de mi tormento por un par de horas, en contraste con mi trabajo en la oficina, que prácticamente se escapa de mí cada vez que trato de aferrarlo (*el verdadero infierno está allí, en la oficina: ningún otro podría causarme terror*)".

En los días que faltaban para su tercer encuentro en Whitsun, Kafka siguió interpretando el mismo papel de amante atormentado, insistiendo en que su amada debía intentar librarse de él, pero al mismo tiempo no podía soportar que eso ocurriera. Siguió quejándose –como dice Canetti, "la queja toma el lugar de la escritura como su factor integrante"– de que Felice no había comprendido adecuadamente que escribir "es lo único que hace posible mi vida interior. No llama la atención que siempre me exprese tan mal: sólo estoy despierto entre mis personajes imaginarios". A medida que se aproximaba la fecha de su encuentro, Felice empezó a expresar sus propias quejas. Lo acusó de querer herirla, un cargo que lo "asustó como si me hubieran puesto de nuevo en el mundo, después de haber estado mucho tiempo afuera". A pesar de la abundante retórica autoacusatoria que solía desplegar, Kafka siempre quedaba desconcertado cuando otros le hacían reproches. Se sumergió en el trabajo, pues debía preparar una conferencia para el Instituto sobre el tema "Métodos de prevención de accidentes". La perspectiva de volver a visitar Berlín y conocer a la familia de Felice lo llenaba de una nerviosa aprensión.

El 1º de mayo, Kafka le dijo a Felice que en junio Wolff publicaría, en una nueva serie de jóvenes autores, "un libro mío muy breve" titulado *Der Jüngste Tag* (*El día del Juicio*). El título le parecía "un poco absurdo" y con "una idea de unidad que realmente no tiene", pero por otro lado le debía gratitud a Wolff por su entusiasmo –"prácticamente me arrebató la historia"–, en especial porque también estaba preparando la publicación del primer capítulo de *El desaparecido*, "El fogonero" (*"Der Heizer"*). En marzo, Kafka le había enviado a Wolff una copia de *La metamorfosis* (el editor la llamaba "la historia de la chinche"), y había respondido a un pedido para "El fogonero". Trató infructuosamente de convencer a Wolff de publicar estas dos historias, junto con *La condena*, en un libro titulado *Los hijos*, porque, según decía, tenían en común el tema del conflicto padre-hijo, que llamaba una conexión "secreta" (presumiblemente porque se basaba en la relación de Kafka con su propio padre, pero también porque Felice estaba estrechamente ligada a *La condena*). La aparición de "El fogonero" como un libro de cuarenta y ocho páginas en la habitual edición de sólo mil ejemplares, era una compensación por el hecho de que Kafka no estuviera produciendo ningún material nuevo en ese preciso momento.

A principios de mayo, Kafka retomó su diario, explicándose a sí mismo la necesidad de hacerlo: "La incertidumbre de mis pensamientos, F, la destrucción en la oficina, la imposibilidad física de escribir y la necesidad interior de hacerlo". Este era un sucinto inventario de sus tareas. Había empezado uno de sus famosos "cuadernos azules en octavo", el séptimo, para ese diario, y cuando lo terminó al comienzo del año siguiente, notó que empezaba con Felice, "quien, el 2 de mayo de 1913, me hizo sentir inseguro". La brevedad de algunas de estas entradas resumidas de su diario acentúan su desolación: "La terrible incertidumbre de mi vida interior", dice una de ellas. En una lista, aparecen síntomas físicos y psicológicos: "1. Digestión. 2. Neurastenia. 3. Sarpullido. 4. Inseguridad interior", entre otras desgracias. Por primera vez estaba dispuesto a admitir que, dado su estado lamentable, "a la larga, mis padres me aguantaron más cosas a mí, que yo a ellos". El 11 de mayo, otros padres, los Bauer, tuvieron la oportunidad de ver cómo era su potencial yerno, cuando Kafka fue por segunda vez a Berlín.

Kafka llegó a Berlín como siempre. Le envió una nota a Felice: "El viaje me hizo entender que no hay manera de reconocer cosas si no es en presencia del otro... todavía tenemos una gran cantidad de cosas terribles para discutir". Añadió que mientras hacía sus maletas para el viaje, se había dicho repetidamente –y esto define, en los términos más claros, la esencia de su relación con Felice Bauer–: "No puedo vivir sin ella, y tampoco con ella [*Ohne sie kann ich nicht leben und mit ihr auch nicht*]". Cuando conoció a los padres de Felice, Kafka consideró que les había causado "una impresión muy desagradable". Más tarde le dijo a ella que su familia "tenía un aspecto de total resignación en lo referente a mí. Me sentí muy pequeño mientras ellos me rodeaban como gigantes con esas expresiones fatalistas en sus rostros".

Las cosas no parecían haber funcionado mejor en su encuentro personal. Kafka se disculpó ante Felice por "su comportamiento ridículo durante esos dos días en Berlín", y trató de justificarse diciendo: "Siento que sobra uno; la separación en dos personas es insoportable". Esto permite vislumbrar la incapacidad de Kafka de establecer una relación madura con otra persona. Al parecer, el hecho de dar y recibir, los pactos, las concesiones, la tolerancia –y las gratificaciones recíprocas– de dos personas que negocian espacios propios con el otro, era algo que lo superaba y lo asustaba. No soportaba abandonar la blanca y luminosa celda de su yo y ponerse en manos de otra persona, aunque anhelaba esa consumación: "Tú no sabes, Felice, no sabes qué es lo que me tiene aprisionado y me convierte en el más desdichado de los hombres, aunque parezca que estoy muy cerca de ti, que eres mi único propósito en esta vida". ¿Por qué no se aferró a ella? "¿Por qué, en vez de hacerlo, me revuelco en la tierra del bosque como esos animales a los que tanto temes?". Le preocupaba el hecho de que esa joven sagaz, segura y decidida, que sabía lo que quería, en su presencia se volvía evasiva e insegura: "Cuando estás conmigo, pareces decaída, vuelves la cabeza o miras el piso, soportas tanto las tonterías que digo como mis innumerables silencios, no quieres realmente saber algo de mí [¿pero no sabía bastante, en cierto sentido?], sino que simplemente sufres, sufres, sufres". Ella le dijo que no debía ser tan analítico, y que en cambio sólo confiara ciegamente en ella.

A pesar de los dos encuentros en Berlín, y los numerosos malos presagios, la pareja persistió en su romance epistolar. Kafka seguía declarando su amor por ella, y le anunció que le escribiría a su padre, presumiblemente con la intención de hacer una propuesta formal de matrimonio. Le contó sus relaciones anteriores, en términos muy breves, dando a entender que habían sido superficiales y poco significativas, con excepción de la muchacha que había conocido en el verano de 1905 o 1906 en el sanatorio del doctor Schweinburg, en Zuckmantel. Pero después se había encerrado cada vez más en su caparazón, ayudado por su "deplorable estado físico" hasta que, "cuando casi había llegado al final", conoció a Felice. Tal vez para levantar los ánimos, le envió un borrador de una carta de septiembre de 1912, escrita poco después de su primer encuentro. Pero incluso en esa carta sonaba ya la característica nota del lamento.

La carta que se esforzaba por escribirle al padre de Felice era mucho más seria. Se sintió obligado a contarle a Herr Bauer la verdad acerca de su frágil constitución, que a Felice le había explicado en estos términos: "Durante aproximadamente 10 años tuve esta creciente sensación de no gozar de una salud perfecta; la sensación de bienestar que proviene de la buena salud, la sensación de bienestar que en la mayoría de la gente es fuente de constante alegría, y sobre todo, de despreocupación, esa sensación me falta". No se debía a ninguna enfermedad seria específica, pues realmente nunca había sufrido ninguna, sino a una condición general que "me impide hablar naturalmente, comer naturalmente, dormir naturalmente, es decir, me impide simplemente ser natural". No podía vivir en intimidad con Felice y disimular esta condición confusamente expresada, y ya le preocupaba que cada vez que se encontraban, ella –por lo común tan fuerte y vivaz– parecía intimidada por él, y mostraba entonces una "apagada indiferencia". Sobre esto, él quería tener una "conversación franca" con ella: esa necesidad "me quemaba por dentro porque había guardado silencio sobre eso durante tanto tiempo". Ni su propia familia ni sus amigos podían darle consejos, de manera que enfrentaría a Herr Bauer y le pediría que le recomendara un médico que examinara a su eventual yerno. Este ejemplo extremo de la autolacerante honestidad de Kafka resultó un shock para Felice, que durante más de una semana no respondió a su carta. Kafka estaba desesperado. Pensó que era "el final", y la cancelación definitiva de "la única clase de felicidad que puedo obtener en este mundo". Incluso venció su resistencia y llamó por teléfono, pero sólo creyó detectar más indiferencia cuando Felice lo atendió. Él le dijo que dejara de escribirle: "No me quieres, es evidente". La situación parecía realmente muy mala.

La llegada del actor Löwy a Praga ofreció un respiro para toda esa angustia. El 2 de junio se realizó una función de poemas y canciones en ídish, organizada por Kafka en el Hotel Bristol. Su amigo Otto Pick redactó un anuncio de la función para el *Prager Tagblatt*, a instancias de Kafka. Kafka también recibió algún consuelo de su íntima convicción de que "El fogonero", recién publicado, era bueno. El 24 de mayo se lo leyó a sus padres, y reflexionó ácidamente: "No hay mejor crítico que yo mismo cuando le leo algo a mi padre, que escucha de tan mala gana". Y finalmente, Felice contestó, diciendo que estaba contenta con él, un hecho que no satisfizo a Kafka, pues sabía que también la estaba haciendo sufrir. Una vez más, esto le mostró que "no hay duda de que somos inmensamente diferentes". Poco tiempo después, ella le dijo que no le estaba escribiendo por un sentimiento de compasión. *La condena* había sido publicada a fines de mayo, en el periódico *Arkadia*, editada por Max Brod. Kafka le preguntó a Felice si había descubierto algún significado en el texto, fingiendo que él no podía encontrarle ninguno, aunque se puso a explicarle las conexiones con ella —con los ecos verbales de su nombre— que existían allí. Pero quedó insatisfecho con sus respuestas y sus silencios. Esperó dos horas una comunicación telefónica a Berlín para hablar con ella, y le escribió una carta "en la miserable sala de espera de una miserable oficina de correos" a su madre para averiguar si estaba enferma. Le envió un telegrama a Felice, cuya respuesta, según pudo notar, fue producto de la compulsión: "¿Qué quiero de ti? ¿Qué me hace perseguirte?... Con el pretexto de querer liberarte de mí, te presiono".

A pesar de la angustia, el dolor, la incertidumbre y los reproches, Kafka decidió seguir adelante. Entre el 10 y el 16 de junio, redactó una carta que sería su propuesta de matrimonio, a diez meses de su primer encuentro, y después de haberse visto con ella sólo tres veces. Dejó en suspenso el veredicto del médico, que todavía no había llegado, formuló la "criminal" pregunta –"¿considerarías si deseas ser mi esposa?"– y luego procedió a responder la reciente objeción de ella de que él estaba "en todo sentido mucho más adelante" que ella. Kafka insistió en que nunca se había topado con alguien que estuviera más "desesperanzado" que él en cuanto a las relaciones humanas comunes y la vida cotidiana. Tenía menos memoria y sabía menos sobre la mayoría de las cosas que un escolar medio, era incapaz de razonar o de contar una historia –"de hecho, apenas puedo hablar"–, de manera que ¿cómo podía decir ella que posiblemente no estuviera a su altura? "Todo lo que tengo son algunas aptitudes que, en una profundidad casi inaccesible bajo condiciones normales, toman forma en la literatura, aptitudes con las que, sin embargo, en mi actual estado profesional y físico, no me atrevo a comprometerme, porque por cada exhortación interior de estas aptitudes existen otras tantas, si no más, advertencias interiores. Si yo pudiera comprometerme con ellas, indudablemente me sacarían de mi miseria interior, estoy convencido de ello, en un instante". Por otra parte, la igualdad intelectual no era necesaria para un matrimonio feliz: lo importante era la "armonía personal, una armonía mucho más profunda que la de las opiniones, una armonía que no puede ser analizada sino sólo sentida".

La siguiente objeción de Felice fue que quizás él no fuera capaz de soportar la vida con ella. Esto era cierto sólo en el sentido de que

estaba "perdido para todo trato social" y era "completamente incapaz de llevar adelante una conversación prolongada, vigorosamen-
te desarrollada, con nadie". Ni siquiera pudo hacerlo con Max Brod
en todos sus años de estrecha amistad. Era más feliz en una habitación con dos o tres amigos. En un grupo más grande o en ambientes desconocidos, "toda la habitación me presiona el pecho, y soy
incapaz de moverme; toda mi personalidad parece deslizarse virtualmente bajo la piel de los demás, y sobreviene la desesperanza".
Esto es precisamente lo que le ocurrió en Whitsun, con la familia de
Felice. La soledad dentro de su propio cuarto era el estado perfecto
para Kafka, "pero entonces ni siquiera puedo conmigo mismo, excepto cuando escribo".

Dados todos estos hechos expuestos con toda franqueza, ¿cuáles podían ser las ganancias y las pérdidas para ambos si se casaban?
"Yo perdería mi (en su mayor parte) terrible soledad, y tú, a quien
amo más que a nadie, serías mi ganancia". Por su parte, Felice perdería una vida que la "satisfacía completamente": Berlín, la oficina,
que le encantaba, sus amigas, los pequeños placeres de la vida, "la
perspectiva de casarse con un hombre decente, alegre y saludable, de
tener hijos hermosos y sanos que... evidentemente anhelas". Por lo
visto, Kafka había llegado a la conclusión, sin ofrecer ninguna prueba, de que esto último no era una buena perspectiva para ellos, a
pesar de su frecuentemente expresado deseo de formar una familia.
En compensación por estas "incalculables" pérdidas, Felice ganaría "un hombre enfermo, débil, insociable, taciturno, triste, inflexible, casi sin esperanzas [*einen kranken, schwachen, ungeselligen,
schweigsamen, traurigen, steifen, fast hoffnungslosen Menschen*],
que posiblemente tenga una sola virtud, que es amarte". Y por último, ella vería mermados sus ingresos, porque el autodenominado
caso perdido sólo ganaba 4.588 coronas por año, tenía pocas probabilidades de aumentar su salario, no podía esperar nada de sus padres, y por cierto, no tenía perspectivas en la literatura (esta resultó
ser una evaluación acertada mientras vivió). Después de haber co-

menzado con la pregunta convencional, Kafka terminó con una más pertinente: "¿Harías realmente esto y lo soportarías por mí, por el hombre que acabo de describir?". La noche del 16 de junio, Kafka salió tarde de la tienda (sus padres estaban ausentes y él se había visto obligado a reemplazarlos por un tiempo) y se dirigió a la estación para despachar la carta. La máquina expendedora de boletos (era necesario un boleto para tener acceso de noche a la oficina de correos de la estación) estaba vacía, pero apareció un extraño que le ofreció llevar la carta en su lugar. Este fue el último toque surrealista: ¿y si la carta nunca hubiera llegado a destino?

Como siempre, Felice se tomó su tiempo para contestar. Vale la pena recordar que seguramente estaba mucho más ocupada que él, y debía resolver problemas familiares que él quizá no conocía (las fechorías de su hermano y el embarazo de su hermana soltera, que su familia ignoraba), pero de todos modos, él le había dado bastante en qué pensar. Su respuesta tardó mucho en llegar, pero Kafka, aunque había tratado de pintar el más desalentador retrato de sí mismo, estaba impaciente por conocer su reacción: "Quiero casarme y estoy tan débil que ante una pequeña palabra en una tarjeta postal, mis rodillas empiezan a temblar". Finalmente, Felice le contestó, pero no respondió específicamente cada punto de su carta, sino que se limitó a decir que la autoacusación de él era "demasiado severa". No le importaba el tema irresuelto del examen médico de Kafka, y le dijo que sería "un marido bueno y cariñoso". A Kafka le preocupaba que ella no hubiese considerado con suficiente atención lo que podía estar arriesgando. Escribió con tristeza en su diario: "Sufro angustia de todos lados".

El examen médico fue incómodo y desagradable, y lo torturaba la visión de lo que quería lograr, en contraste con la miserable realidad a la que había sido arrojado: "¡Qué mundo tremendo tengo en mi cabeza! Pero ¿cómo liberarme y liberarlo sin ser destrozado? Y es mil veces mejor ser destrozado que mantenerlo dentro de mí o enterrarlo. De hecho, por eso estoy aquí. Esto está completamente cla-

ro para mí". Le dijo a Felice que escribir era "en realidad la parte
buena de mi naturaleza", y que si ella no pudiera llegar a amar su escritura, no tendría "absolutamente nada de qué aferrarse" y se sentiría "terriblemente sola". En ese mismo momento él estaba "siendo
lentamente pulverizado entre la oficina y la literatura", y no había escrito nada en cinco meses. ¿Podría vivir ella con su rutina? Le recordó que volvía de la oficina a las dos y media o tres de la tarde, comía,
se acostaba a dormir hasta las siete u ocho, cenaba rápidamente, salía a caminar una hora, y luego comenzaba a escribir hasta la una o
las dos de la madrugada. Además, su deseo de mantenerse alejado de
la gente significaría vivir en las afueras de Praga, mientras que Felice
llevaba una activa vida social. En una palabra, Kafka temía que ella no
hubiera registrado todas las advertencias que le había hecho: "Debes
creer lo que digo de mí: es el autoconocimiento de un hombre de
treinta años que, por razones profundas, estuvo varias veces cerca
de la locura, alcanzando así los límites de su existencia, y puede entonces ver todo sobre sí mismo y lo que puede llegar a suceder con
él dentro de esos límites".

En ese momento decidió plantear otra objeción (la habilidad de
Kafka para colocarse en un lugar poco atractivo era incomparable).
Esta vez, el problema era su situación en la oficina, que parecía poco segura, y además, había estado a punto de presentar su renuncia
varias veces. Si lo hacía, terminarían siendo más pobres que Elli o
Valli, o sus amigos Max Brod y Oskar Baum. Se hacía evidente que
sus dudas eran más fuertes que ningún eventual malentendido por
parte de Felice. Sin embargo, todavía le quedaba por jugar otra carta de autodesprecio.

En este punto, Kafka optó por referirse al "nauseabundo" espectáculo de su padre jugando en el cuarto contiguo con el pequeño
Felix, el hijo de Elli. El día anterior, cuando todos los miembros de la
familia jugaban también con el niño, "estaban perdidos en las más
bajas regiones de la sexualidad. Me sentí tan asqueado como si me
hubieran condenado a vivir en una porqueriza". La obscena vulga-

ridad de esta escena es fácil de imaginar, y mientras reconocía su "exagerada sensibilidad" en este sentido, Kafka probablemente le estuviera enviando a Felice, consciente o inconscientemente, una señal de alerta sobre sus exigencias sexuales. Después de esto, hizo comentarios terribles sobre la pérdida de la línea de su hermana y su madre después de los partos, un momento curiosamente inoportuno para plantear estas cuestiones.

La espera de un "sí" definitivo a su propuesta proseguía. Le repitió a Felice que no podía cambiar su actitud hacia su escritura y hacia la gente: era parte de su naturaleza, y no estaba seguro de que ella se diera cuenta de ello. Necesitaba recluirse para escribir, pero no solamente como un eremita: "eso no sería suficiente, sino como un muerto". Con delicadeza, Felice le quitó importancia a esto, aunque admitió que podía ser "bastante difícil" para ella. Él le advirtió: "Siempre sentí este temor por la gente... su invasión en mi débil naturaleza; porque hasta el amigo más íntimo que entre a mi cuarto me llena de terror". Los problemas en el Instituto lo seguían obsesionando, especialmente el temor de que pudieran despedirlo por incompetencia (nunca tendría el valor de renunciar). Sabía que sus cartas se estaban volviendo "insoportables" y que "estoy perdiendo la perspectiva". Había estado comiendo muy poco, y Ottla y su madre empezaban a preocuparse por él. Además, el consentimiento definitivo de Felice, que indicaría que había respondido a cada una de las objeciones, seguía sin llegar. A esta altura, seguramente se sentía paralizada de incertidumbre sobre lo que debía hacer, ya que estaba tan destrozada como Kafka.

Pero a principios de julio, pareció que Felice estaba lista para decir "sí" o "aceptar la cruz", como en forma más bien desconcertante había escrito su futuro prometido. Él insistió −frente a la afirmación de Felice en el sentido de que todas sus objeciones eran en realidad "insignificantes"− en que "todavía no he llegado al final de mis argumentos en contra", pero lo aceptó. El 13 de julio de 1913, en su trigésimo cumpleaños, Kafka finalmente le dijo a su madre que se había comprometido. Ella lo tomó "con extraordinaria calma", y sólo insistió en una cosa. En esa época, era habitual investigar a las futuras esposas por medio de agencias de detectives, y convencieron a Kafka de que permitiera a sus padres conseguir un informe sobre Felice desde Berlín. Al final, el informe sólo decía que era una buena cocinera. Los padres de ella (que seguramente habrán tenido mayores motivos de inquietud), también encargaron un informe. No se sabe qué decía sobre Kafka.

Aunque Kafka llegó hasta el punto de recorrer Praga, que la pareja había elegido como posible lugar de residencia después de su boda, para buscar una vivienda, todavía se sentía desdichado: "Sigo teniendo un absurdo temor sobre nuestro futuro y sobre la infelicidad que, por mis defectos y mi temperamento, podría resultar de nuestra vida en común... En rigor, soy una persona fría, egoísta e insensible [ich bin im Grunde ein kalter, eigennütziger und gefühlloser Mensch]". Aceptó escribir formalmente a los padres de Felice (a quienes temía) y hablar nuevamente con los suyos, a quienes se acercaba con casi la misma aprensión: "El miedo, cercano a la indiferencia, es mi sentimiento básico hacia la gente". No podía soportar a su familia en ese momento: lo hacían "atragantarse de odio", como si, en momentos en que se disponía a abandonar su soledad, conspiraran para atormentarlo con una visión de ruidosa sociabilidad: "No puedo vivir con gente... No puedo soportar la vida en común... más feliz en un desierto... que aquí en mi cuarto entre el dormitorio de mis padres y la sala de estar". Sentía que la vida era tan terrible que "no sé si soy un ser humano". Toda esta escena recuerda el mundo de La metamorfosis.

A medida que se acercaba la realidad del compromiso formal, Kafka sentía que estallaría de angustia –"me retuerzo frente a ti como algo ponzoñoso"– y de miedo de que el matrimonio lo convirtiera en un "lunático peligroso". Le dijo a Felice: "No tienes idea... de los estragos que hace la literatura dentro de ciertas cabezas". Aquí, la "literatura" sirve para algo más que la composición de ficción en

prosa: es una etiqueta para el mundo del ser interior de Kafka, que
él había protegido con tanto tesón durante treinta años, y en el
que ahora algo desconocido estaba a punto de abrir una brecha. Por
lo tanto, Kafka seguía inquieto, y admitía "mi *miedo a la unión* incluso con la mujer más amada". A pesar de que ella intentaba tranqui-
lizarlo constantemente, "tengo el definitivo sentimiento de que a través del matrimonio, *a través de la unión, a través de la disolución* de
esta nulidad que soy [*dieses Nichtigen, das ich bin*], pereceré, y no solo, sino con mi esposa, y que cuanto más la ame, más rápido y más
terrible será... no creo que una chica haya sido amada jamás como yo
te amo a ti, ni que haya sido atormentada como yo encuentro necesario atormentarte a ti". Sólo una fantasía desesperada podía idear
esta terrible perspectiva: "El mejor plan sería probablemente... ir hacia el sur contigo para siempre, a alguna isla o algún lago. En el sur,
siempre siento que todo es posible. Y allí, vivir una vida de reclusión,
alimentándonos con hierbas y frutas".

Hacia mediados de julio, Kafka fue a ver a sus padres a su casa
de veraneo de Radešovic, donde redactó este idílico programa. Estaba de mejor humor, y empezó a discutir los aspectos prácticos del
apartamento que Felice y él ocuparían en mayo de 1914: un proyecto de una sociedad cooperativa de construcción de la que acababa de
hacerse miembro. Decidió posponer la carta a los padres de Felice
sobre sus planes firmes de casamiento hasta fines de año o comienzos de 1914: "Llegarás a conocerme mejor: todavía hay una cantidad
de horribles recovecos en mí que no conoces", le advirtió a Felice.
También planeaba escribir un poco durante el otoño.

El humor de Kafka mejoró de pronto, seguramente por el aire de
campo, pero Felice tenía mucho para digerir, y durante el resto del
mes, hasta justo antes del inicio de sus vacaciones de agosto, no le
envió noticias. Esto podía indicar que quería tomarse tiempo para
analizar todo lo que él había arrojado sobre ella en las semanas y
los meses recientes. Su largo silencio no era un buen presagio.

14

Las cartas de Kafka a Felice eran bastante explícitas acerca de sus miedos y aprensiones al aproximarse la realidad del matrimonio, pero en su diario privado redactó un formidable "Sumario de todos los argumentos a favor y en contra de mi matrimonio", en el cual decididamente prevalecían los "no", y que terminaba con la desesperada exclamación: "*¡Qué criatura miserable soy!*" El primer argumento a favor del matrimonio era "incapacidad para soportar la vida solo... Soy incapaz de soportar solo el asalto de mi propia vida". El matrimonio podía "darle a mi vida más fuerza para resistir". Pero fuera de eso, todas sus impresiones sobre el estado matrimonial eran negativas; por ejemplo, "ver las camisas de dormir sobre la cama de mis padres, preparadas para la noche", y además, todo lo que había realizado hasta ahora, ¿no era acaso "el resultado de la soledad"? Asimismo, detestaba "todo lo que no se relacione con la literatura", y no podía soportar la idea de convertirse en un animal social, un hombre de familia y, sobre todo, un conversador: "Las conversaciones le quitan importancia, seriedad, verdad a todo lo que pienso". Por último, existía simplemente el terror de "convertirse en el otro", después de lo cual "nunca volveré a estar solo". Admitía que en presencia de sus hermanas (no de su madre o de su padre) había podido florecer. Un par de semanas atrás había observado el "fervor" con que le contó una película cómica a Ottla en el transcurso de una de las conversaciones especiales que solían tener en el cuarto de baño del apartamento de la Niklasstrasse, a resguardo del oído de sus padres. Ese hecho lo había hecho preguntarse por qué nunca podía hacer lo mismo en presencia de extraños. Quizás el matrimonio pudiera estimular ese aspecto ingenioso que tenía. Pero ¿no lo haría en detrimento de su escritura? "¡Eso no, eso no!" Y por último, podía concebir la posibilidad de renunciar al trabajo si permanecía soltero, pero eso sería imposible si se casaba. De los siete cargos redactados en contra del matrimonio, sólo uno tenía alguna posibilidad contra el abogado de la acusación: el temor de que, solo, no podría soportar "las exigencias de mi propia persona, los embates del tiempo y de la vejez, la incierta presión del deseo de escribir, el insomnio, la proximidad de la locura".

Sin embargo, a pesar de esta evaluación, menos de una semana después Kafka le estaba escribiendo a Felice para decirle "nos pertenecemos y estaremos juntos". Le dijo que soñaba con ella todas las noches, y que quería que su padre fuera a Berlín para ver al padre de ella, con la intención de fijar la fecha de la boda para mayo. Mencionó como al pasar que el médico había descartado aquellos temores sobre su condición física que antes parecían un potencial obstáculo para el matrimonio. Reveló que le había contado sus problemas a su tío Alfred Löwy de Madrid, y que al hacerlo había notado que la carta a su tío se parecía a *La condena*. El tío Alfred sacó conclusiones con demasiada prisa y le envió a la pareja un prematuro telegrama de felicitaciones.

Una posibilidad de encontrarse en Praga cuando Felice estuviera allí en viaje de negocios fracasó, y Kafka anunció que en septiembre iría a pasar una temporada al sanatorio de Riva. Exteriormente, parecía decidido a preparar la futura boda para mayo, pero cada vez se sentía más frustrado por la tardanza de Felice en contestar sus cartas y por su reserva emocional. No lo había impresionado el análisis de su letra, realizado por un grafólogo a pedido de Felice durante sus vacaciones en Westerland, que había encontrado en Kafka "intereses artísticos". Eso era ridículo: "No tengo intereses literarios, sino que estoy hecho de literatura, no soy otra cosa, y no puedo ser otra cosa".

Una curiosa entrada en el diario de Kafka de esa época dice: "El coito como castigo por la felicidad de estar juntos. Vivir tan ascéticamente como sea posible, más ascéticamente que un soltero: esa es para mí la única forma de soportar el matrimonio. Pero ¿y ella?". No es probable que Felice y él hubieran tenido relaciones sexuales hasta ese momento. Habían estado juntos poco tiempo, sólo en tres oportunidades, en circunstancias específicas. No se sabe nada de la historia de Felice, pero Kafka ciertamente tenía experiencia sexual. El significado de esta entrada, su alusión a que las relaciones sexuales entre ellos pudieran constituir un problema, no está muy clara, y sólo es un agregado al carácter extraño de toda esa relación. Él también parecía creer que en cierto modo ahora era responsable por Felice, por haberla llevado tan lejos y haberla empujado a un "callejón sin salida": era para él "un deber ineludible" llevar las cosas hasta el final. Y así, a pesar de los esporádicos pensamientos suicidas y una sincera declaración de su madre en el sentido de que no lo entendía, Kafka persistió, y descubrió "posibilidades en mi decisión y convicción cada vez más grandes, que pueden permitirme pasar la prueba del matrimonio... y llevarlo en una dirección favorable a mi desarrollo".

Aparentemente por primera vez, leyó a Kierkegaard en una antología de sus escritos. Como Kleist, éste es otro escritor cuyo caso "es muy similar al mío... Me confirma como un amigo". Kafka se refería a la lucha de Kierkegaard por casarse con Regine Olsen, que terminó con la decisión de romper el compromiso porque el matrimonio no era compatible con su vocación de escritor y pensador. Kafka le envió a Felice un libro de otro de sus autores favoritos, Flaubert –no decía cuál, pero como dijimos antes, *L'Éducation sentimentale* era el que prefería–, con estas palabras: "¡Qué vida hay en este libro! Si uno se aferra a ella, esta vida se infiltra dentro de uno, quienquiera que uno sea". Le decía que escribir era más importante para él que hablar, y que la vida que le esperaba a ella no era la de las parejas felices que podía ver paseando por Westerland, sino "una vida monástica junto a un hombre malhumorado, miserable, silencioso, descontento y enfermizo", y "encadenado a la invisible literatura con cadenas invisibles", que chilla cuando se le acercan porque, según dice, alguien está tocando sus cadenas. Una vez más, se le pedía a la "literatura" que desempeñara un papel para el que seguramente nunca estuvo destinada. Kafka reprendió a Felice por haberse referido con inaceptable indiferencia a su "afición a escribir" (*ein Hang zum Schreiben*). "No una afición por escribir, querida Felice, no una afición, sino mi ser total". Le advirtió que vivir con él sería como vivir con un monje que sólo podía ofrecerle estar juntos una hora por día, lejos de su escritura.

De manera increíble –aunque quizá creíble, dada la extraña vida a medias que llevaba Kafka en el seno de su familia– sólo el 24 de agosto Kafka le dijo las primeras palabras sobre Felice a su padre. Como le había explicado a Felice, Hermann era "mi enemigo", pero al mismo tiempo "mi admiración hacia él como hombre quizá sea tan fuerte como el miedo que le tengo". Como siempre, Kafka se veía forzado a admirar la robusta fuerza y el vigor de su padre. Hermann, que había sido interrumpido mientras jugaba su acostumbrada partida de naipes de sobremesa con Julie, dio su socarrona opinión de comerciante –que el casamiento era económicamente ridículo– y rápidamente ofreció ir a Berlín a decirlo. Si sus "irrefutables objeciones" eran ignoradas en Berlín, entonces se mantendría apartado. No quería verse obligado a preocuparse por la carga financiera de Franz y Felice, además de sus dos yernos, que no le caían demasiado bien. Franz, que no tenía mucho talento para las finanzas, solía tomar en serio los consejos de su padre en ese aspecto. En cuanto a Julie, le rogó a su hijo que se casara, quizá porque temía que esa fuera la única oportunidad para el soltero de treinta años.

Kafka decidió escribirle a Carl Bauer, el padre de Felice. Fue una carta extraordinaria por su franqueza y su resuelta determinación de describir su incompetencia. Subrayó que "todo mi ser está dirigido a la literatura", que había seguido esa dirección "de manera inquebrantable hasta mis treinta años, y si la abandono, dejaré de vivir". En un primer borrador, había hecho su famosa afirmación de que su única vocación era la literatura: "No soy más que literatura [*ich nichts anderes bin als Literatur*]... y no puedo ni quiero ser otra cosa". Ahora le decía a Carl Bauer que era "taciturno, insociable, hosco, egoísta, hipocondríaco, y de hecho, de salud frágil", y en un singular ataque de grandilocuencia, dijo que eso no era más que "el reflejo terrenal de una necesidad más elevada". Su vida de familia era prácticamente inexistente: "En los últimos años, difícilmente intercambié con mi madre más de veinte palabras por día, y con mi padre, apenas más que un saludo diario... ¿Podrá su hija, cuya saludable naturaleza la destina a una feliz vida matrimonial, vivir con esta clase de hombre?". Para cualquier padre que defendiera los mejores intereses de su hija, esa pregunta podía contestarse muy fácilmente. Kafka también volvió a sugerir que podía ser "una relación de amor y amistad, más que un verdadero matrimonio", retomando su anterior comentario a Felice sobre vivir "ascéticamente".

Al parecer, Kafka le envió esta carta a Felice, quien no se la entregó enseguida al padre y, en realidad, quizá no se la haya dado nunca. Sin embargo, si su madre había estado leyendo las cartas de Kafka, difícilmente se haya podido mantener la confidencialidad. Hayan conocido o no el contenido de la carta, lo cierto es que los Bauer dieron su consentimiento para la boda. Quizás estuvieran ansiosos de que Felice se casara (ya tenía veintiséis años) y es posible que su hija los hubiera convencido de que no tomaran en cuenta las exageradas autoflagelaciones de Franz. La sospecha de que Kafka pudo haber subido deliberadamente la apuesta para liberarse, se ve reforzada por su reacción ante la "querida carta suicida" de Felice que siguió a la carta de Kafka a Herr Bauer: "suicida", porque en esa carta ella aceptaba casarse con él. Kafka le imploró –justo en ese momento– que "lo empujara a un lado; cualquier otra cosa significaría la ruina para ambos". Unos días después, él todavía se encontraba en un estado de gran ansiedad y autorreproche: "Esta es la ley que gobierna a todas las criaturas débiles, que insisten en la expiación extrema y las extremas medidas radicales [acababa de contarle a ella una fantasía de un castigo bastante duro]. El deseo de renunciar a la mayor felicidad humana por la escritura está grabado en cada músculo de mi cuerpo. No puedo librarme de ello". En otro famoso pasaje, Kafka se refería a "los cuatro hombres a quienes considero mis verdaderos parientes sanguíneos (sin compararme con ellos ni en fuerza ni en rango): Grillparzer, Dostoievski, Kleist y Flaubert". De estos cuatro, Dostoievski era el único que se había casado, "y quizá Kleist, cuando se vio forzado, por necesidades externas e internas, a pegarse un tiro en el Wannsee, fue el único que encontró la solución correcta".

Kafka se preguntaba si sería mejor encontrarse con Felice en Dresden o en Berlín, pero ahora debía ir con su jefe a un Congreso Internacional de Primeros Auxilios e Higiene en Viena. Después, planeaba ir a un sanatorio en Riva. Le sugirió a Felice que usara ese imprevisto período de calma para "recuperar tu paz espiritual". Él dejaría de escribirle y sólo le enviaría de vez en cuando algunas entradas de su diario. No se volvió a hablar de un casamiento en mayo.

El 6 de septiembre, Kafka viajó con su director Robert Marschner, su jefe inmediato, el inspector general Eugen Pfohl, y Otto Pick a Viena, donde todos se hospedaron en el Hotel Matschakerhof. Para Kafka, eso era "por simpatía hacia Grillparzer, que siempre cenaba allí", según W. G. Sebald en *Vértigo* ("Viaje del Dr. K a un sanatorio de Riva"). Sintiéndose miserable, con su salud débil y terribles dolores de cabeza, Kafka intentó hacerse cargo de su desdichada relación amorosa. Al día siguiente le envió a Felice una postal con una foto de la famosa rueda gigante Ferris del Prater de Viena, y se quejó de su "implacable insomnio". Estaba leyendo la vida de Grillparzer de Heinrich Laube, de 1884, y soportaba melancólicamente el tedio de la conferencia, la lluvia torrencial de Viena, el ruido espantoso del ho-

tel y sus sueños inquietantes. Trataba de evitar por todos los medios
cualquier contacto humano, y se sentaba a comer "como un fan-
tasma". Visitó el edificio del Parlamento Imperial del siglo XIX de
Theophil Hansen, pero las atracciones de Viena no podían neutrali-
zar la compañía cada vez más irritante de su compañero, Otto Pick,
y su "necio chismorreo literario". Mientras debatía con Pick, Kafka
reflexionaba que era "imposible llevar la única clase posible de vida, es decir, vivir juntos, cada uno libre, cada uno por su cuenta, no
casarse, ni exteriormente ni en la realidad, simplemente estar juntos,
y de este modo, haber dado el último paso posible más allá de la
amistad entre hombres, hasta el límite que me impongo a mí mismo". Conoció a la prima de Felix Weltsch, Lise Weltsch, fue con Pick
a ver al poeta expresionista austríaco Albert Ehrenstein (1886-1950),
cuyos poemas no entendía, y luego fue a la laguna de las góndolas, a
la galería de tiro de una feria y a un restaurante vegetariano. También
conoció a los escritores Felix Stössinger (1889-1954) y Ernst Weiss
(1884-1940), que eran un poco más simpáticos. El 18 de septiembre,
asistió al II Congreso Sionista, que justamente tenía lugar en la ciudad, pero no le gustó mucho el "permanente tumulto" de los actos.
"No tengo un verdadero contacto" con los sionistas, le dijo a Felice.
A Brod le dijo que era algo "inútil" y "totalmente ajeno a mí". (Sólo
en 1920 Kafka empezó a tomar en serio el sionismo.)

El 14 de septiembre, después de cumplir su tarea, Kafka viajó a
Trieste, y desde allí hizo una pequeña travesía por mar, en medio de
un temporal que le provocó algunas náuseas leves, hasta Venecia,
donde se registró en el Hotel Sandwirth. Desde allí, trató de explicarle a Felice por qué no lograba escribirle al padre de ella: "Estoy
aquí solo, casi no hablo con nadie salvo con el personal del hotel,
desbordo de infelicidad, y sin embargo creo que esta condición es
apropiada para mí, que me es asignada por alguna justicia sobrehumana, una condición que no debo transgredir, sino soportar hasta
el fin de mis días". Negó que la razón de su resistencia al matrimonio fuera que implicaba renunciar a gran parte de sí mismo. Era más

bien que "estoy postrado, como un animal al que no se puede atacar... ni siquiera por medio del engaño o la persuasión". Le dijo francamente: "Tendremos que separarnos".

Desde Venecia, viajó a Verona, le escribió otra postal bastante miserable a Felice mientras estaba sentado en la Iglesia de Santa Anastasia, y fue al cine, donde lloró solo en silencio. Desde allí, se dirigió a Desenzano, en el lago Garda, donde se tendió sobre el pasto y se sintió "vacío e inútil en cada rincón de mi ser... como una enorme piedra en cuyo centro tiembla un alma pequeñita", y de allí, fue en barco a Riva, y fue admitido en el sanatorio y centro de hidroterapia del doctor von Hartungen, desde el 22 de septiembre hasta el 13 de octubre (su llegada en barco está representada en "El cazador Graco", que empezó aproximadamente en esa época). Era la segunda visita de Kafka a Riva (que en ese tiempo era todavía una posesión austríaca), pero la primera al sanatorio. Éste ofrecía el programa habitual: terapias de aire fresco y de agua, sesenta habitaciones y una colonia de veinte "cabañas de aire" (*Lufthütten*). Insomne, proclive a los dolores de cabeza, generalmente exhausto, la debilidad física de Kafka al llegar a Riva estaba a la altura de su condición espiritual. No le envió cartas a Felice desde la clínica: por lo visto, había hablado en serio al decir que debían separarse. Disfrutaba la soledad de su *Lufthütte* junto al lago, aunque era una "choza miserable", y gozaba tomando sol sobre el trampolín que se proyectaba sobre el lago. Iba a nadar todos los días al lago Garda, y su salud pronto empezó a mejorar. En la mesa, se sentaba entre un viejo general, Ludwig von Koch (que una mañana no se presentó a desayunar: se había pegado un tiro), y "una muchacha suiza de aspecto italiano" y voz suave.

Se trataba de Gerti Wasner, que en realidad no era suiza, sino de Lübeck. Más adelante, Kafka decidió que éste había sido un episodio muy importante para él: "Por primera vez, entendí a una muchacha cristiana y viví casi completamente en la esfera de su influencia". Lo conmovía su entusiasmo cuando escuchaba sus historias, y le hubiese gustado poder escribir alguna para ella (seguía sin escribir nada).

De noche, se comunicaban en un lenguaje de golpecitos en el cielo raso, se hablaban desde sus ventanas, y una vez Kafka recogió una cinta que ella dejó caer. Solía yacer despierto escuchándola cantar antes de dormir. Nada de esto le impedía especular con que otra paciente del sanatorio, una joven rusa que solía adivinar la suerte de las personas a través de las cartas, lo dejara entrar alguna vez de noche a su habitación (su cuarto se hallaba en diagonal al suyo, y Kafka sentía que lo que él imaginaba podía suceder fácilmente). Gerti se fue de la clínica antes que él, en barco: "Demasiado tarde. La dulzura de la pena y el amor. Que me sonriera en el bote. Eso era lo más hermoso de todo. Siempre sólo el deseo de morir y el no-rendirse-aún: sólo eso es amor". Unos pocos días, unas pocas líneas, produjeron en él una sensación de alegría de amor más genuina que toda la montaña de cartas que le había escrito a Felice.

El concepto del matrimonio, como algo opuesto al coqueteo fugaz, seguía siendo tan incómodo como siempre: "La idea de un viaje de luna de miel me llena de horror. Todas las parejas en luna de miel, me ponga o no en su lugar, son un espectáculo repugnante para mí, y cuando quiero darme asco, sólo tengo que imaginarme rodeando con mi brazo la cintura de una mujer". Estos comentarios han sido considerados a veces como una prueba de una homosexualidad reprimida de Kafka, pero se los puede contrarrestar con muchas evidencias en contrario, como el casi contemporáneo comentario de su diario sobre los "placeres" del dormitorio de la mujer rusa, que se había perdido por el coqueteo con Gerti. También le había escrito a Felice, desde Venecia, que al ver a las parejas en luna de miel había pensado que "soy capaz de disfrutar viendo las relaciones humanas, pero no de experimentarlas". Dicho de otro modo, lo que lo entristecía era la sensación de fracaso, de exclusión de una vida matrimonial normal, más que un disgustado repliegue sexual ante su realidad.

Algunos fragmentos de su diario (eliminados por Max Brod, pero ahora restaurados en la edición crítica) muestran que Kafka tenía por lo menos conciencia de la sexualidad de otros hombres. En 1912, en la clínica Jungborn, Kafka se refiere a "dos hermosos jóvenes suecos con largas piernas, con una forma y una postura tales que uno podría realmente acariciarlas con la lengua". Algunos críticos, que toman estos comentarios al pie de la letra, señalan "una discrepancia entre las relaciones heterosexuales 'repugnantes' y 'parecidas a las de los animales' por un lado, y las fantasías tentadoras y erotizadas sobre hombres vigorosos, por el otro". También en este contexto, se cita frecuentemente un comentario de Kafka (que en esa época había estado leyendo la obra del freudiano Otto Gross): "en un sueño reciente, le di un beso a Werfel". Si esto hubiera sido la expresión de un deseo homoerótico, probablemente no habría hecho el comentario tan despreocupadamente en una carta a Brod, y no existen otras pruebas que corroboren esa suposición. Mucho más interesante es el hecho de que Kafka hubiera estado expuesto a ciertas tendencias de la cultura alemana de principios del siglo XX, como la de asociarse a un grupo masculino –el *Männerbund*– y al movimiento Wandervogel. En 1899, Adolf Brand fundó el primer diario gay del mundo, *Der Eigene*, que celebraba la "cultura varonil" como un fenómeno específicamente alemán, o "greco-alemán", y era antifeminista y antijudío. Su supuesto fundamental –que una cultura saludable era esencialmente masculina, aristocrática y racista– era la clase de tontería protonazi que Kafka habría desaprobado, ya que él era partidario de una salud personal basada en el ejercicio, la dieta y la "reforma de la vestimenta", rayana en lo extravagante.

Kafka conocía también los escritos de Hans Blüher, el primer historiador del movimiento Wandervogel, y sus teorías de la "sociedad masculina" y el papel del homoerotismo en la formación del Estado. (Es difícil no disociar las reacciones ante las fotografías de hombres desnudos concentrados en filas apretadas, haciendo los ejercicios prescriptos, de algunos folletos publicitarios de la clínica en la que estaba Kafka, de las provocadas por las imágenes de la propaganda nazi.) Algunas de las primeras amistades masculinas esteticistas de Kafka (con Oskar Pollak, Franz Werfel e incluso Yitzhak Löwy, aunque eso jamás fue sugerido con respecto a su mejor amigo, Max Brod), pueden haber contenido cierto "entusiasmo", pero la idea de que Kafka haya sido un homosexual activo (o reprimido), o un misógino que odiara la sexualidad heterosexual, no es convincente. La dificultad que tenía Kafka con respecto al matrimonio era de otro orden, y cuando tenía problemas en sus relaciones sentimentales, siempre buscaba comprensión y apoyo en las mujeres.

Pero esa dificultad era real. Kafka le dijo a Brod que aunque "todo había terminado", y ya no le escribía a Felice, "sin embargo, sin embargo, no me puedo liberar". Después de repetir su mantra "no puedo vivir con ella, ni tampoco sin ella", añadió: "Deberían mandarme al desierto". A Felix Weltsch le aseguró: "Las cosas no van a mejorar, las cosas nunca mejorarán para mí". Kafka regresó a Praga a mediados de octubre, sin haber sacado todavía a Felice de su esquema mental. El 29 de octubre, dio por terminado su silencio de seis semanas y le escribió. Le habló de "aquel día en Desenzano", cuando sintió que la relación realmente se había acabado, que necesitaba alejarse si ella no lo rechazaba. Empezó a decir que la vida de familia –de su propia familia disfuncional, la perspectiva de involucrarse con la de ella, el desafío de establecer una familia propia– era lo que lo había hecho reflexionar, le había hecho sentir que quizá pudiera "compartir los placeres, pero nunca la vida de los otros", por mucho que se esforzara. Sería falso simular que podía insertarse con toda felicidad en la familia Bauer y, para él, "vivir juntos permanentemente sin mentiras es tan imposible como hacerlo sin verdad". No obstante –a pesar de sus seis semanas de silencio, a pesar de Gerti y la mujer rusa, a pesar del eterno tormento–, todavía lo dominaba "un anhelo de ti". Sólo él, dijo, era el culpable de "la desesperación en la que nos hallamos", y todas las cartas que ella le había mandado significaban "una expresión de asombro de que pueda existir un hombre como yo". Felice le había dicho una cantidad de cosas –que el amor de su madre por ella sería transferido a Kafka, que el resultado neto de las deliberaciones entre sus padres sobre los pros y los contras de su matrimonio era que sería percibido como un matrimonio por amor–, pero seguramente nada de eso podía ser cierto, insistía Kafka, si ella pensaba que él sería un marido normal.

Y ahora entra en la historia otra mujer. Grete Bloch, otra joven ejecutiva del negocio de máquinas para oficina, fue enviada por Felice desde Berlín para ser su intermediaria ante Kafka. Grete y Kafka probablemente se conocieron a fines de octubre. El aspecto más extraordinario de este encuentro fue que Grete, mucho después de la muerte de Kafka (en una carta a un amigo en Palestina, Wolfgang Schocken, escrita el 21 de abril de 1940), aseguró haber dado a luz en 1914 a un hijo ilegítimo, que había muerto siete años más tarde en Munich. Los amigos de Grete recibieron esa afirmación con incredulidad, y la posteridad hizo lo mismo. En la correspondencia con ella no hay nada que sugiera tal nivel de intimidad con Kafka, aunque el tono de las cartas fue cambiando durante el año en que se escribieron. Difícilmente un hijo hubiera podido guardarse como un secreto ante Felice: ella nunca lo menciona, y no existe ningún certificado de defunción emitido en Munich. Por eso, la historia sigue siendo improbable, si no absolutamente inverosímil. Una observación de Kafka a Felice, hecha el 31 de agosto de 1916, sobre cierto peso que soportaba Grete es lo más cercano a una pizca de evidencia de la existencia de un hijo. En cuanto a Grete, murió en Auschwitz en 1944.

Kafka aceptó encontrarse con Grete en Praga, después de advertirle que, en su caso, era difícil que una discusión aclarara las cosas, y que probablemente tuviera el efecto contrario. Él esperaba ver a una "vieja solterona", pero quedó desconcertado al descubrir a "una muchacha delgada, joven, indudablemente algo extraña", que, lejos de ser una antigua amiga de confianza, hacía sólo seis meses que conocía a Felice, y le hizo sentir a él que había dicho más de lo que debía. Se encontraron en una cafetería varias veces –Grete se hospedaba en el Hotel Schwarze Ross– y al parecer, visitaron el Kunstgewerbe Museum. Luego, por sugerencia de Grete o por iniciativa propia, Kafka decidió que debía volver a viajar a Berlín. Sabía que debía hacerlo, pero no tenía demasiadas esperanzas, ya que los encuentros anteriores sólo habían servido para aumentar las dudas de Felice.

De modo que el sábado 8 de noviembre se registró en el Askanischer Hof de Berlín por una noche. Como siempre, su viaje tuvo inconvenientes. Felice no había contestado la carta de Kafka en la que le anunciaba su llegada al hotel a las 10.30 de la noche del sábado, y no había ido a esperarlo a la estación ni al hotel. El domingo a la mañana, a las 8.30, él le envió un mensajero en bicicleta (estaba preocupado porque debía tomar el tren de regreso a Praga a las 4.30 de la tarde), y Felice respondió por el mismo medio que lo llamaría por teléfono en quince minutos. Finalmente tuvo noticias de ella a las 10 de la mañana (su incapacidad para usar el teléfono sigue siendo un misterio). Fueron a caminar al Jardín Zoológico, pero tuvieron que interrumpir el paseo a mediodía porque Felice tenía que ir a un funeral. Kafka almorzó, y luego volvió apresuradamente al hotel para esperar su llamado. Éste no llegó. Deprimido, sentado en el hotel mirando la lluvia, Kafka decidió telefonear al escritor Ernst Weiss, que vivía en Schöneberg, pero a las 2.45 cortó para no perder el llamado de ella. Otra vez, el llamado no llegó. Hizo sus maletas, dio vueltas por el hall todo el tiempo que pudo, y a las 4 salió para tomar su tren. No vio a Felice ni tuvo noticias de ella. Una vez más se sintió excluido y humillado. Se fue de Berlín "como quien no tiene derecho a estar allí".

Ni Kafka ni Felice se escribieron sobre este episodio, pero Kafka le confió a su diario: "Camino a propósito por las calles donde hay prostitutas. Pasar junto a ellas me excita... Esta incertidumbre surge seguramente de pensar en F". También le escribió a Grete, ya que había establecido un contacto fluido con ella. A ella, y no a Felice, le contó los pormenores de la mudanza de la familia Kafka de la Niklasstrasse (donde habían vivido seis años) a un apartamento de seis ambientes en el edificio llamado Oppelthaus, frente a la pla-

za de la Ciudad Vieja, otra de esas lujosas construcciones levanta-
das sobre las ruinas del erradicado antiguo gueto judío. El nuevo
apartamento tenía una vista excelente, le contó a Grete: "Justo frente
a mi ventana en el cuarto o quinto piso, está la enorme cúpula de la
iglesia rusa con sus dos torres, y entre la cúpula y el edificio de apartamentos vecino, una vista lejana del Laurenziberg [Monte Petřín]
con una pequeña iglesia. A mi izquierda, puedo ver el Ayuntamiento con su gran torre que se alza nítida y ofrece una perspectiva que
quizá nadie haya contemplado nunca verdaderamente".

Aunque solía afirmar que no era "nada más que literatura", y a
pesar de las discretas y respetuosas críticas que había recibido por
"El fogonero", publicado en mayo, Kafka no había producido ninguna obra literaria seria desde febrero, y no lo haría hasta julio de 1914.
La angustia por su relación con Felice y la enorme cantidad de palabras que le había escrito casi diariamente a altas horas de la noche y primeras de la mañana, habían hecho cesar toda escritura creativa sostenida. Se sentía privado de confianza: "Todo me parece una
construcción artificial de la mente... Tengo más incertidumbre que
nunca, sólo siento el poder de la vida. Y estoy absurdamente vacío".
Ni siquiera una carta de Löwy, en la que le decía lo bueno que Kafka
había sido con él, pudo sacarlo de ese pozo de desaliento. En su respuesta decía que se encontraba "en una gran confusión, y trabajo
sin que yo ni nadie saque ningún provecho de ello". Sólo el cine pareció ofrecerle alguna diversión satisfactoria al empezar el invierno.
Se había "entretenido tremendamente" con un filme llamado *Lolotte*.
No tuvo demasiado éxito con su lectura en el centro Toynbee de Praga de la primera parte del *Michael Kohlhaas* de Kleist. Aunque esa
novela era una de las piezas en prosa favoritas de Kafka, consideró
que la leyó "en una forma desacertada, incorrecta y descuidada".
Normalmente disfrutaba de leer en voz alta, y todo el día había estado temblando de impaciencia por hacerlo.

Siempre sin noticias de Felice, sin recibir respuesta a cuatro cartas que le había mandado, le preguntó por ella a Grete. A fines de di-

ciembre le escribió directamente a Felice, reprochándole su silencio, y le dijo: "A la menor palabra tuya, le habría escrito a tus padres de inmediato". Apenas había terminado su carta cuando finalmente llegó una de ella. Contenía lo que Kafka describió como el "terrible" comentario: "El matrimonio significaría que cada uno de nosotros tendría que sacrificar mucho; no tratemos de establecer de qué lado sería mayor el peso [*Mehrgewicht*]. Es mucho, para cada uno de nosotros". Después de haber bombardeado a Felice con tantas razones por las cuales el matrimonio sería difícil para él, Kafka no podía objetar –pero era precisamente lo que estaba haciendo– que Felice también señalara los eventuales costos que tendría para ella. Intentó un nuevo giro: dijo que ella se equivocaba al pensar que él se resistía a casarse con ella por "la idea de que al conseguirte a ti ganaría menos de lo que perdería renunciando a mi vida solitaria". Se trataba más bien del hecho de que el "aislamiento completo" era una "obligación" para él. Todo eso habría cambiado ahora, ya que él reconocía el hecho de que "no puedo vivir sin ti... no para encontrar consuelo, no para mi propia gratificación, sino para que vivas conmigo aquí como un ser humano independiente". Ella no conocía una entrada anterior del diario de Kafka, en la que exponía su ideal imposible: "En mí, por mí mismo, sin relaciones humanas, no hay mentiras visibles. El círculo limitado es puro [*Der begrenzte Kreis ist rein*]".

Y entonces, como un último golpe de sorprendente franqueza para clausurar el largo y difícil año 1913, Kafka le anunció súbitamente que en Riva había estado enamorado de Gerti Wasner, "una muchacha, una niña, de unos 18 años... todavía inmadura pero notable, y a pesar de su enfermedad, una verdadera persona con gran profundidad". Aunque al referirse al hecho de que no era judía ("por sangre, tan ajena a mí como es posible"), Kafka le hacía una ligera concesión a Felice, por otro lado, la confesión fue despiadada con sus sentimientos: "Fuimos importantes el uno para el otro, y tuve que hacer todo lo necesario para que no rompiera a llorar delante de todos cuando nos despedimos, y en gran medida yo sentía lo mismo". Le aseguró que "por paradójico que parezca", esa relación "me ayudó a aclarar mis sentimientos hacia ti". No se sabe si Felice compartió esta cruda lógica de Kafka. Cuando reanudaron su correspondencia en el nuevo año, no mencionaron nunca más a Gerti. La lucha continuaba.

15

Ahora Kafka había entrado en una nueva fase de sus relaciones con Felice, al tomar conciencia, tardíamente, de que él no era el único que hacía cálculos sobre las posibles pérdidas y ganancias en el proyectado matrimonio. Por su lado, temía la intromisión de otro en su soledad creativa, que percibía como una amenaza contra lo que, según él, constituía su verdadero ser: la literatura. Se podría señalar al pasar que, a pesar de que invocaba constantemente a esta deidad personal, había escrito muy poca *Literatur* en comparación con sus cuatro modelos –Grillparzer, Dostoievski, Kleist y Flaubert–, a la edad de treinta años. Kafka había publicado una breve colección de textos en prosa (*Betrachtung*), cuatro textos cortos para revistas, un relato breve (*La condena*) y el primer capítulo ("El fogonero") de lo que sería el póstumo *El desaparecido*. Además, no había escrito nada realmente sustancial en alrededor de un año. Incluso estando libre de la distracción del matrimonio, Kafka tenía dificultades para concretar su potencial como escritor.

Al escribirle a Felice el día de Año Nuevo de 1914, Kafka le dijo que era la primera vez que hablaba de las pérdidas que *ella* sufriría al dejar Berlín y casarse con él. Pero a continuación añadió, en forma un poco temeraria, que "precisamente de eso estuve tratando de convencerte durante todo un año". Ir a vivir con él a Praga significaría el final de su exitosa carrera en los negocios. Él le pronosticó que la ciudad le parecería nada más que "una ciudad de provincia con un lenguaje que no te es familiar", y que al entrar a la casa inevitablemente pequeñoburguesa de "un empleado, que ni siquiera alcanzó todavía una posición importante, no te faltarán preocupaciones... y en vez de una vida social, y en vez de tu familia, tendrías un marido que demasiado a menudo.... está melancólico y silencioso, y cuya infrecuente felicidad personal se basa sólo en una ocupación que, como ocupación, inevitablemente seguiría siendo ajena a ti". A Kafka no le gustaba el ahora más afianzado concepto de Felice de un "peso excesivo", la idea de que existirían pérdidas desproporcionadas si se casaban. Aseguró que para él nunca había sido una cuestión de "pérdida", y que "te amo tanto que habría querido casarme contigo incluso si tú hubieras dicho con absoluta claridad que tenías aunque fuera el más leve cariño hacia mí". Dijo enfáticamente que la única clase de matrimonio que quería era una unión entre iguales, en el que no hubiera ninguna clase de pérdida para ninguno de los dos. De manera que la desafió a elegir entre abandonar la idea de su casamiento o tener confianza en él. Felice le había dicho que él debería "vivir más en el mundo real", y "tomar las cosas como vienen", una clara indicación de que no era ciega ante sus defectos. Kafka contestó que ella tenía que tomar a las personas como eran, como un todo: "Te amo, Felice, con todo lo que es bueno en mí como ser humano, con todo lo que me hace digno de estar entre los vivos".

En medio de sus problemas personales, Kafka se refugiaba leyendo la vida de Goethe y *Vivencia y poesía* (*Das Erlebnis und die Dichtung*) de Wilhelm Dilthey. Y de pronto –no está claro qué lo movió a hacerlo, aunque probablemente fuera una respuesta a una exhortación demasiado entusiasta de Brod sobre el sionismo– escribió en su diario una observación frecuentemente citada: "¿Qué tengo yo en común con los judíos? Casi no tengo nada en común conmigo mismo, y debería quedarme muy quieto en un rincón, contento de poder respirar". Dada la permanente exploración de Kafka de su condición judía, y su reconexión con ella, especialmente desde su encuentro con los Ostjuden en 1911, difícilmente pueda tomarse esto al pie de la letra como un rechazo a su herencia. Corresponde más a la naturaleza del anhelo de un escritor por conseguir un espacio para sí mismo, para pensar y crear libremente más allá de las restricciones y las lealtades particulares, y se asemeja a los objetivos declarados por su casi exacto contemporáneo James Joyce, articulado por uno de sus personajes en *Retrato de un artista adolescente* (1916), de volar por encima de las redes del lenguaje, la religión y la nacionalidad. Pero Kafka nunca eligió (es tentador imaginar qué hubiera pasado si lo hacía) el camino de Joyce de "exilio y astucia", y se quedó encallado en Praga, sin emprender nunca el vuelo de Ícaro. (Cuando Kafka llegó a Trieste en septiembre de 1913, Joyce estaba allí enseñando inglés, pero no existe ni la más remota posibilidad de que ninguno de los dos conociera la presencia del otro, y ni siquiera su existencia.) "Hay posibilidades para mí, sin duda; ¿pero debajo de qué piedra se esconden?", se preguntaba a sí mismo.

Esos días sin propósito adquirieron forma y sentido cuando llegaron las pruebas de *La metamorfosis*. Kafka no estuvo tan encantado con el relato al volverlo a mirar: "Un desenlace ilegible. Imperfecto casi hasta su misma médula. Habría resultado mucho mejor si no me hubiera interrumpido en aquel momento el viaje del trabajo". Además, a pesar de su sentido de aislamiento, el mundo de las letras lo conocía, y por esa época el gran novelista austríaco Robert Musil se acercó a él para pedirle que colaborara en una revista literaria que estaba lanzando. Kafka se enojó con Brod por haberle dado su dirección a Musil y rechazó la oferta.

Al salir una mañana del ascensor del Oppelthaus, Kafka se sintió conmocionado por el hecho de que su vida "se parecía a ese castigo en el que un alumno debe escribir diez veces, cien veces, la misma absurda frase, de acuerdo con la gravedad de su falta". Siempre estaba presente la sensación de que era castigado, justa pero inexplicablemente, por algún delito no especificado. Ése es el mundo de *En la colonia penitenciaria* y *El proceso*. Felice seguía haciéndolo sufrir, en parte porque había violado su monopolio de la angustia del

autocastigo, pero también porque no había respondido a su renovado pedido de mano. En las vacaciones navideñas, Kafka había visto
mucho a Ernst Weiss en Praga, y lo envió como mensajero a Berlín,
para que se encontrara con Felice, con instrucciones de informarle
a su regreso sobre su apariencia y su comportamiento. Weiss lo hizo, pero ella siguió sin escribir. Hasta cierto punto, Kafka desplazó
una parte de su ansiedad hacia Grete Bloch, que se convirtió en su
corresponsal sustituta. Como en las primeras cartas a Felice, la inun-
dó de preguntas detalladas sobre su vida. Pero cuando Felice finalmente rompió el silencio con una postal enviada en los primeros
días de febrero, "fue otra vez como el primer día". Casi se desmayó
de alegría, hasta el punto de que se le cayó la manzana que estaba
comiendo. Sin embargo, todavía lo atormentaba la expresión "peso
excesivo", que siguió citándole repetidamente, como lo había hecho
al escribirle a Grete Bloch. Felice había escrito la postal desde la estación Anhalt de Berlín, el 8 de febrero. Era muy breve y decía con
estudiada despreocupación: "Uno de estos días, oirás más de mí". Y
añadió: "Tenía que escribir esta postal". Pero cuanto más miraba
Kafka la postal escrita en lápiz, más empezó a dudar de que significa-
cara un progreso en la suerte de su relación. Le dijo a Grete que sólo gracias a la intervención de ella había recibido la postal, y que era
humillante haber tenido que conseguirla de esa manera forzada.
La humillación sería la tónica de la relación de ahí en adelante.

La noticia de que su amigo Felix Weltsch se había comprometido
para casarse no sirvió precisamente para levantarle el ánimo a Kafka.
Le dijo a Grete que eso equivalía a "perder un amigo, porque un amigo casado no es un verdadero amigo". La preciosa intimidad de a dos
que Kafka valoraba, sería reemplazada ahora por el imponente rostro
de "una sociedad". Por otro lado, se sentía aliviado de que la "cofra-
día de solteros" de la que habían sido parte Felix y él se hubiera disuel-
to: "Soy libre; estando solo, uno puede ser lo que quiere ser y es". Fue
un poco más sincero en su diario, donde admitió que estaba enojado
con Felix porque se casaba: "Ahora me quedo solo, a menos que F

quiera tenerme, después de todo". Otro amigo, Brod, le dijo a Kafka que la dedicatoria de su nueva novela, *La redención de Tycho Brahe*, sería "A mi amigo Franz Kafka", un gesto que fue "el primer placer completo que había tenido en mucho tiempo... Soy elevado y puesto en el mismo nivel que Tycho, que es tanto más vital que yo".

En realidad, mientras sufría esperando una respuesta de Felice, Kafka estaba tan lejos de sentirse elevado que empezó a abrigar ideas de suicidio. Fantaseaba con la escena: correría hacia el balcón, soltaría todas las manos que quisieran retenerlo y saltaría, después de haber dejado una carta en la que diría "que saltaba por causa de F., pero que incluso si mi propuesta hubiera sido aceptada, para mí no habría cambiado nada esencial. Mi lugar está allá abajo, no puedo encontrar ninguna otra solución. F. es simplemente la persona que puso en evidencia mi destino; no puedo vivir sin ella y debo saltar, aunque —y F. lo sospecha— tampoco podría vivir con ella".

El 27 de febrero, Kafka tomó una decisión. Con inusual espontaneidad, pidió permiso por un día y tomó el tren a Berlín el viernes a la noche, sin estar siquiera seguro de que Felice estuviera allí (otra vez, el teléfono era un recurso demasiado complicado para él). A la mañana siguiente fue a la oficina de Felice y le pidió a la recepcionista que le llevara una nota. Mientras aguardaba, miró el conmutador, "que en mi caso nunca resultó útil". Felice, no demasiado molesta por su sorpresiva llegada, bajó a la recepción, y al mediodía lo llevó a una cafetería cercana, donde pasaron una hora juntos. Regresaron a la oficina, donde él vio su lugar de trabajo, y a la hora de salida pasaron otras dos horas paseando. Esa noche Felice debía ir a un baile por motivos profesionales, pero el domingo a la mañana estuvieron juntos tres horas, caminaron por el Zoológico y fueron a una confitería. Una vez más, ella estaba demasiado ocupada con asuntos familiares como para acompañarlo a la noche a la estación, pero se disculpó por telegrama.

El resultado de ese fin de semana fue que Felice "me quiere bastante", pero no lo suficiente como para casarse con él, pues "tiene temores insuperables sobre un futuro en común; es probable que no pueda soportar mis peculiaridades". Ella le dijo que no hacía las cosas a medias. Él insistió en que incluso si no lo amaba tanto como ella sentía que necesitaba hacerlo, si se arriesgaba a emprender el matrimonio, de todos modos debería darle el "sí", porque "mi amor por ti es bastante grande como para cubrir las insuficiencias". Kafka sabía que siempre había reprimido algunos presentimientos y temores de que Felice no lo quisiera bastante. Incluso se preguntaba si en realidad ella no sentiría "cierta repugnancia hacia mí". Cuando se despidieron en el hall de entrada de la casa de ella, él insistió en abrirle el guante para besar su mano desnuda, pero fue recompensado con "una mueca bastante hostil". Kafka, a su vez, sentía cierto desagrado ante el excesivo trabajo dental que mostraba la boca de su amada. Aparte de estas vacilaciones, Felice no estaba segura de estar preparada para ingresar en la atmósfera de bohemia literaria, y enfrentar la perspectiva de vivir en Praga. Extrañaría a su Berlín y sus hermosos vestidos, y no soportaría los viajes en tren en compartimientos de tercera clase, ni las entradas baratas, ni otras privaciones. Ella era una chica material.

Al mismo tiempo, había sido bastante amable (aunque, como conversadora, no satisfacía del todo a Kafka: en las siete horas que estuvieron juntos, decía, casi nunca terminó una frase). Ella caminó de su brazo, lo tuteó, incluso en presencia de otros, le mostró la foto de él que guardaba en su medallón, le dijo que quería conservar sus cartas y sus fotografías, y que le encantaría que se siguieran escribiendo. Pero ahora el matrimonio era algo absolutamente imposible. Kafka le comunicó su veredicto a Grete en una tarjeta postal garabateada en la estación de Dresden, en su viaje de regreso: "No pudo ser peor. Sólo habría faltado el empalamiento".

Un consuelo en Berlín había sido un segundo encuentro con Martin Buber. Kafka consideraba ese encuentro como "el recuerdo más puro que tengo de Berlín, un recuerdo que muchas veces me sirvió como una especie de refugio". De no ser por eso, toda la expedi-

ción habría sido un desastre. Para evitar un colapso total, se hizo el
firme propósito de que, si no podía casarse con Felice, renuncia-
ría a su cargo en el Instituto (o pediría una licencia prolongada), iría
a Berlín y trataría de vivir allí como periodista literario. El Berlín al
que se habría mudado era el del pintor Ernst Ludwig Kirchner, que
había pintado el famoso *Potsdamer Platz* ese año. "Deben saber
qué significaba Berlín para nosotros, en aquel entonces, en Viena",
había escrito el novelista austríaco Flesch von Brünningen el año anterior. "Para nosotros, Berlín era una gran urbe, loca, licenciosa, anónima, descomunal, futurista. Era literaria y política y artística (*la* ciudad para los pintores). En síntesis: al mismo tiempo una cloaca
infernal y el paraíso". Al no elegir esa frenética metrópoli y permanecer en Praga, Kafka se cerraba otra vía de escape, aunque la idea de
Berlín permaneció en él hasta que, en el último año de su vida, finalmente se mudó allí. Pero por el momento, a comienzos de 1914, se
sentía acosado y necesitaba huir del hecho abrumador de que "estoy completamente perdido por F.".

Kafka intentó poner por escrito toda la magnitud de su dilema:
la forma que eligió fue una especie de diálogo consigo mismo. Durante todo el tiempo que permaneció en Praga, nunca olvidaría a
Felice y, como estaba atrapado en sus rutinas habituales, y tenía "una
tendencia fuera de lo común hacia una vida cómoda y dependiente",
nunca partiría ni se casaría. "Pero tú querías esa clase de vida para ti,
¿no es cierto?". Su respuesta era que una vida de empleado podía ser
provechosa para él si estuviera casado. "Pero no puedo llevar esa clase de vida como soltero". Entonces ¿por qué no se casaba? Porque
"aunque amara mucho a F.", era principalmente "la preocupación
por mi trabajo literario lo que me detenía, porque pensaba que el
matrimonio lo pondría en peligro. Puede ser que tuviera razón, pero en todo caso se destruyó por mi actual vida de soltero. No he escrito nada en un año, ni seré capaz de escribir nada en el futuro; en
mi cabeza existe y permanece una sola idea, y esa idea me carcome".
Kafka agregó que "por mi dependencia, que es por lo menos fomen-

tada por esta clase de vida, me acerco a todas las cosas con vacilación, y no termino nada al primer intento". Esto era indudablemente cierto y, como lo señala Elias Canetti, esa exquisita hesitación es central en la escritura de Kafka: "Una buena parte de su obra consiste en pasos tentativos hacia posibilidades de futuro siempre cambiantes. Él no reconoce un único futuro, sino que hay muchos: esa multiplicidad de futuros lo paraliza y obstaculiza su paso".

Grete Bloch cubrió brevemente el vacío post-Felice en el papel de confidente, al convertirse en la receptora de las cartas que Kafka no podía escribirle a Felice. Él le daba consejos (con un poco de descaro, podría decirse) sobre la vida familiar, la exhortó a volverse vegetariana, le mandó ejemplares de sus relatos recientemente publicados y le sugirió que se mudara de Viena a Praga para resolver sus problemas en el trabajo. Señaló que "aunque nuestras respectivas relaciones con F no pueden eliminarse... al menos ya no constituyen la parte más importante de nuestra propia relación". No sorprende entonces que Felice, que conocía bien a Grete a pesar de que su amistad era reciente, y que pronto la reclutaría para desempeñar un papel especial en este asunto, se hubiera sentido obligada a hacer una observación cortante: "La señorita Bloch parece significar mucho para ti".

Kafka empezó a proponer un encuentro con Grete en Viena o en Praga, sin que, al parecer, experimentara ninguna de las dificultades en hacer los arreglos de viaje que invariablemente lo superaban en relación con Felice. Ahora sentía que tenía que dejar Praga: "No puedo ver cómo Felice se desliza cada vez más de mi mano, ni cómo yo soy cada vez más incapaz de escapar". Además, sentía que si lo hacía "contrarrestaría el mayor daño que me han hecho con el antídoto más fuerte de que dispongo". El empleo y su seguridad no significaban nada para un soltero sin compromisos. En términos prácticos, como abogado austríaco sólo podía trabajar en Praga y en Viena (pero odiaba esta ciudad). De manera que si eliminaba el empleo en Austria, y sin ningún talento para los idiomas, sólo le quedaba Berlín, donde podía intentar escribir, y además, "creo saber definitivamente que de la independencia y la libertad que tendría en Berlín (por miserable que me sintiera en todo lo demás) podría obtener la única sensación de felicidad que todavía soy capaz de experimentar". Sus necesidades eran mínimas –"una habitación y una dieta vegetariana"–, pero, por supuesto, Berlín era el hogar de Felice. "Si estar cerca me ayuda a sacar a F. de mi sangre, mucho mejor, y sería una ventaja adicional de Berlín". Después de responder resueltamente todas las preguntas, el curso de acción de Kafka era claro. Naturalmente, no lo siguió.

Además, Kafka no podía dejar a Felice. Y a pesar de que le había dicho en Berlín que todo había terminado, ella le volvió a escribir a mediados de marzo. Le reveló que había problemas en la familia Bauer, pero también logró revivir con su carta la antigua intensidad del sentimiento entre ellos. Ahora Kafka le hablaba de seguir avanzando, de la necesidad de hablar, de un posible encuentro en Dresden, y le propuso otra visita a Berlín. Verdaderamente, "no podía vivir sin ella". Felice también le escribió a la madre de Kafka, que, al ver la angustia de su hijo ante el silencio de Felice, secretamente le pidió que contestara sus cartas (Kafka, en un estado de total confusión, había escrito a los padres de Felice para preguntarles si estaba enferma). Una vez, Kafka recibió un llamado de Felice en el Instituto, y al oír el sonido de su voz "volvió a apoderarse de mí un apasionado anhelo de verte". Entonces ella escribió para decir: "No permitamos volver a tener discusiones como la del Tiergarden". Pero a Kafka le pareció que su siguiente comentario –"Me dijiste que te conformabas con el amor que siento por ti"– implicaba que ella solamente estaba preparada para sacrificarse por él, y eso era completamente inaceptable.

En forma paralela a este ansioso intercambio de cartas, Kafka le estaba escribiendo más expansivamente (y más íntimamente) a Grete, que dijo estar sorprendida de que él quisiera ir a ver a Felice. Evidentemente, Grete estaba celosa de la obstinada devoción de Kafka por su amiga. Mientras tanto, Felice seguía atormentándose por Kafka.

Le dijo que todavía tenía temores sobre una vida en común con él, pero él replicó que no podía responder a ellos, aunque estuviera junto a ella, como en el Zoológico, "a punto de arrodillarme.... más profundamente humillado que un perro". Una vez más, Kafka utilizaba una metáfora animal para expresar su autodesprecio, su sensación de ser usado y humillado, en forma absurda, una metáfora que con tanta frecuencia aparece en sus historias. Le dijo: "No me conozco del todo a mí mismo". Era consciente de su "inmadurez", de que no entendía su propia naturaleza fluctuante, pero la seguía amando, y todo había cambiado en su vida cuando empezó a contemplar la posibilidad del matrimonio. "Había llegado casi definitivamente a un callejón sin salida. No olvido que fuiste tú quien me lo hizo ver. Nunca en mi vida había tenido señales tan claras que demostraran la absoluta necesidad de tomar una decisión. Debo desprenderme de mi vida actual, casándome contigo, o renunciando al empleo y marchándome". La "decisión" que no le resultaba sencilla a Kafka se revelaba ahora en una solicitud para un empleo "menor" en Berlín, y un intento de empezar a subir "los peldaños inferiores del periodismo". Felice sugirió que debía ir a Berlín a ver a sus padres, aunque sólo después de hablar entre ellos.

Pero a continuación volvió a su silencio, llevando a Kafka a la confusión. Él entendió la ausencia de cartas en el mismo sentido que sus silencios y sus retiradas cuando caminaban juntos por el Jardín Zoológico. Volvió a convertirse en un animal maltratado, los pensamientos de felicidad con Felice se tiñeron de recuerdos del "torpe odio y antagonismo" de ella en el Tiergarten. "Seguramente ningún ser humano habrá sido tan profundamente humillado en manos de otro como yo lo fui en aquella oportunidad en las tuyas, aunque seguramente nadie debe de haber pedido eso más que yo".

El 4 de abril, Kafka consiguió usar el teléfono para hablar con Felice, y le propuso encontrarse en Berlín después de Pascua. Detestaba el aparato, y para usarlo en la oficina tuvo que bajar dos pisos desde su despacho hasta la antesala del presidente del Instituto, donde el que hablaba estaba invariablemente rodeado por una multitud de personas que hacían ruido y reían. "Me pareció que ni siquiera en una conversación telefónica común podría decir nada, por mi absoluta falta de rapidez mental, y mi preocupación por esta ineptitud hace que me sea imposible entender casi nada (no es demasiado diferente cuando hablo frente a frente)". El resultado de esta tecnofobia ("este invento que es nuevo para mí y apenas sé cómo manejar") era que en una llamada de larga distancia Kafka prácticamente no entendía nada, "y en todo caso, no tenía nada para decir". Cuando Felice lo oyó en la línea, pensó que estaba de mal humor, pero lo que en realidad ocurría era que lo había distraído un colega que "me indicó discretamente que tenía que poner la boca, y no los ojos, en el auricular".

Kafka persistió, consciente, sin embargo, de que después de dieciocho meses de intentar encontrarse, todavía estaban separados. Viajó a Berlín el fin de semana del 12-13 de abril de 1914. Mientras estuvo allí, se anunció finalmente el compromiso de Franz Kafka y Felice Bauer. Julie Kafka envió inmediatamente sus felicitaciones a Felice (a la que llamó sin pérdida de tiempo "querida hija") y, al regresar a Praga, Kafka le escribió a su novia que "nunca en toda mi vida di un paso que me dejara tan firmemente convencido de haber hecho lo correcto y absolutamente necesario como cuando nos comprometimos". Añadió: "El hecho de que haya hecho preguntas, y las siga haciendo, no se debe a una necesidad del corazón, sino a un ansia de lógica". La ronda de visitas familiares significó que la pareja apenas si pudo darse un beso, y Kafka sintió que todo el asunto del compromiso era visto por los demás como "una pareja que representaba una comedia". El mismo día le escribió a Grete: "Nuestra relación, que al menos para mí tiene deliciosas y al mismo tiempo indispensables posibilidades, de ninguna manera cambia por mi compromiso o mi casamiento". Pero ella empezó a pedirle que destruyera todas las cartas que le había enviado. Grete comenzaba a tapar sus rastros.

La perspectiva del matrimonio produjo la cancelación de los planes de Kafka de ir a Berlín y trabajar como periodista, pero no el cese de su costumbre de analizar obsesivamente la relación. No le gustaba la madre de Felice, a quien encontraba un poco "siniestra" (quizá fuera recíproco, pensó él, después de que "alardeé, bastante innecesariamente, con mi vegetarianismo"). Le dijo a Felice que "exteriormente, parecemos diametralmente opuestos, así que debemos ser pacientes el uno con el otro, debemos tener una percepción casi sobrehumana... de las necesidades, las verdades y el sentido de pertenencia del otro". Por su parte, Felice pensó que él parecía "terriblemente enfermo" durante su visita a Berlín. Tampoco le contó enseguida todo sobre los difusos problemas de su hermano ni sobre un amigo anterior de Breslau, cuya fotografía estaba colgada en su cuarto. Pero los planes siguieron adelante. Felice dejaría su empleo en agosto, comenzaron a buscar casa, el 21 de abril apareció en el *Berliner Tagblatt* un aviso de compromiso, y Kafka le escribió a su futura suegra (llamándola "Querida mamá") para decirle que, "aunque quizás haya detectado algunos defectos en mí... ninguno de nosotros es perfecto", y ella le estaba entregando su hija "a un hombre que seguramente la ama tanto como usted". También había planes para que los Bauer visitaran Praga.

Kafka miró algunos apartamentos en su ciudad, y encontró uno muy bonito en los suburbios, rodeado de plantas, con tres habitaciones y una terraza. Pero el alquiler era mucho más alto de lo que podían pagar. Además, le explicó a Felice, tenía otro defecto: "Estarías rodeada de checos". Este prejuicio bastante atípico fue probablemente invocado por Kafka para encontrar un defecto que ella pudiera compartir. La diferencia entre ellos –un alemán de Praga y una alemana de una gran ciudad– había sido mencionada algunas veces en su correspondencia, y Felice solía señalarle a Kafka el tema del idioma desconocido. Kafka no quería de ninguna manera que Felice pensara que estaba siendo arrastrada a un ambiente provincial. Había visto un apartamento mucho más barato en la ciudad, detrás del museo, al final de la plaza Wenceslas, pero la descripción que hizo de su sordidez urbana pareció calculada para horrorizar a Felice. Finalmente intervinieron los padres de Kafka y encontraron un lugar, recordándole hasta qué punto su hijo dependía de ellos para los temas prácticos de la vida: "Me pregunto si también me tenderán en mi sepultura, después de haber llevado una vida feliz gracias a sus atenciones".

Pero también esa vivienda resultaba demasiado cara, y a principios de mayo, después de que Felice regresara a Berlín, la pareja se vio obligada a buscar maneras de reducir los costos de la vivienda, que Felice abandonó muy pronto. Un plan era que Grete compartiera el apartamento con ellos. Esta era una solución sorprendente por varias razones, y no era la menos importante que las posibilidades de que Kafka encontrara soledad y silencio seguramente se verían disminuidas de esa manera. Sentado solo ante su escritorio, reconoció ante Felice que era "menos dependiente de ti que cuando estoy contigo", un comentario bastante rudo, que fue seguido por el temor de que "podremos sostenernos fuertemente de las manos ahora, pero la tierra bajo nuestros pies no es firme: sigue sacudiéndose en forma permanente y caótica. A veces no sé si el tenernos firmemente de las manos es suficiente para mantener el equilibrio". La necesidad de Kafka de tranquilizar a Grete diciéndole que "nada ha cambiado" en su relación, implicaba que esa incertidumbre también estaba creciendo en la mente de ella.

En Berlín, el 1º de junio, empezó la organización de la fiesta de compromiso. La madre de Kafka y su hermana Ottla se adelantaron, dejando a Kafka y su padre solos en la casa. Había allí una atmósfera vagamente incómoda, probablemente por la personal falta de entusiasmo de Hermann con respecto a la futura boda. Kafka escribió en su diario esa noche: "Cómo disimulaba Padre cuando yo tocaba a F". El 30 de mayo partió hacia Berlín: "A pesar del insomnio, los dolores de cabeza y las preocupaciones, me siento tal vez mejor que nunca". Sin embargo, sólo cabía esperar que la fiesta de compromi-

so fuera una experiencia horrible para Kafka, porque él era el centro
de atención, y debió someterse al riguroso examen habitual de las
reuniones familiares. Cuando regresó a Praga, escribió en su diario:
"Atado de pies y manos como un criminal. Si me hubieran dejado en
un rincón encadenado con verdaderas cadenas, con policías frente
a mí y me hubieran dejado allí mirando, no podría haber sido peor.
Y eso fue mi compromiso; todos se esforzaban por volverme a la vida, y al no conseguirlo, trataban de soportarme tal cual era. Aunque F. menos que los demás, por supuesto, con toda razón, porque
era la que más sufría".

Kafka regresó de Berlín a Praga con la idea de que "escribir en
Praga no es lo más importante para mí". Había empezado hacía poco a escribir de nuevo, tras un año de inactividad, con la pieza corta
"Tentación en la aldea", que apuntaba a *El castillo*, escrito ocho años
más tarde. En ese preciso momento, sin embargo, "lo más importante para mí es salir de Praga". En una carta a Grete –otra vez, con ella
era emocionalmente más natural y estaba más dispuesto a compartir ideas literarias que con Felice–, Kafka dejó que sus dudas salieran
a la superficie: "A veces –y por el momento eres la única que lo sabe– realmente no sé cómo yo, siendo lo que soy, podría soportar las
responsabilidades del matrimonio". Significativamente, se expresaba
con mayor calidez y fluidez con una mujer que con cualquiera de
su círculo de amigos varones, quienes parecen excluidos de esa fase
de su vida. "Después de todo, tú eres mi consejera sobre temas mayores y menores", le dijo a Grete. A medida que se acercaba la boda,
todas sus ansiedades se agolparon como los "fantasmas" que le describía a Grete, y que siempre lo habían atormentado: "enormes fantasmas huesudos, anónimos en su multitud... Si uno escribía, todos
ellos eran espíritus benévolos; si uno no escribía, eran demonios, y
estaban tan apretujados que todo lo que uno podía hacer era levantar
la mano para revelar su presencia". Nada mejor para ilustrar cómo
Kafka tenía que vivir para escribir, pero también escribir para vivir:
sólo en el momento de escribir, se resolvían todas esas tensiones, y

El padre de Franz Kafka,
Hermann (1852-1931), y su madre,
Julie Löwy (1855-1934).
Ambos murieron después que su hijo.
Archivo Klaus Wagenbach, Berlín.

Kafka a los cinco años.

A los diez años, con sus hermanas:
a la izquierda, Valerie, llamada "Valli"
por su familia (1890-1942), y en el
centro, Gabriele, "Elli" (1889-1941).
Archivo Klaus Wagenbach, Berlín.

Las tres hermanas de Franz. De izquierda a derecha: Valli, Elli y su favorita, Ottilie, fotografiadas alrededor de 1898. *Archivo Klaus Wagenbach, Berlín.*

Kafka y Ottilie, a quien llamaba cariñosamente "Ottla" y era su habitual compañera de armas contra el padre.

Julie Wohryzek (1891-1944) estuvo
comprometida con Kafka en 1919.
El la abandonó por Milena Jesenská.
Archivo Klaus Wagenbach, Berlín.

Minze Eisner (1901-1972), la joven con
quien Kafka estableció una amistad en
Schelesen en el verano de 1919.
Archivo Klaus Wagenbach, Berlín.

Kafka en una divertida fotografía tomada en Viena en 1913, cuando asistió a una conferencia sobre prevención de accidentes. De izquierda a derecha: Kafka, los escritores Albert Ehrenstein y Otto Pick y la sionista Lize Kaznelson. *Archivo Klaus Wagenbach, Berlín.*

Kafka y Felice Bauer en su conocida foto de compromiso de 1917, poco después de la cancelación de su segundo compromiso. El escritor recordaría en su lecho de muerte que Felice "no era hermosa". *Archivo Klaus Wagenbach, Berlín.*

La apasionada escritora y traductora checa Milena Jesenská (1896-1944), con quien el autor de *El castillo* mantuvo un breve pero intenso romance entre 1920 y 1921.

Dora Diamant (1898-1952), la compañera de Kafka durante sus últimos meses de vida.

Durante los primeros meses de 1913, pensó seriamente en dejar su casa (tenía casi treinta años) y alquilar un cuarto. (...) Cuidar de sí mismo se había convertido en una posibilidad cada vez más remota. Es altamente improbable que Franz Kafka supiera hervir un huevo.

Monumento a Kafka en Praga.

Placa conmemorativa en la casa donde Franz Kafka nació el 3 de julio de 1883, en el gueto judío.

La tumba de Kafka y sus padres en el nuevo cementerio judío en Straznice, Praga.
El monumento conmemora a las tres hermanas, que murieron en campos de concentración nazi.

los fantasmas eran desterrados. Como futuro marido, se denominaba a sí mismo "un caso típico", en los siguientes términos:

> Debido a las circunstancias, así como a su propio tempe-
> ramento, un hombre completamente antisocial [gänzlich
> unsozialer Mensch] en un estado de salud indiferente difícil de
> determinar hasta el momento, excluido de toda gran comu-
> nidad espiritual por causa de su judaísmo no-practicante y
> no-sionista (admiro el sionismo y al mismo tiempo me da náu-
> seas); la parte más valiosa de su naturaleza continuamente y
> muy angustiosamente perturbada por la obligada tarea de su
> oficina, un hombre de esta clase, indudablemente bajo la más
> profunda compulsión interior, decide casarse, dicho de otro
> modo, emprender el más social de los actos. Para un hombre
> de esta clase, me parece que no es poca cosa.

La salud de Kafka –o su percepción de su estado de salud– estaba empeorando. No podía dormir bien, estaba irritable y admitía
su "enorme hipocondría". Le dijo a Grete: "Si fuera más saludable y
más fuerte, habría superado todas las dificultades, habría dejado la
oficina hace mucho tiempo, estaría completamente seguro de F y seguro de todo el mundo". Su estado de salud era estratégico: era con-
vocado como un aliado cuyas fuerzas auxiliares pronto serían reque-
ridas. Pero todavía seguía diciéndose que estaba haciendo lo
correcto: "Convencido de que necesito a F".

Pero esta convicción no era compartida. La confidente más
cercana de Kafka en ese tiempo, Grete –por celos o, lo más probable, por su opinión sobre la falta de cordura de esa unión–, había
empezado a trabajar en contra de la boda, y con cierta justificación.
En las cartas que Kafka le había escrito sobre sus dudas, la evidencia era cada vez mayor. A principios de julio, Kafka planeó ir otra
vez a Berlín. No podía imaginar lo que le esperaba allí. Estaba claro que las aprensiones y los temores de Grete sobre Kafka como

marido para su amiga iban en aumento. Él le había escrito con el mismo espíritu con que le escribía siempre a Felice: con audaz franqueza autocrítica, sin ocultamientos, elaborando la acusación contra él mismo con interminables detalles. Grete también pudo haberse sentido culpable por haber "traicionado" a Felice al permitir que Kafka le escribiera a ella en forma tan afectuosa e íntima, y por lo que llamó en el borrador de una carta a Kafka, "mi ridícula, irresponsable debilidad al contestar tus cartas anteriores". En vísperas del viaje de Kafka a Berlín, Grete le dijo finalmente: "De pronto vi la situación con toda claridad, y estoy desesperada. El hecho de que yo estuviera decidida a toda costa a ver tu compromiso como un golpe de buena suerte para ustedes dos, y lo considerara tu destino, me crea indudablemente una gran responsabilidad, y siento que ya no estoy a su altura". Añadió que casi deseaba que él *no* fuera a Berlín "si no tienes las cosas claras en tu mente, si no estás firme en tu interior, y *lleno* de entusiasmo". Apenas se atrevía a mirar a Felice a los ojos, porque sentía que no había actuado a tiempo, haciendo sonar la campana de alarma por la debilidad, la indecisión, las dudas interiores de Kafka, y simplemente, por lo inadecuado que era para su amiga.

La respuesta de Kafka, escrita el día de su trigésimo primer cumpleaños, el 3 de julio de 1914, decía –no podemos evitar pensar que obtusamente–: "Es como si finalmente te hubiera convencido". Aseguraba que el único objetivo de su relación con Grete había sido "convencerla" de la verdad sobre él. Evidentemente, sentía que eso era suficiente; como si una vez que la convenciera a ella, los demás también tuvieran que convencerse. Él era lo que era, y "Estas condiciones no pueden mejorarse voluntariamente: el material humano no es como agua que se puede verter de un vaso a otro". O Kafka estaba siendo deliberadamente impermeable a la gravedad de la carta de Grete, o simplemente no conocía otra manera de actuar. Decir la verdad sobre él era lo único que sabía hacer bien. Pero el desastre era inminente.

Al día siguiente, Julie Kafka le escribió una amistosa carta a la madre de Felice, en la que hablaba de la ropa de cama y los muebles para la pareja, y le contaba en tono sentimental que había sorprendido a Franz trabajando como siempre en su habitación y "contemplando embelesado la fotografía de la querida Felice". El 11 de julio, Kafka viajó a Berlín, sin conocer la magnitud de lo que le esperaba al día siguiente en el Askanischer Hof. Puede haber sospechado algo −"no hay nada definitivo que decir sobre la cuestión o sobre mí", le dijo enigmáticamente a Ottla la noche anterior a su partida- pero sin duda no podía adivinar que Felice, su hermana Erna y Grete Bloch entrarían en tropel a la habitación de su hotel como un equipo de abogados de la acusación a un tribunal. Las seguía Ernst Weiss, en calidad de indiferente y poco convencido abogado defensor de Kafka. Todos participaron del proceso a Franz K. Él lo llamó luego "el tribunal [*Gerichtshof*] del hotel", y recordó "la cara de F. Se pasó la mano por el cabello, se limpió la nariz y bostezó. De pronto, se reanimó y dijo cosas muy estudiadas y hostiles que había guardado durante mucho tiempo".

Fue el final (o lo pareció). Kafka no ofreció defensa, porque no entendió los cargos. ¿Qué crimen había cometido? Permaneció sentado en silencio, mientras el cuarteto, que había llegado en un taxi, empezó a repetir una historia divertida que les había contado el taxista, y que cayó como una bomba en la tensa atmósfera de la habitación. Felice, enojada por el malhumorado silencio de Kafka, leyó algunos extractos, subrayados en rojo, de las cartas aportadas por Grete. Más tarde, Kafka dijo que su silencio −sólo "tartamudeó algunas palabras inconexas"- no se debió a que estaba mortificado. Podía entender, al ver las cartas, por qué habían llevado a Grete, pero no podía entender por qué Erna, a quien Kafka apreciaba, había sido arrastrada a esa exhibición. Él no tenía nada decisivo que decir porque "me di cuenta de que todo estaba perdido... Te amaba entonces como te amo ahora [tres meses después del hecho]. Yo sabía que aunque eras inocente, habías sufrido durante dos años como ni siquiera los culpables tienen que sufrir; pero también me di cuenta de que no puedes entender mi posición... Continuamente traté de explicarte mi posición... y tú obviamente la entendías, pero no podías decidirte a aceptarla". Esa "posición" era que, dentro de Kafka, había "dos seres que luchaban entre sí". Uno de ellos podía ser lo que ella quería, y el otro era el que sólo pensaba en su trabajo y era capaz de sufrir por él. Ambos seres estaban en conflicto pero eran simbióticos. "Esto es así, Felice. Y aunque están trenzados en la lucha, y aunque podrían ser tuyos, el problema es que no se los puede cambiar, sin destruir a ambos". Kafka le dijo francamente a Felice que ella debería haber aceptado ese estado de cosas "completamente". Él se había dado cuenta de que lo que pasaba en esa batalla "también sucedía para ti". Todo lo que a ella le parecía "obstinación y mal humor", era "sólo un expediente", impuesto en parte por las circunstancias adversas de su vida, dado lo que él consideraba que era su vocación. Además, la idea de ella de establecer un hogar caracterizado por el "orden burgués", no era lo que él necesitaba. De hecho, "en realidad, me asusta", y las condiciones de esa clase de vida serían "enemigas de mi trabajo".

Kafka le concedió a Felice que ella también podía haberse sentido amenazada, "tus temores estaban tan plenamente justificados como los míos", pero no estaba convencido. Esta clase de pasajes son la razón por la cual muchos encuentran que las cartas a Felice son petulantes. Su determinación de buscar despiadadamente la lógica hasta su amargo final —lo que podríamos llamar el costado rabínico de Kafka—, no siempre era apreciado por quienes preferían que algunas cosas no fueran implacablemente nombradas. Tampoco parecía que Felice tuviera permitido hacer esas cosas que, según Kafka, *él* estaba autorizado a hacer: "No creo que ocurriera eso. Porque yo te amaba en tu verdadera naturaleza, y sólo la temía cuando se oponía a mi trabajo con hostilidad". Incluso se arriesgó a preguntar si no sería que ella en realidad *quería* "exponerse al peligro". Esta actitud implacable de Kafka debe de haber sido lo que terminó por romper la cuerda de la tolerancia de Felice. En última instancia, eso fue lo que hizo que Felice, Erna, Grete y Ernst subieran al taxi que los llevó de Charlottenburg al Askanischer Hof.

Después del juicio, todos fueron a casa de los Bauer, donde la madre de Felice lloraba y su padre "permanecía sentado en mangas de camisa". Ambos padres se resignaron al hecho de que "no había nada, o no demasiado que pudiera decirse en mi contra. Diabólico en mi inocencia".

Si había alguien a quien Kafka se sentía dispuesto a culpar, era Grete, que había sido la causante de su ruina a pesar de (¿a causa de?) todas las confidencias que él le había hecho. Kafka regresó al odioso hotel, caliente, ruidoso "como una fábrica de calderas", con olores desagradables y hasta una chinche. "Aplastarla es una decisión difícil", observó amargamente Kafka. Esa noche se sentó "solo en un banco de Unter den Linden", y "sufrí durante una noche terrible". Al día siguiente almorzó en el restaurante Belvedere sobre la Strahlau Brücke con la hermana de Felice, Erna, que también lloró, pero trató de animarlo. Kafka no volvió a visitar a los Bauer, y sólo les envió una carta que decía: "No piensen mal de mí". Esa noche partió hacia Lübeck.

Julie Kafka estaba completamente perpleja ante lo que había sucedido. Le dijo a Frau Bauer que cuando le había llegado una carta explicativa de Kafka desde Berlín, se había quedado "dura como una estatua de sal". Le pidió ver "la carta que había sido tan desastrosa": una referencia a la carta a Grete, con los fragmentos subrayados en rojo, que Felice había leído ante el "tribunal". Julie dijo que el problema era la eterna incapacidad de su hijo para demostrar afecto: "Estoy firmemente convencida de que me ama tiernamente, pero nunca me demostró, ni tampoco a su padre o a sus hermanas, ningún afecto particular". Y sin embargo era "la persona más amable que se pueda imaginar", que incluso le daba dinero a sus colegas más desfavorecidos de la oficina, porque consideraba que no lo necesitaba para sí mismo. En un sencillo pero certero veredicto, Julie Kafka resumió: "Quizá no esté hecho para el matrimonio, ya que su único propósito es la literatura, que es lo más importante de su vida".

La terrible experiencia del "tribunal" produciría, sin embargo, una de las obras más famosas de la literatura europea moderna.

16

En agosto de 1914, un mes después de los acontecimientos del hotel de Berlín, comenzó verdaderamente la Primera Guerra Mundial, después de que en julio Austria-Hungría le declarara la guerra a Serbia. La guerra tendría consecuencias directas para los Kafka, porque los maridos de Elli y Valli se alistaron inmediatamente. De esto resultó una especie de juego de las sillas en la familia. Elli y sus dos hijos se mudaron al apartamento del Oppelthaus, y ocuparon la habitación de Franz. Él se mudó al apartamento de Valli de la Bilekgasse (Bílková ulice), y después al de Elli, en la Nerudagasse (Polská), y luego, otra vez a la Bilekgasse, y finalmente, en marzo de 1915, tuvo su propia casa en la Lange Gasse (Dlouhá). "Las cosas son muy tristes aquí, en Praga", le dijo Julie a Frau Bauer (seguía esperando que los novios volvieran a unirse, y quería que Frau Bauer cumpliera su promesa de ir a Praga, a pesar de la guerra).

La tienda permaneció abierta, pero las ventas cayeron y ya debían seis meses de alquiler en el Oppelthaus. Los servicios de correo interrumpidos impedían que Elli y Valli tuvieran noticias del lugar al que habían sido enviados sus maridos. El mismo Kafka, eximido del servicio militar para cumplir lo que se llamaba trabajo civil esencial, se hubiera alistado voluntariamente, pero con seguridad habría sido declarado físicamente no apto. Sabía que al no ser reclutado en la movilización general, debería pasar las tardes en la fábrica de amianto, además de mudarse de la casa familiar, pero su decisión era firme: "Escribiré a pesar de todo, absolutamente: es mi batalla por la autoconservación". Fue a la estación a despedir a Karl Hermann, y no hay duda de que no era indiferente a la guerra, a pesar de la frecuentemente citada anotación del 2 de agosto en su diario: "Alemania le declaró la guerra a Rusia. A la tarde, fui a nadar". Esto sólo destaca la naturaleza y el propósito del diario de Kafka, que era más un cuaderno de esbozos de ideas y autoanálisis que un registro de acontecimientos mundiales, raramente mencionados. Incluso su referencia a nadar es atípica. Siguió atento la evolución de la guerra, expresando angustia por su desarrollo, y la incompetencia, según decía, de los generales. Unos días después, observó un regimiento de artillería que atravesaba la Graben (Na Příkopě), en el que vio "un rostro negro, rígidamente silencioso, asombrado y atento, con ojos negros".

La guerra le daba a Kafka otra oportunidad para sentirse un paria: "Descubro en mí nada más que mezquindad, indecisión, envidia y odio contra los combatientes, a quienes les deseo apasionadamente lo peor". Le repugnaban los desfiles patrióticos a través de Praga –"Estoy parado allí con mi aspecto maligno"– y los consideraba "de los más desagradables resultados de la guerra". Además, "son originados por comerciantes judíos que hoy son alemanes, y mañana son checos". Con este telón de fondo, y sobre los escombros de sus planes matrimoniales, Kafka trató de hacer una evaluación de su posición en ese momento:

> Lo que será mi destino de escritor es muy simple. Mi talento para representar mi fabulosa vida interior [*meines traumhaften innern Lebens*] empujó todas las demás cuestiones hacia el fondo; mi vida se empequeñeció espantosamente, y no dejará de empequeñecerse. Ninguna otra cosa podrá satisfacerme nunca... Pero no debo contar con la fuerza que puedo reunir para esa representación: quizá se perdió para siempre... Por eso, vacilo... Otros también vacilan... Pero yo va-

cilo en las alturas: no es la muerte, desgraciadamente, sino los
eternos tormentos del morir.

Éste puede haber sido el comienzo de una especie de deseo de
morir en un hombre de treinta y un años que tenía menos de una
década de vida por delante. Ahora Kafka se sentía naturalmente en
un punto bajo, pero había algo más: un sentido de que no había nada que hacer, que, en última instancia, una vida dedicada únicamente a la literatura podía ser imposible de vivir. Necesitaba más recursos de los que podía reunir. Alguien como Strindberg tuvo la fuerza
y fue "tremendo. Esa rabia, esas páginas ganadas a golpes de puño".

Antes de regresar a Praga, Kafka les había escrito una carta a
sus padres desde el centro turístico báltico danés de Marielyst, donde pasaba una temporada. Después de viajar de Berlín a Lübeck, se
había hospedado en otro hotel horrible y se había encontrado con
Ernst Weiss, que evidentemente estaba preocupado por su amigo.
Luego hizo una excursión a la playa de Travemünde, donde se bañó,
antes de ir con Weiss y su compañera Rahel Sanzara a Marielyst.
Se encontraba en un estado de desesperación en el período inmediatamente posterior a Berlín. Escribió en su diario: "*Soy cada vez
más incapaz de pensar, de observar, de compartir una experiencia;
me estoy volviendo de piedra, esa es la verdad... Si no puedo refu-*
giarme en alguna obra, estoy perdido... Rehúyo a la gente no porque quiera vivir tranquilo, sino porque en realidad quiero morir
tranquilo". Le dijo a Brod: "Dejé de lado mi evidente obstinación,
que me costó mi compromiso matrimonial, y como casi solamente
carne". Esta rebelión sólo le produjo problemas estomacales y volvió el insomnio, con el resultado de que despertaba, como Gregor
Samsa, "sintiendo mi maltratado y castigado cuerpo en la cama como algo ajeno y repugnante". La primera vez en meses, en que sintió "que alguna clase de vida se agitaba dentro de mí en presencia
de otras personas" fue en el tren al volver de Berlín, cuando se sentó frente a una mujer suiza que le recordaba a Gerti Wasner, a

quien había amado con tanta sencillez. A fines de julio, en un fragmento de ficción garabateado en su diario, apareció por primera
vez un personaje llamado "Joseph K".

En la carta a sus padres desde Marielyst –una precursora de la
Carta al padre–, Kafka les decía que tal vez "todo le había sido demasiado fácil". Hasta ese momento, había "crecido en una absoluta dependencia y comodidad", eso no había sido bueno para él, y era hora de que hiciera el experimento de arreglarse por su propia cuenta,
como había pensado hacerlo antes, cuando su primer compromiso
con Felice se frustró en 1913. Rechazaba la idea de que era demasiado viejo para esa clase de comienzo ("Soy más joven de lo que
parezco"), e insistía en que debía escapar de Praga. "Aquí todo está dispuesto para que yo, una persona que básicamente anhela ser
dependiente, siga siendo así". El Instituto, aunque era una molestia,
en el fondo era algo cómodo, y le procuraba más dinero del que necesitaba. "No arriesgo nada y tengo todo por ganar si renuncio y
abandono Praga. No arriesgo nada porque mi vida en Praga no lleva
a nada bueno". Su plan práctico era tomar sus ahorros de 5000 kronen y vivir con ellos dos años en Berlín o Munich (detestaba Viena:
su "provincianismo y desesperanza", su atmósfera de una "inmensa
ciudad decadente"). Durante ese período, a través del trabajo literario, sacaría de sí mismo lo que en Praga no podía lograr "con tanta
claridad, amplitud y unidad", porque estaba "trabado por una desi-
dia interna y por interferencias externas".

Kafka admitió que podía estar engañándose a sí mismo con este plan: "Pero un argumento en contra de esto es que tengo treinta y
un años, y tales ilusiones a esta edad no pueden incluirse en los cálculos, porque de otro modo, todo cálculo sería imposible". Y además,
ya había escrito "varias cosas, aunque breves, que me valieron cierto
grado de reconocimiento", una evaluación bastante modesta (y acertada) de su perfil literario en ese momento. No era perezoso y era bastante frugal, de modo que el plan podía funcionar, pero quería la
aprobación de sus padres antes de llevarlo adelante. O no le dieron

su aprobación o, lo más probable, la carta nunca fue enviada, y volvió a hundirse en su sombría y resignada existencia de Praga.

Sin embargo, a mediados de agosto, pudo informar que había estado escribiendo durante varios días: "Espero que continúe". Ahora estaba trabajando en *El proceso*, y sentía que, contrariamente a dos años atrás, cuando había escrito *La condena* y había empezado *El desaparecido*, "no estaba tan completamente protegido por mi trabajo ni tan encerrado en él", y podía "proseguir otra vez una conversación conmigo mismo". Dicho de otro modo, su "monótona, vacía, loca vida de soltero tenía cierta justificación". Durante el resto del verano y comienzos del otoño, Kafka siguió adelante con *El proceso*. Estaba luchando contra su antigua apatía y desesperación, y se preguntaba si las derrotas austríacas en la guerra explicaban sus sentimientos generales de ansiedad: "Los pensamientos que provoca en mí la guerra se parecen a mis antiguas preocupaciones sobre F, en la atormentadora forma en que me devoran desde todos lados". Mirando atrás, hacia los comienzos de su relación con Felice, se dio cuenta de que se había permitido apoyarse en su escritura sólo en los estadios iniciales: "De ahora en adelante, nunca permitiré que me la quiten". A principios de octubre, tomó una licencia de una semana para avanzar en la novela –una clara señal de que estaba marchando bien–, pero esta táctica no produjo resultados al principio, y se vio obligado a preguntarse si era "indigno de vivir sin la oficina". Tomó otra semana de licencia y esta vez pudo escribir.

Una inesperada carta de Grete Bloch, dos meses después del fiasco de Berlín, reavivó sus viejos temores: "Sé que es seguro que viviré solo (si es que vivo, y eso *no* es seguro), y no sé si amo a F". Trató de recordar algunos momentos en que Felice le había causado repugnancia ("bailando con sus severos ojos bajos, o cuando se pasó la mano por la nariz y el cabello en el Askanischer Hof antes de irse"), pero a pesar de todo, "la enorme tentación vuelve otra vez". Le dijo a Grete que no la odiaba, como ella decía, y que aunque lo había juzgado en Berlín, "de hecho, yo estaba sentado en tu lugar, que

no abandoné hasta el día de hoy". A Kafka le preocupaba que esta
carta a Grete le pareciera demasiado inflexible, porque no estaba seguro de no querer ceder. Había vivido dos meses sin Felice (aunque
se había carteado con su hermana Erna), y para todos los efectos
prácticos, ella estaba muerta. Ahora, de pronto estaba otra vez en el
centro de todo, y probablemente interfiriera con su trabajo, aunque
todavía pareciera paradójicamente distante de él.

Hacia finales de octubre, *El proceso* dejó de avanzar, y Kafka
decidió escribirle a Felice. Fue la carta más larga de todas las que le
había escrito. Había guardado silencio durante tres meses, le dijo,
porque no había motivos para escribir, y porque el "tribunal" del
Askanischer Hof había dejado al descubierto "la inutilidad de las
cartas y de la palabra escrita en general". Estaba claro que nada había cambiado. Repitió que "fuiste incapaz de valorar el inmenso poder que tiene mi trabajo sobre mí... fuiste no sólo la mayor amiga,
sino al mismo tiempo la mayor enemiga de mi trabajo, al menos
desde el punto de vista de mi trabajo. Por lo tanto, aunque fundamentalmente él te amaba más allá de toda medida, debe resistirte
con todas sus fuerzas en nombre de la autoconservación". No había
permanecido en silencio en el hotel por despecho, sino porque
simplemente no tenía nada que decir: "Me di cuenta de que todo
estaba perdido... Te amaba entonces como te amo ahora... pero también vi que no podías entender mi posición". Le dio una idea general de cómo estaba viviendo en Praga en los primeros meses de la
guerra, solo en el apartamento de Valli. Trabajaba en la oficina hasta las 2.30 de la tarde, almorzaba en Oppelthaus, pasaba una o dos
horas leyendo periódicos, escribiendo cartas o haciendo algún trabajo para la oficina, iba a su apartamento a dormir; luego, a las 9 de
la noche, volvía a la casa de sus padres para cenar, y tomaba el tranvía de regreso a la Bilekgasse a las 10, "para quedarme despierto
tanto tiempo como mis fuerzas, o el miedo a la mañana siguiente,
el miedo a los dolores de cabeza en la oficina, me lo permiten".

Durante las dos semanas de licencia siempre se quedó sentado

frente a su escritorio hasta las 5 de la mañana, y en una oportunidad, hasta las 7.30. Ese era el modo de vida que constituía un obstáculo para Felice, y que no era negociable. Kafka pensaba que había detectado en el pasado algo parecido a "temor" o incluso "odio"
en las cartas de ella en relación con ese *modus vivendi* de él. "Era
mi deber proteger mi trabajo, que es lo único que me da derecho
a vivir, y tus miedos demostraron... que en esto reside el peligro
más grave para mi trabajo". Kafka conocía los argumentos de siempre, y la noche anterior a escribir esta carta pensó que había "cru-
zado la frontera de la locura" pensando en ellos. Pero a pesar de
esto, estaba "extremadamente impaciente" por una respuesta de
Felice.

El renovado contacto con Felice hizo naufragar el proyecto de
escritura de Kafka de ese momento, y lo arrojó una vez más en el de-
sasosiego. Sintió que había tenido que luchar "contra el último límite, frente al cual, según todas las probabilidades, permaneceré
durante años, y luego, según todas las probabilidades, volveré a empezar otra historia desde el principio, que otra vez quedará incon-
clusa. Este destino me persigue". Creía que se había vuelto frío e insensible, pero quería tratar de ganar otra vez el amor de Felice:
"Realmente lo intento, si el asco que siento por mí mismo no me lo
impide". Cuando el padre de ella murió súbitamente de un ataque al
corazón, Kafka pensó que era una prueba más de que él había provocado la ruina de la familia Bauer.

La observación de Kafka sobre el destino de producir infinitas
historias inconclusas es reveladora. Ninguna de sus tres importantes
novelas póstumas fue terminada, aunque eso nunca parece haber sido ningún obstáculo para los lectores. Había empezado *El proceso*
en julio, antes de terminar *El desaparecido*, aunque el final de esta
última, tal como lo conocemos, fue completado en octubre de 1914.
En ese mes, también escribió *En la colonia penitenciaria* (*In der
Strafkolonie*), y se lo leyó a Max Brod y a Otto Pick a principios de diciembre, a pesar de sus "manifiestos e inextirpables defectos"; en

diciembre escribió el relato *Ante la ley* (*Vor dem Gesetz*), y por último "terminó" *El proceso*. A pesar de sus constantes quejas, fueron seis meses sorprendentemente productivos. "No dudaría en llamar a esos últimos cinco meses de 1914, el segundo gran período en la vida de Kafka como escritor", dice Canetti. El primero había sido dos años antes, en el otoño de 1912. A fines de diciembre, escribió un relato más, *El topo gigante* (*Der Riesenmaulwurf*), "casi sin saberlo". Kafka sentía que "el comienzo de cada historia es ridículo al principio", como si posiblemente no pudiera sobrevivir, pero "no habría que olvidar que el relato, si tiene alguna justificación para existir, contiene toda su organización dentro de sí mismo, incluso antes de estar completamente desarrollado". *El topo gigante* explora, entre otras cosas, el tema del campo y la ciudad, sobre el que Kafka reflexionaba a menudo.

El último día de 1914, Kafka resumió así ese gran período creativo iniciado en agosto: "Trabajando... en general bastante, y bastante bien, sin embargo ni en uno ni en otro aspecto llego al límite de mi capacidad, especialmente porque hay indicios (insomnio, dolores de cabeza, corazón débil) de que mi capacidad no durará mucho tiempo más". El origen de la presunción de Kafka de que ahora se hallaba en cierta forma de decadencia terminal, no es claro. No hay referencias a enfermedades, médicos, licencias en el trabajo. Es difícil desterrar la idea de que él quería encontrarse en ese estado. Evidentemente, el autocastigo era un tema destacado de su escritura en esa época.

Der Verschollene, la novela que ahora se conoce como *El desaparecido* (la palabra alemana sugiere una "persona desaparecida"), se publicó por primera vez en 1927, tres años después de la muerte de Kafka, con el título que le puso Brod: *America*. El primer capítulo, "El fogonero", como sabemos, había sido publicado en forma separada por Kurt Wolff en mayo de 1913. La obra fue llamada, con razón, por uno de sus más recientes traductores: "la Cenicienta de las tres novelas de Kafka". Menos conocida que *El proceso* y *El castillo*, y, a primera vista, no tan evidentemente "kafkiana", es, sin embargo, una obra muy característica. La mayor parte de la novela fue completada en el potente período de creatividad de Kafka posterior a su exitosa *La condena*, escrita en septiembre de 1912, pero cuando la dejó de lado para escribir *La metamorfosis*, en cierto modo la abandonó durante el largo período estéril que terminó en el verano de 1914, y sólo la reanudó en el otoño de ese año. Cuando le ofreció "El fogonero" a Wolff en abril de 1913, Kafka sugirió incluirlo en un mismo volumen junto con *La metamorfosis* y *La condena*, bajo el título de *Los hijos*. La razón de esta sugerencia es evidente: los tres relatos se refieren al destino de hombres jóvenes, desterrados, amenazados o enviados a la muerte por sus padres. La relación de Franz con Hermann Kafka subyace detrás de todos esos relatos (aunque no son miméticamente "autobiográficos"). Su relación estaba atravesada por un poderoso sentimiento de culpa por parte del hijo, y *El desaparecido* está lleno de temas característicos engendrados por esa culpa. El propio Kafka llamaba a su novela "dickensiana", que es en cierto sentido razonable −el joven que deja el hogar para hacer fortuna está en David Copperfield y otras novelas de Dickens−, pero es una novela mucho más compleja, perturbadora y *moderna* de lo que pueda sugerir esa comparación. Kafka pensaba en particular en su primer capítulo, "El fogonero". "Mi intención era, según lo veo ahora −escribió en el otoño de 1917−, escribir una novela de Dickens, pero enriquecida por las luces más intensas que pudiera tomar de mi época y las más opacas que pudiera tomar de mí mismo". Esto está bellamente expresado, porque llama la atención sobre la contemporaneidad de la novela y el elemento personal que contiene. En realidad, aunque estaba inmerso en Dickens y la historia de su vida cuando empezó a escribir el libro, Kafka tenía reservas sobre la "terrible insipidez" de Dickens, la "crueldad detrás de su estilo sentimentalmente desbordante" y sus "rudas caracterizaciones". Admiraba su "opulencia y su enorme, descuidada prodigalidad" (tan diferente de la cuidadosa y controlada exactitud del propio Kafka), pero al final sentía que había cierto "barbarismo" en el arte de Dickens que él esperaba haber evitado.

La modernidad de la novela de Kafka es en parte un producto de su época: la emigración masiva a América, su extraordinaria e imaginativa comprensión de las densas multitudes de Europa oriental que sólo soñaban con viajar a los Estados Unidos. También se basaba en la tradición de los miembros de la familia Kafka —la *mishpoje*, en ídish— que habían hecho fortuna allí, como Otto Kafka, uno de los Kafka de Kolin, su hermano menor Franz y también Emil, el hijo de Heinrich Kafka, un comerciante de Leitmeritz, a quien Kafka visitaba a veces durante sus viajes al norte de Bohemia por trabajo.

Pero aunque Kafka tomó muchos elementos de esas fuentes, la peculiar mezcla de precisión y singularidad imaginativa era enteramente suya. Su América es una América imaginada —jamás puso un pie en esa tierra—, y hay en ella pequeños errores reales o estudiados, que pueden señalar esa disposición contrafactual. Nos hemos acostumbrado a estos trucos "posmodernos" en las novelas contemporáneas, pero en *El desaparecido* parecen apuntar a preocupaciones temáticas más profundas. No hay más que mirar el primer párrafo de la novela para identificar esas características. Karl Rossmann tiene diecisiete años y llega a los Estados Unidos, después de ser echado de la casa de sus padres por haberse dejado seducir por una criada. Como todos los inmigrantes que llegan a Ellis Island, ve la estatua de la Libertad: "Parece que su mano acabara de alzar la espada, y los vientos sin cadenas soplan en torno a su figura". Por supuesto, en la mano de la estatua real no hay ninguna espada (el instrumento de justicia vengativa), sino una antorcha de libertad. ¿Son esos "vientos sin cadenas" una alusión irónica a la libertad? Es posible que Karl, que es inocente a pesar de haber sido declarado culpable, no haya llegado a una tierra de promisión y libertad, sino a un lugar en el que deberá luchar para expiar esa arbitraria e impuesta culpa para justificar una serie de infructuosos ofrecimientos de libertad.

El capítulo inicial, en el que Karl toma la defensa del fogonero procurando que se le haga justicia contra el poder arbitrario, refleja la adhesión del propio Kafka a los ideales de justicia social, completamente diferente de la mentalidad autoritaria de su padre. Karl también tiene la actitud ambivalente de Kafka hacia la figura paterna, cuando lucha contra él y al mismo tiempo busca su aprobación, casi enamorado de su despótico amo, necesitado de su amor: "Si solamente su padre y su madre pudieran verlo ahora, luchando por justicia en un país extranjero frente a hombres de autoridad... ¿Revisarían su opinión sobre él?". Karl busca una figura paterna adecuada –habrá muchas en el libro, todas ellas programadas para decepcionar–, alguien a quien serle leal, en quien confiar.

En el capítulo siguiente hay una descripción del moderno lugar de trabajo –que se parece a un gigantesco centro de llamadas, y quizá se base en los relatos de Emil Kafka de su trabajo en la gigantesca tienda Sears-Roebuck–, que subraya lo novedoso y lo desmesurado, e incluye una reseña de una manifestación de huelguistas. La siguiente figura seudopaterna es el señor Pollunder, que lleva a Karl a su casa de campo, cerca de Nueva York. Durante la cena hay una sutil dramatización de la dinámica y las tensiones familiares, y el relato procede con precisión y claridad, aunque lo extraño invariablemente está presente. Kafka siempre es muy detallista al describir *procesos*, y como en sus ficciones anteriores, sitúa muchas escenas en espacios limitados (un barco, un comedor, un hotel) que destacan la sensación de los personajes de estar atrapados y encerrados. El hecho de que el tío de Karl desapruebe su visita, el hecho de que "todo lo limitaba allí... todo lo que lo rodeaba era un vago temor", termina en la carta del tío –absurda y arbitraria, pero característica de la osada línea dramática de este relato– en la que rompe con su sobrino. Esta expulsión (una irónica inversión del mito americano de promisión) constituye el primer desaire del Edén materialista a Karl. En la siguiente fase de su proyecto de valerse por sí mismo, Karl es empleado como ascensorista del Hotel Occidental, pero finalmente

lo echan arbitrariamente. Estas situaciones en las que cae Karl
Rossmann son siempre el resultado de una falta de confianza hacia
él por parte de los poderosos, un deliberado desprecio. El tema de
la novela es, como siempre, el poder y sus abusos, la incomprensible manera en que juega con la vida del individuo.

El último capítulo, o último fragmento del libro, "El gran teatro
de Oklahoma", siempre suscitó críticas. Después del naturalismo del
comienzo del relato, la rica y extraña imaginación vuelve a la escena.
¿Es ese teatro –mujeres vestidas de ángeles sobre pedestales, que to-
can brillantes trompetas, integran el equipo reclutado– una alegoría
del palacio del arte? ¿O del estado de bienestar socialdemócrata?
El final es abrupto. El destino de Karl, como el de su creador hacia el
final de 1914, sigue siendo incierto.

A primera vista, existe un notable contraste entre la fluida viva-
cidad de la historia de Karl Rossmann y el puro horror del relato *En
la colonia penitenciaria*, que Kafka escribió en octubre de 1914, inte-
rrumpiendo *El proceso*, después de "completar" *El desaparecido*. Pero la vinculación temática subyacente entre ambas ficciones (y, desde luego, entre ellas y la suspendida segunda novela) también es muy
real. La obsesión de Kafka con la culpa y el castigo, junto al misterio
de cómo el individuo, que al parecer no tiene ninguna culpa propia
identificable, de pronto es citado y obligado a pagar el precio de crí-
menes y delitos no identificados, es universal en su obra y en su vida. El año siguiente, le escribió a Kurt Wolff para proponerle un nuevo título colectivo para sus relatos recientes –sin incluir *En la colonia
penitenciaria*–, en lugar de su sugerencia anterior de *Los hijos*. El
nuevo título era *Castigos*.

Hay un indudable rasgo sadomasoquista en los textos de Kafka,
y en ninguna parte es tan evidente como en el brutal *En la colonia
penitenciaria*. Comenzó a escribirlo en una época en que sus intentos de casarse aparentemente se estaban frustrando, cuando su salud parecía declinar definitivamente, y cuando su país estaba en
guerra. Aunque pudo escribir mucho en esa época, era difícil es-

perar que las ficciones que produjera en esas condiciones fueran
de naturaleza alegre.

La historia relata la visita de un "explorador" o "viajero" (*der
Reisende*) a un establecimiento penitenciario tropical, donde un oficial está ansioso por probar su instrumento de castigo, llamado "la
Rastra" (*die Egge*). "La Rastra escribe sobre el cuerpo del prisionero la orden que él ha desobedecido", le explicó el oficial. El castigo
se establece sin alboroto. No hay juicio, y la sentencia se decide en
forma arbitraria: "Mi principio fundamental es este: la culpa nunca
se presta a duda". El condenado no conoce la sentencia, ni tampoco
el hecho de que se llevará a cabo. "No tendría sentido anunciárselo.
Como ve, lo sabrá en carne propia". El eterno debate sobre si Kafka
previó el destino de los judíos en la Europa nazi se reaviva con este
relato. La fría y tranquila descripción que hace el oficial de la horri-
blemente eficiente máquina de muerte no puede leerse sin que acu-
dan a la mente los campos de exterminio nazis. Su despreocupada
observación sobre los condenados desnudos que yacen en la cama
mientras esperan que las agujas de la máquina escriban en sus cuerpos la orden que han transgredido –"Hasta el más tonto empieza a
entender"– puede suscitar el recuerdo de la máxima que aparece en
la entrada de Auschwitz: "*Arbeit macht frei*". Todo ese aparato es un
símbolo de la justicia creada por el hombre, las fallas endémicas, la
falibilidad de quienes la manejan. Las referencias a un comandante
anterior de la colonia, que, a diferencia del actual, inventaba castigos
y participaba con entusiasmo en ellos, fueron interpretadas por algunos críticos como una alusión a la analogía con la dureza ética del
Antiguo Testamento. Sin duda, hay indicios de metáforas religiosas
en el relato. La palabra alemana "*Schrift*", usada para describir la escritura letal en la espalda del prisionero, también se usa para "Escritura". Y cuando finalmente el oficial se pone él mismo en la máquina, ésta no funciona, y es destrozado. Porque el cadáver "era como
había sido en vida; no podía detectarse en él ninguna señal de la
prometida liberación". Así se desecha la idea del castigo como expia-

ción, del sufrimiento humano como una redención con sentido. El método narrativo de Kafka suele ser austeramente dramático –se supone que contribuyeron a esto fuentes tales como el primer cine, la obra de los pintores expresionistas y los autores del teatro ídish–, pero en este relato hay una absoluta y feroz brutalidad que es única.

En diciembre, Kafka terminó –una vez más, esta palabra tiene una connotación dudosa, ya que nunca la completó del todo– su segunda novela, *El proceso* (*Der Prozess*). Fue publicada –otra vez, en forma póstuma, otra vez en forma incompleta, y corregida por Max Brod– en 1925, el año posterior a la muerte de Kafka. Es quizá la novela que más asocia el público lector con el concepto de "kafkiano" (aunque el adjetivo es generosamente usado por personas que nunca leyeron la obra de Kafka), porque comienza con un arresto arbitrario y absurdo, y sigue a su protagonista a través de un intrincado laberinto de expedientes inútiles. Existe una evidente relación entre el estado mental de Kafka cuando comenzó esta novela y su contenido. La conclusión a la que se llega después de la larga lucha con Felice –que todavía no había terminado– es que Kafka se sentía una víctima, como Joseph K, de alguna anónima y maligna autoridad o Ley (un término que usa en el relato y que remite a la tradición judaica), que lo señaló para ser castigado por faltas que él no puede identificar con precisión. Durante toda su vida, Kafka sintió culpa en relación con su padre, quien, aunque injustamente juzgado en la posterior *Carta al padre*, ciertamente nunca se desvivió por demostrar cariño o alentar a su hijo. Kafka siempre *quiso* agradar e impresionar a su padre, e igualarlo en fuerza, resistencia y capacidad para las cuestiones de la vida. Nunca creyó que fuera culpa del padre su persistente fracaso en adecuarse al mundo, adaptarse a su empleo, lograr una relación marital apropiada, conseguir (a pesar de todas las clínicas y las dietas, los ejercicios desnudo frente a la ventana abierta, la navegación y la natación) una salud decente, dormir bien, descansar convenientemente, y renovar ese cuerpo con el que nunca se sentía cómodo. Y finalmente, la escritura, que era para él la única manera de escapar, de realizarse, el único objetivo de su vida, no siempre lo liberó de su sentimiento de fracaso y culpa. Al final de su vida, incluso solicitó que su obra fuera destruida para que no quedara nada de sus intentos fallidos, por medio de la escritura, de vivir adecuadamente en el mundo.

En comparación con Kafka, Joseph K reaccionó el día de su arresto con cierta ecuanimidad. Su sentimiento clave fue la estupefacción. La suave frase inicial: "Alguien debió de haber calumniado a Joseph K [*Jemand mußte Josef K verleumdet haben...*] presenta la situación central de un solo trazo. Sin violencia ni escándalo visibles, Joseph K se encuentra de pronto bajo arresto sin que siquiera le digan el motivo. Es imposible dejar de pensar en Kafka en el Askanischer Hof, calladamente resignado a su emplazamiento, atónito ante el mero hecho de que ocurriera, preguntándose qué demonios podía haber hecho que mereciera esa confrontación, esa gradual batería de acusaciones. Si *El proceso* debe considerarse en cierta medida también como una alegoría de las dificultades de Kafka con la autoridad paterna, las primeras reacciones de Joseph K, la confidencia inicial de que tácticamente podía ser más listo que los que habían ido a arrestarlo, son parecidas a las estrategias en última instancia ineficaces de Kafka destinadas a apaciguar a su padre que se describen en *Carta al padre*. También existen paralelos en el hecho de que Joseph K no elige ese dilema en el cual la autoridad tiene todas las cartas. Al mismo tiempo, y esta es la característica predominante en el estilo de Kafka, la comprensión de la historia es extremadamente concreta y vívida, aunque su sentido sea abstracto.

La escena del arresto en la vivienda de Joseph K está claramente delineada −el Inspector que juega con cerillas o examina la longitud de sus dedos− y el estrecho interior doméstico es el conocido interior de la vida familiar de Kafka en Praga: corredores sombríos, franjas de luz debajo de las puertas, los sonidos de las habitaciones contiguas. Arrestan a Joseph K, pero le permiten seguir trabajando: uno es acusado por su familia, pero sigue viviendo dentro de ella y

sus molestas rutinas. Su primer interrogatorio tiene lugar en un suburbio alejado de la ciudad: significativamente se le informa de ello
en el trabajo (un sitio que se asemeja mucho al Instituto) por teléfono, el instrumento que Kafka tanto detestaba. La pobre gente de los
suburbios que Joseph K ve en su camino al interrogatorio, es la que
Kafka pudo haber visto en su oficina o en la fábrica de amianto. El
procedimiento de su primer interrogatorio parece inscribir una analogía política en sus galerías y en las secciones separadas a derecha
e izquierda de la habitación, pero entonces descubre que todos usan
insignias, forman parte de la misma conspiración contra él, y de ningún modo asumen papeles diferentes (como Grete, que parecía estar
de su lado, se había revelado de pronto en el *Gerichtshof* como una de
sus acusadoras).

Al principio, el tono de Joseph K es seguro de sí mismo, más
bien altanero, parece satisfecho con sus réplicas aplastantes, pero su
malestar va en aumento cuando progresa la evidencia de que todos
están en su contra. "La mayoría de estos acusados son tan sensibles",
señala uno, y la atmósfera de paranoia crece constantemente. Joseph K
se sofoca con el aire impuro de las salas de interrogatorio, a diferencia de los oficiales que están allí y no pueden tomar aire fresco. El
extraño episodio del "azotador", cuando Joseph encuentra a Franz y
a Willem, los dos guardias que lo arrestan, que son azotados porque
él se había quejado de ellos ante el juez de instrucción, intensifica el
sentido de complicidad, de alianzas confusas y culpa arbitrariamente repartida.

En esta escena hay una connotación sadomasoquista, y en toda
la novela la sexualidad está a menudo fuera de control, es desmedi-
da, amenazante y perturbadora. Leni, por ejemplo, es una típica mujer de las novelas de Kafka en su abierta y estridente sexualidad. A
lo largo de la novela, las mujeres son un deseado pero fallido medio
de salvación para el protagonista. Por supuesto, no hay salvación, no
se puede huir de la culpa, aunque sus fuentes, sus motivos, sean impenetrables.

En el penúltimo capítulo, cuando es nombrado por el sacerdote en el púlpito de la Catedral, Joseph K dice: "Pero no soy culpable... Es un error. ¿Cómo puede un hombre ser culpable? Todos somos seres humanos aquí, después de todo, uno igual que el otro". El sacerdote responde: "Así hablan los culpables". Añade que Joseph K entendió mal los hechos: "La sentencia no viene súbitamente: el procedimiento lleva a ella en forma gradual". El sacerdote le reprocha que busque ayuda exterior y, especialmente, de las mujeres, pero Joseph K disiente: "Las mujeres tienen mucho poder. Si pudiera convencer a algunas de las mujeres que conozco de que trabajaran juntas para ayudarme, llegaría a tener éxito". Entonces el sacerdote introduce una parábola (que ya figuraba en el diario de Kafka, en diciembre de 1914 bajo el título "Ante la ley") destinada a mostrar que Joseph K está decepcionado de la ley. La parábola habla sobre un hombre a quien un guardián le niega constantemente el acceso a la ley, y envejece esperando que le permitan entrar. Próximo a su muerte, le pregunta al guardián por qué, si todo el mundo anhela la ley, en todos los años de espera nadie salvo él pidió entrar. El guardián le responde: "Nadie más que tú podía entrar aquí, porque esta entrada está hecha sólo para ti. Ahora me voy y cierro". Después de una larga y sofisticada discusión sobre el significado de esta parábola, el sacerdote llega a la conclusión de que "no hay que creer que todo es cierto, sólo que es necesario". Joseph K considera que es un triste pensamiento: "Entonces la mentira sería fundamental para el orden del mundo". La última observación del sacerdote es que él es el capellán de la prisión, y por lo tanto, pertenece al tribunal, de modo que no quiere nada de Joseph K: "El tribunal no te pide nada. Te recibe cuando llegas y te libera cuando te vas".

Joseph K es llevado por sus ejecutores, y por el camino se cruza con Fräulein Bürstner (dado que a Kafka le gustaba jugar con las iniciales y los nombres, no podemos descartar aquí una alusión a Felice Bauer) y reflexiona: "Lo único que puedo hacer ahora es preservar mi comprensión lógica hasta el final". Cuando aparece el cu-

chillo que lo liquidará, alcanza a entrever la lejana luz de una ventana de cuartel y se pregunta si habrá algún amigo o alguien que pueda ayudarlo todavía. ¿Quedará algún argumento? "La lógica es, por
supuesto, inquebrantable, pero no puede sostenerse contra un hombre que quiere vivir. ¿Dónde estaba el juez, a quien nunca había visto? ¿Dónde estaba el alto tribunal al que nunca había podido llegar?".
El grito final de Joseph K: "¡Como un perro!", refleja lo que había sentido Kafka al ser rechazado en Berlín. "Era como si la vergüenza debiera sobrevivirlo [*Es war, als sollte die Scham ihn überleben*]".

Pero Kafka aún no había abandonado la idea de que "todavía le
quedaban algunos argumentos". Volvería a ver a Felice.

17

Después de la extraordinaria actividad creativa de la segunda mitad de 1914, Kafka comenzó el año 1915 con un ferviente deseo de seguir escribiendo, pero una vez más fue vencido por las circunstancias: "Nada tiene sentido. Si no puedo perseguir los relatos a través de la noche, huyen y desaparecen". Ahora tenía que ir regularmente a la fábrica de amianto, y cuando el marido de Valli se alistó en el ejército, tuvo que hacerlo absolutamente todas las tardes. La fábrica tenía problemas, y Hermann trató de culpar a Franz por haber envuelto a todo el mundo en el proyecto, cuando en realidad él era la última persona que había querido participar en el asunto. Esta tarea pondría punto final de una vez por todas a cualquier intento de escribir: "Pensar en la fábrica es mi perpetuo Día de la Expiación". Decidió que era incapaz de seguir trabajando en *El proceso*, y que realmente debía empezar a dormir menos a la tarde para poder dormir mejor en las primeras horas de la madrugada, cuando terminaba de escribir. Esto implicaba comenzar más temprano a la noche, alrededor de las 9, y no a las 11.

En enero o febrero de 1915, Kafka comenzó un relato que nunca terminó, llamado "Blumfeld, un viejo solterón" (*"Blumfeld, ein älterer Junggeselle"*), cuya semejanza con su creador residía, en las páginas iniciales, en que ambos vivían en el habitual interior doméstico claustrofóbico. Blumfeld está empleado en una fábrica de lino (Kafka era siempre preciso en cuanto al sustento económico de sus perso-

najes), donde es considerado un empleado indispensable, pero en su
solitario apartamento es visitado por "dos pelotitas de celuloide blan-
cas con rayas azules que saltan juntas por todos lados". Quizás esto
simbolice la inevitable intromisión del mundo exterior en la vida del
solterón solitario. El relato se traslada luego a un ambiente de oficina
que probablemente refleja el sentido de Kafka del absurdo de su
propio lugar de trabajo. Al igual que Blumfeld, él no podía concebir
dejar la oficina.

El único consuelo de Kafka en esos desapacibles meses inver-
nales de principios de 1915 fue Fanny Reiss, una joven de Lemberg
a quien conoció en una conferencia sobre literatura universal ofre-
cida por Max Brod en una escuela para niños judíos refugiados de
Galizia. Nunca pudo soportar vivir durante mucho tiempo sin una
mujer joven en su vida, sin la promesa de alguna clase de felicidad
inmediata "semejante a la esperanza de una vida eterna". Sin embargo, esto no le impidió hacer planes para ver a Felice a fines de enero, para averiguar si todavía lo amaba: "No lo merezco. Hoy creo que
veo lo estrechos que son mis límites en todo, y por consiguiente,
también en mi escritura. Si uno siente sus limitaciones en forma
muy intensa, debe estallar". Kafka sentía que ya había olvidado los
argumentos que había acumulado "para defenderme y afirmarme
frente a F.", pero esto no sonaba auspicioso.

La fábrica seguía haciendo estragos en su escritura, y se repetía la
habitual situación de empezar varias historias y dejarlas inconclusas,
como caballos de circo parados sobre sus patas traseras frente a él.
Sentía como si hubiera vuelto a la época de su primer empleo en la
Assicurazioni Generali, cuando el trabajo negaba completamente sus
fuerzas creativas: "El contacto directo con el trabajo cotidiano me priva —aunque interiormente estoy tan alejado como puedo— de la posibilidad de tener una visión amplia de las cosas". No poder escribir lo
ponía en una situación bastante desfavorable para encontrarse con
Felice, porque sin el centro claro que le daba normalmente el hecho de
escribir, su pensamiento inmediatamente se volvía torpe y confuso.

Kafka y Felice se encontraron (por primera vez desde la catástrofe de Berlín en julio de 1914) el fin de semana del 23 y 24 de enero de 1915, en terreno neutral, en la ciudad fronteriza de Bodenbach (Podmocly), en el lado bohemio de las vías del ferrocarril de Praga a Berlín, como dos diplomáticos que evitan cuidadosamente el territorio en disputa. El encuentro fue breve, pero Kafka encontró tiempo para leerle a Felice algunos de sus trabajos recientes. Cuando regresó a Praga, tenía sentimientos confusos y encontrados: "Creo que es imposible que volvamos a unirnos alguna vez, pero no me atrevo a decírselo a ella, ni, en el momento decisivo, decírmelo a mí mismo". Sentía que se había vuelto a resistir estúpidamente a ella, y que no podían empezar otra vez a atormentarse mutuamente con cartas. Pero Kafka recelaba de sí mismo: "¿Acaso creo que ganaré libertad aquí, viviré de la literatura, iré al extranjero o a cualquier parte y viviré secretamente allá con F.?".

Una vez más, aparecía la tentadora quimera –para Kafka, sin esperanzas– y desaparecía. Nunca emprendería el soleado camino de la huida. Más específicamente, el encuentro de Bodenbach reafirmó los objetivos de cada uno de ellos: él quería una vida organizada en torno a su obra; ella quería una sólida vida burguesa que implicara ir a la cama a las 11, calefacción central, su "toque personal" (una expresión que irritaba a Kafka) en el mobiliario, y orden. Ella no sólo le pidió que pusiera en hora su reloj (que había estado una hora y media adelantado desde principios de octubre): también corrigió su alemán provinciano cuando le habló a un camarero, le dijo que sus dos hermanas mayores eran frívolas, y ni siquiera mencionó a su hermana preferida, Ottla. Lo más grave de todo: "Casi no me hace preguntas sobre mi trabajo, y no parece entenderlo". Él no estaba mucho mejor –"incompetente y tedioso como siempre"–, ya que sólo sintió "aburrimiento y desesperación" durante las dos horas que compartieron en una habitación. Kafka parecía decidido a no ver las luces rojas, aunque los hechos de su vida en común estaban muy claros: "Todavía no hemos tenido un solo momento bueno juntos en el que haya podido respirar con libertad. Con F. nunca sentí (excepto en las cartas) esa dulce sensación que se experimenta en una relación con una mujer amada, como la que tuve en Zuckmantel y Riva: sólo admiración sin límites, humildad, simpatía, desesperación y auto-desprecio". Cuando le leía algo, todo lo que hacía ella era pedirle "tibiamente" que le prestara el manuscrito, aunque cuando le leyó la parábola "Ante la ley" del final de *El proceso*, le pareció que "el significado del relato se me volvía claro por primera vez: ella también lo captó correctamente". Kafka consideraba que las dificultades que tenía para llevar adelante una conversación normal con alguien surgía del hecho de que "mi pensamiento, o más bien el contenido de mi conciencia, es totalmente confuso... Y la conversación con la gente exige agudeza, solidez y coherencia sostenida, cualidades que no se encuentran en mí". Felice había hecho un considerable esfuerzo para ir a Brodenbach, ya que debió conseguir un pasaporte de guerra para viajar, y perdió una noche de sueño todo por esa perspectiva dudosa. "¿Creerá ella, como yo, que esto es una especie de calamidad?". Aparentemente no. "Después de todo, ella no tiene ningún sentimiento de culpa". Por supuesto, Kafka tenía bastante de eso para los dos.

Una característica llamativa de la larga relación entre ambos era que los amigos de Kafka no estaban demasiado involucrados, excepto en puntos específicos, como los ocasionales encuentros de Brod con Felice. Kafka siempre daba la impresión de pelear sus batallas solo. Casi seguramente, su círculo de amigos de Praga había decidido desde el principio que ese asunto no valía la pena. Ernst Weiss, en particular, estaba convencido de que Kafka debía dejar a Felice, lo que le valió la cordial enemistad de ella.

Cuando Felice regresó a Berlín, no tardó en recibir una carta de Kafka. Él era muy consciente de que se llevaban mejor por carta que personalmente, y aprovechó la oportunidad para exponer la cruda verdad: "Hemos comprobado que el tiempo que pasamos juntos no fue agradable. Y esto, para decirlo suavemente. Quizá no hayamos pasado un solo minuto juntos completamente libre de tensiones". Al parecer, Felice estaba de mal humor y no quería responder a esas propuestas de conversación, ni siquiera quería llamar su atención; y él era exactamente como solía describirse a sí mismo: "Cada uno de nosotros es despiadado con el otro". Quizás hubiera ayudado que tuvieran una verdadera pelea. En vez de eso, "todo el tiempo hay terremotos, como si entre nosotros alguien estuviera cortando continuamente el aire con una espada". A pesar de la dureza de los análisis de Kafka –y a pesar de esas obstinadas evidencias de incompatibilidad que hacían incomprensible la existencia de la relación–, él todavía era capaz de terminar con un párrafo encantador en el cual le pedía a ella que lo despertara apareciéndosele en un sueño: "Pero trata de hacerlo de tal modo que el sueño, antes de despertarme, llegue hasta el final verdaderamente feliz que, confiemos en ello, seguramente nos espera todavía en alguna parte". Esta era una determinación que sólo podía tener lugar en el país de los sueños.

Era difícil hacer funcionar la relación con Felice, pero la escritura de Kafka tenía que funcionar. Naturalmente, también aquí lo atacaban los obstáculos habituales: la fábrica, la oficina, el ruido, los dolores de cabeza y el insomnio, y la necesidad de cambiar de apartamento: todo esto prácticamente le impedía escribir. El 10 de febrero se mudó a su propio cuarto en otro apartamento, en el mismo edificio de la Bilekgasse en el cual había ocupado anteriormente las habitaciones de Valli, y de inmediato debió luchar contra el ruido. Había estado releyendo *Ante el mar abierto* de Strindberg, y le fascinaron los tapones para los oídos del protagonista. Kafka debió conformarse con encargar a Berlín unos tapones llamados Ohropax, una especie de cera envuelta en algodón. Pero sabía que "mucha gente está sufriendo en la actualidad (en esos tiempos de guerra), y la causa de su sufrimiento es algo más que murmullos en la habitación vecina". Sentía que la guerra lo hacía sufrir porque no participaba en ella, y no descartaba la posibilidad de que un día lo convocaran. Pero el problema no era sólo que su nuevo cuarto fuera más ruidoso que el anterior. La sensación de aislamiento de Kafka iba en aumento: "Vivo completamente solo, paso todas las noches en casa". Esto no era estrictamente cierto, porque, impulsado por Max Brod, asistía a algunas reuniones de los cada vez más numerosos Ostjuden de Praga, desplazados por la guerra. Observó "la vida judía cotidiana" de esa gente, pero describió su "confusión" con respecto a ella. Sin embargo, ahora se sentía fuera de lugar en Praga: "no porque esté en conflicto con el mundo que me rodea... Sólo estoy en conflicto conmigo mismo... En Praga me resulta imposible escapar a este dilema".

Al mismo tiempo, acababa de recibir un sustancial aumento de sueldo, y estaba tratando de adoptar una actitud positiva hacia Felice: le prometió una carta certificada cada quince días, le envió las cartas de Flaubert y Browning, y hasta le habló de hacer algún viaje con ella en el verano. Estaba leyendo a Gógol y a Herzen, y le producía horror la descripción de la dicha matrimonial de este último. Había llegado la primavera, y el clima le permitió por fin reanudar sus paseos, especialmente por el parque Chotek, que era para él el lugar más bello de Praga. Cuando Felice comenzó a especular otra vez con vivir juntos en Praga, Kafka decidió que debían tratar de encontrarse en Whitsun, en Bodenbach, y pasar un par de días en Suiza. Él había viajado a Hungría en abril con Elli, que iba a reunirse con su marido en servicio, y todo el tiempo había sentido que su exclusiva preocupación por sí mismo lo volvía "apático, tonto y temeroso". Había ido también a la odiada Viena, y a Budapest. Se veían las señales de la guerra y su impacto en cada vagón de tren y en cada calle.

En su malhumorado aislamiento, Kafka estaba leyendo otra vez obsesivamente a Strindberg para mantener el ánimo y darse fuerzas. Estaba decaído y pensaba en su relación con las demás personas: "Podré ser insignificante, pero nadie me comprende aquí en mi totalidad. Tener a alguien que me comprendiera de ese modo, una esposa quizá, significaría tener toda clase de apoyo, tener a Dios". Ottla lo comprendía. Max Brod, Felix Weltsch y la hermana de Felice,

Erna (cuya correspondencia con Kafka lamentablemente no sobrevivió: habría sido muy reveladora) entendían muchas cosas. Pero él
creía que Felice no entendía nada. En esa época volvió a encontrarse con Angela (o Alice) Rehberger, una joven que había conocido en
su viaje a Suiza en agosto de 1911, y cuya belleza se había marchita-
do rápidamente: "Somos continentes distintos".

Kafka se sentía cada vez más solo y, antes de su proyectado encuentro en Whitsun, le dijo a Felice –que se había superado a sí misma enviándole *a él* un libro, el *Salammbô* de Flaubert– que todavía
existían "malentendidos" entre ellos. También creía que podían re-
clutarlo, si su salud lo permitía, antes de fin de mayo. A Kafka no le
preocupaba esto: parecía más bien dispuesto a servir en la guerra.
Felice y él se encontraron finalmente en junio, y en Karlsbad, no en
Bodenbach, donde la única dificultad parece haber sido ¡que sus fotografías de vacaciones no salieron! Más tarde, del 20 al 31 de julio,
Kafka dejó Praga por el insomnio y viajó solo a un sanatorio de
Rumburg (Rumburk), al norte de Bohemia, donde admiró los "enormes y bellos bosques". Casi inmediatamente después de su regreso,
reanudó la lucha con Felice, diciéndole (justo en el momento en que
ella empezaba a pensar que podía vivir en Praga con Kafka) que él
no podía permanecer en la ciudad, que eso era "la cosa más definitiva que conozco", y por lo tanto, no podía tenerla consigo. Luego le
informó con su habitual abatimiento que sentía que "los tormentos
me aplastan por todos lados. Pero mi actual sufrimiento no es lo
peor. Lo peor es que el tiempo pasa, y este sufrimiento me hace
más desgraciado e incompetente, y las perspectivas para el futuro
son cada vez más sombrías". Durante semanas y semanas había te-
mido estar solo en su cuarto, "preso de una especie de imbecili-
dad". También sabía que escribirle a Felice a veces era peor para él.
Al comenzar un nuevo diario a principios de septiembre, se prometió no depender tanto de ello y no entusiasmarse demasiado: "¿Cómo
puede un corazón, un solo corazón no del todo saludable, soportar
tanta insatisfacción y el incesante embate de tanto deseo?". Fue en

el diario, sin embargo, donde escribió una fascinante observación sobre los respectivos personajes de *El desaparecido* y *El proceso*: "Rossmann y K, el inocente y el culpable, ambos ajusticiados indiscriminadamente al final, el inocente en forma más suave, más apartado que derribado". Kafka sentía con toda claridad que Joseph K era "culpable" en el mismo sentido en que había declarado que él mismo era culpable, y Felice, inocente.

El 11 de septiembre, Kafka, Brod y el místico judío praguense Georg Mordechai Langer fueron a ver al llamado "rabino milagroso" de Galizia, que celebraba un proceso en Žižkov. El rabino llevaba un caftán de seda, debajo del cual se veían sus pantalones, e impresionó a Kafka, que lo observó de cerca en la mugrienta y atestada habitación, como "sucio y puro, una característica de la gente que piensa intensamente". Esta clase de excursión aparentemente no era inhabitual, de modo que, a pesar de sus frecuentes referencias a su soledad y su disfunción social, Kafka estaba muy lejos de ser un completo paria social. También se estaba preparando para la publicación de *La metamorfosis* en noviembre. En una preocupada carta a su editor, Kurt Wolff, expresó su alarma por el hecho de que el ilustrador de la tapa, Ottomar Starke, hubiera eligido representar a Gregor Samsa como un insecto: "¡Eso no! ¡Por favor, eso no!". Kafka insistió mucho en que "El insecto mismo no puede ser representado. Ni siquiera se lo puede ver de lejos". Claramente estaba tratando de decir que la deformidad, la transformación, era más metafórica que literal, una clave importante para considerar que las historias de Kafka, que siempre son narradas desde el punto de vista del personaje principal, *prácticamente* existen dentro de la mente de su creador en todo su vívido y dramático realismo. Kafka sugería que la ilustración podía mostrar a los padres y al jefe de la oficina frente a la puerta cerrada, "o mejor aún, los padres y la hermana en el cuarto iluminado, con la puerta abierta sobre el cuarto adyacente que permanece en la oscuridad". Finalmente, la tapa de Starke se acercó más a esta última imagen, al mostrar a un hombre con las manos apretadas contra su cara, delante de la puerta abierta.

Kafka también discutió con Wolff sobre la tipografía y la encuadernación. El editor le dio, además, algunas noticias interesantes: el ganador del Premio Fontane de 1915, Carl Sternheim, que era un millonario, había decidido entregarle el dinero del premio a Kafka. Este estaba confundido y perplejo por esa actitud. Era el menos materialista de los escritores, y no quería el dinero, ya que tenía suficiente para sus necesidades de solitario, y aceptó el gesto –que revela en sí mismo el prestigio literario de Kafka entre sus contemporáneos eminentes– más por el honor de compartir el premio que por el dinero.

Al finalizar ese año, las quejas de Kafka sobre su incapacidad, su enfermedad y su inutilidad general llenaban otra vez su diario. Le escribió a Felice: "No quiero lanzar hacia ti a un hombre en este estado, no tienes por qué verme así... Creo realmente que ni siquiera la auténtica voz de un ángel del cielo podría levantarme el ánimo, tan bajo me he hundido". Pero señaló: "Querré reorganizarme después de la guerra. Quiero mudarme a Berlín, a pesar del notorio temor del oficinista por su futuro, porque aquí no puedo seguir". Confesó entonces por primera vez algo que había comprendido, y que seguramente era exacto: "Debí haberme ido en 1912".

Kafka fue a ver a su jefe antes de Navidad, decidido a hablar francamente (la inminencia de la confrontación hizo que la noche anterior durmiera sólo dos horas). Le presentó cuatro opciones a Eugen Pfohl: dejar que las cosas siguieran como estaban "y terminar con enfermedad cerebral, locura o algo por el estilo"; tomar una licencia, algo que no deseaba hacer, por su sentido del deber, ni serviría realmente; renunciar, pero por sus padres y la fábrica, eso era imposible; y considerar el servicio militar como único recurso viable. Pfohl respondió con firmeza sugiriendo que Kafka debía tomar una semana de licencia y seguir un tratamiento sanguíneo. Resultaba que el mismo Pfohl estaba enfermo, y propuso acompañar a Kafka en el tratamiento. La franqueza de Kafka al mencionar la palabra "renuncia" provocó "una conmoción en el ambiente de la oficina".

Sin embargo, ese balance moral y físico de fin de año no aportó ninguna solución. El 18 de enero de 1916 fue el mismo ser miserable quien volvió a escribirle a Felice, para decirle que el hombre que llegaría a Berlín después de la guerra sería un hombre "consumido por el insomnio y los dolores de cabeza". Su primera tarea sería "meterme en algún agujero y analizarme a mí mismo... No tengo derecho a ti hasta que emerja de ese agujero, hasta que emerja de él de alguna manera". Cuando Felice le reprochó esta vez por no escribirle, respondió (y sería difícil contradecirlo): "¿Acaso no son mis cartas más terribles que mi silencio?".

Durante los primeros meses de 1916, la salud de Kafka no fue buena, ya que sufría furiosos dolores de cabeza e insomnio que lo hacían sentir "como una rata enjaulada". Le escribió a Felice: "Liberarme de la oficina es mi única salvación posible, mi deseo primario". El Instituto le dijo que él era (como Blumfeld, el viejo solterón) indispensable (y estaba trabajando horas extra para demostrarlo), y era esto y la fábrica, más que el hecho de que "temía la vida fuera de la oficina", lo que le impedía mudarse a Berlín. Pero Felice quería mantenerlo en Praga. Él recordó la época en que iban a buscar muebles, después de su compromiso, muebles cuya monumental solidez lo aterraba, como si se estuviera maniobrando con su lápida para colocarla en la posición correcta. Quería huir: "Me acosan fantasmas de los que esta oficina me impide liberarme". Sin embargo, aunque sus quejas eran las habituales, había un nuevo tono en las cartas a Felice. Kafka parecía más fuerte (en un período de auto-declarada debilidad en todos los demás aspectos) y más enérgico. Canetti dice que esta nueva fase es una fase de "rectificación". Kafka todavía quería ver a Felice, y trató de obtener un pasaporte a Waldenburg, Silesia, donde estaban Max y Sophie Brod, para que pudieran encontrarse, pero el pasaporte le fue negado por las restricciones para viajar impuestas por la guerra. En cambio, hizo dos viajes por trabajo −en

abril, acompañado por Ottla a Karlsbad, y en mayo, a Marienbad–, y
en el medio recibió la visita de Robert Musil, vestido con su unifor-
me militar. Musil había invitado a Kafka a colaborar en su revista,
Die Neue Rundschau, y había publicado una reseña de *Betrachtung*
y "El fogonero" en el número de agosto de 1914. Kafka visitó a un
especialista en nervios, pero no le gustó su diagnóstico de neurosis
cardíaca ni el tratamiento recomendado: terapia eléctrica. Kafka
odiaba la medicina convencional, y prefería las terapias holísticas o
naturales.

Siguió intentando alejarse del Instituto, y en mayo le pidió al director una larga licencia para más adelante, en ese mismo año (en
caso de que la guerra hubiera terminado), o, de no ser posible, que
se cancelara su exención del servicio militar. El director entendió inmediatamente esto como una estrategia de Kafka para conseguir las
tres semanas de licencia que se le negaba al personal eximido, y rápidamente se la otorgó. Kafka no pudo hacerle entender su deseo
de unirse al ejército. "Un deseo que había reprimido durante dos
años". Sintió que si realmente obtenía un largo período de licencia,
debía ser sin cobrar sueldo, "porque no se trata de una enfermedad
física que puede establecerse más allá de toda duda", pero el director tomó la idea de una licencia prolongada sólo como una broma.
Kafka se sintió frustrado porque no conseguía ser honesto con su jefe sobre sus razones: "Sólo puedo hacer frente a las más sencillas tareas prácticas montando escandalosamente escenas sentimentales".

Su estadía en Marienbad a mediados de mayo fue un alivio,
porque era un lugar "increíblemente bello" con sus bosques, sus
manantiales y una paz que ni siquiera una tempestuosa lluvia primaveral podía estropear. Seguramente existieron también algunos
de los habituales encuentros amorosos, porque el 2 de junio, Kafka
escribió en su diario: "Cuántos enredos con muchachas, a pesar de
todos mis dolores de cabeza, mi insomnio, mis cabellos grises y mi
desesperación. Los enumero: deben de haber sido por lo menos seis
desde el verano. No puedo resistirme... Con las seis tengo un senti-

miento interior de culpa". Aunque fueran encuentros no sexuales, este pasaje contradice de alguna manera la idea convencional de que a Kafka le repugnaba la realidad del sexo. Sin conocer estas relaciones, Felice propuso que ambos fueran a una clínica en el verano, una sugerencia que lo sorprendió, ya que decía que había terminado con los sanatorios: "Las personas enfermas, entre las que ahora me cuento seriamente, deberían evitar los sanatorios". Además, "nos hacen desperdiciar demasiado tiempo y demasiados pensamientos". Al final, después de cumplir alguna tarea profesional en Tepl, cerca de Marienbad, Kafka se encontró con Felice en el Hotel Schloss Balmoral & Osborne, en Marienbad, donde tomaron habitaciones separadas (aunque adyacentes, con llaves de ambos lados de la puerta interior) entre el 3 y el 13 de julio. Cuando Felice partió, Kafka permaneció allí diez días más. Todos sus dolores de cabeza y su insomnio desaparecieron al llegar, pero la proximidad de Felice –nunca habían pasado tanto tiempo juntos– le causó problemas. Dos días antes de registrarse en el hotel, Kafka escribió en su diario un triste y lacónico: "Pobre F". Era lo de siempre: "Imposible vivir con F. Intolerable vivir con alguien. No lamento esto: lamento mi imposibilidad de vivir solo".

En una postal a Ottla, Kafka aseguraba: "Las cosas marcharon mucho mejor para mí de lo que pude imaginar, y quizá también mejor para F de lo que ella había imaginado", pero el diario contaba una historia diferente. La noche anterior a la partida de Felice, escribió un lastimero "Recíbeme en tus brazos, ellos son las profundidades, recíbeme en las profundidades; si me rechazas ahora, entonces hazlo después". En esa época, la pareja le envió una carta conjunta a la señora Bauer. En su sección de la carta, Kafka escribió que Felice y él se habían "encontrado" (como si fuera por casualidad), y habían "descubierto que en los años anteriores habíamos encarado las cosas en forma incorrecta... Muchas cosas han cambiado... pero una de las pocas que no cambió es la relación entre Felice y yo, y su garantía para el futuro". Felice añadió su deseo de que

"Espero que interpretes las palabras de Franz según su intención". No podía ser más claro: estaban informando a la madre que el compromiso estaba vivo otra vez. El 13 de julio, Kafka y Felice visitaron a la madre de él y a Valli, que estaban en Franzensbad, para compartir las novedades con ellas. Kafka se sorprendió al ver que el hecho de sentirse feliz y cómodo con Felice también lo hacía sentir cómodo con su madre.

Después de la partida de Felice, y a pesar de algunas dificultades con el ruido del hotel (porque le habían asignado el cuarto vacío de Felice), Kafka disfrutó el resto de su estadía descansando mucho y comiendo mucho más de lo que comía habitualmente. Incluso consideró —no es fácil imaginarlo— que estaba engordando. Salía a caminar y había limitado su lectura, cuando volvía al hotel, el "Castillo Balmoral", a la Biblia. Había cafés, y buena comida vegetariana en el Hotel Neptuno, y podían encontrarse los últimos periódicos de Berlín en la sala de lectura del Ayuntamiento. Kafka, a quien Brod había prevenido, también fue a ver con entusiasmo al famoso rabino de Belz, uno de los más destacados jasidim, que había llegado a Marienbad. Brod aseguraba que Kafka siempre se sintió atraído hacia todo lo relacionado con el movimiento jasídico "con una extraña mezcla de entusiasmo, curiosidad, escepticismo, aprobación e ironía".

Kafka le explicó a Brod que después de una serie de "días terribles engendrados por noches aún más terribles" al comienzo de la estadía, Felice se había comunicado poco a poco con él "y llegamos a una clase de relación humana que nunca había conocido hasta ahora, y que llegó a ser tan significativa como en las mejores épocas de nuestra correspondencia". Al recordar las dos últimas oportunidades en que se había sentido cómodo con el amor de una mujer, confesó: "Ahora vi la mirada de confianza en los ojos de una mujer, y no pude dejar de responder. Gran parte de lo que quise resguardar para siempre se desgarró... y a través de esto vendrá, lo sé, una desdicha que durará más que mi vida, pero esa desdicha no es convocada, sino más bien impuesta, y no tengo derecho a eludirla, especialmente porque, si no sucediera lo que sucede, yo lo haría suceder, sólo por ver otra vez esa mirada de ella sobre mí". La extraordinaria manera en que expresa esto −su sombrío fatalismo, su automática premonición de desastre, su rendición final− explica por qué Kafka sólo podía sentirse torturado al enamorarse. Al parecer, no poseía la capacidad para experimentar simple alegría en el amor de otra persona. Le dijo a Brod: "No la conocía realmente hasta ahora", y admitió que "Cuando se acercó a mí en la gran habitación para recibir el beso del compromiso, me corrió un escalofrío... Nunca temí tanto algo como quedarme a solas con F. antes del casamiento". Milagrosamente, todo eso había cambiado ahora, y la pareja hacía planes entusiastas para casarse inmediatamente después de la finalización de la guerra, alquilar un apartamento de dos o tres habitaciones en las afueras de Berlín, por ejemplo en Karlshorst, y seguir cada uno su carrera en forma independiente.

En cuanto a la carrera de Brod, estaba despegando claramente, ya que había vendido aproximadamente 14.000 ejemplares de su novela *Tycho Brahe*, aunque Kafka seguía teniendo un sabor especial para el público lector. Estaba reconsiderando su idea de publicar las tres *Novellen* bajo el título de *Castigos*, aunque tenía muchas discusiones con Kurt Wolff sobre planes futuros. El instinto de Kafka lo llevaba a "quedarse quieto" a menos que pudiera producir una obra genuinamente nueva, algo que apenas se sentía capaz de hacer: "En los tres o cuatro años pasados he despilfarrado mis energías... y ahora estoy sufriendo las consecuencias". Hasta se sentía demasiado cansado para viajar a Leipzig a conversar con Wolff. A éste se le había ocurrido la idea de publicar *En la colonia penitenciaria* y *La condena* en un solo volumen, pero Kafka quería que aparecieran en forma separada. Su argumento para editar *La condena* aparte era que "El relato es más poético que narrativo, y por lo tanto necesita espacio abierto alrededor para ejercer su fuerza. También es mi obra favorita y por eso siempre quise que en lo posible fuera apreciada por sí misma". A Wolff le gustaba *En la colonia penitenciaria*, pero no la

publicó hasta 1919; en cambio, *La condena* apareció en octubre de
1916. Kafka estuvo de acuerdo con él en que en el libro postergado
había un elemento doloroso, y le preguntó: "¿Notó usted que pocas
cosas están libres de ese elemento doloroso, en una u otra forma?".
Dijo que lo doloroso no era privativo de su obra, sino que "nuestros
tiempos en general, y también mis propios tiempos han sido dolorosos, y lo seguirán siendo, y los míos incluso en forma más consecuente que los tiempos en general. Dios sabe cuánto más lejos habría
ido yo por ese camino si hubiera escrito más o mejor, si mis circunstancias y mi condición me hubieran permitido escribir, apretando
los dientes, como anhelo hacerlo. Pero no fue así". Ese sentimiento
de que no había logrado bastante en su escritura no le impedía celebrar el éxito de otros, o tratar de ayudarlos. Instó a Wolff a publicar
los poemas de Ernst Feigl (1887-1957), un escritor judío de Praga, a
quien había conocido el año anterior, y había invitado a visitarlo en
su oficina del Instituto.

Poco después de su regreso de Marienbad, Kafka comenzó a
exhortar a Felice a interesarse en el Hogar del Pueblo Judío de Berlín,
sobre el que ya habían hablado. Era un centro de ayuda social fundado por Siegfried Lehmann (1892-1958), una figura prominente de
la educación judía de Berlín, y luego en Israel. Kafka estaba casi obsesionado con ese proyecto y con el hecho de que Felice tomara parte de él, y siempre le pedía noticias sobre su actividad allí. "Lo que
a mí me importa (como te importará a ti) −le dijo− no es tanto el
sionismo en sí mismo, sino a qué puede llevar". Estaba leyendo *Los
orígenes del judaísmo* (1903) de Samuel Lublinski. Al enviarle a Felice un artículo de Brod sobre el Hogar, le dijo que había allí "una
extraña atmósfera sionista... A través del Hogar Judío, otras fuerzas,
mucho más cercanas a mi corazón, se ponen en movimiento y sur-
ten efecto. El sionismo... no es más que una entrada a algo mucho
más importante". Finalmente, Felice fue a visitar el Hogar, y Kafka
−cuyo entusiasmo era absolutamente extraordinario para él− le
ofreció pagar sus gastos, para sentir que él también estaba partici-

pando. Se daba cuenta de que no era capaz de realizar una tarea práctica de caridad –"no tendría la necesaria dedicación"– pero sentía que el esfuerzo conjunto establecería un vínculo espiritual más estrecho entre ellos. Pensaba que los niños debían ser educados según "las normas de los judíos occidentales contemporáneos instruidos, versión Berlín", pero prefería, como siempre lo había hecho, "a los sencillos judíos del este europeo". Sostenía que el sionismo le daba al Hogar "un vigor juvenil... y... donde otros medios podían fallar, encendía aspiraciones nacionales invocando el antiguo prodigioso pasado... La manera de relacionarte con el sionismo es asunto tuyo; todas las maneras que encuentres (excepto la indiferencia) me darán placer". Sin embargo, Kafka declaraba rotundamente: "No soy sionista".

Con respecto a tener niños (durante el verano y el comienzo del otoño de 1916, Kafka y Felice se habían comunicado con mayor facilidad sobre una gran variedad de temas), al parecer ella intentó plantear la cuestión, pero él respondió que era "insoluble. En realidad, es la causa más importante de mis ataques de desesperación". Pero los informes de ella sobre el Hogar lo llenaban de satisfacción: "En cierto modo, es como si las niñas fueran mis hijas, y hubieran adquirido una madre (¿tardíamente?)... o como si yo estuviera apaciblemente sentado en algún lugar, y la esperada lluvia cayera por fin sobre mis tierras". Sentía que esa institución y la participación de Felice en ella los unía, y le dijo que cuando respondiera a las preguntas de las niñas, "deja que la oscura complejidad del judaísmo, que contiene tantos rasgos impenetrables, haga su trabajo". Por su parte, estaba cada vez más preocupado por esa "oscura complejidad": "No pensaría en ir a la sinagoga –le dijo a Felice–. Todavía recuerdo que cuando era niño me sofocaba el terrible aburrimiento y la falta de sentido de las horas pasadas en la sinagoga: fueron los ensayos que el infierno puso en escena para mi futura vida de oficina. Esos que se amontonan en la sinagoga por el solo hecho de ser sionistas, me parecen personas que se abren paso para entrar a la sinagoga al amparo del Arca de la Alianza, en lugar de entrar tranquilamente por la puerta principal". Agregó que "debido a mi origen, mi educación, mi disposición, y mi entorno, no tengo nada concreto en común con su fe [la de los judíos de Europa oriental]": una empatía que la misma Felice podía desplegar. Siguió enviándole sugerencias de material de lectura para los jóvenes, y disfrutando de los relatos de ella.

En parte por ese proyecto compartido, Kafka se sentía más a gusto consigo mismo ahora, o al menos, menos a disgusto. Estaba gozando del verano praguense, descubriendo lugares en los límites de la ciudad, donde podía tenderse sobre el pasto, escuchar a los niños que jugaban o hacer caminatas con Ottla, durante las cuales él le leía a Platón o ella le enseñaba a cantar a su hermano, que no era nada musical. Le pareció que casi se estaba transformando de habitante de la ciudad en un campesino.

Pero en su diario, seguía tratándose a sí mismo con dureza: "Lo que parece un sentido de responsabilidad de tu parte... es, en el fondo, un espíritu de funcionario, puerilidad, una voluntad destruida por tu padre". Se decía que debía hacer algo en ese sentido: "Y eso significa no preservarte (especialmente a costa de una vida que amas, la de F), porque preservarte es imposible; esta aparente forma de preservarte te ha llevado al límite de tu destrucción... Uno no puede preservarse, no puede calcular las cosas de antemano. No tienes la menor idea de lo que sería mejor para ti". Kafka finalizaba esta descarga de vigorosos buenos consejos con una orden: "Corrige tus caminos, escapa de la burocracia, comienza a ver lo que eres en lugar de calcular lo que deberías llegar a ser". Se decía a sí mismo que la "disparatada" comparación que siempre hacía entre él y Flaubert, Kierkegaard o Grillparzer (todos ellos, como dijimos antes, escritores que se sacrificaron por el arte o lo pusieron por encima de sus consideraciones personales, como el matrimonio o el éxito mundano), era simplemente "infantil". Esto era especialmente cierto con respecto a Flaubert y Kierkegaard, que después de todo eran "hombres de decisión" que no hacían cálculos, sino que actuaban. En cambio, Kafka sólo hacía interminables "cálculos" (*Berechnungen*), "cuatro años de monstruosos altibajos". Quizá Grillparzer fuera el ejemplo relevante más cercano, pero ¿quién querría imitar a ese "desdichado ejemplo a quien las futuras generaciones deberían agradecer por haber sufrido en su nombre"?

Indudablemente, Kafka se sentía mucho mejor después de haberse propinado esa vigorosa reprimenda. Sin embargo, no actuó en consecuencia, y siguió "calculando" como antes. En particular, la realidad de la vida matrimonial, compartir la intimidad, lo horrorizaba. Cuando le escribió a Felice varias semanas después, incitado por la sincera admisión de ella (una sinceridad que no estaba seguro de apreciar: esa clase de despiadada franqueza que, después de todo, era la que él solía usar) en el sentido de que no tenía ningún deseo de sentarse a la mesa con la familia de él, Kafka le explicó lo mucho que detestaba la vida de familia, y la amenaza que representaba para la libertad individual: "La sola vista de la cama doble, de sábanas en las que se ha dormido, de camisones cuidadosamente dispuestos, puede provocarme ganas de vomitar... es como si mi nacimiento no hubiera terminado, como si de esa vida mohosa volviera a nacer, una y otra vez, en esa mohosa habitación; como si tuviera que volver allí para confirmarlo... Algo sigue adhiriéndose a los pies cuando tratan de liberarse, los aprisiona firmemente cuando están en el cieno primitivo". Al mismo tiempo, sabía que estaba ligado a sus padres, que ellos eran "elementos esenciales de mi propio ser, que me dan fuerzas, que me pertenecen, no meramente como obstáculos, sino como seres humanos. En esos momentos, quiero tenerlos como se quiere la perfección; porque a pesar de toda mi maldad, mi rudeza, mi egoísmo y mi crueldad, siempre temblé frente a ellos... y porque ellos, Padre por un lado y Madre por el otro, prácticamente han destruido −otra vez, casi con naturalidad− mi voluntad, quiero que sean dignos de sus acciones".

Al leer pasajes como éstos, recordamos que Kafka fue un contemporáneo austríaco de Sigmund Freud, aunque tuviera poco

tiempo para el freudismo como ciencia. Algo que pertenecía al espíritu de los tiempos y al clima intelectual llevó a ambos hombres a
través de esos oscuros, laberínticos caminos. Kafka pensaba que
Ottla podía haber sido su madre perfecta, pero se sentía abrumado
por los padres que tenía y como "no podía rebelarse contra las leyes
de la naturaleza sin volverse loco", estaba lleno de "odio, y casi nada
más que odio". Odiaba particularmente la idea de que su familia in-
corporara a Felice y comenzara a usarla contra él: "Pero tú me perteneces a mí, te hice mía; no creo que en ningún cuento de hadas se
haya luchado por ninguna mujer con tanta fuerza y desesperación
como he luchado por ti en mi interior, desde el principio, una y otra
vez, y quizá para siempre. Así que tú me perteneces". Con Felice,
Kafka sentía que su vida se dividía en dos: una "se nutre de tu vida",
pero la otra era "como una telaraña suelta a la deriva". Ya hacía casi dos años que ese segundo ser −el del escritor− no había escrito
nada "y sin embargo, sólo consiste en la capacidad y el ansia de hacer ese trabajo". Felice señaló un poco socarronamente: "Ves con
tanta claridad que estar solo te lleva a estar más deprimido, que eres
de otra manera".

El 10 de noviembre de 1916, Kafka viajó a Munich para tomar
parte en una lectura literaria en el Kunst-Salon Goltz. Leyó parte de
En la colonia penitenciaria, y Felice fue a escucharlo. También conoció a varios escritores hoy olvidados, como Gottfried Kölwel, Max
Pulver y Eugen Mondt, y posiblemente al poeta Rainer Maria Rilke.
Las reseñas de esa velada sugieren que no fue un éxito completo.
Aunque tampoco un "grandioso fracaso", como lo describió Kafka
más tarde. El tiempo que pasó con Felice le ofreció poco consuelo:
discutieron en un "horrible negocio de pasteles": la prisa y la distracción de la lectura causaron inevitables tensiones.

Al regresar a Praga dos días después, Kafka estuvo atareado tratando de encontrar un apartamento tranquilo y apacible que le permitiera trabajar seriamente en alguna verdadera tarea creativa.
Mientras efectuaba esa búsqueda, Ottla le permitió usar (durante el

día, ya que volvía a su propio apartamento para dormir) una casita que había alquilado en los muros del Castillo de Praga, en la encantadora pero inadecuadamente llamada calle "de los Alquimistas", Alchimistengasse (hoy Zlatá Ulička). Ottla había estado alquilando esa casa, que sus padres ignoraban, desde noviembre –posiblemente para encontrarse con su amante Josef David, un no judío que sus padres desaprobaban–, y la había limpiado después de que la enorme familia que se hacinaba en ella la desocupara. Instaló algunos muebles de bambú que Kafka encontró particularmente confortables. Esa casa minúscula, que hoy es un negocio de *souvenirs* de Kafka, de bastante buen gusto, había sido habitada durante el reinado de Rodolfo II (1576-1611) no por las familias de alquimistas que iban a buscar fortuna a la excéntrica corte del Sacro Emperador Romano, sino por funcionarios del castillo. El nombre de la calle evoca a esa ciudad de alquimistas, gólems y rabinos milagrosos que tan vívidamente describe Angelo Maria Ripellino en su maravilloso y erudito libro *Praga Magica*. Esa Praga mágica, en su a veces llamativo exceso, no es, sin embargo, la Praga del exacto, racional y preciso Kafka. Actualmente, la Calle de los Alquimistas, especialmente en la temporada estival, se llena de visitantes que ingresan compulsivamente (el turismo masivo, superando a la propia piedra filosofal, encontró una manera más fácil de generar riqueza a partir de la nada). Pero a principios de diciembre de 1916, Kafka encontró allí un lugar realmente tranquilo.

Desde la parte trasera de la casa ubicada en el número 22 –que es apenas más grande que un cuarto, y se ve desde la calle con las dimensiones de una casa de muñecas– se divisa el Foso del Ciervo, donde, por orden del loco Rodolfo, solían colgar a los alquimistas fraudulentos en jaulas de hierro, para que sufrieran una muerte lenta por hambre. A la noche, Kafka dejaba la casa a su pesar para regresar a su propio apartamento: "Una sensación extraña, cerrar con llave la propia casa en una noche estrellada, en esta calle angosta". El 6 de diciembre, día de San Nicolás, cuando los niños recibían obsequios, su vecino, el doctor Knoll, se paraba en mitad de la calle vacía con una bolsa de caramelos, esperando que aparecieran los niños.

Éste debió ser para Kafka un período especial, en ese antiguo, tranquilo y bello lugar, pero las ansiedades no lo abandonaban. Poco antes de Navidad, le escribió a Felice: "El otro día mencionaste alguna clase de solución para nuestro problema principal. ¿Hay algo que puedas agregar a ello?". Esta enigmática pregunta probablemente se relacionara con la permanente inquietud de ambos sobre tener hijos, un tema que no daba señales de desaparecer, aunque la naturaleza exacta del problema no está clara. Si no había problemas de impotencia, simplemente puede haberse tratado del miedo de Kafka a aceptar la responsabilidad de un hijo, especialmente por su vigorosa crítica al daño que le hacía la familia al individuo, basada en su propia experiencia. Su madre, en un mensaje de Año Nuevo a Frau Bauer, expresó el deseo de que el Todopoderoso "ponga fin a esta terrible guerra" y su decepción porque Felice había decidido no efectuar finalmente su visita de Navidad a Praga. Pero a pesar de estos intercambios formales, los problemas de la pareja no habían terminado.

18

Aprovechando su nuevo espacio en la casita de la Calle de los Alquimistas, Kafka escribió durante el invierno de 1916-1917, una serie de cuadernos que los estudiosos han bautizado "cuadernos azules en octavo" (actualmente se encuentran en la Bodleian Library de Oxford). En ese período también escribió *El jinete del cubo* (*Der Kubelreiter*), publicado en 1921, y relatos como *Un golpe a la puerta del cortijo* (*Der Schlag am Hoftor*), partes de *La muralla china* (*Beim Bau der chinesichen Mauer*), *El guardián de la tumba* (*Der Gruftwächter*), *El puente* (*Die Brücke*) y *El cazador Graco* (*Der Jäger Gracchus*), obras que no se publicarían durante su vida.

Tanto *La muralla china* como el relato más breve *Un golpe a la puerta del cortijo* tratan sobre la ineluctable naturaleza del poder y la impotencia del individuo. Quizá lo escribió mirando el Muro del Hambre (Hladová zed) de Praga, comenzado en los años 1460 por Carlos IV para dar trabajo a los indigentes de la ciudad, y es otro relato sobre la *organización*, sobre los intrincados procedimientos que gobiernan la manera de hacer las cosas, sobre el trabajo. "Casi todos los hombres instruidos de nuestro tiempo eran albañiles de profesión e infalibles en materia de colocar cimientos", explica el narrador, reflejando en el relato el tema de la dominación del trabajo en el mundo moderno, nuestra obsesión con su absorbente inutilidad. Describe la gradual construcción del muro, con segmentos individuales inconexos y construidos sin ninguna visión general de lo que estaba sucediendo, como si fuera un símbolo de la fragmentada conciencia moderna. "Nosotros... realmente no nos conocíamos a nosotros mismos hasta que escudriñamos cuidadosamente los decretos del alto mando, cuando descubrimos que sin el alto mando, ni nuestro aprendizaje de los libros ni nuestra comprensión humana habrían sido suficientes para las humildes tareas que ejecutábamos en el gran conjunto". La expresión del narrador: "nuestros dirigentes nos conocen", así como la referencia a que el alto mando existió "desde toda la eternidad", combinan una idea de la impotencia humana con la divina providencia, admiten la eternidad del mundo y del poder. La negativa de los constructores del muro a llevar adelante sus averiguaciones hasta saber por qué lo están construyendo, parece aludir a la imposibilidad de trascender la condición histórica del hombre, de desviar el poder de la historia.

El cazador Graco, del cual existen diversos fragmentos, fue escrito entre diciembre de 1916 y abril de 1917, y está compuesto con la misma precisión en la acumulación de detalles: otra creación extraña, maravillosamente original, como un cuento de hadas o una fábula de muerte, de inmanencia. Es inusual porque se ubica en una localidad específica, Riva o el lago Garda, que Kafka había visitado en dos oportunidades. El oficial del ejército que Kafka había conocido en Riva en 1913, y que fue identificado como Ludwig von Koch, era un general de división retirado del Sexto Regimiento de Húsares del ejército austríaco. Se mató de un tiro el 3 de octubre, cuando Kafka estaba en la clínica del doctor von Hartungen con él, y su cuerpo fue velado en la capilla mortuoria Santa Ana de Riva. Es muy probable que Kafka estuviera bajo la influencia de este suicidio cuando escribió su relato sobre Graco, que murió 1500 años atrás, aunque existe en un estado intermedio entre la muerte y la vida. Llega a Riva en un barco a la deriva: un alma que no puede hallar reposo permanente, como un suicida en las morales tradicionales.

Otro relato escrito a fines de 1916, *Un sueño* (*Ein Traum*), apareció en una antología de 1917 titulada *Das jüdische Prag*, y representa la primera aparición pública de "Joseph K". Es un relato maravillosamente vívido de un sueño, ubicado en un cementerio, donde Joseph K conoce a un artista que está grabando una lápida con letras de oro. Poco a poco, se va dando cuenta de que esa lápida es la suya, y se introduce en el sepulcro mientras "arriba su nombre atraviesa la lápida con espléndidos ornamentos". Otro bello suicidio.

Este sueño había sido escrito en la época en que Kafka todavía pasaba las noches en su horrible apartamento de la Lange Gasse, molesto por el ruido, los instrumentos musicales y el estrépito de la cocina y las demás habitaciones del edificio de hormigón. La agradable caminata hasta la Calle de los Alquimistas y el silencio eran un bálsamo. Cenaba allí, permanecía hasta alrededor de la medianoche, y luego disfrutaba de su caminata hasta su casa. Le encantaba tener una verdadera puerta de entrada para cerrar detrás de él, y pisar directamente la nieve y la calle tranquila. No era caro (veinte kronen por mes), y lo cuidaban su hermana Ottla y "una pequeña florista" llamada Růženka, a quien Ottla había tomado bajo su protección.

Poco después de llegar a esa casa a fines de noviembre de 1916, Kafka había escrito en un libro que dejó sobre la mesa para Ottla, "Para mi casera": hasta en su celda de ermitaño seguía siendo el centro de una red de dependencia, ya que la jorobada Růženka se ocupó de él cuando en marzo dejó la Lange Gasse y se mudó al Palacio Schönborn (actualmente, la embajada de los Estados Unidos), en el distrito del Castillo, Hradčany. A pesar de haberse mudado, siguió trabajando en la pequeña casa de Ottla. El nuevo apartamento estaba en el segundo piso y había sido amueblado "con un toque femenino" por una vieja condesa, pero el casero sacó el mobiliario. Tenía dos habitaciones y luz eléctrica, aunque no había cuarto de baño, y Kafka pensó que podía ser un buen lugar para vivir con Felice después de casarse, por lo menos al principio. Trató de convencerla describiéndole el hermoso parque adyacente al que tendrían acceso. Otra noticia agradable fue el cierre definitivo de la fábrica de amianto en marzo.

Poco tiempo después, Kafka le envió a Martin Buber doce de los nuevos relatos que había escrito en los cuadernos azules en octavo, para su posible publicación en su periódico sionista *Der Jude*. Le dijo a Buber que serían publicados en algún momento en un libro con el título de *Responsabilidad*: finalmente se publicó en 1919 con el título de *Un médico rural* (*Ein Landarzt*). Buber eligió dos "historias de animales", "Chacales y árabes" e "Informe para una academia", que se publicaron en otoño, con instrucciones de Kafka de que no se las definiera como "parábolas". Kafka estaba de mucho mejor humor, y contento con todos esos trabajos nuevos. Kurt Wolff también estaba complacido, y alabó los trece manuscritos que Kafka le había enviado en julio, aunque éste sostenía, como siempre, que "dista mucho de lo que realmente quise hacer". Le dijo que después de la guerra planeaba casarse y mudarse a Berlín, y eso significaba que debería abandonar su habitual indiferencia hacia las ganancias. Incluso le llegó a pedir a Wolff cierta garantía de que seguiría publicando sus escritos una vez terminada la guerra. La garantía llegó a vuelta de correo.

También en julio, Felice fue a Praga y, por segunda vez, la pareja se comprometió formalmente. Era como si la épica lucha de cinco años de angustiada correspondencia fuera a llegar finalmente a un resultado feliz. La pareja viajó a Budapest, y luego a Arad, para ver a la hermana de Felice. Kafka volvió solo, vía Viena. Planeaba pasar diez días con Ottla, a principios de septiembre, en Zürau (Siřem), al noroeste de Bohemia, donde ella administraba la finca de Karl Hermann, el marido de Elli, que estaba en el frente. La gran atracción de Zürau consistía para ella en que estaba muy lejos de Praga y de sus padres. Había tenido frecuentes discusiones con ellos, especialmente con su padre, por su decisión de dejar la tienda. No era ninguna sorpresa que, durante esos altercados, Franz estuviera de parte de su hermana, y el vínculo entre ambos se había fortalecido aún más. Indudablemente, a él le encantaba la idea de pasar un tiempo con su hermana en el campo. Pero en la noche del 9-10 de agosto de 1917, un mes antes del proyectado viaje, mientras estaba solo en su apartamento, ocurrió una catástrofe.

Al parecer, Kafka no se lo dijo a nadie en forma inmediata. La primera en saberlo fue Ottla, e incluso a ella evitó darle la noticia durante algunas semanas porque sabía que estaba en medio de la cosecha. "Hace unas tres semanas –le dijo sin ambages el 29 de agosto– tuve una hemorragia pulmonar durante la noche. Fue alrededor de la cuatro de la mañana. Me desperté intrigado porque tenía una gran cantidad de saliva en la boca, la escupí, pero cuando encendí la luz, vi, extrañamente, una mancha de sangre". Después empezó a correr el flujo, que borbotaba en la garganta –usó la palabra checa "*chrlení*", escupir o vomitar–, con tanta persistencia que creyó que no terminaría nunca. Se levantó y caminó por la habitación, miró a través de la ventana, hasta que finalmente el flujo se detuvo y volvió a la cama, después de lo cual durmió mucho mejor de lo que había dormido en mucho tiempo. A la mañana siguiente, llegó Růženka y exclamó en checo: "*Herr Doktor*, ¡usted no durará mucho tiempo!". Ese mismo día, más tarde, en horas de oficina, fue a ver al doctor Mühlstein, quien le diagnosticó un catarro bronquial y le prescribió tres frascos de medicinas. A Kafka no le gustó el médico, y no creyó su diagnóstico de un resfrío (por lo general, Kafka no solía resfriarse, y estaban en pleno verano, pero es cierto que el apartamento era "un lugar frío, encerrado, que olía mal"), y no estuvo de acuerdo con él en descartar la tisis ("todos los habitantes de las grandes ciudades están tuberculosos... inyéctese tuberculina y todo estará bien"). Kafka estaba convencido, con razón, de que tenía tuberculosis, pero no sería una tuberculosis cualquiera. La batalla se libraría en una escala épica, y sin duda la consideró como la culminación de su lucha de los últimos cinco años por casarse. "Es la batalla más grande que se me ha impuesto, o más bien, que se me ha confiado, y una victoria (que, por ejemplo, podía haberse presentado en forma de una boda; tal vez F sólo represente el presunto principio bueno de esta batalla), quiero decir, una victoria con un apenas soportable tributo de sangre, habría significado algo napoleónico en mi historia mundial privada. Ahora parece que perderé la batalla de esta manera". El efecto inmediato fue que su insomnio, sus estados febriles y sus dolores de cabeza desaparecieron, y dormía bien. Era como el escalofriante silencio de un campo de batalla después de un gran enfrentamiento. Cuando hablaba con Ottla, Kafka se refería a la tuberculosis como "esta enfermedad mental". Él no tenía ninguna duda sobre el significado intelectual y moral de la enfermedad, su íntima conexión con sus dramas personales.

Lo primero que hizo Kafka fue devolver el apartamento del Palacio Schönborn (y aceptar el desalojo de la pequeña casa de la Calle de los Alquimistas, donde solía escribir de día). Lo dejó a principios de septiembre ("esto es muy parecido a morir") y volvió a vivir con sus padres (todavía no les había dicho nada sobre su enfermedad), y dormía en el cuarto de Ottla, que estaba al lado del baño y su fastidiosa música del correr del agua. El 3 de septiembre fue a ver al doctor Mühlstein, que le recomendó mucha comida y mucho aire, que se pusiera compresas en los hombros por la noche y que realizara consultas mensuales. Las inyecciones de tuberculina quedaron en suspenso por el momento.

Kafka seguía viendo a la enfermedad como parte del plan que el destino tenía para él: "Indudablemente, hay justicia en esta enfermedad; es un golpe justo, que, a propósito, no siento en absoluto como un golpe, sino como algo absolutamente dulce en comparación con el curso general de estos últimos años; de modo que es justo, pero tan burdo, tan prosaico, tan simple, tan clavado en el lugar más conveniente". El 4 de septiembre, ante la insistencia de Brod, fue a ver a un especialista, el profesor Gottfried Pick, que era director del Instituto Laringológico de la Universidad Alemana de Praga. Pick (que confirmó el diagnóstico de Mühlstein: "apicitis pulmonar" o infección del ápice del pulmón) prescribió una temporada en el campo. En una carta a Brod, Kafka describió la renuencia de Mühlstein a diagnosticar algo malo como la acción de un hombre que "quería protegerme con sus anchas espaldas del Ángel de la Muerte, que estaba parado detrás de él, y ahora se está corriendo gradualmente hacia un costado". Kafka le preguntó a Ottla si podía ir a Zürau, aunque Brod quería que fuera a Suiza, donde tendría médicos a mano. Le pidió a su jefe, Eugen Pfohl, que le otorgara la jubilación o tres meses de licencia, en una escena que describió como "una comedia sentimental". Bromeó diciendo que el informe de Pick parecía un "pasaporte a la eternidad", aunque el especialista le había dicho que podía haber una mejoría en el largo plazo. Siempre ocultando la verdad a sus padres, Kafka les dijo que la licencia se debía a su estado nervioso. Las autoridades del Instituto descartaron una jubilación con pensión, ya que seguían considerando a su subsecretario un empleado valioso. "Una vez que me adhiero a un lugar, me quedo pegado como algo francamente repugnante", observó Kafka con sequedad.

El 12 de septiembre, después de terminar los arreglos con Kurt Wolff para la publicación de *Un médico rural*, Kafka partió hacia Zürau. "Tienes la suerte de empezar de nuevo, en la medida de lo posible", escribió en su diario poco después de llegar. "No la desperdicies... Si la infección de tus pulmones es sólo un símbolo, como dices, un símbolo de la infección cuya inflamación se llama F, y cuya profundidad es su profunda justificación, si es así, entonces el consejo médico (luz, aire, sol, reposo) también es un símbolo. Aférrate a ese símbolo". Ahora sólo faltaba resolver la cuestión de Felice.

El 9 de septiembre, después de algunas cartas (hoy perdidas) a Felice, que según Kafka pueden haber sido "monstruosas" (es posible que Kafka ya hubiera empezado a rechazar de todos modos a Felice antes de descubrir su enfermedad: parece confirmarlo lo que le dijo al poeta praguense Rudolf Fuchs al encontrarlo en Viena cuando volvía de Hungría), y exactamente cuatro semanas después del *Lungenblutsturz*, le escribió para contarle sobre la hemorragia. "Que pueda desarrollar súbitamente alguna enfermedad no me llama la atención... al final, mi maltrecha sangre debía estallar; pero que sea la tuberculosis lo que, a la edad de treinta y cuatro años, me derribe de la noche a la mañana, sin un solo antecedente familiar, me sorprende". El 20 o el 21 de septiembre, Felice hizo el largo y duro viaje desde Berlín para verlo. "Debí haberla prevenido. Tal como lo veo, ella está sufriendo la mayor desdicha, y la culpa es fundamentalmente mía... Yo mismo... soy tan indefenso como insensible... Ella es una persona inocente condenada a una extrema tortura; soy culpable de la injusticia que la tortura, y soy, por añadidura, su torturador". Como siempre, Kafka hacía un análisis despiadadamente sincero –aunque su sinceridad tenía a veces ciertos rasgos de estrategia retórica–, pero no se preguntaba: ¿por qué no hice nada al respecto? Sabiendo que la torturaba, ¿por qué persistía en hacerlo? ¿No hubiera sido más amable de su parte hacer un corte definitivo y en forma más limpia?

Si la carta escrita por Kafka antes de la visita de Felice daba a entender cuáles podían ser las consecuencias para ambos, la siguiente, escrita desde Zürau el 30 de septiembre, después del regreso de ella a Berlín, no dejaba la mínima duda. La llamó "la carta más desagradable que haya escrito jamás", y en ella, Kafka construía un mito sobre su enfermedad que servía a sus intereses:

> Como sabes, hay dos combatientes en la guerra que se desarrolla en mi interior. Durante los días pasados he tenido menos dudas que nunca de que el mejor de ambos te pertenece a ti. Por medio de palabras y silencio, y una combinación de ambos, te mantuve informada sobre la evolución de la guerra durante cinco años, y la mayor parte de ese tiempo has sufrido por ello... Tú eres mi tribunal humano. De los dos que están en guerra en mi interior, o mejor dicho, cuya guerra soy yo –excepto un pequeño remanente atormentado–, uno es bueno y el otro es malo... La sangre derramada por el bueno (el que ahora nos parece bueno) para ganarte a ti está al servicio del malo... Porque secretamente no creo que esta enfermedad sea tubercu-

losis... sino más bien una señal de mi quiebra general. Creí que
la guerra podía durar más tiempo, pero no es posible. La sangre
no sale de los pulmones, sino de una estocada decisiva asesta-
da por uno de los combatientes.

Hay algo que no convence en la ecuación de la sangre del campo de batalla y la hemorragia (que en esta etapa no era fatal: su estado de salud era razonablemente bueno), como si Kafka tratara de
dramatizar excesivamente para llegar a la verdadera conclusión de la
carta: "Nunca volveré a estar bien". Ya había decidido que Felice estaba perdida para él, o él para ella, y buscaba ahora una manera efectiva de escribir la posdata de la relación, pero de ninguna manera está claro que ella estuviera preparada para terminarla de ese modo:
durante el mes de septiembre, llegaron muchas cartas de ella que, en
su serenidad y ecuanimidad, contrastaban notablemente con el golpe que él sentía que debía darle. "No la entiendo. Es extraordinaria".
Existe otra carta de Kafka a Felice, escrita el 16 de octubre, en la
que se refiere a su visita a Zürau. Ella estaba fastidiada por el evidente sinsentido de su viaje, por el "incomprensible" comportamiento
de él, por todo. Él decía que, a pesar de estar "atormentado", no se
sentía desdichado, porque: "No *sentí* toda la tragedia, aunque la vi, la
reconocí, y la diagnostiqué en su inmensidad que supera todas mi
energías (mis energías como hombre vivo por lo menos); y con este
conocimiento, me quedé relativamente tranquilo, con los labios apretados, muy apretados". El fatalismo de Kafka, sus claras conclusiones, seguramente le parecieron a Felice un poco insustanciales después de lo que habían pasado juntos, después de lo que ella debió
atravesar. Cuando al partir, su carruaje se alejó de la finca de Zürau,
y rodeó la laguna, Kafka cruzó, volvió a acercarse a ella, y la miró por
lo que, según planeaba, sería la última vez, consciente de que la estaba perdiendo, y representando ya su papel en una tragedia preca-
riamente dirigida. Y entonces, ella desapareció con Ottla, rumbo a
la estación.

Parecía que todo había terminado, pero habría todavía un encuentro final en Praga, dos meses después, en la época de Navidad.
Kafka había recapacitado un poco, y ahora veía con claridad lo que
pasaba. "Los días con F. fueron malos", le confesó a Ottla. "Pero, por
supuesto, habrían sido mucho peores, o imposibles, si yo no hubiera estado completamente seguro de estar haciendo lo correcto". La disolución formal del segundo compromiso le parecía una gran injusticia hacia Felice, "y fue cada vez más injusto por la serenidad y
especialmente la amabilidad con que ella la recibió". El 27 de diciembre, cuando tuvo lugar la ruptura definitiva, "lloré más que en
toda mi vida después de la infancia". Fue a ver a Brod a su oficina
cuando regresaba de despedir a Felice en la estación, y estaba más
visiblemente molesto y descontrolado de lo que su amigo lo había
visto nunca. Se sentó en una pequeña silla para las visitas, y declaró,
entre sollozos: "¿No es terrible que tenga que pasar algo así?" [*Ist
es nicht schrecklich, daß so etwas geschehen muß?*].

Después de un cuarto de millón de palabras y cinco años, ahora realmente todo había terminado.

En marzo de 1919, poco más de un año más tarde, Felice se casó con un acomodado hombre de negocios de Berlín y tuvo dos hijos. En 1931, la familia se mudó a Suiza, y en 1936, a los Estados Unidos, donde Felice murió el 15 de octubre de 1960. En 1955 había
vendido las cartas de Kafka a Schocken Books de Nueva York. La
correspondencia –extensa, angustiada, a veces bastante difícil de soportar– constituye un documento fundamental, en cierto modo, un
clásico del amor epistolar.

A pesar del final de su compromiso y el comienzo de su enfermedad, la estadía de Kafka en Zürau –permaneció allí hasta abril de
1918– fue placentera. Naturalmente, le molestaban los ruidos de la
finca, el graznido de los gansos cuando iban a la laguna, y el martilleo del hojalatero, pero el amoroso cuidado de Ottla "literalmente

me llevaba en sus alas a través del difícil mundo". Ella le había provisto una habitación aireada y cálida, y trataba de hacerle comer los productos del campo. Pero lo que más sentía Kafka era "libertad, libertad por sobre todo". En cierto sentido, la enfermedad lo había liberado, había puesto fin al tormento y a la duda. Era inevitable que le atribuyera un carácter moral, más que psicológico. Sin embargo, le dijo a Max Brod que constantemente trataba de encontrar una explicación a esa enfermedad, porque él no la había buscado: "A veces me parece que mi cerebro y mis pulmones llegaron a un acuerdo sin que yo lo supiera. 'Las cosas no pueden seguir así', dijo el cerebro, y cinco años después, los pulmones dijeron que estaban dispuestos a ayudar". Pero el precio de la libertad fue la pérdida de la "imaginaria cama matrimonial como recompensa y significado de mi existencia humana". Le dijo a Brod que vivir en Zürau con Ottla era como "un buen matrimonio menor", y que llevaban una "linda vida de familia". Hacía todo lo posible para enviar productos de la finca a sus amigos y colegas de Praga, y recibía a cambio artículos que era difícil conseguir en el campo por la guerra. Le encantaba la gente de campo, "nobles que escaparon hacia la agricultura... Verdaderos habitantes de esta tierra", y describió una imagen "homérica" de dos robustos caballos bañados por un fugaz rayo de sol en su establo. Empezó a engordar: había llegado con sesenta y un kilos y medio, y aumentó un kilo sólo en la primera semana.

Se preguntaba si estaba destinado a convertirse en un recluso campestre –como su tío, Siegfried Löwy, el médico rural–, o incluso en el idiota del pueblo. "Pero ¿tengo derecho a esperar algo bueno, a los treinta y cuatro años, con mis pulmones extremadamente frágiles, y mis aún más frágiles relaciones humanas?". Escribió en su diario que todavía podía obtener satisfacciones pasajeras de obras como *Un médico rural*, "siempre que realmente pueda seguir escribiendo cosas así (muy improbable). Pero la felicidad, sólo en el caso de que pueda elevar el mundo hacia lo puro, lo verdadero, lo inmutable [*Glück aber nur, falls ich die Welt ins Reine, Wahre, Unverän-*

derliche heben kann]". El hecho de que pocas veces el mundo fuera puro, verdadero e inmutable no lo disuadía de intentar esa tarea. Había articulado una ambición estética que, en los restantes años de su vida, lucharía por alcanzar.

Con menos altura, pero en una forma más sagaz de autoconocimiento, escribió en su diario, durante las primeras semanas de su enfermedad: "Has destruido todo sin haberlo poseído realmente". Sin embargo, mantenía sus ambiciones: "Todavía no escribí lo decisivo. Sigo marchando en dos direcciones. El trabajo que me espera es enorme". Estaba leyendo generalmente en checo y en francés, y sólo autobiografías y correspondencias. Cuando Brod (que fue recompensado con una perdiz) le envió algunos cuentos jasídicos del *Jüdisches Echo*, dijo que era "la única literatura judía en la que me siento inmediatamente y siempre en casa". Kafka se sumergía cada vez más en la vida de campo: tomaba sol, no trabajaba, no escribía nada, estaba decidido a no dejarse arrancar nunca de ese idilio campestre (a pesar de los ratones, que le causaron muchas molestias y angustia), y recordaba con aprensión los ruidosos cabarets de Praga que solía frecuentar.

Alrededor de mediados de octubre, Kafka comenzó a escribir, en sus cuadernos en octavo, una serie de piezas cortas que se conocieron como "Aforismos de Zürau" (algunas ediciones antiguas de los textos de Kafka las publicaron en forma separada como *Consideraciones acerca del pecado, el dolor, la esperanza y el camino verdadero*, pero ediciones recientes las volvieron a incluir en su contexto entre pasajes más largos y reflexivos). Tienen la fuerza y las debilidades de todos los aforismos –algunos pensamientos pretenciosos, a veces equilibrados por observaciones agudas–, y son muy apreciados por algunos lectores de Kafka, especialmente por los que lo consideran un pensador religioso. Un par de ejemplos representativos (usando una numeración inventada por el mismo Kafka cuando los seleccionó de sus cuadernos originales) serían: "38. Un hombre se asombraba por la facilidad con que caminaba por el sendero de la eternidad: es que lo recorría cuesta abajo", y "62. El hecho de que no exista más que un mundo espiritual nos priva de la esperanza y nos da certeza".

Los aforismos y algunas reflexiones más largas muestran que en esa época Kafka tenía tiempo libre para la contemplación y estaba llevando adelante, en forma bastante comprensible, dadas las circunstancias exteriores de su vida, una profunda búsqueda metafísica en su interior y en sus relaciones con el mundo. Estaba leyendo otra vez a Kierkegaard, el único filósofo por el cual sentía un interés sostenido. "¡Qué patéticamente superficial es mi autoconocimiento comparado con, digamos, el conocimiento de mi cuarto!", escribió en octubre. "¿Por qué? No existe una observación del mundo interior, como la hay del mundo exterior... El mundo interior sólo se puede experimentar, no describir". Se dio cuenta de que necesitaba acumular fuerzas en ese momento, sobre todo por causa de la enfermedad: "[Cómo] llegar siquiera a acercarte a la tarea más importante... si no puedes controlarte de manera tal que, al llegar el momento decisivo, tengas la totalidad de ti mismo concentrada en una mano como una piedra para arrojar, un cuchillo para matar".

En una larga carta a Brod a mediados de noviembre, Kafka analizaba su sentimiento de haber fracasado en cierto sentido en relación con el mundo normal de todos los días, de no haber "actuado bien". Siempre le había gustado la expresión de Flaubert sobre las personas que están *dans le vrai*, es decir, las personas cuyas vidas son de un modo muy vital, auténticas, verdaderas y naturalmente correctas. Kafka le describió a Brod las ideas de suicidio que había tenido en el pasado, y su concepto presente de que "lo que tenía ante mí era una vida miserable y una miserable muerte", citando las palabras finales de *El proceso*: "la vergüenza debía sobrevivirle". Entonces aseguró haber descubierto "una nueva salida", que consistía en decir "que no sólo privadamente, como en una digresión, sino abiertamente, por la totalidad de mi conducta, confieso que no puedo actuar en forma apropiada. Esto significa que todo lo que tengo que hacer es

seguir adelante con la mayor decisión en la línea de mi vida anterior.
Como resultado de esto, adquiriría una coherencia, no me disiparía
en cosas que no tuvieran sentido, y mantendría una visión aguda".
Esto suena más como un decidido esfuerzo de voluntad, que como
un logro intelectual, una aceptación de una visión bastante limitada
de su futuro, y puede haber sido un intento de prepararse para regresar al Instituto, como le estaban recomendando los médicos.

La tentativa de Kafka, en diciembre, de persuadir al Instituto
para que le permitiera jubilarse fracasó nuevamente. Había ido a
Praga para eso y para ver a Felice por última vez, y tuvo otra consulta con el doctor Pick, quien estuvo de acuerdo en que la jubilación era un pedido razonable, y aprobó la decisión de Kafka de no
casarse. La razón oficial para cancelar el compromiso fue el comienzo de la enfermedad, pero evidentemente esto encubría motivos más complicados y no declarados. En su casa, Kafka debió escuchar a su padre que vituperaba a Ottla, quejándose de que para
ella estaba muy bien quedarse en el campo con mucho para comer;
otra cosa sería si hubiera tenido la experiencia del hambre de verdad,
como le había ocurrido a él. Kafka le dijo a Ottla que ellos tenían razón en hacer lo que hacían, pero que su padre tenía razón en una
sola cosa: "que todo nos resulta demasiado fácil... Él no conoce otra
experiencia que la del hambre, los problemas de dinero y, quizá, la
enfermedad". Kafka admitía cierta verdad en la posición de su padre, "cierta bondad también", y se dio cuenta de que mientras Ottla
y él dependieran financieramente del padre, "nuestra conducta hacia él queda limitada, y en cierto modo debemos ceder ante él... En
este terreno, en su voz habla algo más que el padre, algo más que
simplemente el padre desamorado [*nicht-liebende*]". Kafka estaba
diciendo que su padre era, de hecho, la encarnación del principio
del patriarcado, del poder abstracto, al que ellos no estaban en posición de resistirse. El padre amante, el Hermann real que no quería o no sabía expresar su cariño, se había preocupado genuinamente cuando, a fines de noviembre, Ottla le hizo una breve visita en

Praga y le dijo la verdad sobre la tuberculosis de su hermano. Tuvo que asegurarle que su hijo podía alimentarse convenientemente en Zürau y que no estaba en peligro.

Se acercaba el momento en que Kafka ya no podría resistir la necesidad de saldar cuentas con su padre en la única forma que conocía: escribiendo. En esas últimas argumentaciones con Ottla, se encuentra el germen de *Carta al padre*. Mientras tanto, tenía urgencia por escapar de Praga y regresar a su aldea rural en medio de la nieve, tan parecida al paisaje de la aldea que se encontraba al pie del castillo de su última novela.

Parte III

MILENA

19

Una fotografía de la época muestra a Ottla y a su hermano en la entrada de la finca de Zürau. En esta y otras fotografías, Ottla está adecuadamente vestida para el campo, generalmente con un rústico vestido oscuro y un cinturón de cuero. En cambio, Franz aparece impecablemente arreglado, como un hombre que acaba de salir de un elegante café del centro de Praga: zapatos perfectamente lustrados, sobretodo formal, cuello pulcro, corbata y sombrero. Aunque estaba convencido de las cualidades terapéuticas de la vida al aire libre (dormía con la ventana abierta con temperaturas de ocho grados bajo cero) y la dignidad del trabajo físico, parece haber empleado su tiempo en Zürau en actividades más refinadas que la agricultura y la cría de animales de granja.

A principios de 1918, Kafka regresó a la finca en compañía de Oskar Baum, su viejo amigo de la universidad, que tenía problemas en su matrimonio de siete años. Vale la pena señalar, de paso, que Oskar no hablaba checo (Kafka pensaba que eso, unido a su ceguera, le crearía dificultades en el campo de Bohemia). El dominio del checo de Kafka era más llamativo aún por el hecho de que no era compartido por la mayoría de su círculo alemán praguense, aunque Brod, por supuesto, era otra excepción, y promovió magníficamente, además, a escritores y músicos checos, como Janáček. Los problemas matrimoniales de Oskar reabrieron la herida de Kafka: "La imposibilidad de su matrimonio realmente equivale a la imposibilidad del matrimonio en general", le escribió a Brod, tras la partida de Oskar. Sumergido otra vez en Kierkegaard –esta vez en su importante libro *O lo uno o lo otro*–, Kafka consideraba retóricamente, a causa de su propio humor en ese momento, que ese libro estaba "escrito... en forma detestable, repugnante... con la más punzante de las plumas", y "te llevará a la desesperación". El matrimonio de Brod también se había estropeado, porque él estaba involucrado con otra mujer. De modo que Kafka estaba atrapado entre esos dos matrimonios que naufragaban, matrimonios de escritores con todos los conflictos que él podía entender (al menos, en forma teórica, como "no combatiente"), y las luchas intelectuales de Kierkegaard sobre el mismo tema. "Tienes razón al decir que el terreno más profundo de la vida sexual me está vedado; yo pienso lo mismo", le dijo a Brod. Kafka sabía sobre encuentros sexuales breves pero, a los treinta y cuatro años, nunca había tenido una relación sexual duradera. Siguió con Kierkegaard, admirando su manifiesta soltura y fluidez para escribir –"Ciertamente, no se lo puede llamar negativo... El asentimiento se vuelve objetable cuando llega demasiado alto"–, releyendo *Temor y temblor*, y esperando el ejemplar que había encargado de *Estadios en el camino de la vida*. El primero de estos libros –el retrato que hace el filósofo del aparentemente incomprensible consentimiento de Abraham de sacrificar a su hijo, Isaac, y su análisis de sus profundas implicancias éticas– era difícil de aceptar, por el abismo que existía entre "el hombre común" y "ese monstruoso Abraham que está en las nubes", que sacrificaba a su hijo "basándose en el absurdo", por su intransigente fe en Dios, que le permitía, en palabras de Kierkegaard, una "suspensión teleológica de lo ético". Aunque era idealista con respecto al matrimonio, Kafka no suscribía a ese "asentimiento" absoluto del filósofo danés, aunque admiraba su énfasis en la elección ética individual.

Kafka había sido eximido inicialmente del servicio militar hasta el final del año 1917, y esto significaba que debía ir a Praga a comienzos de 1918 para presentarse ante las autoridades militares. Lo hizo el 19 de febrero, pero, aparentemente, no resolvió nada. También estaba preocupado por su relación con el Instituto, que no daba señales de querer dejarlo ir o aceptar su pedido de jubilación. Kafka se sentía bastante sano en el campo y no deseaba abandonarlo. Pasaba el tiempo leyendo a Kierkegaard, Martin Buber y otros, y también seguía escribiendo sus aforismos y algunas reflexiones más largas. Particularmente interesantes eran las que se referían al arte: "El punto de vista del arte y el de la vida son diferentes incluso en el interior del artista. El arte vuela en torno a la verdad, pero con la decidida intención de no quemarse. Su habilidad reside en encontrar en el oscuro vacío un lugar donde el resplandor de la luz, sin haber sido perceptible antes, pueda captarse intensamente". Estas no son ideas que puedan deducirse necesariamente de lo que Kafka había escrito hasta ese momento sobre el arte y la vida. Más reconocible es: "Sufrir es el elemento positivo de este mundo: de hecho, es el único vínculo entre este mundo y lo positivo". En el silencio del campo, y en su propia quietud, Kafka veía un recordatorio de su incapacidad: "La quietud sigue empobreciendo mi mundo –le dijo a Brod–. Siempre sentí, en mi especial infortunio, que (los símbolos toman una forma física) literalmente no tengo la capacidad pulmonar necesaria para respirar la riqueza y la variedad que evidentemente tiene el mundo, como nos lo muestran nuestros ojos".

Al parecer, en sus nuevas condiciones de vida (esto podía ser vivido ahora en tiempo prestado), los aforismos eran intentos de Kafka de establecer una especie de balance intelectual, pero también tenía otra cuenta que saldar. Estaba pensando más en su relación con su padre. En enero le había preguntado a Kurt Wolff, al devolverle las pruebas de *Un médico rural*, si podía añadir la dedicatoria: "A mi padre". Intuía que ese sería su último libro, y quería verlo publicado lo antes posible: "No porque pueda satisfacer así a mi padre, ya que las raíces de nuestro antagonismo son demasiado hondas, pero al menos habré hecho algo: aunque no emigre a Palestina, por lo menos habré trazado el camino en el mapa". Este comentario es enigmático, pero sugiere que sus cuentas pendientes con el padre tenían alguna relación con el tema del judaísmo. En un pasaje de los cuadernos en octavo, escribe:

> No es la pereza... lo que me hizo fracasar, o ni siquiera me permitió fracasar, en la vida familiar, la amistad, el matrimonio, la profesión, la literatura. No es eso, sino la ausencia de terreno bajo mis pies, de aire, de mandamientos... Creo que no tengo nada de lo que se necesita para vivir, salvo la universal debilidad humana... He absorbido vigorosamente el elemento negativo de mi época, una época que me es, por cierto, muy cercana, y contra la que no tengo ningún derecho de luchar, sino que, en cierto modo, tengo derecho a representar... No he sido guiado en la vida por la mano del cristianismo –que ahora se considera en general débil y declinante–, como Kierkegaard, ni llegué a tocar el borde del manto de oraciones judío –que ahora se aleja de nosotros–, como lo hicieron los sionistas. Yo soy final o comienzo [*Ich bin Ende oder Anfang*].

Este es uno de los más fascinantes pasajes de introspección de los escritos de Kafka. Expresa su poderoso sentido de modernidad, de vivir en una época muy precisa del desarrollo del arte, el espíritu humano y la fe religiosa. Él registró todas las presiones de lo contemporáneo. Sabía que las formas convencionales de la creencia religiosa –cristiana o judía (ésta, en proceso de ser revitalizada en cierta medida gracias al sionismo, que lo atraía pero no podía reivindicar en calidad de miembro activo)– eran inestables, que posiblemente se habían agotado (su nietzscheanismo residual), pero sabía que algo debía suceder después: o su completa disolución o un renacimiento. Como artista representativo de su tiempo, estaba especialmente destinado a descubrir las nuevas perspectivas. Él era un final o un comienzo.

El delicioso clima primaveral de abril en Zürau tentaba a Kafka a dejar sus libros y sus cuadernos, y salir al jardín, pero todo indicaba que su estadía estaba llegando a su fin. Ya no podía demorar por más tiempo su regreso al trabajo, y el 30 de abril, finalmente partió. Dos días más tarde, estaba trabajando en su oficina. Durante el verano, intentó mantener su interés por la jardinería y, en sus ratos libres, trabajaba un poco en el Instituto Pomológico de Troja, donde lo había hecho anteriormente, en abril de 1913. Era uno de los viveros más grandes de Bohemia, especialmente de árboles. A Kafka le encantaba conversar con los encargados del vivero, porque siempre se interesaba por las condiciones de los trabajadores, más allá de que tuviera el deber profesional de visitar fábricas y otros lugares de trabajo para controlar sus medidas de higiene y de seguridad.

En uno de sus cuadernos, mientras todavía estaba en Zürau, había redactado un interesante programa de utopía socialista, probablemente derivado de algunas ideas que había analizado cuando era estudiante, o que había oído de joven, en Praga, sentado en silencio en las últimas filas de las reuniones políticas. Era un manifiesto para una "Fraternidad de Trabajadores Pobres", que viviría en una pobreza monástica, sin posesiones, salvo lo indispensable para cubrir sus necesidades inmediatas. "Todo lo demás pertenece a los pobres". Los miembros de la fraternidad se ganarían la vida trabajando sólo dos días por semana, a cambio del salario necesario para mantenerse, para vivir con moderación y sencillez, y comerían poco. La relación con el empleador se basaría sólo en la confianza mutua, sin ninguna intervención de los tribunales, y contarían con todos los servicios sociales provistos por el Estado. El número de miembros se limitaría a 500 y, al igual que las comunas anarquistas autogobernadas, de las que seguramente Kafka había oído hablar mucho, cada consejo negociaría cuando fuera necesario con el gobierno central. Toda riqueza heredada se entregaría para el abastecimiento general. Este esquema que suena tan progresista, tenía sus límites: los 500 solteros utopistas no permitirían esposas ni mujeres de ningún tipo en su comuna experimental igualitaria.

Durante el verano de 1918, Max Brod visitaba a Kafka por las tardes en Troja, feliz de tener de vuelta a su amigo en la ciudad. Sus dos temas principales de conversación, según Brod, eran la guerra y el aprendizaje del hebreo. Kafka había comenzado el estudio del idioma en mayo de 1917, lo suspendió en Zürau, pero lo reanudó cuando regresó a Praga. Sin embargo, Brod sentía que Kafka estaba un poco ensimismado en aquella época, como si estuviera protegiendo sus energías declinantes y se concentrara solamente en las cosas que "uno puede dominar absolutamente", incluso si eso implicaba excluir a sus amigos de su vida. "El escritor es evaluado por sus obras –le dijo Kafka a Brod–. Yo concibo un mundo gobernado por una idea viviente, un mundo en el cual el arte tenga el lugar que merece, que, según mi experiencia, nunca tuvo". Una vez más, Kafka estaba imponiéndose un patrón exigente en cuanto al arte. Era como si, al haberse resignado a fracasar en la vida común –simbolizada por el matrimonio–, hubiera decidido dedicar el tiempo que le restaba a perfeccionar su obra.

Durante el verano había hecho algunos viajes de inspección a Bohemia, y su estado de salud era bastante bueno, según el doctor Pick, a quien seguía viendo regularmente. Visitó, como funcionario y no como paciente, una clínica para enfermos mentales en Frankenstein, cerca de Rumburg, en el norte de Bohemia, y le dijo a Felix Weltsch que la experiencia había fortalecido su decisión de no entrar nunca más a una de ellas. En cambio, se quedó en septiembre en un hotel de Turnau, a cien kilómetros al nordeste de Praga (muchos de esos hoteles debieron cerrar por la crisis de la guerra), y a pesar de que allí no había manteca ni leche, disfrutó de los hermosos bosques, "casi tan buenos como los bosques de Marienbad", y de las excelentes manzanas y peras regionales. Las privaciones de la guerra también empezaron a afectar a las editoriales, y Kafka recibió la noticia de que la publicación de *Un médico rural* se postergaría por falta de tipos de metal. Pero la guerra estaba a punto de terminar.

Hacia el final de noviembre, ya en tiempos de paz, Kafka, junto con millones de otras personas, fue víctima de la gripe española, que estaba haciendo estragos en el mundo. Su madre lo llevó el último día del mes a la Pensión Stüdl, en la aldea montañosa de Schelesen (Želízy), cerca de Liboch, en el norte de Bohemia, que era agradable y bastante barata. Permaneció durante diciembre y, después de visitar Praga en Navidad, regresó allí el 22 de enero de 1919. Durante su gripe, el imperio austro-húngaro llegó a su fin. El 28 de octubre se formó en Praga un gobierno provisional de posguerra, y el 11 de noviembre, el emperador austríaco abdicó formalmente. Tres días más tarde, se proclamó la república de Checoslovaquia, cuyo presidente fue Tomáš Masaryk. Ahora, Franz Kafka era ciudadano checoslovaco. Su dominio del checo le garantizaba que no sería víctima, como muchos alemanes praguenses en la nueva república, de la reacción contra los que habían estado asociados con el anterior poder imperial. Él conservó su empleo en el Instituto. En enero de 1919, las Grandes Potencias iniciaron su conferencia de paz en Versalles para determinar el futuro de Europa. "Aquí estoy, pasando otro invierno en el campo", le anunció Kafka a Oskar Baum desde Schelesen. Su salud era bastante buena, no tenía fiebre, no le faltaba el aliento y tosía menos, pero tenía problemas estomacales.

Había otra persona que compartía la terraza de la Pensión Stüdl en ese mes de enero: Julie Wohryzek. Era hija de un zapatero y guardián de sinagoga de Praga, y por lo que puede verse en las fotografías que sobrevivieron, mucho más bonita que Felice Bauer. Kafka se la describió así a Brod:

> No judía, y sin embargo tampoco no judía; no alemana, y sin embargo tampoco no alemana; loca por el cine, las operetas y las comedias, usa polvo facial y velos, posee un inagotable y permanente repertorio de las más desvergonzadas expresiones en ídish, en general muy ignorante, más alegre que triste: así es ella. Si uno quisiera clasificarla racialmente, debe-

ría decir que pertenece a la raza de las empleadas de tienda. Y
además es valiente, honesta, sencilla: grandes cualidades en
una persona que, aunque no carece de belleza, es tan endeble
como los mosquitos que vuelan contra mi lámpara.

Después de este delicioso cuadro improvisado –agregó que le recordaba a Grete Bloch–, no llama la atención que un romance flore-
ciera rápidamente en las nieves de Schelesen. Kafka parece haberse
revitalizado y divertido junto a Julie. Le dijo a Braun que no se había reído tanto en los últimos cinco años como en esas pocas semanas en la Pensión Stüdl.

Los padres de Kafka estaban horrorizados con esa relación: su
hijo había rechazado a la buena, sólida, sensata, burguesa Felice
Bauer por esa descocada. Desde el punto de vista de Kafka, el entusiasmo de Julie por el sionismo –el novio de ella, muerto en la guerra, había sido sionista– era un significativo punto de interés. En esos
momentos, Ottla tenía problemas con sus padres porque quería casarse con Josef David, cuya religión era anatema para ellos, ya que
era cristiano, y a quien consideraban un "extraño". Kafka, que había
tratado de ayudar a Ottla con consejos y sugerencias sobre su carrera de agricultora, la apoyó en su decisión –esto también decepcionó
a Brod, quien consideraba que representaba una pérdida de su identidad judía–, diciendo que lo que estaba haciendo era "extraordinario", y que intentar lo extraordinario y lo difícil era bueno.

Finalmente, Julie debió volver a Praga, mientras que Kafka obtuvo algunas concesiones adicionales en cuanto a sus licencias en el
Instituto. Al principio, le dieron tres semanas, luego otras dos exten-
siones, el 7 de febrero y el 6 de marzo, pero a fines de marzo, siguió
a Julie de regreso a la ciudad. No hay demasiados detalles del romance de Kafka con Julie Wohryzek en la primavera y el verano de 1919.
Kafka hizo pocas referencias a esa relación en sus cartas, y menos
aún en su diario. Su aparente resignación a una vida sin matrimonio a causa de su enfermedad parecía haber quedado en suspenso.

Estaba de vuelta en el Instituto, aparentemente escribía poco en la casa –aunque *En la colonia penitenciaria* finalmente fue publicado en mayo en forma de libro– y su salud permanecía estable. Tomaba clases de hebreo con Friedrich Thieberger, quien lo recordó luego como "alto, delgado, pálido" y con una expresión muy tensa y seria. Thieberger también observó su manera de hablar tranquila y suave, su reserva general, y su súbito entusiasmo en medio de una conversación cuando respondía a una idea: "Sus palabras llegaban como de otro mundo y se ajustaban exactamente a lo que se había dicho". Dos cosas lo impresionaron especialmente: los vanos esfuerzos de Kafka por "escapar de la soledad de su destino personal" y su deleite de narrador expresado en "la alegría con la que zigzagueaba entre los pequeños detalles", una característica que es muy visible en sus cartas y diarios, así como en la precisión de los detalles en su ficción. Otra alumna, Miriam Singer, estaba fascinada con los "ojos gris acero" de Kafka. Lo veía anotar cada palabra en hebreo que se decía en uno de sus pequeños cuadernos azules y lo oía hacer asociaciones humorísticas con cada palabra para poder recordarla mejor. Luego, él le dedicó un ejemplar de *Un médico rural* con estas palabras: "Es usted tan saludable: no lo entenderá". Con este gesto, "Instantáneamente, el clima alegre de la habitación se desvaneció".

A fines de junio, Kafka paseaba en el parque Rieger (Riegrovy sady) con Julie, junto a unos arbustos de jazmines en flor: "Falso y sincero, falso en mis suspiros, sincero en mi sensación de cercanía con ella, en mi verdad, en mi sensación de seguridad". Escribió que "se sentía incómodo", como era lógico, porque la razón oficial de su ruptura con Felice había sido la enfermedad que, en esa época, generalmente se consideraba incurable, y por lo tanto, era un impedimento para cualquier proyecto responsable de matrimonio. Y sin embargo, ahora parecía estar dispuesto a seguir adelante y casarse, después de todo. Una semana más tarde, seguía desgarrado entre el deseo y la ansiedad: "Aunque más tranquilo que de costumbre, como si estuviera desarrollándose algún gran acontecimiento, y yo sintiera su distante temblor". Siguieron paseando juntos por los bosques, por las calles nocturnas de Praga, e iban a nadar a Cernosic (Černošice). En el verano –la fecha es incierta–, Kafka y Julie se comprometieron, aunque al parecer, Kafka tenía más deseos de casarse que ella. En noviembre se publicaron los edictos y se fijó la fecha de la boda para el 2 o el 9 de ese mes, pero se pospuso porque tuvieron problemas para encontrar un apartamento.

Kafka aprovechó la oportunidad para pasar otra semana en la Pensión Stüdl con Brod. Según la dueña del hotel, Olga Stüdl, Kafka no perdió el tiempo y conoció a otra graciosa muchacha llamada Minze Eisner. "Estrictamente hablando, no me importa en absoluto –le dijo a Ottla–. Ella también tiene toda la histeria de una juventud desdichada, pero igual es maravillosa". La relación con Minze, una residente de Teplitz (Teplice), parece haber sido más paternal que amorosa (después de todo, Kafka estaba a punto de casarse con Julie), y en su correspondencia posterior, él le ofreció una gran cantidad de provechosos consejos. Las mujeres más jóvenes siempre se sintieron atraídas por Kafka, y él, a pesar de su reserva y su timidez, tenía una buena comunicación con ellas.

En su visita anterior, Olga Stüdl había observado con sorpresa que Kafka, que siempre era un enfermo atractivo, disfrutaba sentándose en la terraza en el crudo aire invernal, envuelto en mantas y con una gorra profundamente encasquetada hasta el cuello. Al verlo así, uno de los huéspedes de la pensión le dijo que su sombrero parecía una gorra de aviador. "La gorra de un hombre yacente, no de un aviador", respondió él con una carcajada. En otra oportunidad, habían regañado a un niño por ser olvidadizo y Kafka intervino, diciendo a los presentes: "A lo mejor tiene muchas cosas interesantes en su cabecita, y se ocupa de ellas, y las órdenes lo molestan y no significan nada para él. ¡Los adultos deberíamos hablar para los adultos!". Existen otras anécdotas de este tipo, que muestran tanto el cariño que sentía Kafka por los niños como su innato sentido de justicia. En la pensión, había sólo otra convaleciente en noviembre de 1919,

Hermine Beck, que a veces compartía un balcón con Kafka y lo ayudaba con su vocabulario hebreo. Hermine recordaba que una vez él
se enojó mucho con ella por aplastar una mosca y, ante su asombro,
exclamó: "¿Por qué no deja a la mosca en paz? ¿Qué le hizo?".

Dolido por la opinión de su padre sobre Julie y por la resistencia que oponían sus padres al casamiento de Ottla, y consciente de
que su situación derivaba de los problemas de su familia, Kafka empezó a escribir en la pensión, en su tiempo libre, su *Carta al padre*,
y se lo comunicó a Ottla. Para quienes consideran que la fuente del
dolor o la angustia evidentemente metafísicos de Kafka es la relación
con su padre, y para los freudianos que la ven como una clásica escena edípica padre-hijo, esta carta ofrece mucho sustento. Pero es un
documento que debe ser manejado con cierta cautela. El mismo Kafka
alertó sobre su construcción retórica, sus "trucos de abogado" en la
argumentación, como dijimos antes. En muchos sentidos, es un texto injusto y un poco estridente.

El brillante monólogo de Nadine Gordimer, que simula ser una
respuesta de Hermann Kafka a su hijo, "Carta de su padre" (1984),
pone el acento en su insistente tono de queja y su falta de generosidad hacia las fallas de otras personas: "Era el sonido de la gente viva lo que no te gustaba", le hace decir Gordimer a Hermann. Su argumento decisivo es que el mayor crimen de Hermann, en opinión
de su hijo –haber dejado sobre la mesita de noche el libro que él le
había dado, sin leerlo–, simplemente puede haberse debido a que su
padre no tenía instrucción y no era un gran lector. Las ficciones de
Kafka, que eran un producto de la vanguardia europea de principios
del siglo xx, probablemente no serían el mejor material para ese
hombre –que trabajaba doce horas por día en una tienda, mientras
su hijo estaba sentado en su cuarto con la nariz metida en un libro–
para comenzar su trayecto literario. Gordimer también presenta una
crítica bastante estrafalaria: que Kafka era antisemita porque nunca
escribió en sus diarios y cartas sobre los ataques de su época contra
los judíos (de hecho, lo hizo).

En cierto sentido, en la carta de Kafka, las acusaciones van en una sola dirección. Kafka es el elocuente abogado acusador, el juez y el jurado de su propio caso, y nunca duda de la veracidad de su gran reproche. Incluso sus concesiones —la típica estrategia retórica— son invalidadas por su habilidad para manipular sus consecuencias. Las dos primeras frases encarnan todo el dilema de la carta: "Hace poco, me preguntaste por qué digo que te tengo miedo. Como de costumbre, no supe qué contestarte, en parte, justamente por el miedo que te tengo, y en parte, porque para fundamentar ese miedo debería entrar en demasiados detalles que no podría mantener medianamente unidos en mi mente durante la conversación". Dicho de otro modo, el miedo que necesita ser explicado es una realidad tan poderosa y abarcadora que no puede explicarse adecuadamente sin que la víctima caiga aplastada por el mero peso de la dificultad de articular su dolor. A Hermann, el jactancioso, el hombre animoso que se hizo solo, que consiguió lo que tenía superando todos los obstáculos con creces, se le pide que entienda el extraño fenómeno de uno de los de su propia sangre, cuya sensibilidad es absolutamente ajena a él: ansioso, insoportablemente consciente de todos los obstáculos que se encuentran en el camino del individuo hipersensible en un mundo insensible, débil cuando el padre es fuerte, indeciso cuando el padre es veloz e intransigentemente decidido, vacilante cuando el padre es directo, de salud frágil cuando el padre es vigoroso. Si Kafka estaba enojado y resentido por su propia condición, seguramente el padre estaría, a su vez, molesto y perplejo. Estaría enojado porque su hijo no empleaba mejor sus talentos, justificando lo que había invertido en él, porque no se casaba, sacudiéndose ese letargo autocompasivo, porque no se había establecido como un hombre de propiedad y posición en la clase profesional de Praga.

En toda Europa, los hijos intelectuales tenían ese debate con sus padres a principios del siglo xx (pensemos en Walter Benjamin), como seguramente habría sucedido en el siglo anterior. Al no concretar una ruptura decisiva, al seguir siendo, en relación con su padre, un niño quejumbroso a la edad de treinta y cinco años, Kafka no tenía más alternativa que estar sentado en su balcón de Schelesen, en una breve semana de distensión, redactando su larga letanía de quejas sin llegar a ninguna parte. Porque está en la naturaleza de esos conflictos que, después de alcanzar un punto de rancia maduración, no pueden ser resueltos. Kafka simplemente debió haber salido de esa situación que describía en su larga carta (que nunca fue enviada, pero que, por lo que le dijo a Ottla, indudablemente fue escrita con esa intención). En cambio, permaneció atrapado en una situación ambigua entre la admiración y el temor hacia la fuerza de su padre, y siempre era derrotado por su ejemplo, aunque se mostrara elocuente en su *Carta* al desafiar a Hermann y asegurar que estaba libre de su dominio.

Cuando el prestigio de Kafka empezó a crecer después de la Segunda Guerra Mundial, el tema padre-hijo fue considerado la clave para entender su obra. Edwin Muir, el primer traductor de Kafka al inglés, por ejemplo, escribió en 1949, en una introducción a *América*: "Encontrar la fuente de la inspiración de los relatos de Kafka en sus relaciones con su padre no es minimizarlos o darles una validez meramente subjetiva. Lo extraordinario en Kafka fue que tomó esa experiencia y la trabajó en términos universales hasta convertirla en una descripción del destino humano en general, en la que pueden leerse incontables significados, al mismo tiempo ambiguos y claros". Este es un comentario bellamente desarrollado. Aun en el caso de que uno se niegue a aceptar lo que dice Kafka sobre su familia como la interpretación definitiva y absolutamente garantizada (en cambio, es menos discutible la exactitud de los *hechos*, pero los hechos no constituyen el tema crucial), no cabe duda de que el tema del poder y de la lucha del individuo contra el poder y sus dominantes, a menudo inescrutables propósitos, integran el núcleo de los textos de Kafka. Las descripciones que hace en la *Carta* del ejercicio arbitrario del poder patriarcal ("Yo, el esclavo, vivía bajo leyes que habían sido inventadas sólo para mí")

pueden haber sido o no la "fuente" de las visiones de pesadilla de
Kafka sobre la oscuridad del poder, pero los paralelos y las correspondencias no pueden ignorarse. Sin embargo, Muir tiene razón
al alertar contra las interpretaciones simplificadoras.

Kafka empezó a escribir la *Carta al padre* justo en el comienzo
de su enfermedad terminal, como un último intento de hacer un balance. "Toda su vida, Franz fue eclipsado por la figura de su padre
poderoso y extraordinariamente imponente, alto y de hombros an-
chos", aseguró Max Brod. Él confirmó que Kafka admiraba la fuerza de su padre, su capacidad para el trabajo duro y su éxito: "Su admiración por su padre en ese aspecto era infinito: tenía un toque
de heroísmo... algo de exageración también. De todos modos, fue
fundamental en el desarrollo emocional de Franz". En la *Carta*, Kafka
escribe en forma conmovedora sobre cómo se sentía por ser débil e
insignificante en presencia de su padre: "Recuerdo, por ejemplo,
cuando a menudo nos desvestíamos juntos en la misma caseta. Ahí
estaba yo, flaco, débil, insignificante, y tú, fuerte, alto, ancho. Incluso dentro de la caseta, yo me sentía un espécimen miserable, y lo
que es más, no sólo ante tus ojos, sino ante los ojos de todo el mundo, porque tú eras para mí la medida de todas las cosas". Esta escena de la escuela de natación, interpretada en forma más general, fue
descripta también en las desgarradoras últimas cartas que Kafka le
escribió a su padre cuando agonizaba. El padre de Kafka, a pesar de
su incapacidad para exteriorizarlo, casi con certeza amaba a su hijo, y a pesar de las constantes quejas, también está claro que el hijo
buscaba desesperadamente el amor de su padre. Después de todo,
no había allí castigos ni abusos físicos, sino sólo un lento drenaje de
autoestima: "Estaba tan inseguro de todo, que realmente sólo poseía
lo que ya tenía en mis manos o en mi boca... Había perdido mi confianza en mí mismo en lo concerniente a ti, lo había cambiado por
un ilimitado sentimiento de culpa". Hermann tenía objeciones contra los amigos de Kafka, y entonces "eso se convertía dentro de mí
en desconfianza hacia mí mismo y un perpetuo temor hacia todo

el mundo". La aversión de su padre por su escritura, al menos le ofrecía una garantía de que ese sería un espacio protegido, una zona de libertad. Pero también esto fue una desilusión, porque: "Toda mi escritura trataba sobre ti; después de todo, todo lo que yo hacía en ella era quejarme de lo que no podía quejarme sobre tu pecho. Era una despedida de ti intencionalmente prolongada". Pero tal vez la queja más directamente pertinente fue la de noviembre de 1919, sobre el tema de casarse y formar una familia, que Kafka sentía como "lo más importante que puede lograr un ser humano". Recordó el comentario implacablemente despectivo de su padre sobre Julie –"Seguramente se puso una blusa que eligió especialmente, ya que las judías de Praga son buenas para eso, y enseguida, por supuesto, decidiste casarte con ella... ¿No hay ninguna otra cosa que puedas hacer?"– como una irónica sugerencia de que era mejor visitar un burdel si necesitaba satisfacción sexual, antes que casarse con la hija de un zapatero remendón.

Sea por la oposición de sus padres o por alguna otra razón, el casamiento con Julie no estaba destinado a realizarse. Al volver a Praga desde Schelesen, a fines de noviembre, Kafka le escribió una carta muy larga a la hermana de Julie. Le describió el comienzo de su relación con Julie a principios de año, cómo ella seguramente lo habría considerado un hombre extraño, su mutua reserva –la carcajada que quizá no hubiera sido tan ligera y espontánea como pareció en aquel momento–, su antinatural encierro en la Pensión Stüdl, "la casa literalmente encantada en la que ambos nos encontrábamos casi solos, y en la que estábamos confinados debido a las desapacibles condiciones exteriores". Definió a los dos enamorados como "valientes" por superar el estado de su salud y hacer planes para casarse. A pesar de eso: "Estaba claro entre nosotros que yo consideraba que el matrimonio y los hijos eran las cosas más deseables de la tierra en cierto sentido, pero que posiblemente no pudiera casarme". De manera que se habían separado, sin haberse tuteado nunca, y sólo tomándose brevemente las manos a manera de despedida. Pero ese no fue el final, por supuesto. Después de dejar de escribirse durante las tres semanas que él permaneció en Schelesen, cuando regresó a Praga, "volamos el uno hacia el otro como empujados". Kafka había explicado que quería que el suyo fuera "un matrimonio de amor, pero todavía más un matrimonio de prudencia en el sentido más elevado". Había dejado de lado algunas reservas sobre el círculo de conocidos de Julie, y se sentía fortalecido, más que a la inversa, por la oposición de su padre. Admitió algunas inquietudes sobre el matrimonio, preguntándose en forma bastante razonable: "Tú que apenas eres capaz de asumir la responsabilidad por ti mismo minuto a minuto, ¿quieres agregarte ahora la responsabilidad por una familia? ¿Qué reserva de energía piensas utilizar?". La realidad de lo que proponía Kafka podía expresarse como la de "un funcionario público, además excesivamente nervioso, que estaba dominado hacía mucho tiempo por todos los peligros de la literatura, con pulmones débiles, agotado por el exiguo garabateo de la oficina", que quiere hacer feliz a una "muchacha confiada, indulgente, increíblemente generosa". Incluso se habrían casado si el apartamento no se les hubiera escapado de las manos. Este hecho había actuado como un disparador de una serie de advertencias que Kafka tenía en la cabeza. Se las había confesado a Julie y a Ottla. Ahora consideraba que no debía casarse, pero quería seguir con Julie, manteniendo alguna clase de relación, que describió como "fidelidad o amor más allá del matrimonio".

En su último intento fallido de desarraigarse de Praga, Kafka anunció que pensaba ir a vivir a Munich a principios de 1920. Parecía dispuesto a seguir el ejemplo de su editor, Kurt Wolff, que estaba por mudarse allí desde Leipzig. En el otoño, apareció finalmente su colección de relatos, la mayoría de los cuales habían sido escritos entre septiembre de 1916 y junio de 1917 en la Calle de los Alquimistas y en el Palacio Schönborn. Wolff publicó *Un médico rural* y, a pesar de todo lo que había ocurrido desde la primera propuesta de Kafka, tenía la dedicatoria que había planeado a "*Meinem Vater*". La historia imaginaria que da título al libro, como la mayoría de las que integran el volumen, es más misteriosa (si no alucinatoria) que todo lo anteriormente escrito por Kafka, y ha desafiado los intentos de los críticos de darle una interpretación definitiva. Kafka crea una atmósfera de inquietud moral a través de la historia de un médico que es llamado en medio de la noche (no tiene caballo propio, pero aparecen dos de la nada para llevarlo a casa de su paciente) para atender a un joven. Al tomar los caballos y abandonar a su criada a la violencia de los mozos que los habían traído, el médico se siente culpable. La herida abierta del joven –que Kafka se deleita, como siempre, en describir con crudeza– es incurable, en parte por su extrema sensibilidad, y en parte porque vive en una comunidad que ha perdido la fe, una observación que sugiere que se la debe considerar una herida espiritual, como la transformación de los pulmones sangrantes de Kafka (después de haber escrito esos relatos) en un castigo metafísico. El punto de vista de Kafka sobre la medicina –las deficiencias de los médicos convencionales y la necesidad de las terapias naturales, que dan la misma importancia a lo espiritual que a lo material en el proceso de curación– subyace en este cuento, que también incluye las lecturas de Kafka de cuentos jasídicos, en los que aparecen algunos de estos temas. Quizá se trate ante todo del derrumbe de la autoridad moral y cultural en el mundo moderno.

Otro de los relatos, "Chacales y árabes" (*"Schakale und Araber"*), ubica a un viajero en el desierto, que es abordado por un grupo de chacales, atraídos por el fuego del campamento. La intención es satirizar actitudes de los judíos con respecto a su identidad, y en particular, las de los judíos occidentales, que viven en los márgenes de sus sociedades y eluden el desafío sionista de tomar medidas prácticas para mejorar su condición: en este caso, los chacales dependen de otros para que les provean el alimento, y le piden al viajero que les corte la garganta a los árabes para resolver sus problemas por ellos. "Informe para una academia" satiriza la estrategia de asimilación de muchos judíos occidentales, mientras que en "Once hijos" Kafka se satiriza a sí mismo. Sobre este último, le dijo a Brod que quería representar once de sus historias, pues cada uno de los hijos tiene sus propios talentos, y ninguno de ellos logra impresionar al padre, quien percibe en cada uno de ellos "una especie de incapacidad para desarrollar al máximo las potencialidades de su naturaleza, que sólo yo puedo ver". El padre, como la conciencia de un artista de elevados ideales, nunca está satisfecho. Muchas de las demás piezas cortas, como "Un mensaje imperial", reflejan la búsqueda de sentido y certeza por parte de Kafka, su sensación de que nunca los encontrará, que el mensaje destinado a él no llegará a tiempo.

Hacia fines de 1919, los planes de Kafka para ir a Munich seguían en pie. Sabía que Julie también deseaba escapar de Praga, y le propuso que lo acompañara a Munich al empezar el nuevo año. Le dijo a su hermana: "Podríamos ver otra parte del mundo; algunas cosas podrían sufrir un ligero cambio: más de una debilidad, más de una angustia, cambiará por lo menos de forma, de dirección". Pero Kafka había recibido hacía poco tiempo una carta de una mujer que quería traducir algunas de sus obras al checo. Su llegada a escena significó que esos planes para 1920, la búsqueda de una nueva vida con Julie en Munich, desaparecerían gradualmente.

20

El 1º de enero de 1920, Kafka recibió otro ascenso, de subsecretario a secretario del Instituto. Su título oficial era ahora *Anstaltsekretär*. Sus ausencias del año anterior, su enfermedad claramente identificada, sus pedidos de jubilación anticipada no habían influido en absoluto en la confianza de sus empleadores hacia él. Por supuesto, ellos no conocían sus pensamientos personales sobre la oficina, y sólo veían al diligente "funcionario público", o *Beamte*, que les resultaba demasiado útil como para dejarlo ir. En su diario de los primeros dos meses de 1920 –entre el 6 de enero y el 29 de febrero–, Kafka escribió una serie de aforismos conocidos conjuntamente como *Él*, por el pronombre personal que usaba en cada uno de ellos: "Todo lo que él hace, le parece extraordinariamente nuevo". Los aforismos muestran la conciencia que tenía Kafka de las oportunidades y las restricciones, la idea de que podía progresar, pero que al mismo tiempo era un prisionero: "Él tenía la sensación de que por el solo hecho de estar vivo, obstaculizaba su camino. Este obstáculo es, a su vez, para él, la evidencia de que está vivo".

Aunque el pronombre "él" de estos aforismos no se refiera necesariamente al Kafka histórico, muchos de los detalles, el miedo, la visión del mundo, son familiares: "Él se siente prisionero en esta tierra... Pero si le preguntan qué quiere realmente, no puede responder, porque –y esta es una de las evidencias más fuertes– no tiene ningún concepto de la libertad". La sensación de Kafka de estar atrapado –por su situación en Praga, por su familia y su trabajo, y ahora por una enfermedad que seguramente empezaba a sospechar que era terminal y que constituía un obstáculo para sus vías de escape (una de esas vías era el matrimonio)– aparece en muchos de los aforismos: "Él tiene dos adversarios: el primero lo empuja desde atrás, desde sus orígenes, el segundo le corta el paso adelante. Él lucha contra ambos... No están presentes sólo estos dos adversarios, sino también él mismo, y ¿quién conoce sus propias intenciones?". En un pasaje escrito a mediados de febrero, recuerda el día en que, años atrás, estaba sentado afligido en las pendientes del Laurenziberg (monte Petřín), analizando los deseos que tenía para su vida: "Lo que surgía como lo más importante o lo más atractivo era el deseo de obtener la idea de una vida (y –esto era indudablemente una parte necesaria– ser capaz de convencer a otros sobre ello escribiendo) que, aunque conservando sus naturales e intensos altibajos, fuera simultáneamente reconocida con la misma claridad como una nada, un sueño, una oscilación".

Estas reflexiones bellamente precisas, medidas, aunque en última instancia trágicas, constituyen una clave para entender el estado de ánimo de Kafka en aquella época: con una mezcla de resignación y lucidez, menos enojado y acusador que en la *Carta al padre*, sorprendentemente sereno. Los aforismos mostraban también, como siempre, su vigorosa comprensión de lo concreto, unida a un sentido de lo extraño de la imaginación, el "sueño", la "oscilación". Y por sobre todo, los sobrevuela la idea de la muerte: "Uno se desarrolla a su manera únicamente después de la muerte, únicamente cuando está solo... Se torna más visible si sus contemporáneos le hicieron más daño a él, o si él les hizo más daño a sus contemporáneos: en este último caso, ha sido un gran hombre".

Un entretenimiento más liviano en esos primeros meses de 1920 fue su correspondencia con Minze Eisner, la muchacha de diecinueve años (apenas más que la mitad de la edad de Kafka) que había conocido en Schelesen. No era una historia de amor: en realidad, Kafka trataba de orientar hacia algún objetivo a esa joven bastante desdichada que carecía de guía. Le daba consejos sobre su educación, y le ofrecía sus propias perlitas de sabiduría: "Es bueno perseguir sus sueños, pero malo, como resulta casi siempre, ser perseguido por ellos". Ella respondió con un ligero coqueteo, enviándole sus fotografías (y luego un dibujo que le recordó a Kafka el álbum de su infancia con retratos de las heroínas de Shakespeare, entre las cuales Porcia era su favorita), y diciéndole que los ojos de él eran "límpidos, jóvenes, tranquilos". Él respondió que la realidad era diferente: "Aquí son bastante opacos, cada vez más inseguros, y parpadean poco, por haber permanecido abiertos durante estos treinta y cinco años".

Brod recordaba una conversación con Kafka aproximadamente en ese tiempo, en la cual éste le dijo: "Somos pensamientos nihilistas que se presentan en la cabeza de Dios". Aunque negaba el concepto gnóstico de que el Universo era un pecado de Dios, Kafka decía que era solamente el producto de uno de los estados anímicos de Dios: "Tuvo un mal día". Brod sugirió que entonces había esperanza fuera de nuestro mundo. Kafka sonrió: "Muchísima esperanza −para Dios−, una esperanza infinita −pero no para nosotros". Esto recuerda el aforismo de Kafka sobre el tema del pecado original, la "antigua falta cometida por el hombre", que consiste en "el reclamo que hace y nunca deja de hacer el hombre, de que se incurrió en una falta contra él, que el pecado original se cometió contra él".

Kafka seguía aconsejando a Minze, especialmente que fuera a una escuela de jardinería, y la instaba a salir de su ciudad natal porque "para una persona medianamente inquieta, la ciudad natal, aunque uno quiera engañarse a sí mismo, no se siente como la propia casa: es un lugar de recuerdos, de angustia, de mezquindad, de vergüenza, de engaños, de desperdicio de energía". Kafka nunca se había engañado a sí mismo sobre su Praga. Le decía a Minze (y él lo sabía bien) que "cada uno tiene dentro de sí su propio diablo de dientes afilados que le impide dormir, y esto no es bueno ni malo, sino que es la vida... Ese diablo es el material (y básicamente, un maravilloso material) de que hemos sido dotados, y con el cual se supone que debemos hacer algo".

Hacia fines de febrero, la salud de Kafka se había debilitado, y se preguntó si debía tomar una licencia para recuperarse. No quería hacer ningún tratamiento médico, prefería la fórmula de "luz solar, aire, campo, comida vegetariana", y no quería ir a ningún sanatorio para conseguir eso. Pero en esa época del año probablemente no tuviera otra alternativa. Una posibilidad era Kainzenbad, en los Alpes bávaros, pero había problemas de visado en el inestable período de posguerra, de modo que finalmente se dirigió a Merano, en la provincia italiana de Alto Adige, al sur del Tirol, después de obtener dos meses de licencia por enfermedad. Al comienzo, en los primeros días de abril, se alojó en el Hotel Emma (donde observó con desaprobación el comportamiento de los ricos y asimilados judíos bautizados), pero pronto se mudó a la más barata Pensione Ottoburg, al sur de la ciudad, en Untermais. Por su enfermedad, debió cancelar su proyectado viaje con Julie Wohryzek (no se conservó ninguna de las cartas que le envió), y en cuanto se estableció en el Tirol, empezó a escribirse con otra mujer que sacaría de su mente a la pobre Julie.

Era la notable Milena Jesenská, la primera mujer no judía con la que Kafka estuvo seriamente involucrado. La extraordinaria historia de su vida, que terminó en el campo de concentración nazi de Ravensbrück en 1944, fue relatada por Margarete Buber-Neumann en *Milena*. A los veinticinco años, infelizmente casada con el escritor praguense Ernst Polak, vivía en Viena trabajando como traductora al checo, había tenido una juventud rebelde en Praga, y era una mujer enérgica y apasionada, la primera de las amantes de Kafka que realmente entendió el significado que tenía para él la escritura y se unió a él en condiciones apropiadas como compañera literaria. Sabía también por experiencia propia lo que significaba luchar contra un padre poderoso. "Ella es un fuego vivo –le dijo Kafka a Brod–, de una clase que jamás había visto". Demasiado fuego, visto retrospectivamente, para la debilitada condición física y espiritual de Kafka: esto significó que, en última instancia, él no podía responder a sus necesidades, aunque ella lo entendía profundamente como escritor.

La había conocido el año anterior en un café de Praga, aunque él aseguraba que no pudo recordar su rostro con detalles precisos: "Sólo recuerdo cómo usted se fue finalmente entre las mesas del café, su figura, su vestido". Desde la primera carta que le envió a Milena, estuvo claro hacia dónde apuntaba esa correspondencia. Cuando Kafka vio sus traducciones, quedó impresionado, y sintió que "difícilmente había algo mal interpretado" en ellas. Como leía perfectamente el checo, le pidió a Milena que le escribiera en ese idioma. Él siempre contestaba en alemán. "Nunca he vivido entre alemanes –le confesó a ella–. El alemán es mi lengua materna, y por lo tanto, es natural para mí, pero el checo me suena mucho más íntimo".

El tiempo era bastante bueno en el Tirol en abril y mayo para que Kafka se sentara en un balcón al anochecer, y se diera el gusto de permanecer allí, como de costumbre, saludablemente desnudo. Podía mirar los arbustos florecidos, las veloces lagartijas y una variedad de pájaros. El aire era más puro y la luz solar más intensa que en Schelesen. En el primer mes, su peso aumentó de 57,4 a 59,55 kilos. En el comedor, pidió una mesa separada donde su vegetarianismo y su masticación lenta (Kafka era un devoto de la moda de la "fletcherización", un método de masticar la comida hasta disolverla) llamarían menos la atención. Pero dos militares (uno de ellos era general) que se hospedaban en la pensión, invitaron a Kafka a compartir la mesa común, donde el lugar de cada comensal estaba marcado por su servilletero personal, y procedieron, por deporte social, a analizar su acento. Conocían Praga y querían saber si él era checo. Sin dudar, Kafka dijo que no. En torno a la mesa se hicieron otras conjeturas. El hombre alto y delgado era germano-bohemio o de Malá Strana de Praga (el Barrio Menor, situado a orillas del Vltava, frente a la Ciudad Vieja, que tan bellamente describió en sus relatos Jan Neruda). El general quería seguir con el tema, y empezó a analizar el rostro de Kafka, así como su acento alemán. Kafka lo sacó del apuro diciéndole que era judío. Entonces todos se levantaron y abandonaron la mesa −contrariamente a su costumbre de prolongar la sobremesa−: una decisión que dejó a Kafka con la impresión de que él era "una espina atravesada en su garganta".

En una carta a Brod de principios de mayo, en respuesta a los informes de éste sobre la situación de los judíos en Munich, donde estaba viviendo, Kafka manifestó: "¡Qué preocupación terriblemente improductiva es el antisemitismo, y todo lo que implica! Y Alemania se lo debe a sus judíos". Su argumento era que los judíos habían "forzado a Alemania a aceptar cosas que ella podía haber llegado a hacer lentamente y a su manera, pero a las que se oponía porque provenía de extraños". En la Pensione, Kafka había logrado apaciguar al general empleando su gran habilidad −"soy un oyente extraordinario"−, pero no pudo detener el aluvión de antisemitismo del estilo "yo no tengo prejuicios", en la mesa. Mientras tanto, le extrañaba la devoción de Milena por su marido, que no la merecía: "Ella es muy tierna, valiente, brillante, y compromete todo lo que tiene en su sacrificio... ¿Qué clase de hombre será él? ¿Quién podría provocar algo así?".

El mismo Kafka también tenía sus compromisos. En una carta anterior a Milena, se había referido a sus compromisos pasados (mostrando de paso que sabía que Felice, ya casada, había tenido su primer hijo) y al presente compromiso con Julie, al que caracterizaba como "todavía vivo, pero sin ninguna perspectiva de matrimonio, de modo que en realidad casi no está vivo, o más bien, vive una vida independiente a costa de los seres humanos". Añadió que en esos casos, "quizá los hombres sufran más". Si eso era cierto, Kafka estaría sufriendo, pero al mismo tiempo hacía todos los esfuerzos por convencer a Milena para que fuera de Viena a Tirol por unos días. Fue un poco menos insensible y un poco más honesto cuando admitió ante Brod que: "Le hice el peor daño posible a esa persona, y tal vez de la peor manera". Julie, que no sabía nada sobre su potencial rival, acababa de abrir una sombrerería en Praga.

Militares antisemitas aparte, Kafka estaba disfrutando en el Tirol. Pero como su licencia de dos meses por enfermedad estaba a punto de expirar, le pidió a Ottla que fuera a ver en su nombre al nuevo director checo del Instituto, el doctor Bedřich Odstrčil, para pedirle que agregara cinco semanas más de su licencia anual. Ottla, cuyo dominio del checo era un poco mejor que el de su hermano, corrigió las faltas ortográficas de la carta que él había adjuntado para su jefe. También recibió otro encargo: comprar en la librería Borový de Malá Strana, veinte ejemplares de la revista checa *Kmen*, que contenía la traducción de Milena de "El fogonero". Ottla estaba por casarse con Josef David, y su hermano bromeó: "Me estoy quedando soltero en nombre de los dos".

Kafka abandonó el plan de encontrarse con Julie en Karlsbad y luego ir a conocer a sus padres, que estaban de vacaciones en Franzensbad, y en cambio fue el 28 de junio a Viena para ver a Milena. "Creo que le hice lo peor que podía hacerle –le escribió a Ottla a propósito de Julie, poco antes de ese viaje–, y probablemente se haya terminado todo. Así es como juego con un ser humano". La verdad era que, desde principios de mayo, sus cartas a Milena habían sido de una intimidad que confirmaba el duro juicio de Kafka sobre sí mismo.

Es interesante comparar la correspondencia de Kafka a Milena con la de Felice. Afortunadamente más breve, también es, en su conjunto, una obra literaria, llena de artificio –que no es decir poco sincera– y de un espíritu más liviano. Hay un amor más espontáneo y expresado con mayor libertad, y existe una mayor igualdad intelectual entre ambos corresponsales. Milena escribía artículos para diarios y, después de leer por primera vez uno de ellos, Kafka le dijo: "Tengo casi tanta confianza en sus textos como en su persona. Conozco sólo una música del idioma checo, la de Božena Němcová [la autora de *La abuela*, que Kafka amaba desde su infancia], y aquí hay otra música". Un tema que solían discutir era la condición judía de Kafka. Él hablaba de "la situación insegura de los judíos" y su "an-

gustia", que en el caso de los judíos aislados, actúa "más intensamente; por ejemplo, en mi caso". Pero su verdadera angustia se refería a
su estado de salud, que empezó a relacionar en forma más directa y
explícita con su condición mental. Cuando en una oportunidad tuvo que explicar la razón por la cual no había ido a ver a Milena a
Viena, adujo "tensión mental", y agregó: "Estoy mentalmente enfermo:
la enfermedad del pulmón es sólo un desbordamiento de mi enfermedad mental". Al expresarlo de este modo, Kafka confirmaba el papel
que desempeñaba ahora la enfermedad en su vida. Era una retribu-
ción. Era una sentencia. Era más que una simple infección del pulmón: confirmaba su sensación de haber sido señalado y emplazado.
Le dijo a Milena que había estado enfermo desde los cuatro o cinco
años de sus dos primeros compromisos (ambos con Felice), y que
sentía el abismo que había entre la juventud y la salud de ella (Kafka
desconocía los problemas y los esfuerzos de la vida de Milena en Viena, descriptos por Margarete Buber-Neumann), como una mujer de
veinticuatro años, y la edad de él. "Tengo 37, casi 38, soy casi una generación mayor que usted, mi cabello está casi blanco por las noches
que he pasado y los dolores de cabeza. No expondré ante usted mi
larga historia con toda la profusión de detalles a los que todavía temo, como un niño, pero sin el poder de olvidar que tiene el niño".
Un punto a favor de Kafka fue su confesión de que el fracaso de los
dos compromisos con Felice y el tercero con Julie habían sido "por
mi culpa, sin ninguna duda, por mi culpa. Hice desgraciadas a ambas muchachas".

Kafka era renuente a tocar el tema de Julie −cuyo nombre jamás
pronunciaba delante de Milena−, aparentemente porque ella era
"sensible, y cualquier palabra, hasta la más amable, sería una ofensa
espantosa para ella", pero eso era así, en realidad, porque la relación
evidentemente estaba terminando, y él no había hecho nada por fi-
nalizarla en forma apropiada. Otra vez sin mencionar su nombre, dijo que con Felice no podía haber llevado adelante un matrimonio
duradero, "aunque se lo aseguré repetidamente y por mi propia vo-

luntad, aunque a veces la amaba desesperadamente, aunque no conozco nada más deseable en sí que el matrimonio. Durante casi cinco años le hice daño (o me lo hice a mí mismo), pero afortunadamente, ella era indestructible, una mezcla prusiano-judía, una mezcla poderosa e invencible. Yo no era tan fuerte: después de todo ella sólo tenía que sufrir, mientras que yo hacía daño *y* sufría". Milena era "una mezcla poderosa e invencible", absolutamente tan formidable como Felice, y tenía un matrimonio infeliz. Las palabras de Kafka tendrían, pues, como efecto alertarla sobre quién y qué era él. Consciente –en su actual estado de ánimo fatalista– o inconscientemente, esa debe de haber sido la intención de Kafka. También es interesante observar que la víctima del "tribunal" del Askanischer Hof había cambiado ahora su declaración de sorprendida inocencia a culpable de todos los cargos.

En cuanto a Julie, se enteraría por un telegrama, con una evasiva explicación, de que el planeado encuentro en Karlsbad quedaba cancelado: "Así es como juego con un ser humano". En su correspondencia con Milena, Kafka se refería a Julie como "la muchacha", sin darle siquiera la dignidad de un nombre. Incluso llegó a decir que Milena, al ofrecerle a él una manera de transferir sus afectos, le había "hecho el mayor de los favores a esa muchacha... No se me ocurre ninguna otra manera en la que ella hubiera podido liberarse de mí". Recordaba que había estado sentado con Julie en un apartamento de un ambiente en Praga, en noviembre. En el sofá de aquella habitación había podido vislumbrar lo que sería su vida matrimonial, y eso lo aterró, como siempre le ocurría cuando el matrimonio empezaba a ser una realidad inminente en lugar de una idea en su cabeza. Se culpó a sí mismo: "Fui exclusivamente yo quien insistió en ese matrimonio: ella sólo lo aceptó, con temor y resistencia, aunque por supuesto, poco a poco se acostumbró a la idea". Él seguía pensando que pudo haber sido "un matrimonio de razón en el mejor sentido de la palabra", un arreglo parecido al que pareció haber considerado hacia el final de su relación de cinco años con Felice. Era

generoso de parte de Kafka cargar con la culpa, pero una crítica poco amable podría decir que él siempre actuaba así con demasiada facilidad, y que se necesitaba algo más. Hacia fines de mayo de 1920,
el tono y el contenido de las cartas a Milena eran, sin lugar a dudas,
las de un hombre enamorado. La disolución formal del compromiso con Julie era sólo una cuestión de tiempo.

Kafka siguió insistiendo en el tema de la diferencia de edad entre Milena y él: "mis 38 años judíos contra sus 24 años cristianos". Y,
como en sus anteriores cartas de amor, se lanzó con entusiasmo a la
enumeración de sus desgracias. Le dijo que tenía "miedo de dar un
paso en esta tierra plagada de trampas", y que debía decirse a sí mismo: "Eres un judío, y sabes lo que significa el miedo". Por primera vez,
le confesó a alguien que la mejor época de su vida habían sido los
ocho meses que había pasado en Zürau, de septiembre de 1917 a abril
de 1918, cuando pensó que había "terminado con todo", cuando se
había limitado sólo a lo que era "incuestionable" dentro de él, cuando había sido libre, sin cartas, sin la "conexión postal a Berlín" de
cinco años ni Felice, y en el "refugio" de su enfermedad. En Zürau,
Kafka no tenía que cambiar demasiado en su interior, sino sólo "volver a trazar con mayor firmeza las antiguas líneas generales de tu naturaleza (después de todo, debajo de tu cabello gris, tu rostro no cambió demasiado desde que tenías seis años)". En su juventud, Kafka
había sido influido por ideas políticas progresistas, y por el pensamiento darwiniano y neodarwiniano sobre el desarrollo y el progreso en el organismo y en los asuntos humanos, pero ahora su enfermedad lo confrontaba con la perspectiva de la inactividad. Las cosas no
mejorarían, y seguramente empeorarían. Había luchado "honradamente" por casarse con Julie en el otoño de 1919, pero contra todas
las probabilidades, consciente de que "podías haber arrastrado a otro
ser humano, una querida buena muchacha que se consumía de generosidad, hacia abajo contigo: no, no hacia abajo, hacia un lugar sin salida, ni siquiera hacia las profundidades". Con este telón de fondo, le
dijo a Milena que ella lo llamaba "con una voz que penetra tu razón

y tu corazón con la misma intensidad". Estaba a punto de correr el riesgo de destruir a una tercera muchacha. No se atrevía a ir a Viena porque todo eso se confirmaría cuando ella viera a una "persona larga y delgada" [*ein langer magerer Mensch*] allí, frente a ella, deteriorado, con una sonrisa amistosa (que creía haber heredado de una tía vieja, y que sólo significaba, en ambos, turbación).

"A veces tengo la sensación de que estamos en una habitación con dos puertas opuestas, y cada uno de nosotros sostiene el picaporte de una puerta: uno de nosotros pestañea, y el otro ya está detrás de su puerta, y ahora el primero sólo tiene que pronunciar una palabra, e inmediatamente el segundo cierra su puerta detrás de él y ya no puede ser visto", le dijo a Milena. De esta situación de frágil comunicación resultaban "atroces malentendidos". Él también la exhortaba a considerar la clase de persona que él era: "el viaje de 38 años que tengo detrás de mí (y como soy judío, es aún más largo), y si en un giro aparentemente accidental del camino la veo a usted, a quien nunca esperé ver, y menos aún, tan tarde, entonces, Milena, no puedo gritar". Le aconsejó que no esperara sinceridad de su parte, porque parecía que todo se le escapaba ahora: "Estoy en una senda tan peligrosa, Milena... No puedo escuchar simultáneamente la terrible voz que está en mi interior, y a usted, pero puedo escuchar la primera y confiársela a usted, a usted y a nadie más en el mundo". Kafka volvía a girar en torno a su ansiedad, como si esta vez realmente creyera que estaba ante su última oportunidad, quizá más allá de su última oportunidad, y como había "destruido varias relaciones humanas" en el pasado (no sólo con mujeres: dio el ejemplo de Ernst Weiss), "según una lógica mental que consistía en creer siempre más en el error de la otra persona que en los milagros", temía estar a punto de actuar otra vez de la misma manera. Ella había aparecido como su salvación, pero ¿era correcto aceptar su ofrecimiento de redención? "Un hombre yace en la suciedad y el hedor de su lecho de muerte: llega el ángel de la muerte, el más beatífico de todos los ángeles, y lo mira. ¿Puede realmente este hombre atreverse a morir?". Esta retórica era un poco exagerada: Kafka retornaría a su trabajo en un par de semanas después de su estadía en los Alpes, y por lo tanto no se encontraba en su lecho de muerte.

Mientras tanto, a Kafka se le ocurrió una idea: que Milena le dijera a su marido que partiría de Viena hacia algún lugar tranquilo de Bohemia por motivos de salud. Kafka podía costear la expedición, y después ella le devolvería el dinero. Esto tendría la ventaja adicional de darle a él un motivo para ganar dinero –"mi empleo es, dicho sea de paso, ridículo y patéticamente fácil, no puede usted imaginarlo: no sé por qué me pagan"–, y él se transformaría por un momento en un oficinista "entusiasta y laborioso". Se suponía que "la muchacha" no sería informada de este plan. Pero Milena respondió que prefería otra solución: pasar unos días sola en alguna parte.

Kafka seguía sumido en la confusión por esta relación, y atormentado por la súbita aparición de la esperanza y una nueva orientación precisamente en el momento en que sus fuerzas se debilitaban: "Mi mundo se derrumba, mi mundo vuelve a levantarse... Lamento mi falta de energía, lamento haber nacido, lamento la luz del sol". Consciente de su edad y su debilidad, llamaba a Milena "una niña", a la que no se atrevía a ofrecer su mano, "esta mano sucia, temblorosa, parecida a una garra, inestable, insegura, caliente y fría al mismo tiempo". Sin embargo, desde mediados de junio de 1920 en adelante, empezó a tutearla en sus cartas. Trató de explicarle que se sentía "consumido", en contraste con "tu juventud, tu frescura, tu valentía". Ese contraste, lo que presagiaba, lo llenaba de miedo, un miedo que iba en aumento, "porque significa una retirada del mundo, por lo tanto, un aumento de su presión, por lo tanto, un aumento del miedo [Angst]". Las cartas de ella lo asustaban: "Después de todo, no puedo albergar una tormenta en mi cuarto: en esas cartas seguramente tienes la magnífica cabeza de Medusa, porque las serpientes del terror sisean en torno a tu cabeza, y de hecho, en torno a la mía, las serpientes del miedo sisean con más furia aún". Después de la muerte de Kafka, en un obituario escrito en el periódico checo *Národní listy* –la síntesis más elocuente que jamás haya escrito nadie sobre Kafka–, Milena subrayó este elemento del miedo: "Era un hombre que dejó que su enfermedad soportara todo el peso de su miedo a la vida". Ella también creía que a pesar de que estaba en tratamiento por su enfermedad del pulmón, "también la cultivaba deliberadamente y la alentaba psicológicamente". Kafka sentía que había acumulado "un monstruoso polvo levantado por 38 años [en forma lúgubre, había añadido un año a su edad], que se había depositado en mí", y, si ella realmente quería saber "cómo era antes mi vida", le ofrecía enviarle "la gigantesca carta que le escribí a mi padre hace unos seis meses, pero que todavía no le entregué". Tenía miedo de que "esa conspiración interna contra mí mismo [*diese innere Verschwörung gegen mich*]" que la carta trataba de expresar, y que derivaba del hecho de que "yo, que en el Gran Juego de Ajedrez no soy ni siquiera Peón de un Peón, lejos de ello, sin embargo quiero ocupar ahora, contra todas las reglas del juego y para confundir el juego, el lugar de la Dama". Dado este contexto, su propuesta de ayudarla a dejar Viena era "por el momento, lo único incuestionable, libre de enfermedad y que me hace completamente feliz".

El 28 de junio, Kafka dejó finalmente el Tirol y viajó en tren a Viena: se hospedó en el Hotel Riva, cerca de la estación de tren del Sur [*Südbahnhof*]. La antigua maldición del ruido cayó otra vez sobre él, y durante dos noches, apenas pudo dormir. El 30 de junio se encontró con Milena, por primera vez desde el año anterior en Praga. Caminaron juntos por los bosques de Viena, y una carta que Kafka le escribió a su regreso a Praga muestra fuertes indicios de que hubo intimidad entre ellos durante esa visita. Acompañó esta carta con un ejemplar de *El pobre músico* de Grillparzer, que eligió porque transcurre en un ambiente vienés "y porque él estaba enamorado de una chica que era buena en su profesión". También volvió a prometerle el envío de la *Carta al padre*. En estas cartas hay un tono enamorado totalmente ausente de las cartas a Felice, en las que el amor de Kafka a menudo era más declarado que *sentido*. "Por favor, quédate siempre conmigo [*Bleib immer bei mir*]", suplicaba.

La única sombra en esta historia de amor fue arrojada por Julie, que todavía no sabía nada de ella. Kafka la fue a ver poco después de su regreso a Praga, el 4 de julio, y Julie "ni remotamente dijo una sola palabra de enojo contra ti o contra mí". Kafka sentía que nada había cambiado entre ellos, y que lo que él se veía obligado a hacer en relación con Julie era "la tarea de un verdugo". También estaba preocupado por la salud de Julie, y sabía que debería seguir viéndola. Los dos se sentaron en el Karlsplatz (Karlovo náměstí), y el cuerpo de Julie temblaba al lado de él. "No puedo dejarte –dijo ella–, pero si rompes conmigo, me iré. ¿Estás rompiendo conmigo?". Kafka contestó: "Sí". Entonces Julie dijo bruscamente: "Pero después de todo, no puedo irme". Dijo que no podía entender qué estaba pasando, sostuvo que Milena amaba a su marido, y empezó a hablar mal de su rival. Vencido por el remordimiento, Kafka accedió a que ella le escribiera a Milena –a ésta le pidió que fuera "severa pero amable" con Julie– y aceptó verla por última vez al día siguiente, la fiesta nacional checa de Jan Hus, con la idea de hacer una excursión en barco por el Vltava. Como no se sentía muy bien esa mañana, Kafka le envió a Julie una nota de entrega inmediata para posponer el paseo y pedirle que no le escribiera a Milena. Dispuesta a sacar partido de este pedido de Kafka, Julie, que ya había enviado la carta, corrió a la oficina del correo central de Praga, y logró que ubicaran esa carta, a cambio de entregarle al empleado todo el dinero que llevaba encima, y que, por cierto, no le sobraba. Esa noche, le llevó la carta a Kafka, que ahora no tenía idea de lo que debía hacer. Resistiendo la tentación de leerla, decidió que, después de todo, debía ser enviada a Milena. Ésta le contestó a Julie (ninguna de las dos cartas sobrevivió), y finalmente Kafka informó el 19 de julio: "Fui rechazado". De Julie no volvió a saberse nada. Unos años más tarde, ingresó a una institución mental, en la que probablemente murió.

Seguramente Kafka habrá pensado que su última posibilidad de casarse había desaparecido con Julie en ese verano de Praga de 1920.

21

Cuando regresó a Praga, y después de su estadía de cuatro días en Viena con Milena, en julio de 1920, Kafka se quedó durante un corto tiempo con sus padres, y luego se mudó al apartamento de Elli en la Nerudagasse, para que su tío Alfred Löwy de Madrid pudiera instalarse en el apartamento del Oppelthaus. A Kafka le gustaba la sensación de amplitud y vacío del apartamento, y lo consideraba una compensación por la calle ruidosa: "Estar solo en una habitación es tal vez la condición para vivir". Sus primeras cartas a Milena desde Praga parecen un poco exaltadas, posiblemente debido a sus condiciones físicas, porque si bien se consideraba que ya estaba suficientemente repuesto como para volver al trabajo (en el que permaneció hasta fin de año), de ninguna manera se encontraba en un buen estado de salud. Le dijo a Milena que la "breve intimidad física y la súbita separación física" lo había confundido: después de todo, estaba más acostumbrado a conducir sus relaciones amorosas por correo. Terminó la carta pidiéndole que recibiera "el flujo de todo lo que soy y tengo, y todo lo que sea felicidad". Felice nunca había recibido esta clase de cartas.

En un extraño impulso, comparó la agradable calma de su apartamento con los animados lugares públicos más típicos de Praga: "El ruido, la lujuria, el incesto de los disolutos, descontrolados cuerpos, pensamientos y deseos". El habitual autocontrol de Kafka parecía estar bajo presión, y evidentemente la excitación sexual era un elemento de ese estado de confusión. También estaba preocupado por el hecho de que había que considerar a una tercera persona en la relación (habían sido cuatro, por supuesto, pero Julie ya no era una rival): el marido de Milena, Ernst Polak, pero a Kafka no le gustaba "analizar en detalle todas las posibilidades" hasta que realmente se viera forzado a hacerlo. "Creo que, por el momento, lo único que hay que temer es tu amor por tu marido", le dijo a Milena. Hasta sugirió escribirle a Polak, un ofrecimiento que asustó a Milena en ese momento, y que, por lo tanto, fue rápidamente retirado. Kafka, que ahora tosía un poco (lo atribuía al aire de Praga), aseguraba que "se sentía menos agotado que, quizá, en los últimos siete años, con la excepción del año pasado en Zürau", dando a entender que el motivo era el "poder revitalizador" de "Madre Milena". La energía y la vitalidad de ella –así como su inteligencia– eran estimulantes para Kafka, mientras sentía que sus propias fuerzas se debilitaban. Pero el dilema subsistía. En las propias palabras de Milena: "Sí, tienes razón, lo amo. Pero, Franz, a ti también te amo".

El 13 de julio, Kafka fue a ver al médico, que lo encontró prácticamente en las mismas condiciones que antes de su viaje a los Alpes: "La enfermedad se encuentra en el ápice del pulmón izquierdo, tan fresca como siempre". Aunque el médico consideraba que esto, además del hecho de no haber aumentado de peso, era "un fiasco", y amenazó con una serie de inyecciones para el otoño si no había mejoría, Kafka estaba contento. Pensaba que todo lo que necesitaba era "una clase especial de quietud, o, si se mira desde otro ángulo, una clase especial de inquietud". Estaba claro que Milena no se sentía capaz de aceptar su propuesta de ir a Praga. Pero él le dijo que confiaba en ella: "Hasta hace poco tiempo, creía que no podía soportar la vida, que no podía soportar a la gente, y me sentía muy avergonzado por ello, pero tú me confirmas ahora que no era la vida lo que me parecía imposible de soportar". Sin embargo, la ausencia de ella lo perturbaba y le causaba insomnio, y volvía el miedo o *Angst*, que "me priva de mi voluntad... no tengo a nadie, a nadie conmigo salvo mi

Angst, estamos ambos encerrados y discutimos noche tras noche...
Este miedo no es, después de todo, mi miedo privado –es sólo parte
de él, y de una manera terrible–, sino que es también el miedo de
toda fe desde el comienzo del tiempo". Kafka escribía repetidamente esta palabra "miedo" (*Angst*), que en alguna medida era, además
de sus habituales ansiedades, miedo de emprender algo que estuviera más allá de su capacidad de ese momento, aunque es posible
que se tratara del miedo de arruinar otra vida.

El casamiento de Ottla con Josef David en el Ayuntamiento de
Praga –y el desayuno de la boda en el cual, con un mirto en el ojal,
estuvo sentado entre las dos hermanas de David–, sólo sirvió para in-
tensificar su deseo de involucrarse más a fondo con Milena: "¡Qué fácil será la vida cuando vivamos juntos!". Cuanto más insistía Kafka
en esa posibilidad, más visibles se hacían las fisuras de la relación.
Milena no estaba tan dispuesta a abandonar a su marido como él
creía. Aunque Kafka solía decirle que irse con él significaría "renunciar a todo el mundo para descender hacia mí", en su correspondencia con ella no había nada de la humillación que expresaba –a menudo, retóricamente– en sus cartas a Felice. Pero seguía insistiendo
en la omnipresencia del miedo en su vida, que sólo ella podía miti-
gar: "No conozco sus leyes internas. Sólo conozco su mano en mi
garganta, y esto es realmente *lo más terrible que he experimentado
o pueda experimentar*". Como consecuencia de este miedo, "ambos
estamos casados: tú en Viena, y yo con mi *Angst* en Praga".

Durante el primer mes de su regreso al Instituto –donde, como
él mismo reconocía, trabajaba muy poco, a pesar de que se le había
acumulado trabajo atrasado–, Kafka se fue dando cuenta gradualmente de que Milena no dejaría a su marido. "De modo que nos hemos separado completamente, Milena –le escribió a fines de julio–,
y lo único que aparentemente tenemos en común es el intenso deseo, que tú deberías estar aquí y tu rostro, tan cerca del mío como
fuera posible. Pero por supuesto también tenemos en común el deseo de muerte, ese deseo de una muerte agradable". Aunque Milena

tenía en esa época una enfermedad no identificada (al parecer, le mencionó alguna pérdida de sangre a Kafka), normalmente gozaba de una salud vigorosa, contrariamente a él, y mientras ambos estaban enamorados, eso del "deseo de muerte" puede haber sido un poco melodramático. También era posible que Kafka hubiera subestimado tanto la disposición de Milena para abandonar su vida en Viena por él como su poderoso espíritu independiente. Probablemente, la vocación de ese espíritu no fuera necesariamente atender en forma exclusiva el miedo de Kafka, quien solía llamarla su "salvadora". Él también tenía impedimentos en sus acciones y no podía, a su vez, viajar a Viena. Trató de hacerle entender a Milena que la oficina no era "sólo una vieja y tonta institución... sino que fue mi vida hasta ahora, no puedo dejarla así como así, aunque tal vez no fuera tan malo... Puedo tratarla muy mal, trabajar menos que los demás (y lo hago), estropear el trabajo (y lo hago), a pesar de todo, hacerme imprescindible (y lo hago), aceptar tranquilamente, como si lo mereciera, el trato más considerado que es posible obtener en una oficina", pero no podía mentir con el objeto de liberarse para viajar a Viena.

El Instituto —como su escuela, su universidad y su familia— era para Kafka "una persona viva que me mira con sus ojos inocentes dondequiera que me encuentre, una persona a la que estoy conectado de una manera que yo mismo no conozco, aunque me es tan ajena como la gente que oigo pasar en este momento por el Ring con sus automóviles". Sin embargo, admitía que alejarse de sus padres sería beneficioso para él. Al comentar ácidamente la quizá nada heroica naturaleza de su batalla contra el tirano doméstico, observó: "Un hombre lucha en Maratón, y otro, en el comedor de la casa". Realmente, no había ningún escondite para escapar de los conflictos esenciales. Aceptó hacer los trámites para obtener un pasaporte, para que pudieran encontrarse si fuera necesario. Y a principios de agosto, ambos acordaron reunirse a mitad de camino, en la ciudad fronteriza de Gmünd (la estación estaba en territorio checo, y la ciudad era austríaca).

Al acercarse la fecha del encuentro, Kafka le confesó a Milena: "Observo tu vida intensamente y con el corazón batiente, y casi excluyendo cualquier otra cosa". Esta intensidad pudo haber sido demasiado para Milena, que a último momento intentó cancelar la cita, diciendo que no iría, "a la espera del día en que tú [Kafka] sientas necesidad de venir". En esa época, él solía leer las notas de Milena sobre moda publicadas en el periódico checo *Tribuna*, y confesó, "para mi vergüenza", que había estado leyendo sus artículos en secreto, antes de que ella lo alentara oficialmente a hacerlo, ansioso por cualquier manera de sentir proximidad con ella. Kafka estaba lleno de inquietud por las dificultades que parecían estar atravesando: "¿De dónde surgieron todos estos problemas entre nosotros?... Yo podía haberlos detenido hace mucho tiempo, la vista era suficientemente clara, pero la cobardía fue más fuerte". Tampoco lo conformaba el argumento de Milena de que su marido dependía de ella. Le contó la historia (que describimos antes) de su iniciación sexual, para expresar –hay que decir que en una forma bastante oscura– la sensación que tenía en ese momento de encontrar su proximidad física "aquietante-inquietante", y su retraimiento de lo que él llamaba "suciedad" (*Schmutz*). Le confesó que en el Tirol había planeado seducir a la mucama, y había encontrado "una muchacha muy dispuesta" hacia el final de su estadía, pero el "miedo" que había expresado sobre pasar una noche en Gmünd era su *Angst* habitual, y no –esto es lo que presumiblemente insinuaba– ansiedad sexual. En una de sus más bellas cartas a Milena, poco antes de que se volvieran a encontrar, Kafka le dijo cómo la amaba (subrayando las palabras): "*como el mar ama a un guijarro en sus profundidades, así es exactamente como mi amor te absorbe*", y daba a entender con mucha fuerza que el sexo (que Milena había denominado con indiferencia "media hora de cama") no desempeñaba ningún papel en su amor. También le dijo que ese miedo al que constantemente se refería era "parte de mí, y tal vez la mejor parte. Y como es la mejor, tal vez sea también sólo esa parte la que tú amas. Porque ¿qué otra cosa digna de amor puede encontrarse en mí?". A su lado, decía, "estoy muy tranquilo y muy intranquilo, muy inhibido y muy libre".

Kafka y Milena se encontraron en Gmünd por menos de veinticuatro horas, entre el 14 y el 15 de agosto. Kafka le envió una postal a Ottla, diciendo que se sentía bien: "No tengo tos". Pero le había dictado la carta a Milena, quien agregó una posdata: "No pudo terminarla". Probablemente, el viaje lo había agotado. Y está claro que se dijeron cosas sobre la imposibilidad de que su relación continuara. En una palabra, el encuentro fue un desastre.

Al volver a Praga, Kafka esperó ansiosamente las cartas que aclararían las cosas que habían dicho. Milena se había ido de viaje por dos semanas, y esto prolongó la agonía de Kafka, pero le permitió poner en papel "varias cosas imposibles de expresar, imposibles de escribir" que podían "ayudarte a entender profundamente cómo son las cosas conmigo, de manera que no te asustes y te alejes de mí". Gmünd había sido un punto de inflexión. Las exaltadas expresiones de amor, sin precedentes en Kafka, habían sido reemplazadas cada vez más por sus extensos análisis habituales sobre los motivos por los cuales la relación estaba empezando a destruirse. "A veces me siento como si llevara una carga de plomo tan pesada que a cada momento pudiera ser arrastrado al fondo del mar, y la persona que intentara 'rescatarme' renunciara a ello, no por debilidad, ni tampoco por desesperanza, sino por puro fastidio", le dijo a Milena. Le rogó que no se asustara de él "aunque te defraude una y mil veces".

Finalmente, Milena respondió, y él le escribió: "Estoy sucio, Milena, infinitamente sucio, y por eso hago tanta alharaca con la pureza. Nadie canta con una voz tan pura como los que viven en el más profundo infierno". Kafka se obsesionaba reflexionando sobre las cartas de ella −en su nuevo régimen de hacer pequeñas siestas y acostarse tarde a la noche− y confesó lo siguiente: "Todo el día estuve preocupado por tus cartas, con tormento, amor, inquietud, y con un miedo absolutamente indefinido de algo indefinido, cuya indefinición consiste en gran parte en el hecho de que supera los límites de mis fuerzas". Estaba claro que esa relación estaba agotando sus ya minadas energías. Su tos no disminuía, y mezcló su propia enfermedad con la de ella, al decir que cuando yacía insomne por las noches, soñaba que la cuidaba, que vivía para ella.

Pero era Kafka quien realmente necesitaba que lo cuidaran. El 30 de agosto, fue a ver al médico, quien no notó ninguna mejoría y opinó que debía internarse en algún sanatorio de la baja Austria. La perspectiva de ir a esos lugares, que sólo se especializaban en enfermedades pulmonares, aterraba a Kafka: "Son establecimientos que en su conjunto tosen y tiemblan de fiebre día y noche, donde hay que comer carne, donde hay ex verdugos que nos dislocan los brazos si nos resistimos a las inyecciones, y médicos judíos, tan crueles con los judíos como con los cristianos, que nos observan acariciándose la barba". En su frágil estado, Kafka casi no soportaba las visitas, ni siquiera las de amigos, como los escritores Paul Adler y Franz Blei. Ahora estaba tomando conciencia de que no tenía ningún futuro con Milena: "Pocas cosas son seguras, pero esta es una de ellas: nunca viviremos juntos, en la misma casa, cuerpo con cuerpo, en la misma mesa, nunca, ni siquiera en la misma ciudad". Se veía a sí mismo tendido en una cama, aplastado bajo "una pesada cruz", una extraña imagen que de pronto se transformaba en "un cadáver", y lo agotaba la sola idea de un nuevo fracaso. Al parecer, Milena le había reprochado sus anteriores referencias al hecho de estar "sucio", pero él insistió: "¿Por qué no debería seguir exponiéndola [a la suciedad], mi única posesión?". Ella dijo también que la idea de la muerte la asustaba, pero Kafka, en su estado de desesperanzada resignación, oprimido por el peso muerto de la existencia, declaró: "Yo sólo tengo un miedo terrible al dolor. Es mala señal. Desear la muerte pero no el dolor es una mala señal. Pero de otro modo se corre el riesgo de morir. Uno ha sido enviado como una paloma bíblica, no ha encontrado nada verde, y vuela de regreso a la oscuridad del Arca".

Después de perder a Milena, Kafka había sido nuevamente arrojado a sí mismo y a sus dolores, y había empezado a hojear los prospectos de un par de sanatorios, pero la verdad era que quería permanecer en Praga y "aprender algún oficio". Toda la vida se había sentido atraído por la idea de trabajar simplemente con las manos o realizar alguna tarea común: quiso ser horticultor, encuadernador en Palestina, e incluso, al final de su vida, y con un matiz cáustico, camarero en un restaurante. Le resultaba difícil aceptar las indignidades de un sanatorio, el hecho de ponerse en manos de la despreciada profesión médica, que no coincidía con sus conceptos de curación natural y medicina holística. Se imaginaba que el médico principal lo tomaría entre sus rodillas y "yo me atragantaría cuando me metiera un pedazo de carne en la boca con sus dedos carbónicos y me obligara a tragarlo". Kafka se sentía física y figuradamente liviano –en la balanza, pesaba 55 kilos– en un mundo que lo estaba aplastando con su contrapeso. Parecía estar contemplando su propia vida desde algún estado desencarnado: "No pareces darte cuenta, Milena, de que estamos parados juntos observando esa criatura en el suelo que soy yo; pero yo, como espectador, no tengo existencia". Temía haberse vuelto demasiado dependiente de ella: "Sin duda, hay algo blasfemo en apoyarse tanto en una sola persona, y esa es también la razón por la cual el miedo serpentea entre los cimientos. Pero el problema no es tanto el miedo con respecto a ti, como el miedo de atreverse simplemente a apoyarse de esa manera".

A las 8 de la noche del 6 de septiembre, Kafka se detuvo a observar desde la calle el salón de banquetes del Ayuntamiento judío de Praga, donde más de un centenar de judíos rusos emigrados hacían la cola para obtener sus visas para viajar a los Estados Unidos. Después de medianoche, volvió a mirar a través de las iluminadas ventanas. En ese edificio había leído hacía tiempo su novela favorita, la incomparable *Michael Kohlhaas* de Kleist, y en otra oportunidad había presentado las lecturas de Löwy con su propio discurso sobre el idioma ídish. La luz eléctrica brilló toda la noche sobre las dormidas formas tendidas sobre las sillas, y Kafka observaba ávidamente a esa gente –hambrientos como estaban, propensos a enfermedades, víctimas de las amenazas antisemitas que les gritaban a través de las ventanas– y confesó que "si me hubieran dado la oportunidad de elegir lo que quisiera ser, habría elegido ser un pequeño niño judío del Este, de pie en un rincón de la habitación, sin ninguna preocupación". El sueño de huida de esas personas, que pronto se cumpliría, su concentrado propósito, su determinación de arriesgar todo por un objetivo, y, sobre todo, el hecho de que "son *un solo* pueblo", lo conmovían como simple manifestación de algo de lo cual se sentía totalmente excluido. En cuanto a él, no iba a ninguna parte, salvo hacia su muerte.

"A veces, cuando nos despertamos –le escribió a Milena– creemos que la Verdad está cerca... Para ser más exactos, una tumba con unas cuantas flores marchitas, abierta, lista para recibirnos... Milena... ¿soy realmente una criatura tan mala?... Cuando escribo, me destrozo por la agitación y el miedo... ¿Qué es lo que quiero?". Le relató una parábola sobre él mismo como un animal del bosque (*Waldtier*) en una zanja sucia, que la veía a ella "afuera, al aire libre: la cosa más maravillosa que haya visto jamás", y salía a su encuentro y disfrutaba de su atención, perdía el miedo y saboreaba una ignorada libertad: "Era tan feliz, tan libre, tan poderoso, estaba tan orgulloso, tan en casa". La inefable idea de estar "tan en casa" [*so zuhause*] era el núcleo del anhelo de Kafka. "Tan en casa, pero fundamentalmente todavía era sólo el animal, todavía pertenecía al bosque, vivía aquí al aire libre, pero sólo por tu gracia, leyendo, sin darme cuenta... mi destino en tus ojos". Aquí Kafka convertía sus angustias, como lo hacía con tanta frecuencia, en fábulas y metáforas animales, junto con fantasías de autodesprecio, de metamorfosis en algo repugnante para los seres humanos normales. "Cada vez se me hacía más claro qué oscura peste, qué obstáculo era yo para ti, cómo te estorbaba en todas partes... Yo recordaba quién soy... Debía regresar a la oscuridad, no podía soportar el sol, estaba desesperado, realmente como un animal extraviado". Las últimas palabras de esta carta eran: "Me preguntas cómo vivo: así es como vivo".

Milena le había dicho a Kafka que algunas personas "no tenían la fuerza de amar". Sus muestras de debilidad, su autorretrato como animal asustado, no era lo que esta mujer enérgica y vigorosa quería y necesitaba, aunque entendiera su literatura y su ser intelectual como ninguna de las anteriores mujeres. Pero Kafka siguió tratando de explicar las raíces y las manifestaciones de su *Angst*. Se refirió a lo que lo atormentaba como "un ataque" o "un impulso" que en algún momento terminaba, "pero los poderes que lo provocan están temblando dentro de mí todo el tiempo, antes y después: mi vida consiste, efectivamente, en esta amenaza subterránea. Si cesa, yo también ceso: es mi manera de participar en la vida. Si cesa, abandono la vida con tanta sencillez y naturalidad como se cierran los ojos". Casado con su *Angst*, no veía ninguna posibilidad de escapar a su abrazo, "porque siempre tendré miedo, sobre todo, de mí mismo".

Milena era bastante sagaz como para ver –en estas últimas cartas que arrojaron montañas de tierra en la tumba de su relación– que lo que estaba teniendo lugar era simplemente la última de una larga lista de relaciones fallidas de Kafka con las mujeres. "Después de todo, sólo puedo ser el mismo y experimentar lo mismo", confesó Kafka, y agregó que casi podía ver el castigo que se avecinaba, "hasta tal punto mi conciencia se ha vuelto excesivamente alerta". Con Milena, sin embargo, creía que tenía el potencial para ser diferente: "A ti, como a ninguna otra persona, puedo decirte la verdad, por mí mismo y por ti: de hecho, en ti puedo descubrir realmente mi propia verdad". Pero la verdad era que no podían seguir juntos. Consciente de esto, Kafka volvió a caer en una especie de estado opresivo –admitió que estaba usando demasiado la palabra "pesado" (*schwer*) para describir esta sensación–, pero se negó a culpar a Milena: "Vivo en mi suciedad, esta es mi condición... Lo terrible es... que a través de ti, me vuelvo mucho más consciente de mi suciedad". Como para reafirmar su interpretación de autocastigo, hizo en la carta uno de sus bocetos en tinta, que mostraba a un hombre desgarrado por un instrumento de tortura, mientras el despreocupado inventor del cruel *Apparat* lo observaba. "¿No somos patéticos, los seres humanos, hasta llegar a la farsa?", le preguntó a Milena dos semanas después.

Kafka y Milena siguieron escribiéndose durante el otoño de 1920, aunque sus cartas ya no eran largas cartas de amor, sino más ocasiones para que Kafka analizara su *Angst* con alguien que lo comprendía. Sólo que ni Milena ni nadie podía entender realmente cuál era el problema. "Intenta entenderlo llamándolo enfermedad", sugirió él, aunque no le gustaba que el psicoanálisis se adjudicara el descubrimiento de esa clase de enfermedades: "Considero la parte terapéutica del psicoanálisis un error sin esperanzas". Kafka había admitido hacía mucho tiempo la influencia de Freud en *La condena*, y se había interesado por otro psicoanalista austríaco, Otto Gross (1877-1919), uno de los primeros seguidores de Freud, a quien había conocido en una fiesta, el 23 de julio de 1917, en casa de Max Brod. En esa fiesta, Gross había lanzado la idea de una nueva publicación que se llamaría *Revista por la Represión de la Voluntad de Poder*. Su padre lo había internado en una clínica psiquiátrica por su adicción a las drogas, y es posible que Gross hubiera servido como catalizador para la *Carta al padre*: era un defensor de la revolución contra el patriarcado, que debía ser reemplazado por el poder matriarcal. A pesar de esas influencias, Kafka opinaba que los intentos de explicar la religión por medios psicoanalíticos ignoraban su innato sustento en la naturaleza humana: no estaba de acuerdo en que fuera simplemente un síntoma que pudiera ser "curado": "Todas esas llamadas enfermedades, por tristes que parezcan, son cuestiones de fe, esfuerzos de las almas angustiadas por encontrar amarras en alguna tierra maternal". La teoría personal de Kafka era mucho más sencilla. Le pidió a Milena que imaginara tres círculos, uno interior A, luego B y luego C. A le explica a B por qué B tiene que torturarse y desconfiar de sí mismo, por qué tiene que renunciar y por qué podría no vivir. C es la persona activa a la que no se le explica nada: sólo recibe órdenes de B y actúa bajo presión con un frío sudor de miedo. "De este modo, C actúa más por miedo que por comprensión; confía, cree que A le explicó todo a B, y que B entendió y transmitió todo correctamente".

En noviembre de 1920, se produjeron en Praga repetidos ataques antisemitas, un rasgo execrable de la nueva república, heredado de la antigua época imperial, y reavivado por periódicos checos como *Venkov*, el órgano del reaccionario y antisemita Partido Agrario. Aunque Kafka no se refería demasiado a estos hechos políticos exteriores en sus diarios y cartas, sus reflexiones generales sobre los judíos se vieron influidas por ellos. Le dijo a Milena que él era uno de los más típicos ejemplos de judío occidental. "Esto significa, expresado con exageración, que no me es concedido ni un solo segundo de tranquilidad, nada me es concedido, todo debe ser ganado, no sólo el presente y el futuro, sino también el pasado, algo que después de todo, todo ser humano seguramente ha heredado: eso también debe ser ganado, y es tal vez el trabajo más arduo". En los comentarios de este tipo se puede percibir la absoluta centralidad de la condición judía de Kafka en la formación de sus puntos de vista sobre su relación con el mundo. Aunque de vez en cuando lanzaba comentarios exasperados sobre el judaísmo o el sionismo político, creía que la tarea de cargar de ese modo el mundo sobre sus hombros era tan enorme que no tenía la fuerza de hacerlo: "Por mis propios medios, no puedo seguir el camino que quiero seguir". Era como si cada vez que salía a la calle tuviera que construirse de nuevo, "coser su ropa también, confeccionar sus zapatos, fabricar su sombrero", sólo para toparse con "una turba que atacaba judíos en la Eisengasse". Estaba siendo arrastrado a una suerte de resignado quietismo, y le dijo a Milena que ella estaba totalmente equivocada cuando decía "es conmigo con quien choca". Pero tampoco era culpa de él: "Es sólo que mi casa está en el más silencioso silencio, esto es lo correcto para mí".

En octubre, Ottla, alarmada por el estado de salud de su hermano, fue a hablar, contra la voluntad de él, con el director del Institu-

to para convencerlo de que le diera otra licencia por enfermedad.
A pedido del Instituto, Kafka fue personalmente, y obtuvo la licencia. Empezó a considerar la posibilidad de ir a sanatorios como
Grimmenstein y Wiener Wald, respectivamente a ochenta y sesenta
kilómetros al sur de Viena, desde donde le sería posible visitar a
Milena. Lo atormentaba la duda de si debía hacerlo o no: "No tengo
fuerzas para viajar: la idea de presentarme ante ti me resulta insoportable de antemano, no puedo soportar la presión en el cerebro".
Desesperaba de que nadie, ni siquiera Milena, pudiera entender su
situación: "Vivir una vida humana cerca de mí es imposible: tú lo ves,
y sin embargo no quieres creerlo". Incluso desesperaba de sus cartas a ella, que sólo producían "malentendidos, humillación, una humillación casi constante", y que aumentaban su sentido de impotencia, ya que parecían hablarle con una *voz irresistiblemente enérgica,
como si fuera tu voz*, que me ruega permanecer en silencio". Las cartas eran, hacia el final, "nada más que tortura, *nacidas de la tortura,
crean sólo tortura, incurable tortura*, ¿para qué sirven?... Estar en silencio: esa es la única manera de vivir".

Pero cuando salía a las calles de Praga, "revolcándose en los hos-
tigamientos contra los judíos", y oía los gritos de la "sucia chusma"
contra los judíos, preguntaba: "¿No es natural irse del lugar donde
uno es tan odiado? (Para esto, no es necesario el sionismo ni un sentimiento nacional.) El heroísmo que consiste en quedarse a pesar de
todo es el de las cucarachas, a las que tampoco se puede exterminar
en el baño".

El uso de la palabra "exterminar" (*ausrotten*) es otro elemento
del largo debate sobre hasta qué punto Kafka pudo "prever" o "pre-
decir" la Shoah. En un nivel superficial, el sentido común dice que
no podría haberlo hecho, pero no deberíamos considerar esto en un
nivel superficial. Él entendió su tiempo y su lado más oscuro. Sus
máquinas experimentales de muerte, sus visiones de pesadilla de la
crueldad totalitaria, su profunda comprensión del destino del pueblo judío, no puede leerse –porque nosotros somos lectores diferen-

tes, lectores con cierto molesto conocimiento– inocentemente, y por eso, no podemos responder en forma apropiada. En última instancia, el interrogante es inútil, pero al mismo tiempo es imposible sacárselo de la mente. Ese día de mediados de noviembre de 1920, cuando miró afuera, Kafka vio a la verdadera "chusma", la policía montada, la *gendarmerie*, lista para una carga de bayoneta, y desde la ventana superior del edificio Oppelhaus sintió de pronto "la aborrecible desgracia de vivir todo el tiempo bajo protección". ¿Dónde hallaría alguna vez un hogar, un lugar que le permitiera la entrada?

22

El 13 de diciembre de 1920, Kafka consiguió tres meses más de licencia por enfermedad. Decidió tomarlos en el sanatorio para tuberculosos de la señora Jolan Forberger, en Tatranské Matliare, en las montañas del Alto Tatra, Eslovaquia. Le habían dado un permiso oficial de residencia para Grimmenstein, pero lo cambió por Matliare, y partió el 18 de diciembre, esperando regresar el 20 de marzo de 1921. Le había dicho a Milena en noviembre que una de las razones de sus temores sobre un posible viaje a Viena era su tos, que comenzaba alrededor de las diez menos cuarto de la noche y seguía hasta las once, y luego, tras un respiro de una hora, volvía y continuaba hasta la una. Por ese motivo, pensaba que no podía tomar un compartimiento en un coche cama. Sin embargo, a pesar de estas dificultades, el viaje desde Praga no resultó tan malo, y la única molestia fue el retraso de una maleta.

En Tatra Lomnitz lo esperaba un trineo, que lo trasladó en un hermoso paseo a la luz de la luna a través del bosque cubierto de nieve. Al llegar a Matlárháza, el sanatorio de Matliare, un "lugar decididamente oscuro, de aspecto dudoso", no había nadie en la helada sala de espera, y el conductor tuvo que patalear y gritar bastante tiempo hasta que apareció una criada y llevó a Kafka a sus dos habitaciones del primer piso de la casa conocida como "Tatra", un presuntuoso edificio con madera a la vista, a 900 metros sobre el nivel del mar. Le habían asignado una habitación con un balcón, y la habitación contigua estaba destinada a Ottla, que llegaría muy pronto. Al entrar en su habitación, le horrorizó el olor de la estufa, la cama de hierro sin colcha, la puerta rota del ropero, y el hecho de que sólo había una puerta de vidrio de una hoja que daba al balcón. La mucama hizo lo mejor que pudo para disimular todo eso con optimismo, pero Kafka pensó que el lugar no se parecía en absoluto a la Pensión Stüdl de Schelesen.

Entonces apareció Frau Forberger, haciendo bajar un poco más la temperatura ambiente: "una mujer alta (no judía) vestida con un abrigo largo de terciopelo negro, desagradablemente húngaro-germana, exageradamente amable pero dura". Kafka fue muy rudo con ella, como reacción contra sus explicaciones insustanciales, y decidió que lo primero que haría por la mañana sería escapar en trineo hasta el sanatorio del doctor Miklós von Szontagh, en Nový Smokovec, a una hora de marcha de allí. En ese momento, la mucama sugirió que mientras tanto podía tomar la habitación de Ottla, que resultó ser mucho más atractiva en todo sentido: "Entonces me quedé".

Al día siguiente, cuando Kafka empezó a observar los demás edificios, quedó satisfecho con lo que vio y con los demás huéspedes, generalmente húngaros ("pocos judíos", pensó al principio, pero después descubrió que eran la mayoría), que le permitirían mantenerse "perfectamente anónimo". Su balcón sobre el Tatra era soleado, y se podía traer la comida desde el edificio principal. Era muy tranquilo, y había un médico, el doctor Leopold Strelinger, "un hombre fuerte, bien parecido y de mejillas encarnadas", a tres puertas de la suya. Hasta la espantosa Frau Forberger le pareció menos terrible en la brillante mañana soleada de diciembre. A Kafka le preparaban comida especial vegetariana, y el médico lo examinaba diariamente a seis coronas por visita, aunque su ofrecimiento de una cura con arsénico fue gentilmente rechazado. Kafka debió luchar para conseguir que le dieran sus raciones prescriptas de leche cinco veces por día, y de crema, dos veces. Por fuera, todo parecía satisfactorio. "Sólo queda el enemigo dentro de mi cabeza".

Finalmente, Ottla no fue, y a Hermann Kafka también lo disua-
dieron de ir a visitarlo. Kafka permanecería solo con sus fantasmas
y demonios, tomando sol semidesnudo en el balcón. Generalmente
permanecía apartado, pero al principio hizo amistad con un judío
húngaro de veinticinco años llamado Herr Szinay (apodado *Der
Kaschauer*, el hombre de Kaschau), socialista y estudioso del Talmud,
uno de esos jóvenes malhumorados, entusiastas, inteligentes pero
en gran parte sin objetivos, que a Kafka le gustaba tomar bajo su
protección. Otro de esos casos fue Gustav Janouch, hijo de uno de
los colegas de trabajo de Kafka, que había empezado a visitarlo en
la oficina en marzo de 1920, cuando tenía diecisiete años. Janouch,
que tenía ambiciones literarias, tomó notas de sus encuentros con
Kafka y más tarde las publicó en forma de libro, con el título *Conversaciones con Kafka* (1953). Los estudiosos de Kafka siempre se
sintieron molestos con esta colección, preocupados por su autenti-
cidad (a veces este Kafka no suena en absoluto como Kafka, aunque
Brod sostenía lo contrario), y, según un crítico, este admirador bohemio es tan poco fidedigno que se resolvió "remover virtualmente
del canon" a su libro como fuente biográfica. La presente biografía
no lo utiliza.

Kafka sentía que si podía soportar el régimen de Matliare, física
y mentalmente, durante tres meses, podría "acercarse mucho a la salud". Como le ocurría siempre al llegar a un sanatorio, al principio
subió de peso −1,6 kilo esta vez−, pero "siempre me pongo como un
león en la primera semana de una cura". Empero, muy pronto empezó a atormentarlo el antiguo demonio del ruido. Un huésped del balcón superior al suyo solía cantar y conversar con Szinay, y eso le provocó un "shock nervioso" que le impidió dormir y lo hizo pensar
otra vez en irse de allí. La administración alejó esta posibilidad mu-
dando a "una señora tranquila" a la habitación de arriba, en lugar
de los alegres jóvenes.

Kafka le dijo risueñamente a Brod que su condición era como
la del antiguo imperio austríaco, en el cual cualquier pequeño sismo

político bastaba para "empezar a hacer tambalear el trono de Viena". Después de tres años del nuevo mundo político post-Habsburgo de la *Mitteleuropa*, Kafka parecía tan poco afectado por el fin del imperio como lo había estado por su presencia. También le gustaba demostrar que podía curarse sin verse obligado a comer carne, como en Zürau y en Merano. "Sin duda alguna, intervino el Enemigo, pero comer carne no lo aleja, ni aparece porque no se coma carne. Viene siempre, sea como sea".

Kafka se refería cada vez más a su demonio interior o *Angst* como "el Enemigo" o "fantasmas", como un antagonista independiente, con el que debía luchar para preservar su vida y la cordura. En una discusión con Brod sobre una relación de éste con una mujer alemana llamada Emmy Salveter (que puede haber contribuido a la elaboración del personaje Pepi de *El castillo*), Kafka decía que la diferencia entre ellos dos era que "Tú quieres lo imposible, mientras que para mí, lo posible es imposible". Seguramente, Brod le había dicho a Kafka que el anhelo de perfección de su amigo era lo que hacía imposible su relación con las mujeres. Kafka replicó: "El anhelo de perfección es sólo una pequeña parte de mi enorme nudo gordiano". Dicho de otro modo, le creaba dificultades en todos los ámbitos de su existencia, no solamente en sus relaciones con mujeres. Kafka admiraba a Brod por la manera en que había superado la deformación de su comuna vertebral, que lo hacía parecer jorobado, y comparaba su triunfo con el de los esquiadores que veía desde su ventana de Tatra, que se deslizaban por la nieve superando todos los obstáculos. Kafka era consciente de que él no había conseguido un triunfo semejante sobre las adversidades. Cuando Brod le preguntó de qué tenía miedo exactamente, Kafka respondió: "De muchas cosas. Pero en el plano terrenal, sobre todo miedo de no ser capaz de soportar, ni física ni mentalmente, la carga de otra persona. Mientras estamos casi unidos, es simplemente un miedo impreciso... Y cuando ese miedo lleva a cabo su tarea, se vuelve un miedo absolutamente irrefutable, intolerable".

Kafka se estaba *convirtiendo en* su miedo. Nadie podía interponerse entre él y su miedo. Pero insistía en decirle a Brod que no estaba cruzando el límite de la paranoia clínica: "Aprendí de la experiencia que ningún lugar queda sin ocupar, y que si *yo* no me siento sobre mi caballo, el perseguidor se sentará allí". Añadió que él era una persona "que vuelve de la cena a su tranquila habitación temblando casi físicamente por los dolorosos efectos secundarios del mero contacto con alguien en la mesa". En este caso, la provocación se presentó bajo la forma de "una vieja solterona, repulsivamente empolvada y perfumada... también desquiciada por los nervios", que era checa y partidaria fanática del periódico antisemita *Venkov*. Kafka esperaba el momento de enfrentarse con ella, aunque luego terminó teniéndole lástima.

Desde que le había dicho a Milena, en noviembre, que no podían compartir su vida, Kafka no le había escrito, y le había pedido a ella que no le escribiera. El estado de sensibilidad febril que describe en las primeras semanas en Matliare demuestra que sin duda estaba mal equipado para lidiar con la pasión que ella había desatado en él y en ella misma. Algunos observadores de esa época, como Max Brod, estaban muy inquietos: "Vi que su salud, ya destruida por su grave enfermedad, se iba deteriorando en forma alarmante por su sobreexcitación interior". A veces, incluso se quedaba en el Instituto, acompañado por Brod, esperando un telegrama de Milena. Ella le había escrito a Brod en la segunda mitad de 1920, expresando su preocupación por Kafka, y se mostraba perpleja ante su aparente incapacidad de resolver las situaciones prácticas de la vida. Una vez había ido con él a una oficina postal, y lo vio virtualmente incapaz de llevar a cabo una operación básica, o atormentado al descubrir que le habían dado demasiado cambio. "Este mundo es y permanece misterioso para él", le escribió a Brod. Con su típico apasionamiento, Milena declaró: "Pero Franz no puede vivir. Franz no tiene la capacidad de vivir. Franz nunca mejorará. Franz morirá pronto". Dijo que, por ejemplo, él no podía embriagarse porque "No posee el menor refugio. Por este motivo, está expuesto a todas esas cosas de las que nosotros estamos protegidos. Es como un hombre desnudo en medio de una multitud que está vestida".

A fines de enero, llegó lo que Kafka interpretó como una "última carta" de Milena, a pesar de que él le había pedido que no le escribiera. "Ella es fuerte e inalterable", le dijo a Brod. Milena volvió a escribirle a Brod, desesperada por la implacable naturaleza del rechazo de Kafka hacia ella: "Simplemente no sé qué hacer... Me parece que durante estos últimos meses, me ocurrió algo absolutamente horrible". Se refirió repetidamente a la carta que Kafka le había enviado desde Tatra, en la que él le decía serenamente: "No me escribas, y no nos veamos; te pedí con toda serenidad que cumplieras este pedido mío; sólo en esas condiciones me es posible sobrevivir; cualquier otra cosa continúa el proceso de destrucción". Milena le dijo a Brod que estaba "al borde de la locura". Quería saber "si soy la clase de persona que hizo sufrir a Franz en la forma en que otras mujeres lo hicieron sufrir, agravando su enfermedad, para que tenga que huir de mí, también, en su temor, y para que yo deba salir de su vida... si estoy en falta o si es una consecuencia de su propia naturaleza".

Finalmente, Milena se calmó y le escribió otra vez a Brod con serena reflexión: "Sé lo que es su terror hasta la última fibra... En los cuatro días que estuvo conmigo [en Viena, a principios de julio de 1919], lo perdió... Tengo la certeza de que ningún sanatorio logrará curarlo... ningún fortalecimiento psíquico puede vencer ese terror [lo que Kafka llamaba *Angst*] porque el terror le impide fortalecerse... Su cuerpo está demasiado expuesto: no puede soportar verlo". Milena recordaba que, durante aquellos cuatro días, lo había arrastrado por las montañas de los alrededores de Viena, con su camisa blanca y su cuello bronceado, y habían paseado resueltamente bajo el sol. Él no tosía. Comía mucho y dormía como un lirón, y su enfermedad sólo se redujo a un leve resfriado (un hecho que él mismo confirmó). La vigorosa fuerza vital de Milena lo había llevado a la salud. Ella se consideraba la única persona que podía haberlo curado, pero no era capaz de abandonar a su marido. Por otra parte, sabía que su propia naturaleza no podría soportar el "estricto ascetismo para siempre" que supondría una vida con Kafka, y tenía un "furioso deseo" de una clase de vida totalmente diferente, "una vida con un hijo, una vida que estaría muy cerca de la tierra". Kafka vio ese combate que se desarrollaba dentro de ella y "eso lo ahuyentó". Milena añadió: "Las mujeres que estuvieron con él en el pasado eran mujeres comunes, y no sabían cómo vivir salvo como mujeres. Yo pienso más bien que nosotros, todos nosotros, estamos enfermos, y él es la única persona sana, la única persona que ve correctamente y siente correctamente, la única persona pura. Sé que él no resiste la *vida*, pero sólo *esta clase de vida*: a eso se resiste. Si yo hubiera sido capaz de irme con él, podría haber vivido feliz conmigo... Su terror era justo".

La biógrafa de Milena, Margarete Buber-Neumann, que veinte años después caminó con Milena entre las cabañas de Ravensbrück, y escuchó la historia de sus propios labios, sostiene que Kafka terminó la relación porque "Estaba muy enfermo, y la vitalidad de Milena lo oprimía. Ella quería todo su amor, incluyendo el amor físico que él tanto temía". Aunque Kafka había expresado su deseo de no volverla a ver, siguieron viéndose de vez en cuando más tarde en Praga, pero su relación amorosa había terminado.

Mientras tanto, en Matliare, los continuos problemas con el ruido que los "agudos oídos" de Kafka captaban, le impedían obtener la tranquilidad que necesitaba. Sin embargo, su peso seguía aumentando –4,2 kilos en cinco semanas–, y empezó a hacer trámites para extender su estadía. Con ese motivo, debía escribir al Instituto para irlos preparando, antes de presentar un pedido directo de ampliación de la licencia, apoyado, en lo posible, por un informe médico, y sabía que debía encuadrar el pedido en el estilo oficial apropiado. Su dominio del checo no era suficiente para eso, de manera que recurrió al marido de Ottla, Josef David (apodado "Pepa"). Le dijo a Ottla que "todo depende de que esté escrito en un checo clásico". Pepa hizo lo mejor que pudo, y el resultado fue una carta al director del Instituto, enviada el 27 de enero de 1921, en la que Kafka explicaba que había pasado cinco semanas en Matliare, que estaba bien atendido y se estaba recuperando: "Mi peso y mi apariencia exterior mejoraron significativamente". Su fiebre era menos frecuente y, cuando la tenía, era en general más baja, y su tos era más leve, pero pasaba la mayor parte del día en cama y evitaba todo esfuerzo. Kafka le agradeció a Pepa, y le explicó: "Aquí trato de vivir tranquilo. Casi no veo los diarios".

Una mañana, mientras estaba caminando afuera, Kafka se encontró con un joven que llevaba en la mano un ejemplar de *Temor y temblor* de Kierkegaard. Como Kafka llevaba un ejemplar del mismo libro, naturalmente entablaron conversación, a pesar de que Kafka había expresado su deseo de no hablar con nadie. El joven resultó ser un estudiante de medicina húngaro de veintiún años llamado Robert Klopstock. Al día siguiente, Kafka le escribió a Brod que Klopstock era "un judío de Budapest, muy ambicioso, inteligente, también altamente literario: a propósito, su aspecto es muy semejante al de Werfel, aunque es un poco más ordinario en general. Tiene avidez por la gente, como suele suceder con los médicos natos. Es antisionista: sus guías son Jesús y Dostoievski". El hecho de que Kafka conociera al gran Max Brod era una atracción significativa para Klopstock.

El joven fue muy solícito hacia Kafka, tanto en Matliare como en su enfermedad final. Solía prepararle las compresas. Szinay era quien le había hablado a Klopstock de un posible encuentro con Kafka, porque, según dijo, tenía que conocer a ese hombre sorprendente que "sonreía como nunca vi sonreír a nadie", y era un oyente atento y comprensivo. Cuando Klopstock preguntó cuál era la profesión de Kafka, Szinay dijo que le había dicho que era "empleado de una compañía de seguros" [*Beamter in einer Versicherungsgesellschaft*]. Klopstock encontró que la naturaleza de Kafka era "abarcadora y arrolladora", pero de ninguna manera opresiva. Observó que Kafka seguía cada detalle, cada pequeño cambio en el progreso (o retroceso) de otro huésped, apodado "el checo", como si estuviera contemplando su propio futuro de enfermo de tuberculosis desplegado ante sus ojos.

Cuando Klopstock conoció a Kafka, no tenía idea de que era un escritor. El joven, cuya correspondencia con Kafka acaba de ofrecerse a la venta y pronto será de dominio público, recibió consejos de su nuevo amigo para la realización de una traducción del húngaro. Kafka también trató de ayudarlo en su carrera literaria, convenciendo a su editor para que le cediera los derechos de traducción de sus obras al húngaro. En el transcurso de sus conversaciones, Kafka le dijo a Klopstock que estaba decepcionado porque su amigo Franz Werfel no asumía con seriedad su papel de principal escritor judeoalemán. Werfel, la gran esperanza de los autores praguenses de principios del siglo xx, trabajaba para la editorial de Kurt Wolff, promoviendo la obra de la generación de escritores expresionistas. Kafka admiraba la capacidad de Werfel para ejercer un liderazgo intelectual, para desempeñar papeles que él mismo era incapaz de desempeñar, pero sentía cada vez más que Werfel no hacía honor a las expectativas originales. Su obra de teatro *Schweiger*, por ejemplo, había defraudado francamente a Kafka, porque había hecho un retrato de ficción, en su opinión, trivializado, de Otto Gross.

Estas conversaciones literarias representaban para Kafka un respiro en su vida como un paciente que tenía que ponerse el termómetro en la boca siete veces por día y escribir el resultado, eternamente sentado en su soleado balcón: "Estoy tendido durante horas en el sillón reclinable en un estado incierto, como el de mis abuelos, que me maravillaba cuando era niño".

A comienzos de mayo, cuando estaba por caducar su licencia por enfermedad, Kafka no se sentía bien: "Nunca tuve tanta tos, tanta falta de aliento, tanta debilidad". Pero sentía que debía irse de Matliare porque estaba demasiado instalado. El tiempo mejoraba, y por fin podía tomar sol desnudo en su balcón y en el pabellón del bosque. Incluso, con gran renuencia, había aceptado comer carne (aunque eso exacerbaba sus hemorroides), y llegó a la conclusión de que había sido un error no haber vivido en el pasado con tuberculosos, porque "todavía no había mirado a la enfermedad directamente a los ojos". Le dijo a Ottla (que estaba muy preocupada por su salud y, después de ver el efecto desastroso del tempestuoso romance con Milena, lo había conminado a mantenerse alejado de las mujeres) que una de las ventajas de estar con gente enferma era que "uno se toma más en serio la enfermedad". También le pidió que le enviara libros a Klopstock —el *Banquete* de Platón, la vida de Dostoievski de Hoffmann, y *Muerte a los muertos*, de Brod—. Klopstock estuvo encantado cuando llegaron los libros.

Pero el inminente regreso a Praga se cernía como una sombra amenazante sobre la lánguida vida de Kafka. Su sueño intermitente de abandonar su empleo y viajar a Palestina volvió a encenderse, pero ante Ottla reconoció que se trataba de "material de sueño". La seguridad de una vida que ya conocía era algo a lo que no podía renunciar: "Para mí, el Instituto es un acolchado de plumas, tan pesado como abrigado. Si quisiera deslizarme fuera de él, inmediatamente correría el riesgo de resfriarme: el mundo no está caldeado". Kafka conocía la medida de su propia dependencia. Se encontraba ante un verdadero dilema en cuanto a regresar a Praga justo cuando la primavera había llegado al Alto Tatra, embelleciendo la región, "Pero estoy cansado de pedir licencias, cansado de agradecer las licencias". Kafka estaba convencido de que su enfermedad no era contagiosa, pero le preocupaba que en la ciudad, donde "nadie está del todo sano", pudiera ser una causa de infección. "Así que también por esta razón me resisto a regresar a mi lugar en el nido doméstico, donde todos los pequeños picos están abiertos de par en par, quizá para recibir el veneno que yo disemino".

La opinión del médico de Matliare fue más dura, y le advirtió a Kafka que podría sufrir un "colapso total" si regresaba a Praga. Entonces, Kafka resolvió intentar extender su licencia. Ya era muy tarde para seguir los procedimientos normales, y por lo tanto hubo que efectuar "una indecente extorsión" para forzar al Instituto a otorgarle una prórroga. Le encomendó a Brod que fuera a la oficina para llevar el certificado médico del doctor Odstrčil, y hablara en su nombre. Kafka, que sentía remordimiento por todas las licencias por enfermedad que había tomado, pedía en principio sólo dos meses más, y estaba dispuesto a aceptar una reducción de su salario, aunque "también me gustaría que me esperaran un poco antes de jubilarme". Decía que el director del Instituto era un "hombre bueno y amable", aunque probablemente por motivos políticos, porque de ese modo podía decirles a los alemanes "que había tratado a uno de los suyos con excepcional amabilidad, aunque el hombre sólo era un judío". Kafka admitía que le impresionaba el uso creativo del lenguaje del director, y que había "aprendido a través de él a admirar la vitalidad del checo oral". Le dijo a Brod que mencionara esto. Este consejo muestra que Kafka se había vuelto un funcionario bastante astuto. Finalmente, Ottla, a pesar de su embarazo, le hizo una visita confidencial al director y obtuvo la extensión de dos meses de la licencia por enfermedad.

El plan de Kafka consistía en ir al sanatorio del doctor Guhr en Polianka, también en la montaña, pero finalmente se quedó en Matliare. Estuvo de acuerdo con su tío Siegfried en que debía hacer alguna tarea liviana de jardinería en algún centro de salud, en lugar de estar allí sentado, pero no se sentía suficientemente bien todavía, y de hecho, desde fines de marzo hasta principios de abril, se enfermó bastante gravemente, pues tuvo una inflamación intestinal y fiebre.

La nueva extensión vencía el 20 de mayo, pero ¿qué haría después? Kafka se vio forzado a presentar un nuevo pedido para otra extensión, y el 13 de mayo le dieron otros tres meses, hasta el 20 de agosto. En su carta de agradecimiento al director, le explicaba que su condición casi no había mejorado, pero decía que tenía menos fiebre y tos, probablemente como resultado del buen tiempo. La buena voluntad de la oficina para aceptar los pedidos de Kafka demuestra cuánto lo valoraban como empleado. El mismo Kafka sostenía que era "sólo una forma de limosna, y es una desgracia que yo la acepte". Le dijo a Brod que ahora tenía tres deseos: conseguir una "recuperación aproximativa", ir a "un país extranjero al sur" (no necesariamente Palestina) y practicar "un modesto oficio manual". Ninguno de estos tres deseos le sería concedido.

A mediados de abril, Kafka recibió una carta de Milena, en la que le decía que, en forma inhabitual, no se sentía bien en el momento de escribirle. Como Kafka la consideraba una persona sana y enérgica, no podía concebir que Milena pudiera estar enferma, y le pidió a Brod que le avisara si ella planeaba acercarse de alguna manera al Alto Tatra, para poder huir: "Porque un encuentro ya no significaría que la desesperación se arrancara los cabellos, sino que escarbara heridas sangrantes en la cabeza y el cerebro". Kafka había experimentado el huracanado impacto de Milena y posiblemente no podría resistir un segundo choque. Intentó diagnosticar su fracaso en el amor:

> Es una enfermedad del instinto, un producto de la edad; según la vitalidad, existen maneras de abordarlo de una u otra forma. Pero por mi falta de vitalidad, no puedo encontrar ninguna de esas maneras, o en todo caso, la manera de huir... el hecho era que me tentaba el cuerpo de cualquier otra mujer, pero nunca el cuerpo de la mujer en la que había puesto mis esperanzas (¿por esta razón?). Mientras se mantenía alejada de mí (F [Felice]) o mientras éramos uno (M. [Milena]), sólo era una amenaza lejana... pero en cuanto pasaba la menor cosa, todo se derrumbaba. Evidentemente por mi dignidad, por mi orgullo (¡aunque parezca humilde, el astuto judío europeo occidental!), sólo puedo amar lo que está tan por encima de mí que no lo puedo alcanzar... Ella es inalcanzable para mí: debo resignarme a ello.

En estas dolorosas autodisecciones, Kafka mostraba que conocía las razones por las cuales no lograba casarse. Más tarde, instruyó a Brod para encontrarse con Milena: "Cuando le hables de mí, hazlo como si yo estuviera muerto". El poeta expresionista Albert Ehrenstein, que visitó a Kafka en Matliare, le dijo que "en efecto, en Milena, la vida me tendía una mano, y que yo tenía que elegir entre la vida y la muerte. Esto fue un poco grandilocuente... pero en esencia, era cierto".

El estado de ánimo de Kafka en Matliare durante el verano era de resignación. Atormentado otra vez por el ruido (un hombre que silbaba y martillaba instalando estufas en las habitaciones vecinas), llegó a la conclusión de que "no se trata del ruido que hay aquí, sino del ruido del mundo, y ni siquiera ese ruido, sino mi propia falta de ruido... Esta vida fuera del mundo que estoy llevando aquí no es en sí misma peor que otras". Pero Kafka no podía seguir viviendo así, sin escribir ni leer. En la segunda mitad del año anterior, desde el verano de 1920 en adelante, había empezado a escribir otra vez después de tres años de inactividad, pero ahora marcando el tiempo. Era importante que regresara al trabajo y a la vida habitual, si había alguna posibilidad de mejoría. "Me quedé aquí, incapaz de moverme, como si hubiera echado raíces", le dijo a Brod, y agregó que lo que más temía era volver al Instituto, del que nunca había estado alejado tanto tiempo. "Mi deber hacia el Instituto es tan enorme, tan imposible de pagar, que sólo puede seguir aumentando".

En su balcón de Matliare, Kafka seguía reflexionando, como siempre, sobre su condición judía. Era plenamente consciente del complejo psicoanalítico del padre, pero decía que prefería "otra versión, en la que el tema no gire en torno al inocente padre, sino en torno a la identidad judía del padre. La mayoría de los jóvenes judíos que empezaban a escribir en alemán [justamente había estado discutiendo sobre el ídish con Brod] querían dejar atrás su judaísmo, y sus padres lo aprobaban... Pero sus patas traseras todavía estaban pegadas al judaísmo de sus padres, y sus patas delanteras se agitaban y no encontraban un nuevo suelo. La consiguiente desesperación se transformó en su inspiración". El problema residía en que el resultado "no podía ser literatura alemana", y los escritores −por supuesto,

era el caso de Kafka– enfrentaban un triple problema: "La imposibilidad de no escribir, la imposibilidad de escribir en alemán, la imposibilidad de escribir de otra manera".

Kafka no había renunciado a la idea de regresar a Praga y seguir escribiendo. Matliare era hermoso en verano, pero él sabía que
debía volver a la ciudad el 20 de agosto. No podía seguir en esa in-
dolencia artificial. Pero a último momento padeció un ataque de
fiebre. Eso lo mortificó, y tuvo que volver a escribir a su oficina para explicar la demora. Una vez más, Pepa debió intervenir para que
la carta de Kafka al director estuviera escrita en perfecto checo.
Nueve días más tarde, el 29 de agosto, Kafka regresó a Praga y a su
escritorio del Instituto.

23

La estadía de Kafka en Matliare no tuvo resultados demasiado satisfactorios. Aumentó sólo 8 kilos en ocho meses, y todavía le faltaba mucho para estar curado. La Praga a la que retornó a fines de agosto de 1921 no había cambiado. Estaba viviendo en casa de sus padres y, aunque mantenía contacto epistolar con nuevos amigos como Klopstock, y amigos antiguos como Minze Eisner, volvió a experimentar todas las características desagradables de la vida familiar. Una carta escrita poco después de su regreso a su hermana Elli, en respuesta a las preocupaciones de ella sobre la elección de una escuela para sus hijos, contenía un sermón sobre el tema de los padres y los hijos. Kafka quería que ella evitara el destino de los hijos de los judíos praguenses prósperos, corrompidos por un "espíritu pequeño, sucio, indiferente, receloso". Estos comentarios de Kafka –que no son escasos– exhiben lo que a veces se ha denominado un "antisemitismo judío", una característica de los judíos asimilados. Como dijo un estudioso del fenómeno, Christoph Stölzl: "Para contrarrestar la inevitable acusación de las lealtades divididas, los judíos tienen una sola opción: atormentarse a sí mismos con los mismos reproches que usa contra ellos la mayoría cristiana". Kafka no era ajeno a la táctica de la autoacusación.

En una serie de cartas a Elli, su hermano decía que "los hijos están para salvar a sus padres", y añadía: "Teóricamente, no entiendo cómo puede haber gente sin hijos". Pero también citaba a Swift: "Los padres son los últimos a quienes debería confiarse la educación de sus propios hijos". Kafka veía a la familia como "un organismo extremadamente complejo y desequilibrado", en el cual los padres "privan a sus hijos de su derecho a la personalidad", y que sólo ofrecía un lugar a "cierta clase de gente que cumple cierta clase de requisitos". En lo que respecta a Kafka —ahora otra vez en la casa paterna, a los treinta y ocho años, sin haber resuelto ninguno de sus problemas con su familia—, "el egoísmo de los padres —la auténtica emoción paternal— no conoce límites... tiranía o esclavitud, provenientes del egoísmo, son los dos métodos educativos de los padres... el amor que tienen los padres por sus hijos es animal, automático, y siempre tiende a confundir a sus hijos con ellos mismos... La desconfianza es un defecto praguense". Nuevamente inmerso en ese ambiente, Kafka denunció "el aire opresivo, cargado de veneno, devorador de niños, de la casa familiar agradablemente amueblada". Estaba de vuelta en Praga con renovadas energías. Hasta intentó disuadir a Klopstock de ir a visitarlo allí: "Caminar por el centro de la ciudad en una tarde calurosa, aunque sea lentamente, me afecta como si estuviera en un cuarto sin ventilación, y ni siquiera tuviera la energía de abrir la ventana para dejar entrar un poco de aire".

En ese desconsolado estado de ánimo escribió Kafka, al comienzo del otoño de 1921, la primera de sus dos voluntades testamentarias de que se destruyera toda su obra después de su muerte. Luego nos referiremos más detalladamente a esto, pero el sentimiento post-Matliare de incertidumbre y malestar sobre su futuro, y preocupación por el hecho de que su salud nunca mejoraría, indudablemente contribuyó a esa forma extrema de inventario.

El 15 de octubre, Kafka, que había escrito poco en los últimos meses, retomó su diario, poco después de su repentina decisión de entregarle los anteriores a Milena para que los leyera. Es posible que ella lo haya visitado, cuando él volvió a Praga, en la casa de sus padres, donde lo veía varias veces durante el resto del año. Kafka se prometió a sí mismo que su nuevo diario sería diferente, que no estaría tan obsesivamente dedicado a documentar los cambios de cada minuto en su lucha contra la soltería: "No soy tan olvidadizo como antes en ese aspecto: soy una memoria viva, y a eso se debe mi insomnio". El propósito de su diario era abrirse un espacio para sí mismo, ver dónde estaba parado con relación a lo que evidentemente era una enfermedad permanente, y analizar el terreno que tenía delante, consciente de que todavía tenía mucho por hacer. Sentía "la desdicha de estar empezando continuamente", pero hasta cierto punto, se sentía reconciliado. Mientras miraba a las mujeres jóvenes en el parque durante un paseo, se dio cuenta de que no sentía envidia y que tenía "suficiente imaginación para compartir su felicidad, suficiente sensatez para saber que estoy demasiado débil para tener esa clase de felicidad, y soy tan necio que creo conocer a fondo su situación y la mía". Enfrentaba la debilidad de su estado, pero estaba decidido a no ceder a la desesperación. Percibía amargamente que se había dejado convertir en "una ruina física" porque "no quería distraerse con los placeres que la vida le ofrece a un hombre útil y sano. ¡Como si la enfermedad y la desesperación no fueran también en gran parte una distracción!". Del mismo modo, envidiaba a todas las parejas casadas, pero "la felicidad de una sola pareja, hasta en el mejor de los casos, probablemente me hundiría en la desesperación". Pensaba que su condición era única: "No creo que exista gente cuya situación interior sea tan desdichada como la mía". Además, "es asombroso cómo me fui destruyendo sistemáticamente a mí mismo con el correr de los años".

Cuando Kafka no estaba en su cuarto, saldando cuentas consigo mismo, trataba de mantener su inadecuada relación con su familia. Una noche, como de costumbre, sus padres estaban jugando a las cartas. "Yo estaba sentado aparte, como un perfecto extraño; mi padre me pidió que jugara, o al menos que mirara: le di alguna clase de excusa. ¿Qué significan estos rechazos, que repito a menudo desde mi infancia?". Con el mismo espíritu de serena y resignada introspección, como si hubiera salido silenciosamente de sí mismo, Kafka

consideraba que habría podido desempeñar fácilmente un papel
más normal en la sociedad o en la vida pública, pero por alguna razón siempre se había negado a hacerlo:

> A juzgar por esto, estoy equivocado cuando me quejo por-
> que nunca me arrastró la corriente de la vida, porque nunca es-
> capé de Praga, porque nunca aprendí un deporte o un oficio,
> etcétera: seguramente habré rechazado todos esos ofrecimien-
> tos como rechacé la invitación a jugar a las cartas. Sólo permi-
> tí que atrajeran mi atención cosas absurdas: mis estudios de
> derecho, el trabajo en la oficina, y después, otras actividades
> adicionales insensatas como un poco de jardinería, carpintería
> y cosas similares... Siempre rechacé las cosas, probablemente
> por mi debilidad general, y en particular por la debilidad de mi
> voluntad.

Algunas noches más tarde, Kafka se mostró complaciente y
aceptó anotar los puntos de su madre durante la partida de naipes,
"pero sin que eso produjera ninguna intimidad". Simplemente se
aburrió y lamentó haber perdido el tiempo. "Pocas veces, muy pocas
veces crucé esa frontera entre la soledad y la compañía, incluso me
establecí más en esta última que en la soledad. ¡Qué lugar hermoso
y animado era la isla de Robinson Crusoe, comparado con este!".
Otra noche, al regresar de una representación de *Le Misanthrope* de
Molière, confesó una "sensación de completo desamparo", y se preguntó por qué debía suponerse que estaba más ligado a esos seres
humanos que a los objetos inanimados de su escritorio. ¿Era porque
pertenecía a la misma especie? "Pero tú no perteneces a su misma
especie, esa es la verdadera razón por la cual planteas esta pregunta". Sentía que era un milagro, un misterio, que no hubiera perecido
ya. "Librado a mis propios recursos, me habría perdido hace mucho
tiempo". Esta serena capacidad para mirar en lo profundo del corazón de esa desolación se ajusta a las descripciones de Kafka hechas

por sus amigos, que siempre destacaron su espíritu calmo y ecuánime en sociedad, aunque debajo de la superficie se desarrollara el furioso trabajo demoníaco de su *Angst*.

A principios de diciembre, Milena, que había estado en Praga todo el otoño, hizo la última de sus cuatro llamadas telefónicas a Kafka, a la casa de sus padres, un día antes de partir. En sus visitas, parece haberle aportado cierta paz, del mismo modo en que alguna vez lo había alarmado con su pasión. "No siento tristeza por su partida, no una verdadera tristeza", escribió Kafka, pero está claro que todavía la tenía en su mente. Había estado pensando últimamente que "cuando era niño, era vencido por mi padre, y sólo por ambición, en todos estos años, no pude abandonar nunca el campo de batalla, a pesar de las continuas derrotas que sufría". Todas estas reflexiones de 1921 seguramente nacían de una sensación de que, a causa de su enfermedad, ya no tenía futuro, no habría para él nuevos comienzos. Reflexionaba sobre otros caminos que podría haber tomado, aunque también esos terminaran bloqueados. Incluso la literatura y su uso de las metáforas lo hacían desesperar, porque las metáforas mostraban que la literatura no era independiente del mundo, un mundo regido por sus propias leyes: "Sólo la literatura está indefensa, no puede vivir por sí misma, es broma y desesperación". Al finalizar el año, Kafka se consolaba leyendo la sombría obra maestra de Tolstoi *La muerte de Iván Ilich*.

El mes de enero de 1922 empezó mal para Kafka. Aunque su salud no se había deteriorado seriamente, su temperatura y su peso no eran tan buenos como en Matliare, y su médico le sugirió que fuera a pasar unos días con él y su familia en Spindelmülhe, un centro turístico cubierto de nieve en las Reisengebirge, cerca de la frontera polaca, a fines de enero. En octubre Kafka había sido examinado por un doctor O. Hermann, quien, tras haberle diagnosticado catarro pulmonar, le prescribió un tratamiento especial que requería otro período de licencia en el Instituto. Obtuvo un nuevo permiso desde el 29 de octubre hasta el 4 de febrero de 1922, y el tratamiento, del que no existen más detalles, se realizó en Praga durante el mes de noviembre.

Probablemente alrededor de esa época, Kafka escribió el relato *Primera pena* (*Erstes Leid*), que se publicaría en su última colección *Un artista del hambre* (*Ein Hungerkünstler*). Es la historia de un trapecista que, como única manera de mantener su arte en un nivel de perfección, permanecía día y noche en el trapecio, mientras sus ayudantes satisfacían sus necesidades, alcanzándole todo lo que pedía. Como todo artista solitario consagrado a su vocación, el trapecista estaba aislado de los demás, quienes a veces encontraban su perfeccionismo un poco molesto –su presencia distraía al público durante los demás actos, por ejemplo–, pero lo toleraban por sus dotes especiales. El artista del trapecio podía haber llevado eternamente esa clase de vida, si no fuera por la necesidad de viajar a distintos lugares (¿como el escritor Kafka debía viajar de vez en cuando para negociar con el mundo exterior e ir a la oficina?). El relato muestra la afición de Kafka por describir cada detalle de sus temerarias invenciones: el artista del trapecio colgaba cabeza abajo de la red del equipaje, por ejemplo, en el compartimiento especial que le asignaban cuando el circo estaba de gira. De pronto, el trapecista anunció que necesitaba un segundo trapecio, y el empresario le aseguró inmediatamente que lo tendría. Pero el artista del trapecio rompió a llorar sin consuelo aun con la promesa de que su deseo sería cumplido: no podía trabajar con un único trapecio mientras esperaba el segundo. Entonces el empresario prometió solucionar rápidamente el problema, y el trapecista, ya tranquilo, se quedó dormido. Sin embargo, el empresario se quedó observándolo con gran preocupación, reflexionando, y "pudo ver las primeras arrugas que empezaban a surcar la frente suave e infantil del artista del trapecio".

Éste es un típico relato breve de Kafka: bellamente preciso y narrado con el vigoroso y sencillo movimiento de una narrativa realista, aunque se trate de una ficción absolutamente fantástica. Exhibe ese audaz estilo dramático, expresionista –como cuando el artista

rompió a llorar y el empresario "lo acarició y apoyó su cara contra
la suya, y también fue bañado por las lágrimas del artista del trapecio"–, que es el sello de las ficciones de Kafka. Y tiene las características y la sugestión de una parábola, la rigurosa objetividad de un
relato que vale por sí mismo y que inevitablemente sugiere un propósito simbólico. En este caso, se refiere a la madurez artística, la incapacidad del artista de hallar paz exclusivamente en el ejercicio de
su arte, en su obsesión solipsista.

Las primeras críticas a Kafka, orientadas en parte por la idea de
Max Brod de convertir a su amigo en un pensador religioso, insistían
en que la obra de Kafka era alegórica, que sus estructuras y sus imágenes representaban una lectura religiosa del universo. Pero es mucho más apropiado considerar un relato como *Primera pena* en forma
simbolista, y no alegórica, una encarnación de su propia verdad imaginativa y no una representación de un paralelismo programático como *El progreso del peregrino*. Incluso interpretaciones biográficas
como las mencionadas corren el riesgo de esa clase de reduccionismo,
de disminuir la riqueza imaginativa del símbolo preocupándose por
las definiciones y los paralelos con la vida real, en lugar de vivir ima-
ginativamente la obra de arte tal cual es.

En la segunda semana de enero de 1922, antes de dirigirse a
Spindelmühle para completar su licencia, Kafka sufrió lo que él
mismo llamó un "colapso" (*Zusammenbruch*) tan serio como su enfermedad de principios de 1920 antes de ir a Merano. "Parecía que
todo se terminaba", escribió. Le resultaba imposible dormir, e "imposible soportar la vida", como si el reloj interno y el reloj externo no
estuvieran sincronizados: "el interno corre enloquecido a una velocidad diabólica o demoníaca, o en todo caso inhumana, y el externo
cojea a su velocidad habitual". Explicaba que "el impetuoso *tempo*
del proceso interior" era causado por la introspección permanente
que se desarrollaba en una secuencia interminable. Su colapso también había sido causado por su aislamiento de las demás personas.
"La soledad, que en su mayor parte me fue impuesta, y en parte fue

buscada por mí –pero ¿no era también esto una compulsión?–, pierde ahora toda su ambigüedad y se aproxima a su desenlace. ¿Adónde lleva? Lo más probable es que lleve a la locura; no hay nada más que decir: la persecución me atraviesa y me destroza". Trataba de convencerse a sí mismo de que debía resignarse a su destino, "estar satisfecho con el momento", aceptar que sólo el miedo al futuro hacía que el momento presente pareciera tan terrible. Y trataba de enfrentar el otro tema de su vida, el fracaso de sus intentos matrimoniales, preguntando: "¿Qué has hecho con el don del sexo?". Creía que "podía haberlo logrado fácilmente" y que sólo algo insignificante [*eine Kleinigkeit*] se lo había impedido, aunque no parecía ser así cuando confrontaba la evidencia de sus difíciles relaciones. Sentía que "el sexo me atormenta, me acosa día y noche: tendría que vencer el miedo y la vergüenza, y probablemente también la tristeza, para satisfacerlo".

A pesar de las devastadoras críticas de Kafka a la vida familiar, lo torturaba la idea de no poder experimentar la paternidad –"la infinita, profunda, cálida, salvadora felicidad de estar sentado junto a la cuna de un hijo, frente a su madre"– y sentía esa terrible carencia: "Sísifo era soltero". Aunque era imposible cualquier nuevo acercamiento a Milena, y últimamente lo había visitado sólo como una vieja amiga, no había podido evitar observar su conducta en esas oportunidades: eran "como las visitas que se le hacen a un enfermo". Se preguntaba si, después de leer sus diarios, ella "habrá descubierto alguna prueba decisiva contra mí". Milena conservó los diarios hasta después de la muerte de Kafka, cuando se los entregó a su albacea literario, Max Brod. Kafka sentía que ella lo había comprendido, y que también entendía que él se negara a ser consolado. Se encontró comparándose con su tío Rudolf, ambos "jóvenes hasta el fin de nuestros días" ("bien conservados", es una expresión más adecuada), ambos "al borde de la demencia". "Locura" y "demencia" eran palabras que Kafka nunca había usado antes de modo que sonaran como posibilidades reales. Más tarde le dijo a Brod que *había* estado al borde de la locura en esa época: esto influyó sobre Brod cuando tuvo que tomar su difícil decisión de ignorar el pedido de Kafka, escrito poco después de ese momento, de que toda su obra no publicada fuera destruida después de su muerte.

Kafka vivía atormentado por la angustia de que su vida hubiera consistido "solamente en hacer tiempo, que hubiera avanzado sólo en el sentido en que avanza una caries en un diente. No he mostrado la menor firmeza de propósito para guiar mi vida". Revisó los numerosos ejemplos de sus abortados comienzos en la vida: "Era como si me hubieran dado, como a cualquier otro, un punto para prolongar el radio de una circunferencia, y entonces, como cualquier otro, debiera dibujar una circunferencia perfecta alrededor de ese punto. En vez de hacerlo, siempre comenzaba el radio, y me veía forzado a interrumpirlo de inmediato (ejemplos: piano, violín, idiomas, germanística, antisionismo, sionismo, hebreo, jardinería, carpintería, literatura, intentos de matrimonio, una casa propia)". Kafka siempre era muy diligente al hacer el inventario de sus fracasos. Los "intentos de matrimonio" (*Heiratsversuche*) eran los más dolorosos y los que más lo afligían ahora: observaba la felicidad de los hombres casados de su oficina y pensaba que lo que ellos tenían era lo único que podía calmar sus ansias. Su vida no sólo había sido una serie de falsos comienzos (y también su escritura era en gran medida un corpus de trabajos inconclusos: varios de sus relatos cortos estaban terminados, pero no las novelas), sino que era como si todavía no hubiera dejado los juguetes: "Si existe la trasmigración de las almas, aún no estoy en el escalón más bajo. Mi vida es una vacilación anterior al nacimiento [*Mein Leben ist das Zögern vor der Geburt*]. Este pensamiento de Kafka era extremo, pero no lo ayudaba para resolver su dilema: la "vacilación" sería infinitamente prolongada. En realidad, ya no quería seguir ninguna clase particular de desarrollo: quería vivir en otro planeta. "Me bastaría con poder vivir conmigo mismo, incluso me bastaría con poder considerar el lugar en el que me encuentro como un lugar diferente". Sentía que su desarrollo había sido sencillo: "Siempre estuve insatisfecho, incluso con mi satisfacción".

El 27 de enero de 1922, Kafka viajó a Spindelmühle, donde descubrió que, a pesar de la correspondencia que había intercambiado con el hotel, en la que había dado correctamente su nombre, lo habían registrado como "Joseph K". Paseó en trineo, trepó a las montañas, y hasta intentó esquiar. Sin embargo, era incapaz de hacer amistades humanas, y se sentía "lleno de una infinita estupefacción cuando veo un grupo de personas en una alegre reunión". Siguió haciendo en Spindelmühle una extraordinaria secuencia de anotaciones en su diario, que había empezado a principios de enero, en las que se analizaba implacablemente a sí mismo y a su peculiar destino. Había vuelto a pensar en su padre, y en que él era la causa de que su hijo quisiera abandonar el mundo, porque "no me dejaba vivir en el mundo, en su mundo". En una metáfora bíblica, se veía a sí mismo como una persona exiliada y expulsada por el poder de su padre de su hogar legítimo, "una especie de marcha por el desierto al revés".

Aunque las fotos de las postales que mandaba Kafka desde Spindelmühle a amigos como Robert Klopstock –a quien había ayudado a obtener un pasaporte para viajar a Praga y trabajar– y Minze Eisner, eran bastante alegres, el estado de ánimo que reflejaba su diario seguía siendo sombrío. Consideraba que su situación en este mundo era "terrible, solo aquí en Spindelmühle, en un camino abandonado, además, donde uno se resbala todo el tiempo en la nieve en la oscuridad, un camino sin sentido, y además, sin un objetivo terrenal". Nieve profunda, un arribo confuso, incertidumbre sobre el "objetivo terrenal" (con la sugerencia de que existe un objetivo ultramundano más satisfactorio, si uno pudiera encontrarlo): todo esto está presente también en las páginas iniciales de su última novela importante: *El castillo*, que seguramente había empezado a escribir al llegar a ese nevado paraje en enero de 1922. Se decía a sí mismo: "Me gustan los que se aman, pero yo no puedo amar, estoy demasiado lejos de ello", "yo vivo en otra parte", aunque "la atracción del mundo humano es tan inmensa que en un instante puede hacer que uno se olvide de todo", y "los que me aman, me aman porque estoy 'abandonado'". Si Milena llegara de improviso, pensaba, sería "terrible", porque lo arrojaría a un mundo en el cual no podía vivir.

Indudablemente, era la enfermedad de Kafka lo que intensificaba estas ideas negativas, haciéndole pensar que su comprensión del "mundo humano" estaba disminuyendo. Se sentía obsesionado por "lo Negativo", que veía como una fuerza dispuesta a derribarlo cada vez que hacía algún progreso positivo en su vida. Había "un instinto defensivo dentro de mí que no toleraría la aparición del menor grado de alivio duradero y destruye el lecho matrimonial, por ejemplo, aun antes de haberlo constituido". Lo perseguía una pregunta insistente: "si la causa de mi caída no habrá sido un egoísmo demente, una mera ansiedad por mi propio yo... de modo que pareciera que yo hubiera enviado a mi propio vengador contra mí... El Gran Balance de mi vida se establece como si mi vida estuviera por empezar mañana, y mientras tanto, todo hubiera terminado para mí". Sus fracasos amorosos significaban que "Sólo conocí el expectante silencio que debía romperse con mi 'Te amo': esto es todo lo que conocí, nada más".

Kafka se fue de Spindelmühle poco después del 18 de febrero y regresó a Praga, aunque su licencia por enfermedad terminaba el 4 de mayo, pero no había mejorado, ni física ni espiritualmente. A comienzos de marzo, le dijo a Robert Klopstock, "le estás escribiendo a una pequeña persona miserable poseída por toda clase de malos espíritus", y añadía secamente que la medicina moderna había reemplazado la posesión por los malos espíritus por el "tranquilizador concepto de neurastenia". Sus diarios están plagados de referencias a "ataques", "miedo", y "la frontera siempre cambiante entre la vida común y el terror que parecía ser más real". Su *Angst* iba en aumento. Más tarde, en ese mismo mes, se describió a sí mismo como un hombre difícil de soportar, que estaba sepultado en sí mismo "y encerrado lejos de sí mismo con una extraña llave".

Pero lo más importante era que había vuelto a escribir "para preservarme de lo que se llama nervios. Me siento frente a mi escritorio a partir de las siete de la tarde, pero no sucede nada: es como tratar de cavar una trinchera con las uñas en medio de la guerra mundial". Sabía que pronto debería volver a su trabajo, de manera que tenía que aprovechar la oportunidad para escribir. Al mismo tiempo que *El castillo*, estaba trabajando en otro relato, *El artista del hambre*. El personaje principal, que recuerda al artista del trapecio, es otro artista extremadamente profesional cuyos ayunos públicos terminan por cansar a su público. Se trata de otra parábola sobre la vida artística, y su complicada relación con la fama o el prestigio. La popularidad del ayunador pronto es eclipsada por artistas más populares, y decide unirse a un circo, donde debe competir con la atracción rival de las fieras. El hecho de que el artista del hambre no habría ayunado si hubiera encontrado alguna comida que le gustara, establece una analogía con las dudas de Kafka sobre la vocación artística, el modo en que eso hace que cierta clase de artistas dedicados sacrifiquen su vida y su felicidad a su servicio. La pantera que finalmente reemplaza al artista del hambre irradia "alegría de vivir", que es lo que debería hacer también un exitoso creador de obras de arte. El artista del hambre creía que era imposible explicar su arte: "Nadie que no lo sienta puede entender lo que significa". Algo de la soledad y la desesperación expresadas por Kafka en sus cartas y diarios de esa época –su angustia de no llegar a ser comprendido nunca– se refleja en su retrato del artista del hambre. "¿Cómo sería atragantarse con uno mismo hasta morir?", escribió Kafka. "A veces estoy cerca de eso... Monta el caballo de tu atacante y cabalga sobre él. La única posibilidad".

El 15 de marzo, Kafka le leyó el primer capítulo de *El castillo* a Brod. Trabajaría en eso el resto de la primavera y durante el verano, y finalmente lo dejaría, en la forma en que ha llegado a los lectores, a fines de agosto de 1922.

Poco después de esa lectura, Kafka reanudó su correspondencia con Milena, que aún no había salido totalmente de su vida. Le dijo que detestaba las cartas, y que todo el infortunio de su vida derivaba de ellas, o de la posibilidad de escribirlas, e hizo la extraña (y, por supuesto, inexacta) afirmación de que no le había escrito a nadie durante años. Retomó su reciente tema de estar en parte muerto para el mundo real: "Es como si, a través de todos estos años, hubiera hecho todo lo que me pedían en forma mecánica, y sólo estuviera esperando, en realidad, que una voz me llamara, hasta que finalmente me llamó la enfermedad desde la habitación contigua, corrí hacia allí y me fui entregando cada vez más a ella". Esta es una llamativa confirmación de hasta qué punto la enfermedad le había dado a Kafka, en cierto sentido, una salida, un motivo para abandonar su lucha con la vida. Inmediatamente (en contraste con las cartas que solía intercambiar con Felice) se internó con Milena en temas literarios. Estaba leyendo la novela *Donadieu*, de Charles-Louis Philippe, que no resistía la menor comparación con ninguna novela de Flaubert, y decía que Chéjov era alguien "a quien quiero cada vez más". También le expuso una teoría muy interesante: "Los autores vivos tienen una relación viva con sus libros. Con su existencia, luchan a favor o en contra de ellos. La verdadera vida independiente del libro comienza sólo después de la muerte del escritor, o, más correctamente, algún tiempo después de su muerte, porque estos hombres apasionados todavía siguen luchando por su libro algún tiempo, más allá de su muerte".

Esta fue una carta larga, y reavivó la angustia de Kafka –"el maligno hechicero de la escritura de cartas empieza a destruir mis noches"–, de modo que volvió a proponerle que dejaran de escribirse. Sin embargo, ella lo visitó el 27 de abril, y nuevamente a principios de mayo, aunque ambos estuvieron de acuerdo en que esa debía ser la última vez: "Sin embargo, todavía hay una posibilidad, cuya puerta cerrada ambos resguardamos, para que no se abra, o más bien, para que nosotros no la abramos, porque no se abrirá por sí misma".

Kafka le dijo a Klopstock que tenía "miedo de algún vínculo indisoluble en este momento", y disuadió al entusiasta joven de visitarlo, ahora que estaba en Praga, por su necesidad de proteger el tiempo que le dedicaba a la escritura. Después le preguntó a Klopstock por qué le asombraba su miedo: "Un judío, alemán por añadidura, y enfermo por añadidura, y en una circunstancia personal complicada, por añadidura".

Kafka estaba viviendo con sus padres en el Oppelthaus, trabajaba en *El castillo*, y mantenía la ilusión de que regresaría a su trabajo el 4 de mayo, pero el 17 de abril preguntó si podía extender su licencia por enfermedad, descontándola de sus vacaciones anuales normales de cinco semanas. El Instituto aceptó, y esto significaba que debía reintegrarse a la oficina el 8 de junio, pero su condición era tan mala en ese momento que, el 7 de junio, decidió pedir finalmente la jubilación. El 30 de junio se le informó que recibiría su jubilación con una pensión de 1.000 coronas por mes, y que se haría efectiva a partir del día siguiente. Así abandonaba una posición de lucha firmemente establecida desde hacía tanto tiempo. Aunque Kafka siempre se había quejado de que su empleo le robaba la energía que necesitaba para el trabajo creativo, sabía que también lo había ayudado al darle una comprensión de la vida cotidiana, y al proporcionarle una forma a su existencia. Por confusa e inmadura que fuera su vida interior, exteriormente era el puntilloso, apreciado y competente empleado jerárquico —solía llamarse a sí mismo funcionario público, antes que abogado—, que iba todos los días a la oficina, pulcramente vestido con su larga chaqueta y su sombrero. Desde la primera vez que había pedido licencias por enfermedad en 1918, el Instituto había mostrado una gran generosidad y tolerancia hacia su muy valorado secretario, el doctor Kafka, pero ahora se había llegado a un punto sin retorno.

Kafka resolvió inmediatamente ir a vivir con Ottla a la casa que ella había alquilado para el verano en Planá, un pueblo a unos cien kilómetros al sur de Praga. Seguramente se sintió aliviado de haber resuelto por fin su problema con la oficina, ya que sentía remordimientos por todas las licencias que le habían otorgado. Sabía que estaba enfermo, y tal vez, en cierto sentido, presentía la verdad: que le quedaban menos de dos años de vida.

24

Kafka se instaló rápidamente en su habitación de Planá, la atractiva aldea sobre el río Luschnitz (Lužnice), donde ya se encontraban Ottla, Pepa y su hijita de un año. La familia había hecho considerables sacrificios en cuanto a su propia comodidad para darle a Kafka la mejor habitación de la casa. En el transcurso de los siguientes cuatro meses, él escribiría allí los restantes nueve capítulos de *El castillo*. Era un hermoso lugar, con bosques, ríos y jardines, pero −como siempre− los sonidos del corral, de la recolección del heno y de un joven campesino que tocaba el cuerno, torturaban a Kafka, a pesar de que se tapaba los oídos con sus apreciados Ohropax. "Me siento como alguien expulsado del mundo", le dijo a Brod al comentarle esa profusión de ruidos. Pero el mundo no estaba completamente ausente. Kafka leía el *Prager Abendblatt*, pensaba mucho en el activo escritor antisemita Hans Blüher, y se preguntaba si debería responderle. Conocía el trabajo anterior de Blüher, y lo tomaba más en serio que a otros antisemitas. También le pidió a Klopstock que le enviara un ejemplar del famoso diario satírico de Karl Kraus, *Die Fackel* (*La Antorcha*). No quería privarse de "ese sabroso postre elaborado con todos los buenos y malos instintos".

Antes de decidirse a ir a Planá, Kafka había planeado un viaje con Oskar Baum a Georgental (Jiřetín), un pueblo ubicado en el Thüringer Wald, con manantiales de aguas medicinales. La razón por la cual deseaba ir allí, según le dijo a Baum, era su miedo. Si se quedaba donde estaba, su *Angst* aparecería al menor movimiento, de manera que debía ejercitarse en afrontar las ansiedades de un viaje y cambiar, para mantenerse en la superficie del miedo. "En última o penúltima instancia, sólo se trata, por supuesto, del miedo a la muerte. En parte también es miedo de llamar la atención de los dioses sobre mí". Sin embargo, al final el miedo lo venció y se quedó. Le explicó a Brod que en una noche de insomnio había visto "sobre qué base tan frágil, o ninguna base en absoluto, estoy viviendo, una oscuridad de donde emerge el oscuro poder cuando le da la gana y, sin importarle mi balbuceo, destruye mi vida. Escribir me sostiene, pero ¿no es más adecuado decir que sostiene esta clase de vida?". Kafka no quería decir que su vida era mejor cuando no escribía. "En realidad, es mucho peor en ese caso, y absolutamente insoportable, y debería terminar en locura... un escritor que no escribe es un monstruo que invita a la locura. Pero ¿y qué ocurre con el mero hecho de ser un escritor? Escribir es una dulce y maravillosa recompensa, pero ¿en qué sentido? De noche lo veo claro... es la recompensa por servir al diablo... Es posible que haya otras clases de escritura, pero yo sólo conozco esta clase; de noche, cuando el miedo me impide dormir, sólo conozco esta clase. Y veo con mucha claridad su elemento diabólico". Describía las dificultades de un escritor que tiene "un terrible miedo de morir porque aún no ha vivido". Por ese motivo permanecía con su miedo y por ese motivo no viajaría. Ya no era un empleado, un *Beamte*: por primera vez en su vida, era un *Schriftsteller*, un escritor de tiempo completo, cuya existencia dependía de sentarse frente a su escritorio, si quería mantener la locura bajo control. "Definición de un escritor, o de esta clase de escritor, y explicación de su eficacia, si es que la tiene: es el chivo expiatorio de la humanidad. Hace posible que los hombres disfruten sin culpa, casi sin culpa". Kafka creía sinceramente que nunca más saldría de Bohemia, ni siquiera de Praga, una vez que volviera de Planá. En el corto tiempo que le restaba, sin embargo, el Destino se mostraría un poco más compasivo.

Kafka permaneció en Planá hasta septiembre, luchando contra las más diversas clases de ruidos −que incluían pelotones de escolares praguenses de vacaciones que gritaban y chillaban−, y escribiendo, "por debajo del promedio en calidad", su última novela. Hizo un par de viajes a Praga, uno de ellos cuando su padre enfermó súbitamente a mediados de julio y debieron operarlo de una hernia. Hermann sufrió fuertes dolores después de la operación y se encargó de que todos lo supieran, especialmente su siempre sufrida esposa. A Franz lo echaron de allí. Trató de imaginar cómo lo veía su padre:

> Un hijo incapaz de casarse, que no podía transmitir el apellido familiar; jubilado a los treinta y nueve años, que sólo se ocupaba de su extraña clase de escritura, su único objetivo, del que depende su salvación o su condenación; nada cariñoso; alejado de la Fe, hasta el punto de que el padre ni siquiera podía confiar en que recitara la oración por el descanso de su alma; tuberculoso, y que, como bastante atinadamente lo veía el padre, se había enfermado por su propia culpa, porque en cuanto se había liberado de su refugio, con su total incapacidad para la independencia, había ido a vivir a ese cuarto insalubre del Palacio Schönborn.

Antes de retornar a Planá, Kafka le entregó a Brod su cuaderno, donde figuraban partes de *El castillo*. Con temor, aguardó su respuesta. Empezó a escribir cartas a su familia desde Planá que, sin duda porque le preocupaba la salud de su padre, eran más cálidas y amables que de costumbre. Después de una segunda visita a Praga en agosto, por cuatro días, regresó sintiéndose "triste y embotado" y "un poco afligido por el persistente sufrimiento de mi padre", y también por el de su madre, que "se estaba destruyendo cuidándolo". También estaba preocupado por Brod, y al parecer, intervino en la complicada relación de su amigo con Emmy Salveter escribiéndole una carta a ella −que probablemente no haya enviado−, en la que le ofrecía que se encontraran para ayudar a limar las asperezas en la relación de la pareja. Una de sus últimas cartas a Brod desde Planá revelaba que había tenido cuatro crisis nerviosas mientras estaba allí, y la última lo había llevado a guardar en un cajón "la historia del Castillo" para siempre. Esta última crisis se debió a la ansiedad por el hecho de no saber qué sucedería si permanecía en Planá después del regreso de Ottla a Praga, y la dueña de la posada del lugar tenía que proveerle la comida. Lo torturaba el temor de la inevitable soledad, aunque fuera consciente de que eso era lo que siempre decía buscar. Finalmente regresó a Praga el 18 de septiembre, después de aconsejarle a Klopstock que fuera a Berlín, algo que Kafka nunca había podido hacer porque no era "intelectualmente transportable". Le dijo a Klopstock que Praga era una medicina contra Berlín y viceversa, "y como el judío europeo occidental es un enfermo y vive con medicinas, es esencial para él, si debe moverse en esos círculos, no dejar pasar la oportunidad de Berlín".

Kafka no volvió a Praga como un hombre saludable, a pesar de que había hecho muchas caminatas por los bosques y a veces hasta había cortado leña. En noviembre, se sentía tan mal que debió permanecer en cama la mayor parte del resto del año. En diciembre lo visitó Franz Werfel, el escritor que él y su círculo habían admirado tanto en su juventud, cuando era considerado el más brillante y talentoso de los escritores de Praga. Werfel llegó con Otto Pick, y la visita, "que de otro modo me habría dado placer, me dejó desesperado". El motivo fue la última obra teatral de Werfel, *Schweiger*, una tragedia. Kafka no pudo ocultar su aversión hacia esa obra: opinaba que los personajes "no eran personas", y que toda la pieza consistía en "tres actos de cieno", en el que Werfel se había hundido. Más tarde, se sintió lleno de remordimiento por haber retribuido la "encantadora amistad" de Werfel con esa crítica tan desagradable. Sin embargo, en una carta a Werfel, que finalmente no envió, le decía que era "uno de los líderes de su generación", pero que *Schweiger* representaba "una retirada de ese liderazgo... una traición a la generación, una manera de pasar por alto, trivializar, y por lo tanto, subestimar sus sufrimientos". Convencido de que ahora era incapaz de abandonar Praga, a pesar de que por fin era un hombre libre con una buena pensión, Kafka rechazó la invitación de Werfel a visitarlo en Venecia y volvió a la cama con el *O lo uno o lo otro* de Kierkegaard.

En algún momento de septiembre, Kafka le había dado a Milena una copia del ahora abandonado manuscrito de *El castillo*. Se publicaría después de su muerte, como sus otras dos novelas, desafiando el pedido de Kafka de que su obra fuera destruida. En un "epílogo" de la edición de 1925 de *El proceso*, Brod explicó por qué se había negado a cumplir la voluntad de Kafka. Casi todo lo que se había publicado en vida de Kafka, decía Brod, "tuve que sacárselo a fuerza de persuasión y astucia". Brod sostenía que a Kafka le daban mucho placer sus escritos, aunque se refiriera a ellos como "garabatos". En particular, disfrutaba leyendo fragmentos de ellos ante sus amigos. "Cualquiera que tuviera el privilegio de oírlo leer su propia prosa ante un círculo pequeño, con ademanes rítmicos, fuego dramático, y una espontaneidad que nunca podría lograr un actor, recibía inmediatamente la impresión del placer de la creación y la pasión que daban forma a su obra". Brod podía haber agregado que Kafka mostraba un vivo interés por la presentación y el ordenamiento del contenido de un libro, la elección del título, y hasta el tipo de letra. Era plenamente consciente del aspecto que debía tener el libro y cómo hacerlo más atractivo que otras publicaciones.

Brod atribuyó la renuencia de Kafka a publicar a "ciertas experiencias desagradables que lo llevaron a una especie de autosabotaje, y por lo tanto, a una actitud nihilista hacia su obra". Pero añadió otro motivo: que Kafka "aplicaba los más elevados patrones religiosos a toda su obra" y, al no alcanzarlos (como todos aquellos que considerarían sus obras *sub specie aeternitatis*), no podía cumplir en forma adecuada su papel de guía espiritual, pues sentía que había fracasado manifiestamente en establecer un ejemplo en su propia vida. Este argumento es muy cuestionable, ya que está teñido de las ideas de Brod más que de las de Kafka. Sin duda, Kafka era un pensador ético serio (y no siempre se le hace honor a ese aspecto de su literatura), pero esto no implica que su obra tenga la intención de erigirse en alguna forma de guía espiritual. Decididamente, Kafka no fue un gurú secular. Habría sido más adecuado decir que tenía los más elevados patrones, las más altas ambiciones para su arte. Quería elevarlo, como dijimos antes, al grado de lo bello y lo verdadero. Era consciente, como lo son todos los artistas serios, de que la ambición y el fracaso están entrelazados, que la perfección de la obra no es posible en este mundo, aunque no haya otra alternativa que persistir en tratar de alcanzarla.

La sensación de fracaso que tenía Kafka, como ya observamos, era muy fuerte a principios de octubre de 1921, cuando regresó de Matliare. Había vuelto al trabajo, a pesar de no estar curado, y le había dado sus diarios a Milena, como si no tuviera deseos de conservar ni siquiera esas evidencias personales íntimas. Alrededor de esa época redactó su primer testamento –un pedazo de papel escrito con tinta, su *Tintenzettel*– dirigido a Brod, en el que le decía a su amigo que todo "lo que sea cuadernos, manuscritos, cartas, mías o de otras personas, bocetos, etcétera, debe ser quemado sin leer, hasta la última página, así como todos los escritos míos o notas que hayas guardado tú, o que tengan otras personas, a las que se los pedirás en mi nombre. Las cartas que no te entreguen a ti deberían al menos ser fielmente quemadas por los que las poseen". Esta es una exigencia amplia y absolutamente clara. En esa época, Kafka quería llevar a cabo una especie de autosupresión. Después de declarar que no era "nada más que literatura", ahora pedía que cada pieza de "literatura" que había creado –y por lo tanto, su misma persona– fuera aniquilada. La *Tintenzettel* fue descubierta después de la muerte de Kafka entre sus papeles, donde también se encontró otra nota más larga, escrita cuando regresó a Praga de su convalecencia en Planá, en octubre de 1922. En esa nota, Kafka especulaba con que "esta vez, no me recuperaré, es probable que detrás del mes de fiebre pulmonar

que tuve haya una neumonía". En un documento al que llamó "mi
última voluntad concerniente a todo lo que he escrito", Kafka fue extrañamente específico y ambiguo al mismo tiempo: "De todos mis
textos, los únicos libros que cuentan son estos: *La condena, El fogonero, La metamorfosis, En la colonia penitenciaria, Un médico rural*, y el relato breve *Un artista del hambre*". Por otra parte, su libro
Betrachtung estaba agotado. "Cuando digo que sólo cuentan estos
cinco libros y el relato breve [*Un artista del hambre*, que acababa de
publicarse en la *Neue Rundschau*], no quiero decir que deseo que
se reimpriman y se transmitan a la posteridad; por el contrario, de-
searía que desaparecieran completamente. Pero, como ya existen, no
me importa si alguien que los tiene, los conserve si quiere". Todo lo
demás −incluso cartas y cuadernos, así como textos ocasionales publicados en diarios o revistas− debía ser quemado "sin excepción".
Kafka sabía perfectamente bien que la obra publicada no puede volverse inexistente para la posteridad, y la indecisa expresión "deberían desaparecer completamente" parece admitir esto. Si la posteridad hubiera recibido solamente los títulos mencionados, ya tendría
motivos para estar agradecida, y el nombre de Kafka habría sobrevi-
vido de todos modos. La lista contiene algunas de sus obras más perfectamente logradas (y hay que recordar que, en realidad, sus tres novelas estaban inconclusas). Pero no hay ninguna ambigüedad en
cuanto al resto de su obra destinada a la destrucción. Todos quienes
leemos y escribimos sobre Kafka −especialmente los biógrafos− ac-
tuamos con el sereno conocimiento de que hemos ignorado deliberadamente su voluntad.

El principal argumento de Brod para no tomar en cuenta el pedido de Kafka se basa en el hecho de que Kafka seguramente sabía
que su amigo no lo cumpliría porque, después de todo, ya había rechazado de plano un pedido similar algunos años antes. Más aún: en
1921, cuando Kafka dio a entender, en una conversación con Brod,
que había escrito la *Tintenzettel*, éste le había dicho categóricamen-
te que no la cumpliría. Y Brod señaló también otras inconsistencias

en la posición de Kafka: por ejemplo, aceptó volver a publicar partes de *Betrachtung* en un diario, y en su lecho de muerte supervisó la colección de relatos que llevaría el título de *Un artista del hambre*. En la última parte de su vida, Kafka había descubierto, según Brod, una felicidad que anuló su anterior odio por sí mismo. Por último, cuando Brod conseguía convencer a Kafka de publicar algo, éste nunca se lamentaba de haberlo hecho.

El castillo parece ser la más compleja y ambiciosa de las tres novelas de Kafka (su caracterización es más rica), aunque uno pueda preferir *El proceso* por su construcción más tensa y dramática. *El castillo* tiene sus morosidades, y el desenlace es menos satisfactorio que el de la novela anterior. Kafka le dijo a Brod que debía haber terminado con la muerte de K, seguida por la llegada de un mensajero del castillo con la noticia de que, aunque K no sería aceptado como agrimensor oficial, se le permitiría permanecer en la aldea.

Desde su primera publicación, *El castillo* fue visto como una alegoría religiosa, un símbolo puramente poético, un producto de la imaginación del narrador (con todos esos misteriosos acontecimientos que transcurren dentro de la cabeza de K), y muchas otras interpretaciones. En *El castillo*, la crítica en general rinde tributo a la infinita capacidad de sugestión de la novela. Kafka era un maestro en mantener un clima de ambigüedad e incertidumbre, y permitir al lector imaginar una infinita serie de posibilidades. Esta ambigüedad es lograda a través de la más perfecta y lúcida prosa. Hasta el lector que no entiende alemán quizá pueda ver esto en las primeras dos frases: "Era entrada la noche cuando llegó K. La aldea yacía bajo la nieve profunda" [*Es war spät abend als K ankam. Das Dorf lag in tiefem Schnee*]. No hay ningún despliegue de virtuosismo lingüístico en las frases iniciales, como suele suceder en obras fundamentales de la literatura moderna (en esa época, Joyce empezaba a escribir *Finnegans Wake*). El tono sereno y claro está íntimamente vinculado a la aptitud de Kafka de proyectar en forma económica lo extraño y lo inquietante.

Desde el punto de vista de la ambigüedad, la página que abre la novela establece inmediatamente un eco de la palabra con la que K anuncia su profesión: *Landvermesser*, agrimensor. La palabra alemana tiene connotaciones de que alguien hace errores al medir, o que es culpable de presunción o atrevimiento. También puede relacionarse con dos palabras hebreas: *mashoah* (agrimensor) y *mashiah* (mesías), y se ha llegado a insinuar que todo el libro se basa en el conocimiento de Kafka de la tradición mesiánica. Kafka era bastante crítico de esa tradición, y es posible ver en la actitud agresiva de K y su decidida ambición, una crítica a las figuras mesiánicas. La novela fue leída a menudo como un símbolo del judío que busca aceptación en la sociedad gentil, y aunque siempre hay que estar atento a los peligros de esta clase de explicaciones simplistas de la literatura de Kafka, no puede ignorarse el compromiso cada vez más profundo de Kafka con el judaísmo. Sus estudios de hebreo continuaron durante 1922, y a fin de ese año empezó a tomar clases con una profesora, Puah Menczel-Ben-Tovim, quien sostenía que la enseñanza que había recibido antes de Friedrich Thieberger era de hebreo bíblico, y no del idioma vivo de Palestina. En un reportaje que concedió en 1983, ella recordó esas clases, y el hecho de que Kafka, aunque siempre era amable y reservado, estaba ya muy débil: "De vez en cuando, mientras sonreíamos juntos, de pronto se llevaba la mano al pecho y se inclinaba hacia atrás, atacado por un agudo dolor... Su madre estaba muy preocupada por su enfermedad, y a veces, durante la clase, miraba dentro de la habitación para ver cómo estaba".

Es muy posible que haya algo de Milena en el personaje de Frieda (y del marido de Milena, Ernst Polak, en el secretario del castillo, Klamm), y la crueldad de K hacia ella en la prosecución de su vago e indefinido objetivo puede sugerir una analogía con la incapacidad de Kafka de encontrar una manera de que sus relaciones pudieran coexistir con su ambición literaria. En el primer encuentro de K con Frieda, a él le llama la atención su "mirada de inusual superioridad", que recuerda la sensación que tenía Kafka de ser dominado por la fuerza de la personalidad de Milena. "Cuando sus ojos se posaron sobre K, éste tuvo la impresión de que esa mirada ya conocía asuntos que le concernían, cuya existencia él mismo ignoraba hasta el momento, pero de la cual aquella mirada lo convenció". La incertidumbre de K al llegar a la aldea, su pretensión inicial de que su misión era diferente, y su posterior frustración por las mistificaciones y los obstáculos del castillo y sus funcionarios, tienen la cualidad universal de todas las "parábolas" de Kafka, pero también pueden leerse dentro de marcos de referencia más precisos. El destino de los judíos es claramente uno de ellos. Pero ninguna interpretación es exclusiva. Desde un punto de vista biográfico, la relación de Kafka con su padre es otro tema que parece estar en juego aquí: el castillo puede verse como un símbolo arbitrario del poder patriarcal, al mismo tiempo buscado y odiado. Al llegar, K descubre que hay que pedir permiso para quedarse en las inmediaciones del castillo, y como una víctima paranoica del poder arbitrario cree que debe pedir permiso para vivir. La campanilla del castillo hace estremecer su corazón, "como si lo amenazara –porque el sonido también era doliente– con el cumplimiento de lo que confusamente anhelaba". Kafka también debe de haberse sentido amenazado por el cumplimiento de sus deseos incipientes, y la búsqueda de K, como la suya, no es la de un objetivo específico, sino la de alguna clase de seguridad de que el objetivo es correcto, o de que, en general, es posible conseguir cualquier objetivo en esta vida, y que uno lo sabrá cuando lo alcance. Hay incertidumbre dentro de la incertidumbre, como los senderos trabados de un laberinto. El trayecto es desconcertante, y no parece haber demasiadas esperanzas de poder liberarse finalmente de sus pistas falsas y sus encuentros frustrantes.

Durante gran parte del invierno de 1922 y la primavera de 1923, Kafka estuvo enfermo y forzado a permanecer en cama. No escribió nada, ni siquiera su diario, y no envió cartas, salvo una breve nota a Oskar Baum en enero, pidiéndole disculpas por no haber podido asistir a la bar-mitzvah de su hijo, porque "tiritaba" demasiado (aunque le envió algunos libros de regalo al muchacho), y otra en marzo a Minze Eisner, emocionado con la noticia de que se había comprometido para casarse. En abril, tuvo el consuelo de la visita de su antiguo compañero de colegio Hugo Bergmann, que se había ido a Palestina después de la guerra, donde fue bibliotecario de la Biblioteca Nacional Hebrea, y luego profesor de filosofía en la Universidad Hebrea. Bergmann se quedó un mes en Praga, y Kafka le pidió a Robert Klopstock que fuera a conocerlo. Kafka hizo lo que pudo para ayudar a Bergmann a reunir dinero para Palestina escribiéndoles a sus amigos. A principios de mayo, hizo un breve viaje al centro turístico de Dobrichowitz (Dobřichovice), que era hermoso pero caro, y como le dijo a Milena: "Ni siquiera fue un viaje, sino sólo un revoloteo de mis alas absolutamente inservibles".

En la primera semana de julio, Kafka partió hacia el pequeño centro turístico de Müritz, en las playas bálticas, con su hermana Elli y sus dos hijos, Felix y Gerti. Allí tendría un encuentro que lo ayudaría a aliviar el sufrimiento de los últimos once meses de su vida.

Parte IV

DORA

25

En el camino a Müritz, Kafka se detuvo en Berlín para visitar a la amante de Max Brod, Emmy Salveter, que le pareció encantadora. Fue con ella a visitar a su profesora de hebreo Puah Menczel-Ben-Tovim, que dirigía un campamento de niños judíos en Eberswalde, pero el viaje resultó más largo de lo que esperaba, de modo que lo abandonó y continuó su ruta hacia el Báltico.

En Müritz, el Hogar del Pueblo Judío de Berlín –la institución en la que Felice Bauer había sido voluntaria en 1916, alentada por la entusiasta exhortación de Kafka– instaló en el verano de 1923 un campamento de vacaciones en un edificio llamado Villa Magdalene. Al poco tiempo de estar en la ciudad, Kafka se enteró de la existencia del campamento, y le encantaba observar todas sus actividades a través de los abedules desde su balcón de la Pensión Glückauf, a menos de cincuenta metros de allí: "Me da mucho gusto ver a los saludables y alegres niños de ojos azules". El enfermizo Kafka mencionó muchas veces a esos niños "saludables y alegres", cuya vitalidad parecía inspirarlo. Seguía obsesionado con el estudio del hebreo, y continuó con sus clases en Müritz. La proximidad de todos esos niños del campamento que hablaban hebreo constituía un maravilloso aliciente.

El mar mejoró mucho el estado de ánimo de Kafka. Había estado cansado y con un poco de fiebre en Berlín, pero los primeros días de sus vacaciones, como siempre, le hicieron bien. Le dijo a Robert

Klopstock que "cualquier esfuerzo que nos permita huir de nuestros fantasmas por un momento vale la pena: vemos cómo nosotros desaparecemos literalmente al doblar la esquina, y ellos se quedan allí, perplejos". Poco después de salir de Praga, se refirió en su diario a "Los horribles presagios últimamente innumerables, casi sin interrupción. Paseos, noches, días, incapaz de nada salvo dolor... Cada vez más miedo cuando escribo... Cada palabra se retuerce en manos de los espíritus... se convierte en una lanza que se vuelve contra el que habla". Hugo Bergmann, que ya había regresado a Jerusalén (y siempre quería que Kafka viajara a reunirse con él), le mandó la primera carta en hebreo desde Palestina. En su respuesta, Kafka le dijo que había hecho el viaje al Báltico "para poner a prueba mi transportabilidad, después de muchos años de estar en cama y sufrir dolores de cabeza". Definía a los alegres y vigorosos niños de Müritz, en su mayoría refugiados, como "judíos de Europa oriental rescatados por judíos de Europa occidental de los peligros de Berlín. La mitad de los días y las noches, la casa, los bosques y la playa se llenan de cantos. No soy feliz cuando estoy entre ellos, pero estoy al borde de la felicidad". "Extraía calor" de los niños, y hasta el mar, que no había visto en diez años, le parecía "más hermoso... más variado, más vital, más joven". La idea de ir a Palestina a vivir con los Bergmann era tentadora, pero no creía tener la fuerza para ello: "Sería un viaje a Palestina, pero en el sentido espiritual se parecería a un viaje a América de un cajero que hubiera hecho un desfalco de mucho dinero... la tentación me hace señas, y una vez más responde la absoluta imposibilidad". Pero Kafka no parecía haber descartado completamente la idea. Más tarde, explicó: "Me di cuenta de que si quería seguir viviendo de alguna manera, debería hacer algo absolutamente drástico y querría ir a Palestina".

Cuando Kafka iba a algún lugar nuevo, tenía la costumbre de mirar a las mujeres jóvenes, y muy pronto apareció en el horizonte una bonita muchacha de dieciséis años, Tile Rössler (luego fue una importante coreógrafa en Tel Aviv). Al parecer, disfrutaron su mutua compañía, pero pronto Tile, que trabajaba como voluntaria en el campamento, debió regresar a su casa de Steglitz en Berlín. Kafka le regaló un tazón de cristal que ella había admirado en un escaparate, y ella le obsequió a su vez un florero. Tile encontraba a Kafka "juvenil y alegre": un hombre alto y delgado que jugaba y retozaba con sus sobrinos, "aunque en ese momento estaba tan cerca del fin". El último recuerdo que Kafka guardó de ella fue el momento en que llegó al hotel bajo la lluvia para entregarle el florero. El pianista del hotel estaba tocando Grieg "y tú estabas ahí, un poco inclinada, un poco mojada por la lluvia, rindiéndote ante la música".

Había allí otra muchacha judía, Dora Diamant, amiga de Tile y un poco mayor que ella, que también trabajaba como voluntaria en el campamento de vacaciones. Un día Kafka fue a cenar al campamento, pasó por la cocina y la vio destripando un pescado: "manos tan delicadas que hacen un trabajo tan sangriento", observó. Dora ya había visto a Kafka en la playa con Elli y los niños, y había dado por supuesto que eran un matrimonio. Algo en la figura de Kafka le había llamado la atención, y una vez incluso siguió a los cuatro a la ciudad para ver adónde iban. Dora tenía veinticinco años y Kafka cuarenta cuando se conocieron, aunque algunos biógrafos dicen que Dora tenía diecinueve: la persistencia del error se debe sin duda al hecho de que la fuente fue la misma Dora, en un reportaje que dio en 1948. También Kafka falsificaba su edad a menudo. Ambos tenían la facultad de parecer mucho más jóvenes de lo que eran.

Dora recordaba a Kafka "alto, delgado y moreno, de andar lento". Parecía solitario pero afable. "Las características esenciales de su rostro eran sus ojos muy abiertos, a veces demasiado abiertos, cuando hablaba o escuchaba. No tenían una mirada fija de horror, como se dijo: era más bien una expresión de asombro. Sus ojos eran marrones [Tile creía que eran azules: como siempre, nadie podía hacer una descripción exacta de su color] y tímidos. Cuando hablaba, se encendían: había humor en ellos". Y, contrariamente a su reputación, Dora declaró: "Kafka estaba siempre alegre. Le gustaba jugar: era un

compañero de juego nato, siempre dispuesto para alguna travesura".
Esto no debería llamar la atención, ya que sus cartas estaban llenas
de una ironía ácida y muy sutil que, según confirmó Brod, era el estilo natural de las conversaciones entre ellos. "Sus muñecas eran
muy delgadas, y tenía dedos largos y etéreos que dibujaban formas
cuando contaba una historia", prosiguió Dora. Kafka y ella se hicieron amigos muy pronto y leían hebreo juntos en la playa. En una carta a Tile, Kafka describió a Dora, "con quien paso la mayor parte del
tiempo", como "una persona maravillosa". Kafka se sintió atraído hacia Dora, creía ella, por el hecho de que era una judía del Este, del tipo que le fascinaba: "Yo venía del Este, una criatura sombría llena de
sueños y premoniciones". Aunque a Kafka le seducía que proviniera
de los Ostjuden, ella misma se sentía atraída por la libertad y la ilustración de Occidente.

Dora Diamant (ella hubiera preferido la forma ídish Dymant) había nacido en 1898 en Pabianice, cerca de Lodž, en el centro de Polonia. Su padre Herschel, un erudito y dueño de una fábrica, mudó a la
familia, tras la muerte de su esposa al dar a luz, a Bedzin, en la Silesia controlada por Rusia, poco después del cambio de siglo. La hija
mayor, Dora, era la responsable de administrar la casa y cuidar a sus
cuatro hermanos y hermanas. Herschel usaba la barba larga, las pati-
llas, el kaftán negro y el sombrero de piel de los Jasidim piadosos tradicionales: seguía al rabino de Ger y era un pilar de la comunidad
judía local. Los primeros años de Dora habían sido regidos por la observancia religiosa impuesta por el padre: ella tomó clases de hebreo
y estaba fuertemente influida por el naciente movimiento sionista
inspirado por Theodor Herzl. En 1917, la enviaron a una escuela de
Cracovia, donde estudiaría para ser maestra en una escuela religiosa
ortodoxa, pero se rebeló y huyó. Su padre fue tras ella, la encontró en
Breslau, Alemania, y la llevó de regreso a casa. Cuando volvió a escapar, renunció a seguirla. La joven se mudó a Berlín en 1920.

Aunque Dora estaba empapada de la tradición judía, su educación literaria era muy inferior a la de Milena, y mostró un escaso co-

nocimiento real de la literatura de Kafka, incluso después de su muerte. No supo de la existencia de *El proceso* hasta que se publicó póstumamente en 1925. Valoraba a Kafka más por su persona, por su extraordinario carácter, que como escritor, y en 1930 le dijo a Brod: "Mientras viví con Franz, sólo pude vernos a nosotros dos. Cualquier cosa fuera de su persona era simplemente irrelevante y hasta ridícula. Su trabajo no tenía importancia, en el mejor de los casos... Por eso objeté la publicación póstuma de sus obras". Dora sostenía que era imposible entender a Kafka si no se lo había conocido en vida. Además, pensaba que, incluso en sus etapas iniciales, la enorme empresa erudita y crítica sobre Kafka –lo que Milan Kundera llamaría "kafkología"– era "una violenta intromisión en mi esfera privada". Sus anotaciones, en las que valientemente intentó describir, pero sin demasiado éxito, la única, incomunicable calidad personal de Kafka, sólo salieron a la luz hace poco tiempo. Después de la muerte de Kafka, ella se volvió una comunista activa y pasó mucho tiempo en la Unión Soviética, y más tarde fue a vivir a Gran Bretaña: allí fue encarcelada durante la guerra como enemiga extranjera, y finalmente murió en 1952 (en el Hospital Plaistow). Fue una mujer inquieta, apasionada, a veces testaruda, pero su vigor fue una fuente de gran fortaleza para Kafka en el breve período que pasaron juntos.

A principios de agosto, las cosas empeoraron para Kafka en Müritz. El cansancio, el insomnio y los dolores de cabeza regresaron, y se preguntó si el problema sería que "no podía permanecer demasiado tiempo en un solo lugar: hay personas que sólo tienen una sensación de hogar cuando están viajando". Algunos pequeños detalles en cuanto a la dirección del campamento de veraneo le molestaron, y aunque seguía apreciando mucho a sus ocupantes, dejó de ir allí por las noches. Cuando Elli dijo que acortaría su estadía, Kafka respondió que regresaría con ella a Praga porque no quería quedarse solo. El 7 de agosto viajó a Berlín, donde asistió a una función de *Los bandidos* de Schiller, y dos días después, llegó a Praga.

Sin embargo, pronto aceptó hacer un viaje con Ottla y sus dos hijas a Schelesen. Salieron de Praga a mediados de agosto y estuvieron en Schelesen más de un mes. Mientras se encontraba allí, Klopstock le escribió para decirle que un paciente de Matliare, el ingeniero Glauber, había muerto. En cuanto a Kafka, había bajado mucho de peso: 54 kilos y medio, el peso más bajo de toda su vida. Le dijo a Brod que existían demasiadas "fuerzas adversas" que le impedían recuperarse. "Debo de ser una posesión muy valiosa para esas fuerzas adversas: pelean como el diablo, o son el diablo".

Mientras se encontraba en Schelesen, le llegó una carta de Carl Seelig, un editor suizo que publicaba ediciones de lujo, que le ofrecía 1.000 francos suizos –una suma fabulosa, especialmente para quienes empezaban a preocuparse por la creciente inflación alemana– por un relato. Pero Kafka le contestó a Seelig: "Los escritos anteriores que tengo a mano no sirven para nada: no se los puedo mostrar a nadie. Por otra parte, en estos últimos tiempos he sido empujado muy lejos de la literatura". No obstante, dejó la puerta abierta para enviarle trabajos en el futuro, un hecho que contradice una vez más sus instrucciones de 1921 y 1922 de destruir toda su obra.

Ahora Kafka estaba decidido a hacer un último intento para escapar de las garras de Praga. Palestina era demasiado para él –su fiebre era cada vez más alta y no había aumentado bastante de peso–, pero Berlín era una posibilidad. Su pensión, que le pagaban en coronas checas, lo protegería de la inflación galopante de Alemania. El 24 de septiembre, partió hacia la ciudad alemana, donde vería a Dora por primera vez desde su encuentro en Müritz, siete semanas atrás. Pasó la noche anterior lleno de ansiedad con respecto al paso que se disponía a dar, y quedó exhausto por el trabajo de preparar los baúles. En un momento estuvo a punto de telegrafiar al propietario para cancelar el alquiler del apartamento. Pero a la mañana, finalmente partió, después de haber "peleado cariñosamente con... Padre [y] recibir la mirada triste de Madre". Para consternación de los padres de Franz y del padre ortodoxo de Dora, la pareja se hospedó en la misma casa. Kafka no les había dicho nada a sus padres sobre Dora (como de costumbre, sólo había confiado en Ottla, que lo apoyaba), e informó a sus amigos, como Robert Klopstock, que probablemente se quedaría sólo unos pocos días. En realidad, había pagado por adelantado el alquiler de agosto y septiembre de un apartamento en Miquelstrasse 8, en el barrio Steglitz de Berlín, un suburbio arbolado, rodeado de jardines, cerca del jardín botánico, y más cerca aún del bosque Grunewald. En ese enclave, algunos de los horrores cada vez mayores de la República de Weimar –hiperinflación, desempleo y violencia política– podían mantenerse alejados. Dado su estado de salud, la jugada era "audaz", como le dijo a Oskar Baum, pero seguramente sintió que esa era su última oportunidad de escapar. "Dentro de los límites de mi condición, es una audacia cuyo paralelo sólo puedes encontrar, hojeando hacia atrás las páginas de la historia, digamos, en la marcha de Napoleón sobre Rusia". A Kafka siempre le había fascinado Napoleón, y sus diarios están llenos de notas sobre él, pues aparentemente le atraía la idea del líder (a veces pensaba en ese sentido sobre el rol del artista) o quizá simplemente estuviera hipnotizado por la figura de ese hombre fuerte y capaz (como su padre), que él nunca podría ser, ni siquiera en el papel.

En Berlín, lo único que extrañaba de Praga era la excelente manteca, y le pidió a Ottla que le enviara un poco por correo (seguramente tenía la esperanza de que lo hiciera engordar). Le dijo a su hermana que el centro de la ciudad "se volvió un horror para mí", pero en Steglitz todo era "apacible y encantador. Por las noches, esas noches cálidas, cuando salgo de casa, me llega una fragancia desde los exuberantes jardines antiguos, un perfume tan delicado e intenso que creo que nunca sentí en ninguna parte, ni en Schelesen, ni en Merano, ni en Marienbad".

En las primeras semanas Kafka tuvo pocas comunicaciones con su casa, y estaba ansioso por recibir noticias. Le dijo al marido de Ottla, Pepa, que le asustaba la situación en Berlín: "Pero ¿es diferente en Praga? ¿Cuántos peligros acechan allí diariamente a un alma ansiosa como la mía?". Al principio le había hecho llegar una invitación a Ottla, pero después se echó atrás. Confesó: "Todo este asunto de Berlín es tan difícil; lo decidí rápidamente con mis últimas fuerzas, y probablemente por esta razón sigue siendo algo muy delicado". Creía que si su familia lo visitaba, sería para aumentar su influencia sobre él, para juzgarlo con esa "Praga que no sólo amo sino que temo", y que, por lo tanto, perturbaría sus noches. Como ahora planeaba pasar el invierno en Berlín, se preguntaba si debería regresar a Praga mientras el tiempo fuera tolerable para ver a sus padres y decirles que alquilaran su habitación, y para recoger alguna ropa de invierno.

Kafka volvió a encontrarse con Ernst Weiss (se lo recomendó al editor suizo), y también con la amante de Max Brod, Emmy Salveter, pero no tenía demasiada voluntad de salir: "Apenas si voy más allá de la inmediata vecindad del apartamento", le dijo a Felix Weltsch, al describirle el encanto del lugar, cuyo marco "es hermoso para este pequeño inmigrante". Pero pronto empezaron a surgir problemas de dinero. La pensión de Kafka era remitida a la dirección de sus padres en Praga (probablemente porque los términos de su jubilación anticipada estipulaban que permanecería en la ciudad), y el envío desde su casa siempre se atrasaba un poco. Un desembolso grande era la lámpara de querosén, ya que la iluminación a gas era insuficiente. Si el Instituto reducía su pensión porque residía en Berlín, le sería imposible extender su estadía.

En su frágil estado de salud, Kafka —que observó con admiración a los fornidos empleados de mudanza que habían ido a retirar el piano de cola del inquilino anterior, y tenía dificultades para respirar y ataques de tos cuando hacía algún viaje a través de Berlín— estaba escribiendo poco. Le dijo a Brod que no le había escrito antes, no porque tratara de ocultarle algo —"excepto en la medida en que ocultar cosas ha sido la vocación de mi vida"—, sino porque estaba harto de las cartas: "No confío en las palabras ni en las cartas, mis palabras y cartas: quiero compartir mi corazón con personas, pero no con fan-

tasmas que juegan con las palabras y leen cartas con lenguas ba-
beantes... A veces me parece que la naturaleza del arte en general, la
existencia del arte, sólo es explicable en términos de... 'consideraciones estratégicas', de posibilitar el intercambio de palabras sinceras
de persona a persona". Alrededor de esa época, Kafka escribió los relatos "Una mujercita" –que seguramente estaba inspirado en su casera, y expresa un sentimiento de angustia por el hecho de ser juzgado siempre, incluso cuando el mundo generalmente convalida lo
que uno hace– y "La madriguera", que, según Dora, expresaba el temor de Kafka de regresar a la casa de sus padres. Sus demonios praguenses lo habían seguido hasta Berlín.

Dora Diamant está extrañamente ausente de las cartas de Kafka
en sus primeros meses en Berlín. No se sabe cuándo dejó su cuarto en
el orfanato de Charlottenburg, donde vivía y trabajaba como modis-
ta, para mudarse con él. Kafka era reacio a hablar de ella con sus
amigos y su familia. Una carta que le envió a Milena a fines de septiembre describiendo Müritz, contenía una críptica alusión al hecho
de que mudarse a Berlín había sido posible gracias a "una solución,
sorpresiva a su especial manera", que por supuesto significaba que
Dora estaría allí para hacer desaparecer la intolerable amenaza de
vivir solo.

El 15 de noviembre, para huir de la propietaria y su condescen-
diente (y posiblemente antisemita) mentalidad berlinesa, así como
de sus exigencias de aumentar el alquiler, Kafka y Dora se mudaron
a un apartamento nuevo que había encontrado Dora cerca de allí, en
el número 13 de la Grunewaldstrasse. No debían decirle ni una palabra a la anterior propietaria hasta el día en que se fueran. Kafka se
las arregló para perderse la mudanza, porque había salido a la mañana para ir al centro, donde asistía a unos cursos en la Hochschule für
die Wissenschaft des Judentums (Instituto de Estudios Judíos). Al
mediodía, estaba caminando por la Friedrichstrasse y oyó que lo llamaban por su nombre: al volverse, vio a un antiguo conocido, el doctor Löwy, que lo llevó a comer con él a la casa de sus padres. Como en

esa época de hiperinflación era tan complicado conseguir y pagar la comida en Berlín, no se podía rechazar esa clase de ofrecimiento. Cuando Kafka regresó a Steglitz a las 6 de la tarde, la mudanza ya se había llevado a cabo bajo la supervisión de Dora. Poco después, Kafka le decía a Milena, en su penúltima carta: "Vivo casi en el campo, en una casa pequeña con jardín, y creo que nunca tuve una vivienda tan bonita. También estoy seguro de que pronto la perderé: es demasiado hermosa para mí".

El estado de ánimo de Kafka durante ese período otoñal en Berlín, mientras su salud era todavía aceptable, era más amablemente resignado de lo que había sido en los últimos años. La continua y solícita presencia de Dora seguramente tenía mucho que ver con eso. Ella rememoraría luego la felicidad de esta época, su relación cariñosa y juguetona, la manera en que unían sus manos en un lavabo y lo llamaban su "baño familiar", y se reían juntos. Es cierto que él seguía haciendo ocasionales referencias a sus fantasmas, pero no parecía tan angustiado ni inquieto. Max Brod fue a visitarlos y contó: "Encontré un idilio: por fin veía a mi amigo de buen ánimo, aunque es cierto que su salud corporal había empeorado. Sin embargo, por el momento no había peligro. Franz hablaba sobre los demonios, que al fin lo habían abandonado: 'Me escabullí de ellos. Esta mudanza a Berlín fue magnífica, ahora me están buscando y no pueden encontrarme, al menos por el momento'. Por fin había alcanzado el ideal de una vida independiente, de un hogar propio". Según Brod, Kafka estaba "en el buen camino, y realmente feliz con su compañera en el último año de su vida, que, a pesar de su terrible enfermedad, lo depuraba". Kafka siempre había querido encontrar esa base sólida y apropiada para vivir, y no le habría gustado que la posteridad lo considerara un profeta de la alienación o del absurdo existencial.

Durante esa primera época en Berlín, en uno de sus paseos por un parque local, Kafka y Dora encontraron a una niña pequeña que estaba llorando porque había perdido su muñeca. Kafka, que siempre se conmovía con el sufrimiento de los niños pequeños, le dijo que la muñeca no se había perdido sino que se había ido de viaje y le había escrito una carta a él. La escéptica niña, durante una interrupción de su llanto, le pidió una prueba, y Kafka prometió regresar al día siguiente con una de las cartas. Después de tomarse el trabajo de escribir con gran cuidado una carta, volvió con ella al otro día y se la leyó en voz alta a la niña. La carta decía que la muñeca se había cansado de vivir siempre en la misma familia y había querido cambiar de escenario. Kafka siguió escribiendo esas cartas diarias durante casi tres semanas: todas ellas explicaban que la muñeca había tenido que irse, y preparaban a la niña para la evidencia definitiva de que no volvería. Al final, la muñeca conocía a un joven y se casaba con él. Era típico de Kafka no sólo preocuparse, sino hacerlo con una esmerada atención por los detalles.

El estado de ánimo más relajado de Kafka se tradujo en un inesperado flujo de cartas a sus padres (que no se publicaron hasta 1990). Aunque algunas de esas cartas reflejaban preocupación por el atraso de los pagos de su pensión, les informaba sobre su estado de salud y su dieta, y se refería a una posible visita de ellos que sería "para mí algo realmente para celebrar". Les dijo que a pesar de la creciente inflación, se arreglaba bastante bien y no tenía más gastos que en Praga. Pero después de mudarse a la Grunewaldstrasse, reconocía que se había producido un "alza colosal de los precios", que empezaba a afectar los costos del correo. Y aunque el apartamento era tan bonito, "*so schön*", seguía viviendo "como un paciente en un sanatorio", y no se aventuraba a salir demasiado a menudo por las ventosas calles de la ciudad, aunque ese otoño en Steglitz había sido "más hermoso que ninguno en toda mi vida". Al desmejorarse el tiempo, se convenció de no seguir adelante con la idea de asistir a la famosa escuela de jardinería próxima a Dahlem. Kafka, un hombre que había escrito en forma tan mordaz sobre la vida de familia, ahora se esforzaba en demostrar interés por la familia extendida, preguntando si los hijos de Elli seguían aprendiendo hebreo y cuándo le escribirían una carta en ese idioma.

Fue un poco más franco con Brod, al contarle que a veces se levantaba alrededor de las nueve, pero luego debía estar mucho tiempo en cama, especialmente por las tardes. También estaba tratando de leer una novela en hebreo –*Shekhol ve-Kishalon* (*Fracaso y duelo*), de Josef Jaim Brenner–, pero sólo había podido con treinta páginas. En general, estaba muy excitable, como cuando Tile Rössler llamó y dijo que iría a visitarlo. Al final no lo hizo, pero la "atracción berlinesa" que ella representaba lo trastornó y perturbó su sueño. En el corazón de una gran capital, Kafka estaba tratando de crear su habitual entorno protector. Aunque raras veces salía (una vez fue a un restaurante vegetariano, donde se atracó de espinaca, croquetas de vegetales, fideos y compota de ciruela), no se aislaba. Recibió visitas de Puah Menczel-Ben-Tovim y Emmy Salveter, y mantenía una correspondencia regular con Robert Klopstock, que le enviaba manteca desde Praga. También le llegó una carta de Kurt Wolff, con una decepcionante liquidación de derechos de autor de los años 1922-1923. Una combinación de bajas ventas e inflación galopante provocó que cerraran su cuenta. Pero no se estaban deshaciendo de él, y seguirían promocionando sus libros, porque estaban "convencidos de que más adelante la extraordinaria calidad de esas obras en prosa sería reconocida". Esto era típico del tratamiento cortés de Wolff hacia Kafka, incluso cuando a veces éste no respondía sus cartas por causa de su enfermedad. Evidentemente, Wolff consideraba a Kafka un autor muy valioso, y así se lo decía a menudo. Como consuelo por la restructuración de su relación comercial, el editor le ofreció a Kafka algunos ejemplares gratis de libros propios y ajenos, que él aceptó entusiasmado.

El aumento de los precios ejercía cada vez más presión sobre Kafka y Dora, y el dinero no les alcanzaba para comprar casi nada además de la comida. Los teatros eran caros, y a veces Kafka leía los diarios en las ventanas de las oficinas que estaban en la esquina de su casa y en la plaza del ayuntamiento de Steglitz. Dora estaba acostumbrada a improvisar, y había logrado confeccionar una lámpara de querosén pidiendo prestado y comprando componentes, cuando todavía estaban en su primer apartamento. Cuando hacía buen tiempo, Kafka iba a la Hochschule, pero pasaba la mayor parte del tiempo en casa: "Todo está en silencio a mi alrededor, aunque nunca demasiado. Oigo poco acerca de las atracciones de Berlín". La Hochschule era, como le dijo a Klopstock, "un refugio de paz en la salvaje y desordenada Berlín, y en las salvajes y desordenadas regiones de mi mente". El edificio tenía hermosas salas de lectura y una enorme biblioteca. También era tranquilo y tenía buena calefacción. "Por supuesto, no soy un buen estudiante", señaló, y agregó que la academia era "bastante extraña, hasta el punto de lo grotesco, y más allá de eso, hasta un punto de indefinible exquisitez (específicamente, su tono liberal-reformista y sus aspectos académicos)". Dora maravillaba a Kafka cuando todos los sábados, al caer el sol, decía la oración de Shabbat en ídish "Got fun Avrum", que sabía de memoria. Esta plegaria tradicional recitada por las mujeres judías al terminar el Shabbat pide la bendición del "Dios de Abraham" para la semana que se inicia.

También compartían la idea de quemar algunos trabajos de Kafka. Fiel a las intenciones que había expresado anteriormente, él quería destruir ahora material de sus cuadernos, y observaba a Dora mientras ella ejecutaba sus instrucciones. No todo fue destruido, sin embargo, y después de la muerte de Kafka, Dora conservó algunos cuadernos y cartas (sin que Brod lo supiera), que finalmente fueron arrebatados por los nazis. Quizás aparezcan algún día en los archivos.

Al escribirles a Ottla y Pepa, a mediados de diciembre, Kafka hizo una de las pocas referencias a Dora en una carta familiar (aunque, por supuesto, ellos ya conocían su existencia). Les agradecía el envío de un paquete con artículos para la casa, y agregó que la ropa blanca había "causado una gran impresión en D.: dijo que realmente había querido llorar, y de hecho estuvo a punto de hacerlo". Dora escribió al final de la carta unas palabras a modo de posdata. Después de la calma otoñal, se produjo un claro deterioro en la salud de Kafka. A fines de diciembre, Kafka le dijo a Brod que había tenido "trastornos de la más variada índole y toda clase de fatigas". No compraba diarios, a causa de la inflación, "y así sé menos del mundo de lo que sabía en Praga". El 23 de diciembre escribió su última carta a Milena. Se disculpó por no haberle escrito "porque incluso aquí mis antiguos sufrimientos me encontraron, me atacaron y me abatieron. En momentos así, todo es un esfuerzo, cada trazo de la pluma, cada cosa que escribo me parece demasiado importante, desproporcionado con mis fuerzas... Espero tiempos mejores, o incluso peores". Prosiguió: "Estoy bien y gentilmente protegido hasta los límites de las posibilidades terrenales".

Kafka era muy consciente de la devoción de Dora, que era total. Ella fue la única mujer con la que vivió. Sus relaciones anteriores, especialmente la que había tenido con Felice Bauer, se habían frustrado porque temía que la intimidad compartida representara una intolerable amenaza para su escritura, que era como decir el núcleo de su ser. Sin embargo, Dora gobernó su vida −incluso hasta el punto de permanecer en silencio en la habitación mientras él escribía−, y esto no le creó ningún problema. Él le leyó todo lo que escribió durante ese período (aunque ella no conocía su obra anterior) y −con un brío y una pasión comparables a las lecturas en voz alta de ella (alguna vez había tomado cursos de actuación)− muchos otros textos, especialmente obras en hebreo que también le gustaba oír leídas por ella. "Gracias a esas lecturas, llegué a saber casi de memoria *El cofrecillo del tesoro* (*Schatzkästlein*) de Hebel y *La Marquesa de O* de Kleist", dijo Dora en un reportaje en París, en 1950. Fue Dora quien llevó por primera vez a Kafka a la Hochschule, donde ella había estudiado antes de que él llegara a Berlín, en los primeros meses de 1923. Kafka parecía haber encontrado lo que toda su vida le había sido negado: una compañera comprensiva y natural. Sin embargo, debajo del "idilio" de Brod, seguían danzando los demonios: "Pero él hablaba de los 'fantasmas' con la sonrisa cómplice de un niño al que no se puede engañar asustándolo con monstruos", le dijo Dora a su entrevistador. "Lejos de dar la impresión de alguien enfermizo o deprimido por naturaleza, tenía un temperamento absolutamente alegre y encantador, y siempre prestaba la más cuidadosa atención a las personas que estaban con él". Dora también reveló en esa entrevista que además de sus sueños imposibles de emigrar a Palestina (fantaseaban con dirigir un restaurante, en el que Kafka trabajaría como camarero), secretamente estaban considerando la idea de ir hacia el Este, a la tierra de esos Ostjuden que Kafka tanto admiraba. En el apartamento de Steglitz, Dora cocinaba y Kafka hacía las compras. Salía a la mañana con un canasto y un recipiente para la leche, y le consternaba ver que mientras él hacía la cola, el almacenero remarcaba el precio de las patatas. Así era la hiperinflación alemana. Esa experiencia, y el sufrimiento de los demás, lo mortificaban. "Viajar a la ciudad era siempre una especie de Gólgota para él", señaló Dora más tarde. "De esa manera experimentaba una comunión con las personas desdichadas en un tiempo desdichado". En algunas oportunidades, cuando les alcanzaba el dinero para comer afuera, iban a un restaurante vegetariano después de sus clases de hebreo en la academia, desde cuya ventana le divertía leer el letrero de una tienda que decía "H. Unger".

Dora no tenía dudas de que, aunque ellos trataran de protegerse en su arbolado suburbio, los problemas del Berlín de Weimar hacían empeorar la salud de Kafka. A fines de 1923, su estado se deterioró y debió guardar cama, con fiebre. En ese momento, seguramente estuvo claro para Dora, y tal vez para el propio Kafka, que se acercaba el fin.

26

A mediados de enero de 1924, Kafka salió de las altas temperaturas, los escalofríos y la fiebre que se habían apoderado
de él en diciembre, sobresaltado por una cuenta médica de
160 kronen (que Dora logró negociar hasta reducir a la mitad), y con
"diez veces más temor de enfermarse" otra vez. Una cama de segunda clase en el Hospital Judío costaba 64 kronen por día, sólo por la
pensión, a lo que había que sumar el servicio y los honorarios del médico. La precaria economía doméstica de la pareja –no tenían com-
bustible para la cocina, y habían calentado la comida de Año Nuevo
con velas– consistía en arreglarse como podían. Su vida seguramente
se haría imposible si debían pagar honorarios médicos elevados. La
persistente fiebre de Kafka le impedía cruzar hasta la fría habitación
donde estaba el teléfono del edificio de la Grunewaldstrasse: esto
mostraba su debilidad y era, como le dijo a Brod, "un obstáculo serio a la libertad de movimiento". Además, "los números de los honorarios del médico flotan fervorosamente sobre mi cama". Y como
si los problemas de salud no fueran suficientes, la pareja sería desa-
lojada el 1º de febrero por no poder pagar el aumento del alquiler.
Brod intentó convencer a Kafka para que fuera a un sanatorio de
Bohemia, pero la idea fue rechazada, probablemente porque parecía
un retroceso. "Me dieron calor y buena comida durante cuarenta
años, y el resultado no me tienta a regresar". Kafka se sentía un "pa-
rásito" de su familia –que solía añadir dinero a sus 1.000 coronas

mensuales de pensión–, y no podía afrontar gastos más grandes, como viajar a Viena, por ejemplo. Como se sentía culpable con Brod porque éste le había enviado un paquete de alimentos, le pidió a Dora que hiciera un pastel con su contenido y lo enviara al orfanato judío en el que ella había trabajado. El Instituto era otra fuente de culpa, por haber aceptado cada uno de sus pedidos. Kafka le escribió al director agradeciéndole "por la amable comprensión que mostró hacia mi historia del año pasado, que por fuera puede parecer algo extraña, pero por dentro es demasiado cierta".

Kafka acababa de terminar "La madriguera", y se lo leyó a Dora. Ella estaba convencida de que el relato tenía un fuerte elemento personal y que expresaba el temor a regresar a la casa de sus padres. El narrador de esta última historia de animales es una criatura que describe su laberinto subterráneo cuidadosamente construido, y dice: "Debo tener la oportunidad de un escape inmediato, porque a pesar de toda mi vigilancia, ¿acaso no podría ser atacado desde el lugar más inesperado? Vivo en paz en el corazón de mi madriguera, y mientras tanto, desde alguna parte, el enemigo está cavando lentamente un túnel para llegar hasta mí". Dora veía esto como un símbolo de la decisión de Kafka de aferrarse a su recientemente construido idilio de Berlín para resistir a los "enemigos" mencionados en el relato, que podían ser sus demonios personales o sus padres, y que estarían esperando para intentar atraerlo de regreso a Praga. El narrador habla de sus enemigos como si no sólo fueran externos: "Son criaturas que están dentro de la tierra, ni siquiera una leyenda puede describirlos, hasta sus víctimas apenas los han visto... De esta clase de enemigos ni siquiera esta salida mía puede salvarme: en realidad, me destruirá. Sin embargo, es una esperanza, y no puedo vivir sin ella". Pero los enemigos de Kafka no lo persiguieron hasta allí. "Profunda quietud; qué hermoso está aquí, a nadie de afuera le preocupa mi madriguera, cada uno está inmerso en sus propios asuntos, que no tienen ninguna relación conmigo: ¿cómo pude llegar a conseguir esto?".

Sí, ¿cómo? No sólo había escapado Kafka de la soledad a través de su amor a Dora: había escapado de Praga para encontrar un modo de vida satisfactorio con pleno conocimiento del sufrimiento y los problemas que lo rodeaban en la Berlín de esa época. Dora recordó más tarde: "Solía decir una y otra vez: 'Bueno, me pregunto si habré escapado de los fantasmas'. Esta era la palabra con la que resumía todo lo que lo había atormentado antes de llegar a Berlín". Y agregó: "Estaba como poseído por esa idea: era una especie de hosca obstinación. Quería quemar todo lo que había escrito para liberar su alma de esos 'fantasmas'. Respeté su deseo, y cuando estaba en cama, enfermo, quemé algunas cosas frente a sus ojos". Añadió que él "experimentaba la vida como un laberinto... Para él, todo estaba entrelazado con la causalidad cósmica, hasta las cosas más cotidianas".

Hay resonancias de "La madriguera" en un relato –"Investigaciones de un perro"– escrito doce meses antes, en el otoño de 1922, cuando también estaba enfermo y había vuelto a Praga desde Planá. Otro animal narrador se considera a sí mismo "reservado, aislado, ocupado solamente en mi pequeña investigación... somos precisamente los que vivimos absolutamente apartados unos de otros, inmersos en nuestros pasatiempos particulares que tantas veces son incomprensibles hasta para nuestro perro vecino más cercano". Su autoanálisis es muy parecido al de Kafka: "Recientemente me dediqué cada vez más a revisar mi vida, buscando el error decisivo que quizá pude haber cometido, y que sería la causa de todo, pero no puedo encontrarlo. Y sin embargo debo de haberlo cometido, porque si no lo hubiera hecho y aun así no hubiera podido lograr lo que quería después de toda una vida de honrados esfuerzos, ello sería la prueba de que lo que quería era imposible, y sobrevendría una total desesperanza".

A principios de 1924, Kafka le informó a Robert Klopstock, quien seguía en Praga estudiando medicina: "Hay poco que decir sobre mí mismo: una vida algo opaca, alguien que no la mire fijamente no puede notarlo... ¡Si al menos pudiera ganar algún dinero! Pero

nadie paga un sueldo por estar acostado en la cama hasta las doce".
Como un ejemplo de lo que significaba ganarse la vida en el Berlín
de 1924, Kafka le contó a Klopstock sobre un joven amigo que, aunque era pintor, se veía obligado a vender libros en la calle. Se insta-
laba allí con temperaturas inferiores a cero desde las 10 de la mañana hasta el anochecer. "En el tiempo de Navidad hizo diez marcos
por día, y ahora, tres o cuatro". Klopstock, que tampoco estaba muy
bien de salud, seguía siendo muy solícito con Kafka y, si bien no le
sobraba el dinero, le enviaba chocolates desde Praga. Kafka admiraba mucho la sinceridad y el idealismo del joven, y le aseguró que no
debía sentirse mal por escribirle tan seguido. Con una de sus nume-
rosas cartas, Klopstock le envió un ejemplar de *Die Fackel*, de Kraus,
que Kafka siempre estaba encantado de recibir para sumergirse "en
esas agotadoras orgías nocturnas [de leer a Kraus] que ya conoces".
Como les habían comunicado el desalojo de la Grunewaldstrasse,
"porque soy un pobre extranjero incapaz de pagar el alquiler", Kafka
y Dora se mudaron el 1º de febrero a Heidestrasse 25-26, un apartamento en Zehlendorf, perteneciente a una doctora Busse, cuyo difun-
to marido había sido un escritor neorromántico anticuado que "seguramente habría detestado" el modernismo de Kafka. La persistente
sombra del fallecido esposo de la propietaria le hizo pensar a Kafka
que tal vez estuviera tentando al destino. "Pero de todos modos me
mudo: el mundo siempre está lleno de peligros, así que dejemos que
éste surja, si quiere, de la oscuridad de todos los peligros desconocidos", le dijo a Felix Weltsch, que seguía mandándole regularmente
ejemplares de *Selbstwehr*. El día de la mudanza, Kafka contó que estuvo "enfermo y con fiebre, y en estos últimos cuatro meses en Berlín
nunca estuve fuera de casa de noche".

Una de las primeras visitas al nuevo apartamento de Zehlendorf, a fines de febrero, fue el tío Siegfried Löwy, el médico. Se alarmó por las condiciones en que se encontraba Kafka, y trató de per-
suadirlo de dejar Berlín e ir a un sanatorio. Al principio, Kafka fue
renuente a esa idea, a pesar de que tenía una temperatura constan-

te superior a los 38º, porque no quería abandonar el nuevo apartamento, donde podía salir a sentarse en la galería bajo el sol de la naciente primavera. Pero entendía que la fiebre que lo mantenía encerrado en la habitación y hacía imposible todo intento por salir de paseo, significaba que debía hacer algo. "Y otra vez me horroriza pensar que perderé mi libertad incluso en los escasos meses cálidos que están predestinados a la libertad. Pero entonces resulta que la tos matutina y vespertina dura horas, y el frasco está casi siempre lleno: esto también es un argumento a favor del sanatorio. Pero entonces otra vez tengo miedo, por ejemplo, de sus horribles comidas obligatorias".

Las cartas de Kafka eran tan animadas como siempre, pero su debilidad era indudable. Las cartas a sus padres —que le habían mandado ropa de abrigo— seguían siendo extrañamente conmovedoras, considerando su historia con ellos. Una terminaba con la nostálgica pregunta: "¿En qué habitación están todos sentados esta noche?". En otra, se maravillaba por lo buenos que eran con esa persona tan "perezosa" y egocéntrica. Su pedido de que no lo llamaran por teléfono porque le resultaba difícil trasladarse hasta donde se encontraba el aparato —y ¿qué podía hacer cuando Dora no estaba en casa?— les debe de haber hecho captar la fragilidad de su estado. El 1º de marzo, les dijo que si iba al sanatorio, perdería "el apartamento tranquilo, libre, soleado y aireado, la agradable ama de casa, la hermosa vecindad, la proximidad de Berlín, la incipiente primavera", pero sabía que debía ir. En la última carta que les envió desde Berlín les agradecía su último regalo de ropa de abrigo: "Esto no es un chaleco: es una maravilla. ¡Tan hermoso y tan abrigado!".

El 14 de marzo, Max Brod fue a Berlín para el estreno de la *Jenůfa* de Janáček en la Ópera Estatal. Él era quien le había recomendado anteriormente al tío Siegfried que visitara a su sobrino, y ahora habían decidido que Kafka regresaría con él a Praga. Dora y Robert Klopstock —éste se encontraba en Berlín porque estaba preocupado por su venerado amigo mayor— fueron a la estación para despedir a

Kafka y Brod. Dora siguió a Kafka a Praga a fin de ese mes. En una época crucial para ambos, estuvieron separados. Las cartas que ella le envió a Kafka en ese período están entre los papeles de Dora Diamant que fueron confiscados más tarde por la Gestapo, y posiblemente estén languideciendo todavía en algún oscuro archivo, junto con cuadernos y manuscritos. Justo cuando Kafka se había establecido por primera vez como una persona independiente en Berlín y estaba felizmente enamorado, se veía obligado a volver a Praga. Sus temores de que sería perseguido hasta el fondo de la madriguera estaban justificados. Brod sostenía que Kafka consideró el retorno desde su vida de libertad a la casa de sus padres como "una derrota". Casi como si supiera que su fin estaba próximo, Kafka insistió en que Brod lo fuera a visitar todos los días.

Aunque el tío Siegfried había propuesto en un principio que Kafka fuera directamente desde Berlín a un sanatorio en la ciudad suiza de Davos, después de pasar por Praga, finalmente viajó al sanatorio del Wiener Wald en Ortmann, cerca de la ciudad de Pernitz, en los bosques de Viena. Poco después de su llegada, le escribió a Klopstock, dándole todos los detalles médicos de su tratamiento. Luego de hacer una lista de las diferentes drogas, que Klopstock, como estudiante de medicina, seguramente entendería, Kafka decía: "Es probable que la laringe sea el principal problema. No me dijeron nada definitivo, ya que cuando hay que hablar de una tuberculosis de la laringe, todo el mundo lo hace en forma tímida y evasiva, y con mirada inexpresiva". Pero tenía una buena habitación en una "hermosa región", y todavía no había detectado señales de condescendencia hacia él. Más adelante definió ese lugar como "lujoso, deprimente, y sin embargo, ineficaz". Cuando llegó al Wiener Wald, pesaba sólo 49 kilos vestido con sus ropas de invierno, y su voz se había debilitado hasta convertirse en un susurro, un proceso que había comenzado en su tercer día en Praga.

Durante su estadía en Praga en marzo, Kafka había escrito un relato, "Josefina la cantora", o "El pueblo de los ratones". El narrador, que habla en nombre de "nosotros", el pueblo de los ratones, comenta el hermoso canto de Josefina. Como la mayoría de los demás relatos de la colección de Kafka *Un artista del hambre*, el tema es la actuación. "¿Es su canción lo que nos hechiza o es el solemne silencio que envuelve a esa voz pequeña y débil?", pregunta el narrador, indagando la naturaleza y el propósito del arte y su relación tanto con una comunidad viva como con el silencio, del mismo modo en que Kafka meditaba sobre su propio inminente silencio, su voz agonizante. La cantora se siente incomprendida por su público, aunque éste muestre entusiasmo por su arte –"según ella, está cantando para oídos sordos"–, y "canta preferentemente en tiempos difíciles" con sus "débiles cuerdas vocales". El público siente que en cierto modo "esa frágil, vulnerable, de alguna manera distinguida criatura, en opinión de ella, distinguida por su canto, nos ha sido confiada, y debemos velar por ella". La misma Josefina cree que "ella es la que protege al pueblo", que el artista tiene una función positiva en la sociedad. De hecho, "el sonido de la voz aguda de Josefina en medio de graves decisiones es casi como la penosa existencia de nuestro pueblo en medio del tumulto del mundo hostil". (Días después de que este relato fuera completado, Adolf Hitler empezaba a cumplir su pena en prisión y a escribir *Mein Kampf*.) El narrador señala tanto el infantilismo de su pueblo como el hecho de que son "prematuramente viejos" y "demasiado viejos para la música". Hay paradojas en el arte de Josefina: decir que se salva a la sociedad puede producir el resultado opuesto, cuando la contemplación del arte impide que las personas tomen las necesarias medidas prácticas para ayudarse a sí mismas. Ella incluso puede engañarse a sí misma, y pide que la liberen de la normal responsabilidad de ganarse la vida para concentrarse únicamente en su arte, pero la sociedad del pueblo de ratones rechaza ese pedido fuera de lugar. Sin embargo, a ella no le interesa el reconocimiento exterior, sino que es motivada por una "lógica interna... Alcanza la corona más alta no porque haya descendido un poco, sino porque es la más alta: si de ella dependiera, la pondría aún más alto".

Cuando Josefina dice que sufrió una herida, su público no se impresiona por este pedido de simpatía: "Si nos pusiéramos a cojear cada vez que tenemos un rasguño, todo el pueblo estaría cojeando permanentemente". Entonces ella empieza a alegar que está "exhausta, abatida, débil. Así que ahora tenemos una representación teatral además del concierto". Y por último, Josefina desaparece completamente: "Espontáneamente, se retira del canto, espontáneamente destruye el poder que había adquirido sobre sus corazones". El pueblo de los ratones continuará su camino y ella será olvidada.

Es imposible no leer esta historia como el testamento literario de Kafka, su última palabra sobre la lucha para servir al arte y a la verdad, y de una manera que responda a las necesidades de una comunidad, que sea entendida y valorada por ella, y que ponga al artista en una relación adecuada –una relación positiva– con esa comunidad.

El 9 de abril, Kafka le escribió a Brod diciéndole que el sanatorio seguramente sería "terriblemente caro", y que "Josefina tiene que ayudar un poco, no hay otro camino". El cuento fue publicado en la *Prager Presse* el 20 de abril, en el suplemento literario del periódico. Brod ya había recomendado a Kafka a la nueva editorial Die Schmiede (La Forja), que publicó *Un artista del hambre* ese mismo año, después de la muerte de Kafka.

Ahora Kafka sabía definitivamente que su laringe sería destruida por la tuberculosis. Dora estaba con él, y era plenamente consciente de que ahora su enfermedad era realmente muy grave. El 10 de abril, fue transferido a la Clínica Universitaria del profesor Marcus Hajek, en Viena. Para consternación de Dora, enviaron un coche abierto para recogerlo en esa tormentosa mañana de primavera. Había cuatro horas de viaje entre Pernitz y Viena, y al principio Dora envolvió a Kafka en mantas, pero luego, al sentir la fuerza del viento, se puso de pie y lo cubrió como un escudo humano. Permaneció en esa posición durante el resto del trayecto.

Antes de partir hacia Viena, Kafka le había escrito a Klopstock: "Parece que mi laringe está tan hinchada que no puedo comer; tienen que darme, según dicen, inyecciones de alcohol en el nervio, y probablemente también haya cirugía". Tenía un frasco junto a la cama para recoger lo que tosía, y una vez le preguntó a la enfermera cómo se veía su interior. "Como la cocina de una bruja", respondió ella. En su siguiente carta a Klopstock, le dijo que se sentía mejor: el dolor al tragar y el ardor de garganta habían disminuido. Ya no le daban inyecciones, y en cambio le rociaban la laringe con aceite de mentol. Les escribió a sus padres que aunque no era tan agradable como el sanatorio de los bosques de Viena, naturalmente tenía que quedarse allí mientras no fuera capaz de comer apropiadamente. Dora, que estaba con él todo el tiempo, juzgaba a la clínica con más dureza, llamándola una "celda". Ella temía que ese nuevo ambiente –su cama estaba entre las de dos pacientes tuberculosos muy graves– sólo acelerara el fin de Kafka. Sin embargo, el 16 de abril Kafka les contó a sus padres que el tiempo se había puesto hermoso y la ventana de su habitación estaba abierta todo el día hacia el sol primaveral, aunque añadió ácidamente que la rutina estricta era un sustituto de la vida militar que nunca había experimentado. A las 5.30 de la mañana estaba despierto y lavado, y empezaba el día alrededor de las 6.30.

Dora estaba un poco más contenta ahora con su progreso, tras el pánico inicial, y lo veía reanimado y lleno de vida. Pero los fallecimientos de otros pacientes naturalmente angustiaban a Kafka. Una mañana, cuando llegó Dora, él le señaló la cama vacía de un hombre que había sido muy jovial, y que había muerto súbitamente durante la noche. "Kafka no estaba perturbado sino realmente enojado, como si no pudiera entender que un hombre que había sido tan alegre, tuviera que morir", contó ella. Dora nunca olvidó la "maliciosa, irónica sonrisa" de Kafka. Éste le dijo a Brod, en la que fue su última noche en la clínica, que "hoy lloré sin razón varias veces". Agregó: "Una vez aceptado el hecho de la tuberculosis de laringe, mi enfermedad es soportable. Por ahora, puedo volver a tragar".

Después de una semana en la clínica, Kafka decidió mudarse

otra vez, ahora al sanatorio del doctor Hoffmann en Kierling, cerca de
Klosterneuburg, en la Baja Austria, no muy lejos de Viena. El despótico doctor Hajek hizo todo lo posible por detener el traslado, seña-
lando, en forma bastante razonable, que el sanatorio de Kierling simplemente no tenía los recursos médicos adecuados para alguien en
las condiciones de Kafka. Pero Kafka y Dora insistieron. La antigua
fe de Kafka en la terapia natural, el aire fresco, la luz solar y una dieta vegetariana volvió a surgir frente a la medicina ortodoxa y sus
odiadas inyecciones (que no podría eludir). Tampoco quería estar rodeado de moribundos. Por otra parte, se sintió más tranquilo, y seguro de estar tomando la decisión correcta, porque Klopstock le anunció que dejaba sus estudios de medicina y viajaba directamente a
Viena para ayudarlo, así que tendría a mano una opinión médica.

Los primeros días de Kafka en Kierling incluyeron tratamientos
para bajar la fiebre "consistentes en deliciosas compresas y en inha-
laciones. Estoy eludiendo las inyecciones de arsénico". Una semana
más tarde, volvió a decirle a Brod: "Estoy muy débil, pero me atien-
den bien aquí". En una carta a sus padres, describió a Kierling como "este sanatorio pequeño y simpático". Situada en la Hauptstrasse,
la calle principal de Kierling, la clínica se había inaugurado en 1913,
y se especializaba en tratamientos pulmonares. Sin embargo, era
más conocida por sus comodidades semejantes a las de un hotel,
que por sus cualidades médicas. La habitación limpia y blanca de
Kafka, orientada al sur, tenía un balcón en el que podía tomar sol.
Tuvieron que llamar a dos especialistas muy caros, los doctores
Neumann y Beck, porque la atención médica especializada del sanatorio era mínima. A fines de abril, Dora les prometió a los padres
de Kafka que los mantendría informados sobre su evolución. Otros
miembros de la familia llamaban regularmente por teléfono para
pedir noticias.

El 3 de mayo, el doctor Beck le escribió a Felix Weltsch, diciéndole que Dora lo había llamado a Kierling el día anterior porque
Kafka tenía "dolores muy fuertes en la laringe, especialmente cuan-

do tosía. Cuando trataba de tomar algún alimento, los dolores aumentaban hasta el punto de que le era casi imposible tragar. Pude confirmar que existe una acción tuberculosa destructiva, que también incluye una parte de la epiglotis. En estos casos, ni siquiera se puede pensar en una operación, y le di al paciente inyecciones de alcohol en el *nervus laryngeus superior*". Este procedimiento solamente procuraba un alivio provisorio, y Beck le aconsejó a Dora que enviara a Kafka a Praga, ya que tanto él como el doctor Neumann consideraban que el paciente sólo tenía tres meses de vida. Dora rechazó el consejo porque pensaba que, si lo seguía, Kafka se daría cuenta de la gravedad de su enfermedad. (Es difícil creer que ya no lo hubiera hecho.) Beck dijo que entendía que Dora quisiera protegerlo y la "manera abnegada y conmovedora" en que lo cuidaba, pero que ahora el enfermo estaba realmente más allá de toda ayuda de los especialistas, "y lo único que se puede hacer es aliviarle el dolor administrándole morfina o pantopón".

En un determinado momento de su estadía en Kierling, posiblemente a fines de abril, cuando las cosas todavía no parecían tan absolutamente desesperanzadoras, Kafka le propuso matrimonio a Dora. Insistió en escribirle a su padre judío ortodoxo en Polonia para pedirle su mano. Su carta explicaba que, aunque él no era un judío practicante según los cánones del padre de Dora, era, sin embargo, "un penitente, alguien que procuraba 'retornar'", y por lo tanto, podía ser aceptado. En realidad, ni Dora ni Kafka eran judíos practicantes, a pesar de que ambos tenían un gran interés en el judaísmo. Brod recordaba que una vez Kafka había asistido con él a un servicio religioso judío ultraortodoxo, una "tercera comida" al terminar el Shabbat, "con sus susurros y cantos jasídicos". Según Brod, Kafka permaneció "muy indiferente" durante ese acto litúrgico. Indudablemente, se sintió conmovido por el antiguo ritual, pero en el camino de regreso le dijo a Brod: "Bien mirado, es como si hubiéramos estado en medio de una tribu de salvajes africanos. Pura superstición".

El padre de Dora le llevó la carta a la máxima autoridad, el milagroso rabino "Gere Rebbe", quien la leyó y sólo pronunció la sílaba: "*Nein*". Kafka había perdido la batalla final de su campaña de toda la vida de intentos matrimoniales, o *Heiratsversuche*. El reciente descubrimiento de los cuadernos de Dora revela un episodio completamente nuevo de la historia de esa campaña. Los propietarios del sanatorio estaban preocupados de que la respetabilidad de su establecimiento se viera afectada por la pareja no casada que tenían a su cargo, y comenzaron a presionar a Dora para que se casaran. Su insistencia llegó al punto más alto cuando la citaron a la dirección para entrevistarse con un funcionario de la comunidad judía de Viena que había viajado hasta allí para llevar a cabo la ceremonia. El doctor Hoffmann y su esposa serían los testigos. "Fue uno de los momentos más horribles de mi vida, cuando con tal crueldad me martilló la cabeza lo más Inconcebible: una vida después de la muerte de Franz". Ottla estaba de acuerdo con la idea, aunque de mala gana, pero Dora sintió que eso era "privar al moribundo de sus últimas horas felices, de su esperanza". No lo aceptó.

Kafka había quedado desolado por la negativa del rabino de Polonia, y en sus últimos días se apoyó mucho en Dora y Klopstock. Hablar le resultaba ya muy difícil, al igual que beber, y empezó a escribir las así llamadas "notas de conversación", lacónicas instrucciones, peticiones y preguntas a los amigos que iban a visitarlo. Entre esos amigos estaba Brod, quien, por temor a que Kafka se alarmara si sabía que había hecho un viaje especial para ver a un hombre agonizante, simuló tener una cita en Viena a mediados de mayo, y lo encontró en un estado lamentable. A veces, las notas eran muy simples: "Un poco de agua: estos fragmentos de comprimidos se me clavan en la mucosa como astillas de vidrio", o "Pongan las lilas al sol". Otras veces, reflejaban su sensación de haber sido una carga para los otros dos miembros de lo que denominaba "la pequeña familia", Dora y Klopstock: "¡Qué carga fui para todos ustedes! ¡Es una locura!" o "Por supuesto, me causa más pena porque todos ustedes son tan buenos conmigo", o "¿Cuántos años más podrán soportarlo? ¿Cuánto tiempo más podré soportar yo que ustedes lo soporten?". En otros momentos, surgía la amargura, como cuando recordó al hombre que había muerto de noche en la clínica de Viena: "Mataron al hombre que estaba a mi lado: lo visitaron todos los ayudantes médicos, y sin pedirle permiso". Y un día llegaron las pruebas de galera de *Un artista del hambre* para que las corrigiera: "¿Con qué fuerzas podría hacerlo?". Y luego, simple desesperación: "Pon un momento tu mano sobre mi frente para darme ánimos".

La última preocupación de Kafka fue la sed −"mi ansia de agua"− que lo atormentaba, y que no podía apagar. "Franz se ha vuelto un entusiasta bebedor", escribió Dora a sus padres. "Difícilmente come sin cerveza o vino. Aunque no en cantidades demasiado grandes. Bebe una botella de Tokay por semana, y otros buenos vinos de gourmet. Tenemos tres clases de vino disponibles, para tener mucha variedad, como verdaderos gourmets". Una de las notas de conversación decía: "Dada esta limitada capacidad de beber, todavía no puedo ir con mi padre a la cervecería al aire libre de la Escuela Civil de Natación". En los momentos finales de su vida, Kafka buscaba a tientas una reconciliación con su padre a través de esta desgarradora imagen de poder compartir finalmente una cerveza con él. La Escuela Civil de Natación, cuyas casetas mencionaba en la *Carta al padre* como el lugar de sus tempranas humillaciones por la comparación entre su cuerpo débil e inadecuado y el poderoso físico de su padre, era nuevamente mencionada ahora como el lugar en el cual ambos volverían a encontrarse en armonía frente a un vaso de cerveza. Seguramente, en Praga, el corazón de Hermann se habría derretido si hubiera leído las notas de su hijo. Kafka le dijo a Dora:

> Cuando era pequeño, y todavía no sabía nadar, solía ir a veces con mi padre, que tampoco sabía nadar, al lugar reservado para los no nadadores. Luego solíamos sentarnos desnudos en el bar, con una salchicha y una pinta de cerveza... Trata de ima-

ginar el cuadro: ese hombre enorme, que llevaba de la mano a
un pequeño y nervioso manojo de huesos, cómo nos desvestíamos, por ejemplo, en la pequeña caseta oscura; cómo él me
arrastraba afuera, porque yo sentía vergüenza; cómo intentaba
enseñarme lo poco de natación que decía saber, etcétera. ¡Pero
después, una cerveza!

El 2 de junio de 1924, un día antes de morir, Kafka escribió su
última carta a sus padres. Intentó convencerlos de que no fueran a
visitarlo –"Todavía no estoy tan lindo [*ich bin noch immer nicht so
schön*], de ninguna manera soy algo que merezca verse"–, pero se
esforzaba por parecer optimista. Habló de un posible encuentro:
"Quiero decir, pasar unos días juntos en paz, en algún lugar hermoso, solos. No recuerdo cuándo fue la última vez... Y entonces 'bebe-
remos un buen vaso de cerveza juntos', como escriben ustedes... En
el pasado, recuerdo que en los días muy calurosos solíamos beber
cerveza juntos bastante a menudo, en aquel tiempo remoto en que
Padre me llevaba a la piscina pública". Pero el cuerpo de Kafka le
falló, como siempre. Dora tuvo que extraer esta última carta a sus
padres de su mano apretada, y escribió al final: "Le saqué la carta de
la mano".

Mientras agonizaba, alguien le preguntó a Kafka sobre Felice
Bauer, y él borroneó en un nota de conversación: "Una vez iba a ir al
Báltico con ella (y con su amiga [Grete Bloch]), pero me sentía avergonzado por mi delgadez y otras angustias". Al parecer, también le
preguntaron si la había amado. "En el sentido en que era importante que me entendiera. Ella era así en todo. No era hermosa, pero tenía un delgado, fino cuerpo, que, según dicen, ha conservado".

A las 4 de la mañana del 3 de junio, Kafka empezó a respirar
mal, y Dora fue a buscar a Klopstock. Éste despertó, a su vez, al médico residente, quien le administró a Kafka una inyección de alcan-
for. Más tarde, cerca del mediodía, Klopstock le dio otra inyección,
que tampoco tuvo efecto, y luego envió a Dora a la oficina de correos.

Era una estratagema previamente combinada entre Kafka y Klopstock para evitar que Dora presenciara su muerte. Según el relato de Brod, Kafka pidió más morfina y le gritó a Klopstock: "¡Mátame, o de lo contrario eres un asesino!". Luego le hizo un gesto desacostumbradamente brusco a la enfermera, la hermana Anna, se arrancó la bolsa de hielo y la arrojó al suelo, diciendo: "No me torturen más. ¿Para qué prolongar la agonía?". Klopstock hizo un movimiento para salir de la habitación y Kafka le pidió: "No me dejes". Klopstock le respondió que no lo dejaba. Entonces Kafka dijo con voz profunda: "Pero yo te estoy dejando a ti". Un momento después, en su confusión, Kafka creyó que Klopstock era su hermana Elli y le dijo a la aparición que se fuera, porque temía contagiarla. Klopstock se apartó un poco y Kafka pronunció lo que los lectores de Brod siempre tomaron como sus últimas palabras: "Sí, así, está bien así".

Mucho después, en los primeros años de la década del cincuenta, la enfermera Anna aportó sus recuerdos de esa mañana de junio: "Sobre el escritor Franz Kafka no puedo dar ninguna opinión, pero como hombre, es el único paciente que no puedo olvidar, y cuya muerte transcurrió de una manera tan sencilla y fue tan desoladora que todos los que estábamos junto a su cama prorrumpimos en llanto". Dijo que Dora había vuelto corriendo del correo con un ramo de flores y le pidió a Kafka que las oliera. Ante el asombro de la enfermera, él se incorporó por última vez y olió las flores: "Fue increíble: y más increíble aún fue el hecho de que abrió su ojo izquierdo y pareció volver a la vida. Tenía ojos tan asombrosamente brillantes y su sonrisa estaba tan llena de expresión, y se comunicaba con sus manos y sus ojos cuando ya no pudo hablar".

Su última exigencia al médico se había cumplido: "Tráigame lirios del campo, pero no quiero inyecciones".

EPÍLOGO

Llevaron el cuerpo de Kafka a Praga y lo enterraron el 11 de junio de 1924 en el Nuevo Cementerio Judío de Strašnice. Dora estaba destrozada. Klopstock le había escrito a la familia, describiendo el estado de Dora, que el día posterior a la muerte de Kafka yacía murmurando, entre dormida y despierta: *"Mein Lieber, mein Lieber, mein guter Du"*. En el funeral, se derrumbó de dolor. Se dijo que Hermann Kafka le dio la espalda como si repudiara a la muchacha del Este (o quizá sólo su falta de control), pero en realidad ella pasó un tiempo con los Kafka después de la muerte de su hijo, y fue cálidamente recibida por ellos. Incluso resolvieron que los modestos derechos de autor de su obra le fueran enviados a Dora, como si realmente fuera la esposa de Kafka. En cuanto a Hermann, murió en 1931, y su esposa Julie, tres años más tarde.

Cuando descendieron el cuerpo a la tumba, a las 4 de la tarde, el cielo se oscureció y comenzó a llover. Había alrededor de cien personas presentes llorando su muerte cuando Kafka fue enterrado con la oración hebrea por los muertos. Una semana después, se realizó un servicio memorial en la Kleine Bühne, el Pequeño Teatro de Praga, donde más de quinientas personas se reunieron para oír discursos, lecturas y elogios, desmintiendo la idea de que Kafka fue un hombre oscuro y desconocido en el momento de morir.

Aparecieron algunos obituarios en los periódicos de Praga. El

más elocuente y agudo, como dijimos antes, fue el que escribió
Milena Jesenská, y se publicó el 6 de junio en *Národní listy*:

> Anteayer, Franz Kafka, un escritor alemán que vivía en Praga,
> murió en el sanatorio Kierling de Klosterneuburg, cerca de
> Viena. Poca gente lo conocía aquí, en Praga, porque era un re-
> cluso, un hombre sabio que temía a la vida. Sufrió durante años
> una enfermedad pulmonar, y aunque recibía tratamiento, tam-
> bién la cultivaba deliberadamente y la alentaba psicológica-
> mente: "Cuando el corazón y el alma ya no pueden soportar la
> carga, los pulmones toman la mitad, y así la carga queda repar-
> tida más o menos equitativamente", escribió una vez en una
> carta, y esa fue la actitud que tomó con respecto a su enferme-
> dad. Le dio una sensibilidad rayana en lo milagroso, y una pu-
> reza moral terriblemente intransigente: en cambio, fue un
> hombre que dejó que su enfermedad soportara toda la carga de
> su miedo a la vida. Era tímido, amable y bueno, pero los libros
> que escribió fueron crueles y dolorosos. Veía un mundo lleno
> de demonios invisibles que hacían la guerra a los indefensos
> seres humanos y los destruían. Era lúcido, demasiado sabio
> para vivir y demasiado débil para luchar. Pero era la debilidad
> de los seres delicados y nobles que son incapaces de luchar
> contra el miedo, los malentendidos, la desconsideración y la
> falsedad, que reconocen su debilidad desde el principio, se so-
> meten, y así avergüenzan al vencedor. Comprendía a sus seme-
> jantes de una manera que sólo es posible para aquellos que
> viven en soledad, cuyas percepciones están tan sutilmente afi-
> nadas que pueden leer a un hombre entero en el juego fugaz
> de sus facciones. Su conocimiento del mundo era amplio y
> profundo. Él mismo era un mundo amplio y profundo. Ha es-
> crito los más importantes libros de la literatura alemana recien-
> te. Ellos encarnan en una forma no tendenciosa la lucha de las
> generaciones de nuestro tiempo. Son genuinamente despoja-

dos, y por eso parecen realistas, incluso cuando hablan en símbolos. Muestran la seca ironía y la mirada reflexiva de un hombre que veía el mundo con tanta claridad que no lo pudo soportar y tuvo que morir, porque no quería hacer concesiones ni buscar un refugio, como hacen otros, en espejismos intelectuales, por nobles que éstos fueran. El doctor Franz Kafka escribió *El fogonero* (un fragmento)... que constituye el primer capítulo de una bella novela, todavía inédita; *La condena*, que trata sobre el conflicto entre generaciones; *La metamorfosis*, que es el libro más potente de la literatura alemana contemporánea; *En la colonia penitenciaria*; y los textos cortos de *Betrachtung* y *Un médico rural.* Su última novela, *El proceso*, está completa desde hace años en manuscrito, lista para su publicación: es uno de esos libros cuyo impacto sobre el lector es tan arrollador que todo comentario es superfluo. Todos sus libros tratan sobre sentimientos de culpa injustificados y sobre el horror de misteriosos malentendidos. Como hombre y como artista, era tan infinitamente escrupuloso que permanecía alerta incluso cuando otros, los sordos, se sentían seguros.

Después de esta vigorosa y certera síntesis, ¿qué otra cosa podía hacer Max Brod que disponerlo todo para la publicación de la obra de semejante escritor? Empezó con *El proceso* en 1925, *El castillo* en 1926 y *América* en 1927. En 1930, empezaron a aparecer las traducciones al inglés de Edwin Muir, con *El castillo*. En su introducción a este libro, Edwin Muir escribió: "El nombre de Franz Kafka, por lo que pude descubrir, es casi desconocido para los lectores de habla inglesa". Uno de los primeros, y muy escasos, lectores de *El castillo* fue Aldous Huxley, que en ese momento estaba despejando su escritorio en el sur de Francia para escribir *Un mundo feliz.* "Si quieren leer un *buen* libro, consigan *El castillo* de Kafka, traducido por Edwin Muir", escribió en enero de 1931. "Hace que los demás novelistas alemanes, incluso Mann, parezcan bastante débiles e insustanciales. Para mí, es uno de los libros más importantes de esta época". Las demás obras de Kafka fueron rápidamente traducidas a la mayoría de los principales idiomas europeos, pero los checos permanecieron indiferentes durante mucho tiempo, y a partir de 1938, los nuevos ocupantes nazis proscribieron su obra "decadente", como también lo harían las autoridades comunistas después de la guerra. A pesar de las críticas suscitadas por las prácticas editoriales de Brod y las traducciones de los Muir (varios académicos de literatura alemana se escandalizaron al descubrir que Edwin y Willa Muir eran autodidactas en alemán), la fama de Kafka siguió creciendo. Podría decirse que lo hizo a través de las traducciones, y luego fue reexportado a Alemania, donde hoy es considerado con justicia uno de los maestros de la literatura alemana moderna, mientras que, en un sentido muy especial, sigue siendo propiedad de los lectores del mundo en tantos idiomas.

La primera traducción de Kafka a otro idioma fue la versión en castellano de *La metamorfosis*, en junio de 1925, apenas un año después de su muerte. La misma obra apareció tres años más tarde en francés, y pronto siguieron otras obras en otros idiomas, especialmente cuando las tres novelas empezaron a publicarse póstumamente. Desde 1930 en adelante, el prestigio de Kafka aumentó vertiginosamente, aunque con frecuencia su papel como representante de la angustia del hombre moderno, en especial a mediados del siglo xx, se antepuso a la consideración de su calidad artística. Esto se debió en parte al fervor de Max Brod por Kafka como pensador religioso. Tanto a través de su edición de los textos no publicados, como por su importante biografía de Kafka, Brod ejerció un gran ascendiente sobre el desarrollo de la fama de Kafka. Los mismos Muir, principales traductores de Kafka al inglés, fueron poderosamente influidos por las suposiciones de Brod. Muchos escritores distinguidos, como Albert Camus y W. H. Auden, escribieron con entusiasmo sobre Kafka, a menudo en términos que parecían involucrarlo en sus propias preocupaciones. Particularmente en Francia,

Kafka gozó de un prestigio extraordinario entre los existencialistas y los escritores del absurdo. En Alemania, sólo después de la guerra empezó a ser tomado en serio por los críticos, quienes en general lo arrastraron a sus propias argumentaciones metafísicas y polémicas contemporáneas, dejando bastante relegado el análisis estético. Los freudianos se interesaron mucho por los evidentes símbolos sexuales de Kafka, y con el tiempo, la mayoría de las escuelas de crítica predominantes del siglo xx lo sometieron a análisis. Sin embargo, siempre volvía a surgir como el escritor complejo, enigmático, absolutamente personal que hoy es conocido por millones de lectores.

Si bien los libros de Kafka fueron, como dijo Milena, "crueles", las décadas que él no vivió para ver sin duda se ganaron ese epíteto. Sus tres hermanas fueron asesinadas en los campos de exterminio nazis. Ottla, su preferida, se negó a ocultarse detrás de su marido ario (por cierto, se divorció para que él salvara su vida) y se declaró judía ante las autoridades nazis. Fue enviada a Theresienstadt, donde, el 5 de octubre de 1943, acompañó voluntariamente a 1.260 niños del campo a un "transporte especial". Su destino común era Auschwitz.

CRONOLOGÍA

1883   Nacimiento de Kafka, el 3 de julio, en Praga.

1889   Asiste a la escuela primaria hasta 1893.

1896   13 de junio: bar-mitzvah.

1901   Asiste a la universidad hasta 1906.

1902   23 de octubre: primer encuentro con Max Brod.

1904-5 Escribe *Descripción de una lucha.*

1905   Julio-agosto: primera relación amorosa durante sus vacaciones en Zuckmantel.

1906   Abril-septiembre: empleado en el estudio jurídico de Richard Löwy; 18 de junio: se gradúa como Doctor en Leyes; agosto: segunda temporada en Zuckmantel; octubre: comienzo de su práctica jurídica anual.

1907   Primavera: escribe *Preparativos para una boda en el campo;* agosto: vacaciones en Triesch, donde conoce a Hedwig Weiler; octubre: comienza a trabajar en Assicurazioni Generali.

1908   Marzo: primeras obras publicadas en *Hyperion;* julio: empieza a trabajar en el Instituto de Seguros de Accidentes de Trabajo.

1909   Publicación en *Hyperion* de partes de *Descripción de una lucha;* septiembre: vacaciones en Riva y Brescia; publicación de "Los aeroplanos de Brescia" en *Bohemia.*

1910   Empieza su diario; marzo: más obras publicadas en *Bohemia;* octubre: viaje a París con Brod; diciembre: viaje a Berlín.

1911   Vacaciones estivales en Europa y en el Sanatorio Erlenbach, Zurich; otoño: escribe junto con Brod *Ricardo y Samuel*; 4 de octubre: primera visita al Teatro Ídish en Praga; invierno: trabaja en la primera versión de *El desaparecido*.

1912   18 de febrero: presenta la velada de recitado de Yitzhak Löwy; junio-julio: con Brod a Lepzig y Weimar, y primer encuentro con Ernst Rowohlt y Kurt Wolff; Sanatorio Just en las montañas Harz; 13 de agosto: conoce a Felice Bauer; 22 de septiembre: escribe en una sola noche *La condena*; septiembre-octubre: escribe "El fogonero" y empieza la segunda versión de *El desaparecido*; octubre: "Un gran ruido", publicado en *Herderblätter*; noviembre-diciembre: escribe *La metamorfosis*; diciembre: publicación de *Betrachtung*.

1913   Pascua y mayo: dos visitas a Felice a Berlín; mayo: se publica "El fogonero"; junio: se publica *La condena*; septiembre-octubre: Trieste, Venecia, Riva: conoce a Gerti Wasner; 8-9 de noviembre: visita a Felice en Berlín.

1914   28 de febrero-1º de marzo: visita a Felice en Berlín; Pascua: compromiso no oficial con Felice; 1º de mayo: Felice visita Praga; 30 de mayo al 2 de junio: en Berlín para el compromiso oficial con Felice; 12 de junio: se rompe el compromiso; agosto: comienza a trabajar en *El proceso*; octubre: termina *El desaparecido* y escribe *En la colonia penitenciaria*; diciembre: escribe *El maestro de la escuela rural*.

1915   17 de enero: termina *El proceso*; 23-24 de enero: en Bodenbach con Felice; enero-febrero: escribe "Blumfeld, un viejo solterón"; 23-24 de mayo: viaje a Suiza con Felice y Grete Bloch; junio: en Karlsbad con Felice; julio: Sanatorio Frankenstein, en Rumburg; noviembre: se publica *La metamorfosis*.

1916   Abril: a Karlsbad; 3-12 de julio: con Felice en Marienbad y Franzenbad; 10-12 de noviembre: en Munich; 26 de noviembre: comienza a escribir en la Calle de los Alquimistas relatos que serán incluidos en *Un médico rural.*

1917   Marzo: se muda al Palacio Schönborn; primavera: escribe "Un mensaje imperial" y "El cazador Graco"; verano: empieza a tomar clases de hebreo y escribe "Informe para una academia"; julio: en Praga para un segundo compromiso con Felice; publicación de "Un antiguo manuscrito" y "Un fratricida" en *Marsyas*; 9 de agosto: hemorragia nocturna; septiembre: vuelve a vivir en la casa de sus padres y le diagnostican tuberculosis pulmonar; licencia por enfermedad de tres meses; va a Zürau hasta abril de 1918; 20-21 de septiembre: Felice lo visita en Zürau; octubre: "Chacales y árabes" se publica en *Der Jude*; diciembre: se rompe el segundo compromiso con Felice.

1918   Abril: parte de Zürau hacia Praga; mayo: vuelve a trabajar al Instituto; 30 de noviembre: en Schelesen.

1919   Conoce a Julie Wohryzek en Schelesen; fin de marzo: regresa a Praga; verano: se compromete con Julie; otoño: se publica *Un médico rural*; noviembre: se cancela la boda con Julie; 21 de noviembre: vuelve a la oficina.

1920   Enero: empieza los aforismos *Él*; abril: Merano, se escribe con Milena; julio: rompe su compromiso con Julie; 8 de agosto: vuelve a mudarse a la casa de sus padres; 14-15 de agosto: encuentro en Gmünd con Milena; diciembre: a Matliare hasta agosto de 1921.

1921   3 de febrero: conoce a Robert Klopstock; agosto: regresa al trabajo; septiembre: se encuentra con Milena en Praga y le da sus diarios; 31 de octubre: licencia para realizar un tratamiento especial.

1922   27 de enero: tres semanas en Spindlermühle; febrero: escribe "Un artista del hambre" y comienza a trabajar en *El castillo*; junio: a Planá; julio: el Instituto le otorga la jubilación, y escribe "Investigaciones de un perro"; 20 de agosto: abandona *El castillo*; octubre: publicación de *Un artista del hambre* en *Die Neue Rundschau*; noviembre-diciembre: en su lecho de enfermo.

1923   Mayo: a Dobřichovice; junio: último encuentro con Milena; julio-agosto: en Müritz, donde conoce a Dora Diamant; de mediados de agosto a septiembre: en Schelesen; 24 de septiembre: se muda a Berlín y vive con Dora; octubre-diciembre: escribe "Una pequeña mujer" y "La madriguera".

1924   Febrero: vuelve a vivir a Berlín; mediados de marzo: regresa a Praga y escribe "Josefina la cantora" o "El pueblo de los ratones"; marzo: sanatorio de los bosques de Viena, cerca de Pernitz, y diagnóstico de tuberculosis de la laringe; mediados de abril: en una clínica de Viena; mayo: Klopstock y Dora cuidan a Kafka; 3 de junio: Kafka muere en Kierling; 11 de junio: entierro en Praga.

AGRADECIMIENTOS

Me gustaría agradecer la ayuda de las siguientes instituciones y personas para la escritura de este libro: British Library; Taylorian Institute, Oxford; Bodleian Library Department of Western Manuscript (Colección Kafka); London Library; la Secretaría Checa de Turismo; el profesor Jeremy Adler, del King's College, Londres; Kathi Diamant, Margaret Jervis, Tim Rogers, Anthony Rudolf, Michael Steiner. Eliska Treterová me ofreció su bienvenida y su guía en Praga.

Tengo una especial deuda de gratitud con el profesor Ritchie Robertson, del St Jonh's College, Oxford, que fue una permanente fuente de consejo y estímulo, leyó el manuscrito final y me hizo muchas sugerencias valiosas. Desde luego, los errores que subsistan son de entera responsabilidad del autor.